董必武法治思想研究丛书

董必武法治思想

研　究

何勤华　主编

上海交通大学出版社
SHANGHAI JIAO TONG UNIVERSITY PRESS

内容提要

董必武既是中国共产党的创始人之一,也是中华人民共和国法治建设的先驱和奠基人,他将马克思主义基本原理与自己对法的深刻认识相结合,创造性地运用于中国革命和社会主义建设的实际,形成、丰富和发展了法治思想,并结合社会现实,对立法、司法和民主法制建设等问题做了诸多理论探讨。本书分为八章,内容包括董必武生平、董必武法学观、董必武政制思想、董必武经济与民事法律思想、董必武刑事法治思想、司法机关及审判工作、法治教育、中华人民共和国法治的奠基人。

图书在版编目(CIP)数据

董必武法治思想研究 / 何勤华主编. -- 上海：上
海交通大学出版社,2024.8 -- (董必武法治思想研究丛
书). -- ISBN 978 - 7 - 313 - 31310 - 2
　Ⅰ. D920. 0
中国国家版本馆 CIP 数据核字第 20249711SK 号

董必武法治思想研究
DONG BIWU FAZHI SIXIANG YANJIU

主　　编:	何勤华			
出版发行:	上海交通大学出版社	地　　址:	上海市番禺路 951 号
邮政编码:	200030	电　　话:	021 - 64071208
印　　制:	上海万卷印刷股份有限公司	经　　销:	全国新华书店
开　　本:	710 mm×1000 mm　1/16	印　　张:	18.75
字　　数:	322 千字			
版　　次:	2024 年 8 月第 1 版	印　　次:	2024 年 8 月第 1 次印刷
书　　号:	ISBN 978 - 7 - 313 - 31310 - 2			
定　　价:	78.00 元			

序

董必武(1886—1975)既是中国共产党的创始人之一,也是中华人民共和国法治事业的主要奠基人,对中华人民共和国法治建设做出了杰出的贡献。在其70多年的革命生涯中,他不仅投身革命,在推翻旧中国、创建中华人民共和国的事业中历经磨难、不屈不挠,而且在创建革命根据地的法制、建设中华人民共和国的法制事业中也殚精竭虑、全力贡献,赢得了广大人民群众的爱戴。

董必武在创建和领导革命根据地的新民主主义法制建设、中华人民共和国的社会主义法制建设中提出和阐发的法治思想,更是我们中国共产党人的一笔珍贵的法和法治文明的遗产,需要好好地发掘和整理,并予以发扬光大。

一

作为我们党内老一辈革命家中两位法律科班出身者之一(另一位是李大钊),董必武对法和法律以及法律的本质、特征和精神,乃至法治文明是非常精通的,也有着独特的见解。董必武早年曾在湖北法政学堂读书,后于1912年东渡日本留学,考入东京私立日本大学法科,攻读法律。1917年3月,再赴日本,参加东京私立日本大学法科毕业考试,经考试合格,正式结业。同年4月,他由日本返武汉,和张国恩合办律师事务所。因第一个案件办理迅速而且获得胜诉,在社会上赢得一定的声誉(后来两人一起创办主持湖北善后公会,并一起成立了湖北共产主义小组)。这些留学法科以及开设律师事务所的经历使董必武在以后建设革命根据地的法制工作中发挥了重要作用。

1934年2月3日,瑞金中华苏维埃共和国第二次全国苏维埃代表大会第二届中央执行委员会第一次会议任命董必武为临时最高法庭主席,随后他又被委任为最高法院院长。在任最高法院特别法庭主审时,他审判了渎职贪污的被告人——瑞金县苏维埃主席熊仙璧,并将熊判处了徒刑。此后,因其主张办案要有一定的手续、要有必要的文字材料、要建立档案,被执行"左"倾机会主义路线的人指责为"文牍主义者"。1935 年 11 月初,董必武被中共中央指定为五人委员会书记,负责纠正陕北地区肃反工作扩大化的错误,主持对案件的审查。1945 年 3 月 27 日,董必武参加国民政府派遣之中国出席旧金山联合国会议代表团;4 月 12 日,乘飞机离重庆飞印转美,参加旧金山联合国会议;6 月 26 日,董必武以中国代表之一的身份在联合国宪章上签字。1946 年 1 月—3 月,他又参与了南京国民政府起草宪法的活动。

1948 年 8 月 6 日,在华北临时人民代表大会预备会议上,董必武被推选为大会主席团成员,接着又在华北临时人民代表大会主席团第一次会议上被推选为大会常务主席。8 月 18 日,在华北临时人民代表大会第七次会议上,又被选为华北人民政府委员。9 月 20 日,他以临时召集人的名义召集华北人民政府委员会第一次会议,并被选为华北人民政府主席,主持华北人民政府制定、颁布、实施了一系列法律和法令,例如《华北区金银管理暂行办法》《华北区私营银钱业管理暂行办法》等。

1949 年 9 月 13 日,董必武出席新政治协商会议筹备会常委会第五次会议。会议对《中华人民共和国中央人民政府组织法(草案)》做文字修改后基本通过。10 月 19 日,董必武被任命为中央人民政府政务院副总理、政务院政治法律委员会主任。1953 年 4 月 22 日,他出席中国政治法律学会成立大会,当选为主席。1954 年 5 月 1 日,他为中国政治法律学会主办的《政法研究》题写刊名,并撰写创刊词,同年 9 月 15—28 日,中华人民共和国第一届全国人民代表大会第一次会议在北京中南海怀仁堂举行,董必武当选为最高人民法院院长。1959 年 4 月 18—28 日,董必武出席第二届全国人民代表大会第一次会议,并被选举为国家副主席。

二

在长达 70 多年的革命生涯中,董必武不仅有着丰富的法制建设实践经验,而且形成了自己的法治思想理念和思想体系。作为一个马克思主义的革命家、法学家,以及长期负责政法工作的国家领导人,董必武对于中国法治建设、法治实践、法学教育等都有自己独到的见解。

首先,董必武对法治高度重视,特别强调严格依法办事。"依法办事,是我们进一步加强人民民主法制的中心环节。依法办事有两方面的意义:其一,必须有法可依。这就促使我们要赶快把国家尚不完备的几种重要的法规制定出来……其二,有法必依。凡属已有明文规定的,必须确切地执行,依照规定办事;

尤其一切司法机关,更应该严格地遵守,不许有任何违反。"①为了做到有法可依、有法必依,他认为必须从实际出发、坚持群众路线、参考历史的和他国的经验来立法、立好法,需要党员干部发挥带头模范作用,需要执法者发挥主观能动性,需要重视法治教育,需要良好的司法、执法环境,需要树立法律的权威,需要强调对于公民自由、民主的政治权利的保护,需要坚持法律面前人人平等、反对特权,需要普及信法守法的思想,需要坚持中国特色社会主义法治理念,需要坚持党的领导,需要民主法治和宪政建设的同步进行。

其次,董必武对宪法的制定、宪法的实施和宪法的地位等也有着自己的见解,尤其是中华人民共和国成立以后,董必武长期担任党和国家立法与司法工作的主要领导职务,他将马克思主义法律观与中国国情相结合,以自身对法的认识总结出国家政权建设和社会主义法制建设的宝贵经验,初步形成了社会主义宪法政治制度的雏形和宪法思想体系,内涵十分丰富,涉及宪制、人民民主、法治、人权、政权、政党与民族关系等各个方面。他强调,"我们之所以制定宪法,就是要用法律手段把我国人民革命第一阶段的成果巩固下来,同时表达我国人民在现有基础上继续前进——向社会主义社会前进的根本愿望"。他指出,宪法"把党和国家在过渡时期有总路线总任务规定为全国人民必须遵循的法定方向",强调"宪法是国家的根本大法,它规定我国的社会制度、政治制度、国家机构,公民权利义务等根本性质的问题"。② 应该说,董必武的宪法思想是我们现在依宪治国、依宪执政的重要思想来源之一。

再次,在司法机关及审判工作方面,董必武有着丰富且深刻的认识和思想。例如,中华人民共和国成立之初,发展我国司法审判工作的重心就是要建设一支高效、廉洁的司法工作干部队伍。而在对旧司法工作人员的改造和对年轻的、新的司法工作者的培养方面,董必武付出了极大的心血,也作出了一系列制度安排和思想指导,尤其是关于人民司法——这个具有中国特色社会主义法治建设的核心问题,董必武更是倾注了巨大的心力。董必武在多次讲话中谈到这个问题,他认为,一切为人民服务,这是一个真理,我们应该坚持,司法工作也是为人民服务。③ 在 1950 年 8 月 12 日《对参加全国司法会议的党员干部的讲话》中,董必武一开始就说明,这次会议,其目的就是要解决关于人民司法工作的基本认识问

---

① 董必武:《董必武选集》,人民出版社 1985 年版,第 419 页。
② 董必武:《董必武法学文集》,法律出版社 2001 年版,第 218—219 页。
③ 董必武:《董必武政治法律文集》,法律出版社 1986 年版,第 104 页。

题。① 在这次讲话中,董必武指出,虽然在工作中对人民司法是什么的问题存在很多议论,但是具体是什么,很多人都还不清楚。所以,董必武随后对人民司法做了基本阐述。董必武提出,人民司法的基本精神是要把马、恩、列、斯的观点和毛泽东思想贯彻司法工作中,其核心观点就是群众观点,与群众联系,为人民服务,保障社会秩序,维护人民的正当权益。② 此外,他还认为司法为民,司法要赢得人民的拥护,必须具有权威,必须公正有效,必须树立司法公信力,必须要有程序正义和实体正义,必须要确保司法权独立和司法公正。

除了对法治的重视、对宪法实施的关怀和对司法机关及审判工作中人民之地位作用的强调之外,董必武还对中华人民共和国的法律体系(例如民事和经济法律、刑事法律、诉讼法律、法律教育和法制宣传),以及法律与社会、法律与文明等也作出了详尽的分析和论述。这些思想不仅直接指引着中华人民共和国建立初期的法治建设和法学研究的发展方向,而且对 1978 年改革开放以后中国法治和法学的发展、进步和繁荣也具有重要的指导意义和价值。

三

作为中华人民共和国第一代司法工作的主要领导人,董必武在当时法制建设几乎是一张白纸的情形下,建立起了初步的法律制度、法学研究体系和法治教育制度,被认为是中国建设社会主义法治国家的奠基者和最早的实践者。通过政法工作的实践,董必武将马克思主义和在日本接受的系统法学教育及中国实际有机结合在一起,形成了马克思主义法学中国化与中国特色社会主义法学的重要成果——董必武法治思想。

董必武法治思想的内容特点主要体现在如下几个方面:一是在传承马克思、列宁法治思想的基础上,发展了马克思、列宁主义法学观和法治思想,例如,强调在中国建设法治时,必须根据自己的情况对苏联的理论做出适当修正;列宁反对检察机关同时受上级检察机关和地方政权机关的双重领导体制,主张检察机关只受上级检察机关领导的垂直领导,而董必武根据中国经济发展极不平衡、各地情况不同的现实情况,认为暂时只能在中央统一的政策方针下,授权地方人民政府,使其发挥主动性与积极性,参与领导检察机关的工作。二是与苏联法学家强调法律是资本主义的产物,因此在资本主义消亡后法律也将消亡的观点不

---

① 董必武:《董必武法学文集》,法律出版社 2001 年版,第 44 页。
② 董必武:《董必武法学文集》,法律出版社 2001 年版,第 46 页。

同,在董必武的法治思想中从未提及"法律消亡"一词。相反,无论在其思想上还是行动中,董必武都以极大的热情投身于中国的法治建设。三是突出强调人民司法的原则,强调司法的人民性,强调为人民群众服务是我们司法工作的终极目标。四是提出了法院独立和审判独立双轨制模式的司法独立设想,强调只有坚持这一模式,才能在人民的司法审判工作中真正贯彻司法独立的精神,真正做到司法公正。五是董必武通过多年的法律研究与法律实践,提出除了审判,还包括调解、信访、仲裁、公证、公断等多种方式的多元化纠纷解决方式的设想。

四

作为中华人民共和国法治建设事业的主要代表,董必武的法治思想已经成为中国特色社会主义法治建设的一笔巨大的历史遗产。这笔遗产对于中国特色社会主义法治建设的意义和价值已经受到我国政府和学术界的一致认同。

1978年改革开放以后,《董必武选集》(人民出版社1985年版)、《董必武政治法律文集》(法律出版社1986年版)、《董必武统一战线文集》(法律出版社1990年版)和《董必武法学文集》(法律出版社2001年版)相继被编辑出版,众多学者研究董必武法治思想,也出版和发表了一批著作和论文。不仅如此,董必武法治思想的研究还得到了我国党和政府的高度重视。中国法学会于1982年恢复成立后,于2001年创建了"中国法学会董必武法治思想研究分会"作为其下属的研究分会,直接接受中国法学会的领导。2015年,为了适应中国特色社会主义法治理论研究的迅速发展热潮,也为了传承董必武法治思想的精华,更好地为当下中国建设法治政府、法治国家和法治社会之现实服务,"中国法学会董必武法治思想研究分会"更名为"中国法学会董必武法治思想(中国特色社会主义法治理论)研究会",其影响力进一步扩大,每年召开一次的研究会年会,一直保持将年会论文公开出版的传统,使董必武法治思想进一步深入人心。

本书的目的是要彰显我们党老一辈的革命家人生风采和感人事迹,传承革命的人生经验和人生智慧。而董必武既是我们党的一大代表,又是中国革命事业的开创者和奠基人之一,也是中国革命根据地和中华人民共和国法治建设事业的主要领导人。因此,完整介绍、深入分析、全面阐述董必武的法治思想就是本书撰稿的主要宗旨,也是本书作者的光荣使命。为了将这一项任务顺利完成,我们几位撰稿人:邱唐(华东政法大学法律学院特聘副研究员、法律史专业师资博士后),张陶然(华东政法大学法律史专业博士研究生、上海政法学院上海全球安全治理研究院学术秘书),廖晓颖和庄晨曦(华东政法大学法律史专业硕士研究生)第一步将董必武的所有论文、文章、讲话和报告以及研究董必武法治思想的所有著作和论文加以收集汇总。第二步通过对这些作品的深入分析和详尽解读,列出了 100 多个论题,然后依次归纳、分类、凝练成若干个主题。第三步依据这些主题,构思写作大纲,形成了写作的章节:绪言;第一章,董必武生平;第二章,董必武法学观;第三章,宪法与政制思想;第四章,董必武经济与民事法律思想;第五章,董必武刑事法治思想;第六章,司法机关及审判工作;第七章,法治教育;第八章,中华人民共和国法治的奠基人;附录,董必武年谱简编。我们希望通过这一写作体系,能够把董必武的法治思想完整地展现给广大读者。

当然,董必武法治思想博大精深,本书只是研究这一思想的一个阶段性成果。我们希望本书作为董必武法治思想研究的铺路石,为之后对董必武思想的深入研究起到一个抛砖引玉的作用。

目　　录

第一章　董必武生平

　　董必武(1886—1975),湖北红安人,幼名乐应,辈名贤琮,学名用威,字洁畲,号璧伍。在参加辛亥革命前后,为了表示决心革命,摒弃原号,用谐音"必武"。他是我国杰出的无产阶级革命家、马克思主义的政治家和法学家,是中国共产党的创始人之一,也是中华人民共和国的缔造者之一和中华人民共和国的第一代领导集体的重要成员,尤其是其为我国的社会主义法治建设呕心沥血,建树颇多,被誉为中华人民共和国法治的开拓者与奠基人。

第一节　重违庭训走天涯

　　清光绪十二年农历正月三十(公元 1886 年 3 月 5 日),董必武出生在湖北省黄安县城南街(后为红安县城南正街,现为民主街)一个清贫的教书先生家里。董氏家族在当地号为"大井坎董家",家风谨严,"唯以清贫自守,朴诚相传"。①学生时代的董必武,就表现出对于进步思想的执着追求以及坚定的革命精神。

一、求学经历

　　幼年时期的董必武,辗转接受了较为完整的旧学教育。5 岁时,父亲董基文在黄安县城内东街广善庵教书,董必武常去玩耍。一日,父亲在广善庵三殿内考叔伯兄弟背《三字经》,没有一人能背全,在门外玩耍的董必武高声代答。父亲非常高兴,便以《论语》为其开蒙。

　　6 岁时,董必武随父到离黄安县城 30 里的李冕二村私塾,继续读"四书"。7 岁时,父亲被离县城更远的东张煜村张家所聘当塾师,因张家不允许带世兄,②

---

① 胡传章、哈经雄:《董必武传记》,湖北人民出版社 2006 年版,第 3 页。
② 旧时塾师将子弟带在身边就读,主家一般尊称塾师子弟为世兄。

董必武只得就学于四叔执教的城内易家私塾。后又随姑父读了一年。9 岁时，父亲补为增生后，打算辞去张家塾师职，改教散馆，以便能教授董必武。张家不愿董基文离开，便同意带世兄，于是，董必武又转到张家家塾。10 岁时，董必武又随父到麻城张家学塾就读。11 岁回到本县，在故乡永和镇西傅董家村私塾读书。

1899 年，父亲由傅董家村私塾转到黄安县城内董家家庙大福生寺旁的县办萃英书院任教，董必武遂于同年考入该书院读书，直到 1903 年年初。

董必武参加过科举考试，1903 年连续通过黄安县试和黄州府试，成为附学生员，即俗称的"秀才"，年仅 18 岁。获得"进学"机会的董必武，本应继续循科考之路求进身之阶，但赴省城武昌参加乡试的遭遇却成为其人生的重大转折点。

董必武因初到武昌，故既不认识路，也不知道衙门不准老百姓看的"规矩"。在抚台衙门前，董必武看见有许多牌子，正在仔细观看，还未进头门，刚走到门口，衙役见董必武穿着破旧，土里土气，便将他抓住，以"窥探"的罪名打了一顿。董必武对于旧官僚及其爪牙的作威作福深感愤懑，"从此恨死当官人"，[1]遂于考前，愤而弃考回乡，从此断绝科举仕途，而之后的求学之路则时时展露其勇于斗争、善于斗争的革命精神。

回乡之后的董必武在黄安创办启蒙堂，开始投身教育事业。当时的晚清政府倡行"新政"，社会上新学兴起，年轻的董必武也深受新思潮影响，遂放弃了刚刚取得的教师职业，经同县人阮毓嵩[2]介绍，于 1905 年到武昌，投考张之洞[3]两年前创办的新学文普通中学堂。同年 11 月，被录取入学，编在第三班。新学文普通中学堂所设课程新旧兼有，除经史之外，还教授数学、英文等新知。

新学文普通中学堂不仅教授科学知识，而且因宋教仁、[4]田桐、[5]查光佛、[6]黄侃、[7]刘朝禄（后改为刘复）、[8]赵光弼、[9]郑江灏[10]等一批参加秘密组织的革命

---

①　胡传章、哈经雄：《董必武传记》，湖北人民出版社 2006 年版，第 10 页。
②　阮毓嵩，生卒年不详，曾代表湖北参加第一届国会第三期常会，任众议院议员。
③　张之洞（1837—1909），字孝达，号香涛，贵州兴义府（今安龙县）人，洋务派的主要代表人物。
④　宋教仁（1882—1913），字得尊，号遁初，湖南桃源人，中国近代革命先驱之一，被称为"中国宪政之父"。
⑤　田桐（1879—1930），字梓琴，湖北蕲春人，中国近代民主革命家。
⑥　查光佛（1885—1932），名能，字竞生。湖北蕲州人。1907 年肄业于武昌文普通中学堂，投湖北新军四十一标当兵，并加入同盟会。
⑦　黄侃（1886—1935），初名乔鼐，后更名乔馨，最后改为侃，字季刚，又字季子，晚年自号量守居士，湖北蕲春人。辛亥革命先驱，著名语言文字学家、国学大师。
⑧　刘复（1885—1944），号菊坡，湖北省大冶市金牛镇人。在武昌文普通中学堂读书时，参加曹亚伯"科学补习所"（"日知会"前称）等进步组织，与宋教仁、蒋作宾等相契。宋教仁曾在他家避难，刘复竭力掩护。
⑨　赵光弼，生卒年不详，曾在国民党在汉口的机关报《民国日报》任编辑。
⑩　郑江灏（1882—卒年不详），字南溪，湖北襄阳人。早年肄业于日新中学堂、湖北武普通学堂和文普通中学堂。1905 年留日，入东斌学校，并加入同盟会。

党人都曾先后在新学文普通中学堂读书,故成为反清革命思想影响传播的阵地。董必武在新学堂求学期间表现出坚决的斗争精神和出色的领导能力。1904年,宋教仁、田桐、刘朝禄等人因写"汤放桀,武王伐纣,后世称为贤王;曹操、王莽篡权,史家目为叛逆。形迹略同而褒贬各异,其故安在?"一文隐讽清王朝而被开除,董必武入学后曾为此抱不平。

1909年,提学使司要办文高等学堂,想把文普通班毕业学生作为文高等学堂第一期学生,决定不发毕业证书,学生为此大闹学堂。董必武品学兼优,在同学中威信很高,同学们都推举他领头。董必武了解有少数同学还在犹豫不决,怕闹出乱子来,便坚定地对同学们说:"不干就不干,干就破釜沉舟!"第二年春季开学时,他带领同学与监督论理。监督在规劝、压服都无效后,便避而不见。董必武又将同学们带到谘议局说理,最终迫使学堂和提学使改变了不合理的决定。在这次斗争中,他团结多数,克服了个别同学的动摇,开始表现出斗争的坚定性和灵活性相结合的组织领导才能,深受老师的器重和同学的拥护,大家异口同声地称赞他"有毅力"。

1910年,文普通中学堂已经改为湖北省城第一中学。毕业考试时,提学使司为刁难这批学生,出同学们没有学过的代数、几何中的难题,造成同学们这两门功课不及格,董必武又领着同学们展开说理斗争。他组织同学们到提学使司那里,质问提学使:"为什么要出根本没有学过的题目,故意刁难我们?"经过据理力争,提学使被驳得哑口无言,答应重新改分。这次考试,也是大清王朝在湖北组织的最后一场考试。

同年10月,董必武从湖北省城第一中学堂毕业。由于学业成绩最优,列为最优等五名中的第一名。当时的湖广总督瑞澂①在给宣统皇帝的奏折中,保奏董必武为"拔贡"。学堂教师皆希望其进入高等学堂继续深造,但终因家贫无力支付学费,董必武不得不中辍返家,于11月与同县黄家田村黄俊桢②女士结婚。婚后的董必武重返讲台,代其叔父董素怀③在麻城高等小学教国文。后经文高等学堂监督纪钜伟④斡旋,得以在文高等学堂半工半读。1911年夏秋,又赴黄州

---

① 瑞澂(1864—1915),清末大臣。满洲正黄旗人。1911年10月武昌起义前夕,大肆逮捕革命党人,杀害彭楚藩、刘复基、杨宏胜三烈士。起义爆发后,弃城逃往上海。

② 黄俊桢,生卒年不详,与董必武育有一子,但幼年夭折,黄同情革命,大革命时期曾到武汉与董必武共同生活,后病逝。

③ 董素怀,生卒年不详,曾任黄安县立第一高等小学历史教员,爱国忧民,经常向黄安高等小学的学生赠送《新青年》《新潮》《黄安青年》等进步书刊。

④ 纪钜伟,生卒年不详,湖北文高等中学堂监督,十分器重必武,曾因董必武入学作文写得好而大加欣赏,让他免修了一个学期的语文课。董必武从湖北省城第一中学堂毕业后,纪钜伟曾写信希望他继续入学深造,并安排他在第一中学批改一个班的作文,用批改的报酬补助学费。

府中学教授英语、国文。

二、旧民主主义革命的实践

董必武在武昌求学期间通过留日学生群体接触大量新思想,树立了推翻帝制政权、追求民主共和的革命信念。辛亥革命爆发后,董必武离开黄州府中学赶赴武汉,积极投身旧民主主义革命。1911 年 10 月,董必武到达武汉时,武昌军政府已经成立,清军派兵南下反扑,起义军与清军在汉口展开激烈的争夺战。董必武在蒋翊武①领导下的军务部工作,动员并带领市民群众向前线送饭、送水,支援起义军在汉口刘家庙、三道桥等地作战。

11 月,汉口、汉阳失陷,董必武转入蒋翊武领导下的战时司令部,与潘怡如②等一道安抚武昌城内外军民,协助巩固沿江一带防线。12 月,与张国恩、③姚汝婴④到武昌军政府理财部任秘书官,并奉武昌军政府命令,以理财部特派员身份赴黄冈为革命募捐筹款。后与张国恩等加入同盟会,并参与重新组建同盟会湖北支部,被推选为支部评议部评议员。这一时期的董必武已经表现出其在司法工作上的才能,受军政府委派,他开始调查处理当地绅士控告黄冈知事贪污案。董必武不畏权势,力主正义,在认真查核后,证实黄冈知事并没有贪污,钱都用在建立革命队伍开支上了,他如实复命,使此诬告案得到了较公正的处理。

然而,随着袁世凯⑤窃取革命果实,全国革命形势急转直下,湖北军政大权皆落入黎元洪之手,革命政权内部有大量旧官僚人员,董必武等革命派逐渐受到排挤。董必武一方面对于旧民主主义革命的道路、方式与成果产生了怀疑,另一方面,仍积极努力经营、组织黄安地区议会选举,帮助张国恩等革命党人顺利

---

① 蒋翊武(1884—1913),湖南澧州(今澧县)人。原名保襄,亦作保湘,字伯夔。辛亥革命前夕曾任武汉文学社社长,主办《大江报》等报刊。1913 年,蒋翊武在广西进行反对袁世凯的活动时,被亲袁的广西军阀逮捕并杀害。蒋翊武是中国近代杰出的民主革命活动家、辛亥革命武昌起义的主要组织者和领导者,被孙中山誉为中华民国"开国元勋"。

② 潘怡如(1881—1943),湖北红安县二程镇桐柏集人。1914 年跟随孙中山东渡日本,加入中华革命党。1931 年秘密加入中国共产党。1943 年病逝。

③ 张国恩(1880—1940),亦名眉宣、梅轩,别名梅先,湖北黄安(今红安)人。1919 年 2 月,在上海与董必武相遇,共同主持湖北善后公会,从李汉俊处接触马克思主义的书籍,同年年底,回湖北与董必武等创办私立武汉中学。1920 年夏,其接李汉俊信,嘱在武汉筹建共产党组织,遂与董必武、刘伯垂等人筹划,于同年秋在其律师事务所成立共产党早期组织。

④ 姚汝婴(1882—1919),字干青,湖北黄陂姚家集人,毕业于湖北师范学堂,1907 年在长轩岭道明小学堂执教,曾参加武昌起义,后任湖北军政府理财部秘书。1917 年任四川武胜县、安岳县知事。1918 年到利川参加靖国军,任秘书。不久赴来凤县,于方化南攻来凤城时殉难。

⑤ 袁世凯(1859—1916),中国近代史上著名的政治人物,北洋军阀领袖,字慰亭(又作慰廷),号容庵、洗心亭主人,河南项城人,又被人称为"袁项城"。

当选。

目睹了宋教仁被刺、二次革命失败的惨痛现实,又罹母丧的董必武对国内形势忧愤交加,在短暂担任湖北省立第一师范学校英文教员一个时期之后,于1914年负笈日本,入私立日本大学法科学习,并于当年7月在东京见到了孙中山①先生,加入中华革命党。次年,由于袁世凯欲接受日人提出的"二十一条",董必武俯孙中山之命潜回武汉,参与反袁斗争。回国后于武汉、黄安之间秘密穿梭,后为黄安当局逮捕,坐牢3月,乃得保释。是年冬,因袁世凯加紧称帝准备,进一步迫害革命党人,董必武再度入狱,直至袁氏身故终于获释,后出任湖北省议会秘书长。

1917年,董必武再次东渡,在日期间开始接触马克思主义。学成回国后,与张国恩于武汉创办律师事务所,声誉颇隆。

第二节　革命声传画舫中

在求学与革命实践中,董必武接触并接受了马克思主义思想,成为中国共产党的创始人和早期领导者之一,为我党的早期组织工作和第一次国共合作时期的统战工作做出了艰苦卓绝的努力。

一、参与建党

在成都期间,董必武获悉俄国爆发十月革命,遂写信给日本友人,积极探问情况、搜索资料;又于利川县教堂中阅读英文报纸,检索关于十月革命的新闻报道,共产主义思想开始在其脑海中激荡。而此时爆发的"蔡济民②案",更促使董必武重新思考中国的革命道路问题。1919年1月27日,靖国军杨春芳、③唐克明④两部勾结川军方化南部,乘蔡济民部无戒备,夜间袭击蔡军总司令部,蔡为了不同室操戈,隐忍退让,"宁死不战",在出面论理时惨遭枪杀。

---

① 孙中山(1866—1925),名文,字德明,号日新,又号逸仙,化名中山樵,中国近代伟大的民主革命家。

② 蔡济民(1886—1919),原名国桢,字香圃、幼襄。湖北黄陂人。1917年被孙中山任命为护法军政府鄂军总司令。1919年1月28日在利川被方化南杀害。

③ 杨春芳,生卒年不详,四川军阀,1923年被吕超率领的四川讨贼军收编,1924年叛变,将吕超扣于泸州。

④ 唐克明(1880—1933),亦名黎本唐,字春鹏。湖北沔阳河坝村(今洪湖)人。清光绪年间,弃艺从军,入湖北新军工程第八营,后升为第二十镇协统。

董必武得此消息后，立即返回利川。在与同事处理蔡济民善后事宜中发现唐克明、方化南谋害蔡济民的多封密电，非常愤慨。受鄂西靖国军同事委托，董必武途经武汉赴上海，向孙中山及各方面申诉蔡案。到上海后，见了孙中山先生和章太炎①等各方人士，报告了蔡济民被害惨况。孙中山虽表同情，此时已被迫辞去大元帅职务，难以相助；章太炎等人慷慨陈词，愤愤不平，却无实力。

由于申诉长期得不到结果，董必武感慨万千，开始思考探索着新的革命方法和道路。1919 年 3 月，湖北善后公会在上海成立，旅沪同乡公推董必武和张国恩驻会主持会务，由此结识了刚由日本帝国大学留学回国的李汉俊。② 李时常与董必武、张国恩、詹大悲③交谈、讨论俄国革命和布尔什维克的情况，把带来的马克思主义和关于俄国革命的外文书籍供董等阅读。在这些交谈和研读中，董必武逐渐认识了俄国革命和布尔什维克党，对照辛亥革命以来的经验教训，董必武逐渐意识，"中国的独立，走孙中山的道路行不通，必须走列宁的道路。"④

1919 年 5 月 4 日，深刻影响中国近代史的五四运动爆发，董必武以湖北善后公会为依托积极参与。5 月 8 日，湖北善后公会致电湖北省议会、教育会、武汉商会、汉口各团体联合会，电文称："外交失败，败亡间不容发，请亟起主张严惩卖国党，急电巴黎专使拒绝签字，并要求列强主持公道以图挽救。"5 月 18 日，董必武复通电各省议会、商会、各报馆、各团体及广东国会，陈述南北双方谈判代表主张，力促北方当局反省，接受南方代表主张。

五四运动时期，董必武看到人民群众巨大的革命热情，深受鼓舞。在沪期间，董必武还结识了在沪参观的陈潭秋，⑤双方交换了对于当前形势及今后道路的看法，因志同道合，故引为知己。离沪返汉之际，董必武与同志们讨论认为，救亡图存之计有两端：一则办报；另一则办学。

回到武汉后，考虑到社会影响力，董必武原想先办报纸，用舆论宣传新思想，但筹措资金受挫，遂转而办学。1919 年 8 月，董必武与张国恩等 11 人筹办私立武汉中学，资金由创办者分担，董必武当掉了自己的一件皮袄才凑足了份额。校

---

① 章太炎(1869—1936)，浙江余杭人。原名学乘，字枚叔，后易名为炳麟。因反清意识浓厚，慕顾绛(顾炎武)的为人行事而改名为绛，号太炎。世人常称之为"太炎先生"。

② 李汉俊(1890—1927)，原名李书诗，字人杰，号汉俊，中国共产党和中国社会主义青年团的主要创始人之一、中国最早的马克思主义启蒙者之一。

③ 詹大悲(1887—1927)，原名培翰，又名翰，字质存。湖北蕲春县田桥乡(现已与檀林镇合并)詹山村人。记者、革命家、中国民主革命烈士、辛亥革命先驱。

④ 胡传章、哈经熊：《董必武传记》，湖北人民出版社 2006 年版，第 38 页。

⑤ 陈潭秋(1896—1943)，名澄，字云先，号潭秋，湖北黄冈县(今湖北省黄冈市黄州区)陈策楼人，无产阶级革命家，中共一大代表、党的创始人之一。

董们还要负责授课,董必武教授国文,陈潭秋讲授英语。1920 年 3 月,武汉中学正式开学。该校以宣传革命思想、培养革命人才为目的,在各方面都表现出新的特点。学生的报考费与学费都比其他学校低;教员是低薪或不支薪,思想进步;提倡白话文,男女同班,组织学生会,学生对学校兴革事宜可向校董事会提意见;各班设班主任,指导学生课外阅读报刊,关心国内外时事,启发学生的革命思想。

董必武除任课外,还参加各种校务活动,与陈潭秋经常同学生、职员生活在一起。在他们的影响下,武汉中学逐步成为湖北革命活动的一个重要基地。从 1920 年春季开学到 1928 年遭桂系军阀封闭的 8 年中,武汉中学培养了大批革命干部,播下了革命火种。

1920 年 8 月,在得知李汉俊等人在上海成立了共产主义小组的情况后,董必武与张国恩、陈潭秋、赵子健、①包惠僧②等于武汉开始筹建共产主义研究小组(也称共产主义小组)。于当年秋季正式成立,并到纱厂、铁路、码头找工人谈话,调查工人劳动生活状况,宣传马克思主义,讲解工人阶级求解放的道理。

共产主义研究小组还在青年中组织了社会主义青年团,最早入团的就是董必武与陈潭秋直接影响下的张培鑫③等十多名进步青年。之后,董必武等人又发起湖北教育工作者大会和武昌社会主义青年团、马克思学说研究会等集会和组织,揭露北洋政府的黑暗统治,讲解马列基本原理,宣传社会主义革命理念,在广大师生群体中产生了深刻的影响。1921 年 5 月 4 日,董必武与陈潭秋等人在武昌阅马厂组织了"五四"周年纪念大会并讲话,会后还带领青年学生游行示威,喊出了"打倒军阀"的口号。

1921 年 6 月,武汉共产党早期组织接到上海共产党早期组织的通知:武汉派两名代表到上海参加中国共产党第一次全国代表大会。董必武、陈潭秋代表武汉共产党早期组织坐船去上海,住在白尔路 389 号(现太仓路 127 号)博文女校内,出席了于 7 月 23 日至 8 月初举行的具有伟大历史意义的会议。董必武在大会上发言。

会上,包惠僧等人不同意联合孙中山。董必武坚持了党为反对共同敌人应

---

① 赵子健(1895—1950),毕业于湖北省立第一师范。大革命失败后脱党,此后以教学为生。

② 包惠僧(1894—1979),学名道享,又名晦生,别名鲍一德、包生,号栖梧老人,湖北黄冈人,中共早期领导人,工人运动活动家。1920 年参加武汉共产主义小组。1921 年 7 月,受陈独秀委派出席中国共产党第一次全国代表大会。1927 年脱党。历任内务部研究员、参事、国务院参事。生前著有《包惠僧回忆录》。

③ 张培鑫(1901—1928),湖北黄安高桥陈河人,董必武的外甥。1921 年,加入中国共产党。1928 年 1 月 16 日,被军阀秘密杀害于武汉和记蛋厂附近。

该联合以孙中山为代表的资产阶级民主革命派的正确主张。陈潭秋积极支持董必武的看法,但大会决议对其他党派采取不建立任何关系的政策。董必武与李汉俊为大会起草了给共产国际的报告,如实列举了大会所讨论的主要问题。

大会以后,董必武和陈潭秋回到武汉,负责建立和发展湖北省党的组织,当即成立了中共武汉地方委员会,成为武汉地区中共组织的第一个正式领导机关。1922年夏,遵照1921年11月中共中央局议决的《通告》,又成立了中共武汉区执行委员会,包惠僧任书记,董必武、陈潭秋、李书渠①分别担任财务、组织、宣传委员,区委机关设在武昌黄土坡下街27号。由于区委在学校师生和工农群众中宣传组织工作的深入开展,党的组织迅速壮大,到1923年年初,党员已超过50名。以恽代英②为首创立的利群书社、共存社的一大批革命知识分子也先后加入了党的组织。

董必武在领导工人运动的工作中,比较注意从产业工人中培养发展对象。他与大冶石灰窑、汉阳铁工厂等处工人都建立了联系。1922年,在董必武工作的基础上,中共武汉区委派到大冶港窑湖地区领导开展工人运动的李福生(林育英)③吸收大冶石灰窑工人仇国升、④汉阳铁工厂工人刘敢生⑤等为中共党员,很快便在大冶汉冶萍公司里建立了第一个工矿区中共组织——中共大冶钢铁厂小组。1923年夏,这个地区的中共组织发展为中共港窑湖支部。与此同时,董必武还积极组织反对各种反动统治的罢工、罢课、游行,举办妇女读书会、平民夜校、农民识字班等,力图唤醒各阶层民众,湖北的革命形势为之一变。

二、在大革命的洪流中

1923年6月,中共第三次全国代表大会确定同孙中山代表的中国国民党合

---

① 李书渠(1901—1976),字伯刚,湖北天门人。1919年毕业于武昌匀庭中学。五四运动前积极参加新文化运动,是进步社团互助会、健学会的活跃分子。

② 恽代英(1895—1931),原籍江苏武进,出生于湖北武昌。是中国无产阶级革命家,中国早期青年运动领导人,黄埔军校第四期政治主任教官。

③ 林育英(1897—1942),湖北黄冈市团风县回龙山镇林家大塆村人,字祚培,化名张浩、李福生、仲丹、陈子贞等。1922年2月,林育英在武昌由恽代英、林育南介绍,加入中国共产党,是中国共产党早期优秀工人党员和著名工人运动领袖之一,中共黄石地区党组织主要创始人,中国共产党第六届中央委员。

④ 仇国升(1904—1970),湖北均县人,他是黄石地区第一个中共党小组——大冶钢铁厂党小组第一任组长,负责组织发展工作。

⑤ 刘敢生,生卒年不详,曾在李福生(林育英)的指导下,在大冶钢铁厂组织过秘密学习小组,大冶钢铁厂党小组成立后,负责宣传工作。

作,建立各民主阶级的统一战线。11月下旬,中共中央执委会全体会议做出了《国民运动进行计划决议案》,12月25日又发出通告,决定在全国扩大国民党的组织,凡国民党有组织的地方,我党党员、团员"一并加入";凡国民党无组织的地方,例如湖北、湖南、安徽、浙江、福建、北京、天津、南京、奉天、哈尔滨等地,我党同志"为之创设"。① 遵照中共中央的决定和指示,董必武作为共产党员以个人名义加入国民党。由于其与国民党在历史上有较为密切的关系,中共中央又指派他承担与国民党中央在湖北的联络工作。

1924年1月召开的中国国民党第一次全国代表大会通过了由共产党人起草的以反帝反封建为主要内容的宣言,确定了联俄、联共、扶助农工的三大政策,标志着第一次国共合作正式形成。国民党中央决定,由中央执行委员覃振②(理明)、候补中央执行委员张知本③组织国民党汉口执行部,指挥湖北、湖南、陕西三省的国民党党务。因覃振没有到职,已当选为国民党中央候补执行委员的共产党员林伯渠④受国民党中央委派,来到武汉负责建立国民党汉口执行部。董必武与刘伯垂、⑤项英、⑥李立三⑦等人一起协助林伯渠,在汉口日租界建立了执行部办公机关。

1924年4月,董必武主持筹建了国民党湖北省临时党部,他和刘昌群、⑧刘

---

① 中共中央执委会全会《国民运动进行计划决议案》(1923年11月)。

② 覃振(1884—1947),字理鸣,原名道让,湖南桃源县建宁乡大田村(今马鬃岭罗家店)人。著名爱国人士、辛亥革命先驱。早年就读日本东京弘文学院、早稻田大学,曾任中国同盟会总部评议员、武昌首义湘桂联军督战官、大元帅府参议、湖南巡阅使,后担任国民政府立法院副院长、代理院长、司法院副院长等职。

③ 张知本(1881—1976),湖北江陵人。近代中国四大法学家之一。1904年赴日本留学,初入宏文书院,后入日本法政大学攻读法律。1905年加入中国同盟会,1907年学成回国,历任广济中学堂堂长、武昌公立法政学堂监督、武昌私立法政学堂及法官养成所教习、荆州府中学堂堂长。1911年任武昌军政司法部长。1924年任湖北法科大学校长。1924年,中国国民党改组,孙中山亲自提名张知本为中央委员。1928年任湖北省政府主席。1933年当选立法委员,并主持《五五宪法草案》的起草工作。抗战全面爆发后赴重庆,任重庆行政法院院长,还兼任朝阳学院院长。

④ 林伯渠(1886—1960),原名林祖涵,字邃园,号伯渠,湖南安福(今临澧县)修梅镇凉水井村人。早年加入同盟会。1921年加入中国共产党。

⑤ 刘伯垂(1887—1936),名芬,号恶紫、百锤、笱祥、馨笋,生于湖北鄂州市华容区段店镇。早年在日本参加同盟会。1920年在上海被陈独秀吸收为上海共产党发起组成员。不久受陈独秀委托到武汉帮助筹建武汉党小组,成为武汉支部的重要发起人之一。

⑥ 项英(1898—1941),原名项德隆,又叫德龙、飞龙,号江钧,化名张成、韩应、江俊,笔名夏英。湖北江夏(今武汉市江夏区)人,杰出的无产阶级革命家,工人运动的著名活动家,党和红军早期的领导人之一,新四军的创建人和主要领导人之一。

⑦ 李立三(1899—1967),中国共产党的优秀党员、无产阶级革命家、中国工人运动的杰出领导人,中共中央政治局原常委兼秘书长、宣传部长,全国人民防空委员会秘书长,全国总工会副主席。

⑧ 刘昌群(1902—1948),湖北黄破县(现武汉市黄破区)人。1921年12月在武昌私立中华大学读书期间,参与发起武昌社会主义青年团。1922年春末加入中国共产党。

光国、①许鸿、②张继渠、③郝绳祖④等为委员，由他和许鸿、郝绳祖为常委组成常委会，何恐⑤任秘书，余世颂⑥任干事。这个领导班子的成员，除郝绳祖为国民党左派人士外，其余都是共产党员和青年团员。湖北省临时党部一成立，就建立了由共产党员和青年团员合组的、以陈潭秋为书记的党团，旨在加强共产党对省临时党部的领导。5月中旬，汉口执行部遭敌特军警搜抄，刘伯垂、许白吴、⑦杨德甫、⑧周天元⑨被捕，林伯渠于6月离汉返粤，执行部遂告结束。从此，董必武便担负起了在湖北领导创设国民党组织、推进第一次国共合作的重担。

正当董必武开始筹建国民党湖北省临时党部之际，根据中共中央的决定，撤销中共武汉区委，在汉口、武昌分设直属中央的地委，原区委委员长李立三调上海工作，由包惠僧担任中共汉口地委委员长（1925年1月中共四大后改称书记）。不久，在国民党汉口执行部遭受破坏的同时，设在汉口吉庆街德润里的汉口地委机关也被抄，包惠僧再次离汉去沪。次年，董必武继许鸿、许之桢⑩之后接任汉口地委书记。

新建的汉口地委兼管汉阳、江岸、徐家棚三处党的工作，共有50名党员。汉口地委的工作非常繁重，再加上国民党组织的筹建和发展工作，董必武正是以其共产党人的责任感与使命感，任劳任怨、兢兢业业，勇挑湖北革命的重担。这时，他遵照中共上级组织的指示，离开了由他创办的武汉中学，专门从事党的工作，以适应斗争的需要。在董必武艰苦卓绝的领导下，湖北地区国共两党的组织发

---

① 刘光国（1900—1924），曾用名刘宽之、刘白依、刘墩，湖北保康县歇马镇人。1921年秋加入中国共产党，1924年4月，董必武主持筹建国民党湖北省临时党部，刘光国被选为执行委员，经常活动于沪、汉之间。同年7月病故于上海。

② 许凌青（1897—1994），字中山，学名许鸿，中学时改号凌青，江西乐平县（现乐平市）洺口镇人。曾参与五四运动，是马克思学术研究会创建人之一，中共早期党员。

③ 张继渠，生卒年不详，武汉早期社会主义青年团负责人之一。

④ 郝绳祖（1872—1946），字筱园，号蟫园，湖北咸宁市咸安区浮山双泉村人。清末毕业于武昌湖北省立法政学堂。郝参加孙中山领导的革命运动，加入同盟会和国民党。大革命时期，与共产党人董必武、钱亦石、邓初民及国民党左派李汉俊、詹大悲等，从事反对军阀统治的秘密活动。

⑤ 何恐（1900—1930），原名步孔，字楚珍，号毅生，出生于湖北竹溪县一个开明绅士家庭。1915年考入县立高等学堂。1917年以优异成绩从县高等学校毕业，次年，考入湖北省外国语专门学校。1922年冬，由陈潭秋介绍加入中国共产党。

⑥ 余世颂，生卒年不详，1927年鄂北起义时任工农革命军鄂北游击总队党代表。

⑦ 许白昊（1899—1928），又名许白天、许北浩、许世光，湖北应城人。中国共产党第二次全国代表大会代表。

⑧ 杨德甫（1880—1974），湖北宜昌人。中国工人运动领袖。

⑨ 周天元（1892—1931），出生于湖北黄陂县一个贫农家庭。1923年1月，经项英介绍加入中国共产党。1931年被杀害于武昌文昌门外。1950年，武汉市人民政府追认其为革命烈士。

⑩ 许之桢（1898—1964），中共早期党员，全国总工会第八届副主席。第一、二届全国人民代表大会代表，中国共产党第七、八次全国代表大会代表。

展工作均高效展开,各类革命活动不断展开,大革命的狂潮席卷湖北大地。

湖北是直系军阀统治的一个重要省区,帝国主义者也把武汉作为他们坚持侵略中国内地的中心据点,各种反动势力在这里既互相勾结,又互相争夺,盘根错节,形势复杂,但人民群众的革命热情却很高。董必武自陈,他就是这一时期如火如荼的人民革命的"点火者"。①

1924年夏末,董必武和陈潭秋等人以湖北教育界的名义发起组织反帝国主义运动大同盟(大联盟)。8月23日,该联盟筹备委员会在武昌中华大学开会,陈潭秋等均当选为筹备委员会委员,会议决定联络武汉所有人民团体参加联盟。9月5日,董必武主持在武昌中华大学召集加入"武汉反帝国主义运动大同盟"的各团体代表大会,到会代表一致推举董必武为临时主席。

1924年9月7日,董必武以武汉反帝国主义运动大同盟名义,发起组织五十余个团体代表和各界群众数千人,在武昌阅马厂召开"九七国耻"纪念大会。董必武被公推为大会主席,在会上做了重要讲话。他指出大会为追思以往之国耻,即距今二十三年前,我国受八国联军威胁,缔结辛丑条约之期,在我国外交史上是最大耻辱之事,为我国人民所痛心疾首。

董必武强调"此种条约利害之大,有如封豕长蛇,一日不废除,吾国本一日不能伸张,而吾国人亦无享平等幸福之一日",号召人民群众要为"废除种种不平等之条约,及谋人类之生存,谋国际外交之平等"而群起努力。② 在此前后,董必武、陈潭秋多次提出收回租用期已满的汉口英租界的建议,得到武汉各民众团体的热烈响应。

1924年10月,面对段祺瑞③提出的"善后会议",董必武领导湖北人民旗帜鲜明地予以反对,开展了以工人阶级为骨干的国民会议促成活动。12月21日,国民会议湖北促成会在汉口小关帝庙召开全体代表大会,出席代表231人,代表122个团体,董必武、陈潭秋出席并直接领导了这次会议。该会曾派代表何恐参加了次年3月1日开始在北京举行的由共产党和国民党左派主持的中国全国国民会议促成会,这对反对"善后会议"、揭露敌人反动面目、传播革命主张、引导群众参加政治斗争都起了积极的作用。

---

① 田海燕:《董老谈话》(未刊稿),转引自胡传章、哈经雄:《董必武传记》,湖北人民出版社2006年版,第68页。

② 董必武:《武昌之九七国耻纪念大会》,《江声日刊》1924年9月9日。

③ 段祺瑞(1865—1936),原名启瑞,字芝泉,安徽庐州府合肥县(今安徽省合肥市)人。民国时期著名政治人物,皖系军阀首领,孙中山"护法运动"的主要讨伐对象。

　　五卅惨案发生前后，董必武在北京接到上级组织的指示，立即回武汉进行革命组织工作，发动湖北人民响应上海人民的反帝斗争。根据国共两党的决定，国民党湖北省临时党部于6月1日组成了领导运动的指挥机构，并发出紧急动员通告，组织各群众团体成立中国工人罢工后援会，发动募捐援助上海工人，号召全省人民奋起反抗帝国主义野蛮残暴的大屠杀。

　　从6月2日起，武汉学生、工人、商人相继罢课、罢工、罢市，连续举行万余人的游行示威，各校组织的演讲团（队）到处宣讲五卅惨案的经过，揭露帝国主义的暴行，示威群众响亮地提出了"收回租界""取消领事裁判权"等口号，充分展示了工人阶级与人民大众的革命力量。之后的"六一一惨案"以及"三一八惨案"爆发后，董必武领导革命群众通过各种方式向当局施压，外争主权，内争民权。

　　而在大革命的过程中，董必武还时刻面临着国民党右派的疯狂进攻，以郭聘帛①为代表的国民党反动势力以另立伪国民党党部、发表不实舆论等手段，妄图破坏国共合作，抢夺革命领导权。董必武领导共产党和国民党左派人士，在组织上、舆论上与之展开针锋相对的斗争。北伐军胜利攻占武汉前夕，郭聘帛又同祝润湘、②居励今③等人在大汉报馆密谋所谓"应付当前时局的办法"；武昌克复以后，他们又公然收买流氓捣毁工会。而西山会议派继续假借名义，在一些县组织伪党部，进行破坏活动。对此，国民党湖北省党部采取严厉措施，分令各处驻军和地方政府严加取缔，令各级党部重新登记党员。董必武通过国民革命军总司令部政治部，将罪大恶极的郭聘帛逮捕处决，并以总司令部的名义下达了严惩伪党部活动的命令。

　　1926年3月，遵照党的决定，董必武以国民党中央候补执行委员和国民党湖北省党部、汉口特别市党部代表的双重身份，于3月下旬秘密前往湖南长沙。董必武肩负的使命有两项：一是同国民党湖南省党部商讨应付时局、准备迎接北伐的有关问题；二是同广州国民政府派出的代表白崇禧、④陈铭枢⑤

---

①　郭聘帛（1890—1927），又作郭平伯、郭聘伯。湖北宜昌人，原为湖北铁路学堂学生，1906年加入反清革命团体日知会，曾参加武昌起义。

②　祝润湘，生卒年不详，1947年任促汉口支会理事，1948年任汉口民革组织筹备委员。

③　居励今（1888—1945），湖北广济（今武穴市）人。1911年6月毕业于北京邮电学校，曾由田桐介绍入同盟会。1945年2月病逝于重庆。

④　白崇禧（1893—1966），字健生，广西桂林市临桂区会仙镇山尾人，民国陆军一级上将，誉为"小诸葛"，军阀新桂系代表人物。

⑤　陈铭枢（1889—1965），字真如，广东合浦曲樟（今属广西）客家人，民主革命家、北伐将领。历任民国政府军事委员、广东省政府主席、代理行政院院长，民国时期上将，"铁四军"的元老，民革创始人之一。

一道,争取唐生智①以及夏斗寅②军队转向革命。3 月 31 日,武汉市民紧急大会配合董必武的行动,公开电报国民党湖南省党部,请其电促国民党中央和国民政府出师北伐。董必武等人亦顺利说服唐生智倒向革命,扫清了国民革命军北伐路上的一大障碍。

董必武回到武汉后,指导国民党湖北省党部的军事运动委员会,派出北伐宣传队和军事特派员到鄂南各县,发动和组织广大农民,并联络民团,积极援助北伐军。同时,他和潘怡如商定,由潘怡如以治病为名,叫人抬着潘怡如到武汉三镇特别是外围查看敌军兵力的具体部署。

董必武和潘怡如认为,北伐军的进军路线必须是先围困武昌,再渡江取汉阳、汉口,最后围歼武昌守敌。潘怡如将敌军部署及北伐军进军方案画成地图交给董必武。为了配合北伐军胜利占领武汉,董必武冒着生命危险,将所拟攻取武汉的方案送到咸宁叶挺③独立团驻地,为北伐军制定作战计划提供了可靠依据。董必武还利用其领导的湖北特种委员会,乘北伐军兵临城下的有利时机,加紧对敌军的策反工作,为加速武汉三镇光复做出了巨大的贡献。

北伐军克复武汉后,以蒋介石④为首的国民党右派反革命本质愈加暴露,董必武与之展开了坚决斗争。广州国民政府时期,国民党中央通过了迁都武汉的决议,但此时的武汉已经成为全国革命的中心,蒋介石不欲共产党和国民党左派与之争夺军政大权,故于 1927 年 1 月 3 日径自决定,暂驻南昌,于武汉另设政治分会。随后更截留经由南昌赶赴武汉的国民党中央委员,决定改迁南昌。

对此,董必武予以反对,1 月 11 日他通过国民党湖北省第四次代表大会发表欢迎中央政府迁鄂的通电,指出中央政府迁鄂是中央在广州的决定,中外皆知。现武汉又为全国政治中心,民众革命情绪高涨。因此,中央政府应从速迁鄂以寒敌胆而厚民气。随后他又在武汉各地开展一系列"恢复党权""反对独裁"的反蒋运动。

---

① 唐生智(1890—1970),字孟潇,号曼德,湖南永州府东安县(今湖南省东安县)人,民国陆军一级上将。

② 夏斗寅(1886—1951),字灵炳,湖北麻城人。早年投入武昌第八镇当兵,曾加入共进会,参加辛亥武昌首义。

③ 叶挺(1896—1946),原名叶为询,字希夷,号西平,广东归善县(今惠阳区)客家人。中国人民解放军创始人之一、新四军重要领导者之一,著名军事家、政治家。

④ 蒋介石(1887—1975),幼名瑞元、谱名周泰、学名志清,后改名中正,字介石。浙江奉化人,历任黄埔军校校长、国民革命军总司令、国民政府主席、行政院院长、国民政府军事委员会委员长、民国特级上将、国民党总裁、三民主义青年团团长、第二次世界大战同盟国中国战区最高统帅、民国"总统"等职。

2月24日,董必武在出席于武昌阅马厂召开的武汉三镇国民党员大会时致辞,今天开会为的是救党,自从中央党部从广东出发后,有人只看见军事上的力量,看不见党的力量,只看见个人的意志,没有党的意志……我们要实行党的民主化,巩固党的权威,打倒一切封建势力。到会党员15 000人,一致通过了"巩固中央权威,统一本党的指挥机关""立即召开中央全会解决党的问题"等决议,并发表了致国民党中央执行委员会通电。3月8日,董必武于《汉口民国日报》发表《从我们的立场上说出来的几句话》的社论,对蒋介石2月25日在《南昌革命军日报》上发表的演说词逐条予以批驳,重申"巩固党的权威""统一党的指导机关""实行民主政治"等主张。

在一系列政治斗争中,董必武认识到军事指挥权对于革命的决定性意义,开始注重民众武装的建设。"九江惨案"爆发后,董必武出席了国民党湖北省党部第十九次执委会。会议以省党部的名义发表通电,谴责蒋介石制造"九江惨案",并请中央严惩江西反动分子。会议还号召全省各县人民向国民党中央军政机关要求发放枪支子弹,以建立民众武装,巩固后方,并于5月,指示国民党湖北省党部催促省农协派员赴长江上游各县收集散存枪支,增强农民武装。

而在蒋介石悍然发动"四一二"反革命政变后,董必武随即指示《楚光日报》《汉口民国日报》及时揭露蒋介石在上海发动的反革命政变,并鲜明地提出"打倒蒋介石"的口号,指出目前中国革命的出路是打倒蒋介石,铲除封建势力、打倒土豪劣绅,实行工农政策、拥护政府最近对土地问题的新政策,反对帝国主义的经济封锁、反对帝国主义出兵华北。

4月15日,董必武出席国民党中央常务委员会第七次扩大会议时,代表湖北省党部首先发言,严厉谴责蒋介石"四一二"在上海大屠杀,并要求国民党中央加以处置,以申党纪。会议通过决定:着即开除蒋介石党籍,免除其本兼各职,依法惩治。4月22日,董必武与林祖涵、①吴玉章、②毛泽东、恽代英、宋庆龄、③何香凝、④邓演达⑤以及其他国民党中央执监委员、中央候补执监委员、国民政府

---

① 即林伯渠,林祖涵为其原名。
② 吴玉章(1878—1966),原名永珊,字树人,四川荣县人。我国杰出的无产阶级革命家、教育家、历史学家和语言文字学家、中华人民共和国高等教育的开拓者。
③ 宋庆龄(1893—1981),伟大的爱国主义、民主主义、国际主义和共产主义战士。
④ 何香凝(1878—1972),原名谏,又名瑞谏,别号双清楼主。广东南海人。女权运动的先驱之一,第二、三届全国人大常委会副委员长,第二、三届全国政协副主席。
⑤ 邓演达(1895—1931),字择生,生于广东惠阳永湖乡(今惠州市惠城区三栋镇),原籍广东梅县丙村镇,著名的国民党左派领导人。

委员、军事委员会委员等联名在《汉口民国日报》发表了声讨蒋介石叛变革命的通电。

随着宁汉合流，武汉的形势进一步恶化，董必武仍然坚持斗争，6月22日，董必武出席国民党湖北第一次省县市党部联席会议，被推为大会主席之一。在第一次会议上做政治报告，他详细回顾了1926年蒋介石日趋反动及党内对蒋步步退让的事实后指出，我们此刻唯一的出路是迅速讨伐蒋介石，并提出肃清土匪溃兵、建立乡村自治政权和农村合作社、纠正错误、改进革命工作等措施。会中，他还起草了关于政治报告、党部与人民团体及地方政府之关系等决议案。

会议通过了政治报告、党务报告等决议案，发表了声讨蒋介石、反对帝国主义出兵华北的通电等文件。鉴于汪精卫①等摧残工农运动、打击革命势力，湖北省内有三四千工农群众被杀，而自己又屡次遭汪等无理指责，无法履行党政职责等原因，董必武以书面形式提出辞去国民党湖北省党部常务委员、湖北省政府常务委员和农工厅长的职务，拒绝出席国民党中央政治委员会第三十一次会议。

7月15日，汪精卫公开背叛孙中山先生的"三大政策"，董必武愤而辞去所有职务，痛斥汪精卫叛变革命，并于7月下旬赴九江安排干部转移。同年12月，避走日本京都。值得一提的是，当年的11月，在黄安、麻城地区爆发了中国鄂东特委领导的黄麻起义，董必武并没有直接参与此次行动，但起义所有的布告、传单均以董必武的名义发布，号召工农武装起来，实行土地革命，推翻地主豪绅统治。起义军最终攻占了黄安县城，建立了工农民主政权，足见董必武在当地群众心中威望之隆。

第三节 长征尝险阻

由日入苏的董必武，在完成学业之后奉召回到中央苏区，作为年龄最长的红军重要领导参与长征，顺利到达陕北。在此期间，董必武为我党的教育、纪检和司法工作的推进发挥了积极作用。

---

① 汪精卫（1883—1944），又名汪兆铭，祖籍浙江山阴（原绍兴县），出生于广东三水，字季新。1921年孙中山在广州就任大总统，汪精卫任广东省教育会长、广东政府顾问。1924年任中央宣传部部长。后期思想明显蜕变，于抗日战争期间投靠日本，在南京成立伪国民政府。

一、从莫斯科到中央苏区

1928 年，董必武由东京辗转符拉迪沃斯托克到达莫斯科，入莫斯科中山大学学习，与徐特立、①吴玉章、林伯渠、何叔衡、②叶剑英③等编入特别班。次年，由共产国际保送至列宁学院英文班学习，并于 1931 年冬毕业后留校从事研究工作，教授中文。

1932 年，因国内斗争形势变化，中共中央调董必武回国工作。董必武于当年中秋前后到达中央苏区首府所在地瑞金，任红军大学上干队政委。由于气候与水土原因，董必武到任后不久即罹患疟疾，几乎丧生，但仍坚持带病为学员讲课。

1933 年年初，中共临时中央从上海转移至中央苏区，中共中央着手在中央苏区创建党校，董必武先任创校教务长，后又历任副校长、校长。为纪念马克思逝世 50 周年，党校于 3 月 13 日（马克思逝世纪念日的前一天）正式开学。3 月 18 日，在党校举办的巴黎公社纪念日学术讲演会上，董必武做了题为《巴黎公社》的讲演。党校设有高级班、初级班和新区班。董必武一面做教学行政领导工作，一面给三个班讲"社会发展史"和"党的建设"两门课程。

在党校工作期间，董必武时时有针对性地教育广大学员与王明④"左"倾教条主义错误路线展开斗争，支持毛泽东的正确主张。在"左"倾教条主义者和宗派主义者开展所谓反对"罗明路线"斗争之后，罗明⑤被撤职并调任党校教员，董必武却很关心和信任他。

1933 年 2 月 26 日，苏维埃人民委员会召开第 35 次常委会，决议提请中央执行委员会任命董必武、刘少奇为中央工农检查委员会委员。不久，董必武又担

---

① 徐特立（1877—1968），又名徐立华，原名懋恂，字师陶，中国无产阶级革命家和教育家，湖南善化（今长沙县江背镇）人。他是毛泽东和田汉等著名人士的老师，被尊为"延安五老"之一。
② 何叔衡（1876—1935），字玉衡，号琥璜，出生于湖南宁乡县一个农民家庭，无产阶级革命家，是中共一大代表，中国共产党创始人之一。
③ 叶剑英（1897—1986），原名叶宜伟，字沧白，广东梅县人，久经考验的共产主义忠诚战士，坚定的马克思主义者，伟大的无产阶级革命家、政治家、军事家，中国人民解放军的缔造者之一，中华人民共和国的开国元勋，长期担任党、国家和军队重要领导职务的卓越领导人，中华人民共和国十大元帅之一。
④ 王明（1904—1974），原名陈绍禹，字露清，安徽金寨县双石乡（时属安徽省六安市）码头村人。1925 年加入中国共产党，曾任中共中央政治局委员、长江局书记等职务。1930 年从苏联回国后，打着"反对立三路线"旗号，在 1931 年 1 月的六届四中全会上夺取了中央领导权，在党内推行以教条主义为特征的"左"倾冒险主义路线，对中国革命事业造成了极大危害。
⑤ 罗明（1901—1987），字亦平，又名罗善培，广东大埔县客家人。1925 年加入中国共产党。曾任中共汕头地委书记、闽南特委书记、福建省委书记。

任中央工农检查委员会副主席。次年1月，董必武出席中共六届五中全会，全会决定成立中共中央党务委员会，董必武当选为中央党务委员会书记。1月21日—2月1日，中华苏维埃共和国第二次全国苏维埃代表大会于瑞金召开。董必武作为大会主席团成员，当选为中华苏维埃共和国中央执行委员会委员。会后，中央执行委员会任命其为临时最高法庭主席，后为最高法院院长，董必武由此开始成为我党政法工作的主要领导人之一。

在最高法院任职期间，董必武对于一系列苏区干部贪污、渎职案件进行了严肃的处理，对于革命法制与红色政权建设做出了重要贡献，因其主张办案要有一定的手续、必要的文字材料、建立档案，被执行"左"倾机会主义路线者指责为"文牍主义者"。

二、长征到陕北

1934年10月，由于王明的错误领导，中央革命根据地第五次反"围剿"失败，中央红军主力被迫开始长征。董必武不顾年事已高，以大无畏的革命精神，和广大红军指战员一起踏上征途。长征开始时，董必武被调至总卫生部，任卫生支队妇女队队长，工作异常繁重，负责带着一批妇女干部、病号和60副担架进行长征。每天不仅要和年轻人一样背着东西行军，而且还要负责照料伤病员，照应担架、民工和收容工作。每到宿营时，要布置做饭，安排睡觉，还要查病人、担架，找民工，安排打土豪解决给养问题，检查三大纪律、八项注意的执行情况，准备第二天的行军，等等，很难得到必要的休息。后经毛泽东协调才调至没收征集委员会任委员，旋任干部休养连党支部书记，1935年8月，任干部团上干队政委。

在遵义会议召开之后，从不喝酒的董必武十分兴奋，破例买酒，以示庆贺。接着，利用在遵义休整的时机，董必武主持召开了干休连党支部大会，传达了遵义会议的经过及其主要内容，将全连的思想统一集中到毛泽东的正确路线上来。遵义会议之后，中央统一为较年长的领导同志配备了马匹，但董必武始终坚持拄着一根拐棍徒步，而将马匹用来背负伤病员和他珍爱的藏书。

董必武到达陕北后，中共中央决定，由其与中共中央组织部部长李维汉、[①]

---

① 李维汉（1896—1984），又名罗迈，湖南长沙县人。1916年考入湖南省立第一师范学校，与毛泽东、蔡和森等校友结识，并一起创建了新民学会。1919年赴法国留学，后参与中国共产党欧洲支部的筹建工作，成为中国共产党最早的党员之一。中华人民共和国建立后任统战部部长。

中共中央保卫局局长邓发①（旋由红军保卫局局长王首道②代理）、中革军委副参谋长兼军委后方办事处参谋长张云逸、③中共陕北省委书记郭洪涛④组成五人委员会，董必武任书记（亦称主任），在秦邦宪⑤的具体指导下，开展对陕北地区肃反案件的审查工作，解救了刘志丹、⑥高岗⑦等一批被冤枉错划的干部，推动西北局彻底纠正了陕北肃反工作中的严重错误。

1935年洛川会议后，为培养大批干部以适应迅速发展的形势要求，中共中央于11月决定在瓦窑堡创办中央党校，董必武任校长，成仿吾⑧为教务主任。在结束平反工作后，董必武着力于中央党校第一、二期开办工作。1936年6月，他率中央党校工作人员由瓦窑堡西迁至保安，9月又迁往定边。当成仿吾率中央党校百余名学员会合红四方面军党校学员前往定边时，正值周恩来于11月中旬到甘肃、宁夏与彭德怀会同部署红一、二、四方面军发起山城堡战役。

董必武按照中央指示，紧急通知正在北上的党校学员迅速北上，准备配合率领红二十九军部分主力的刘震守卫定边，阻击宁夏马鸿逵⑨骑兵旅可能发动的袭击，保障红军主力东北面的安全。根据定边城外围的地势，董必武和刘震听取并同意了吴上德等提出的关于守卫定边城的部署意见，决定以城外围的沙滩为

---

① 邓发（1906—1946），原名邓元钊，广东云浮人。杰出的无产阶级革命家，中国工人运动的早期领导人。1922年参加香港海员大罢工。1925年加入中国共产党，同年参加省港大罢工和东征战役。

② 王首道（1906—1996），原名王芳林，湖南浏阳人。无产阶级革命家、中华人民共和国交通运输事业的开拓者和奠基人之一，中国共产党第七届中央候补委员、委员，第八、九、十、十一届中央委员。

③ 张云逸（1892—1974），广东省文昌县（今属海南省）人。早年加入同盟会，参加了黄花岗起义、辛亥革命、护国战争和北伐战争。1926年参加中国共产党，1929年在广西右江领导武装起义参加中国工农红军。

④ 郭洪涛（1909—2004），又名郭洪恩、郭惠卿，化名孙耀祖。1925年加入中国共产主义青年团，同年转为中共党员。1935年和1949年两次迎接中央领导人，见证了两个中共党史上意义非常的重要时刻。郭洪涛是陕北红军和陕北革命根据地创建者之一，山东抗日根据地创建者之一，中华人民共和国交通事业的开创人之一。

⑤ 博古（1907—1946），原名秦邦宪，乳名长林，字则民，江苏无锡人。中国共产党早期领导人之一、中国共产党新闻事业卓越的开拓者和奠基人之一。

⑥ 刘志丹（1903—1936），名景桂，字子丹、志丹。中国工农红军高级将领，忠诚的共产主义战士，杰出的无产阶级革命家、军事家，西北红军和西北革命根据地的主要创建人之一。

⑦ 高岗（1905—1954），陕西横山县武镇乡高家沟村人。原名高崇德，字硕卿，陕甘红军和革命根据地的创建人之一。

⑧ 成仿吾（1897—1984），原名成灏，笔名石厚生、芳坞、澄实，出生在湖南新化县知方团（今琅塘乡）澧溪村一个知识分子家庭。早年留学日本，1921年回国。五四运动后，与郭沫若、郁达夫等人先后在日本和国内从事反帝反封建的革命文化活动，建立了著名的革命文学团体"创造社"。

⑨ 马鸿逵（1892—1970），字少云，小名三元，回族，生于甘肃河州（今临夏）。西北军阀"四马"之一，先依附冯玉祥，后投靠蒋介石，任宁夏省主席长达17年，集军政大权于一身，被人称为宁夏的"土皇帝"。

天然屏障,近战击敌,敌骑不到沙岭不打,利用红四方面军1934年在川陕边打敌骑兵的经验,以红、绿、黄颜色的布绑在木棒上,按适当距离插于城外周边沙滩,马一见到这些五颜六色就会受惊,此时最利于打敌骑兵,可将敌骑歼灭于沙岭与城墙之间的沙沟内。

11月21日,红一、二、四方面军协同作战,对位于甘肃环县西北、陕北定边西南的山城堡之国民党军第一军第七十八师发起进攻,取得歼其一个多旅的重大胜利,基本阻断了胡宗南部对陕甘宁革命根据地的进攻。战役结束后,董必武在定边组织领导了中央党校同红四方面军党校合并的工作。

"西安事变"发生以后,中共中央进驻延安。1937年1月初,董必武又率党校工作人员和学员由定边迁至延安桥儿沟。随着"西安事变"的和平解决,共产党领导的抗日民族统一战线进一步发展,在中国共产党的影响和号召之下,全国广大革命青年和知识分子纷纷奔赴革命圣地延安求学。

1937年年初,中共中央及时将中国抗日红军大学改为中国人民抗日军事政治大学,毛泽东亲自担任抗大教育委员会主席。为了招收、培养前来延安参加抗日的革命青年,训练、审查和安排从白区到延安的党员以及曾经同党有过关系的人员,特在抗大增设第四大队,当时又叫"白区工作干部队"。

学员来自各地,包括华北各省大中城市参加抗日救国运动的大中学生,东北流亡学生,张学良①东北军的学兵队、青年军官,杨虎城②西北军的青年学兵,从国民党统治区来的共产党员、共青团员、党的同情者和其他爱国知识分子,从日本、欧洲和南洋等海外归来的爱国侨胞,从国外学习回来的留学生,后来通过国共谈判从国民党监狱里获释的人员,还有陕北革命根据地的部分干部等。

鉴于这个队的特殊情况和工作需要,中共中央选择了德高望重的董必武担任大队的政治委员。董必武到任后,始终将对学员的政治教育与思想改造摆在首位,给学员讲马克思主义基本原理、中国革命史与抗日前途,工作成效显著。部分学员毕业后,分赴四面八方,绝大多数都成了坚持抗日斗争的骨干分子,其中有的为国为党捐躯,有的一直是革命骨干和建设人才。

---

①　张学良(1901—2001),字汉卿,号毅庵。籍贯辽宁盘锦市大洼县东风镇,国民革命军将领,奉系军阀首领张作霖的长子,中国近代著名爱国将领。
②　杨虎城(1893—1949),民国时期陕军将领,十七路军总指挥、陆军二级上将,陕西省主席,联合张学良发动"西安事变"。

1937年夏,经李坚真①介绍,在红四方面军的吴瑞林、②吴朝祥、③李金莲④等对并肩战斗过的战友何连芝⑤的历史情况做了全面说明以后,董必武和原在红四方面军党校学习的何连芝正式结婚。抗大二期四大队结业前后,因陕甘宁边区政府主席林伯渠已调到西安办事处从事统一战线工作,早在5月即已被任命为边区政府委员兼边区最高法院院长的董必武遂代理边区政府主席,主持当时正在进行的陕甘宁边区民主选举工作。9月6日,陕甘宁边区政府成立,董必武奉命南下,开辟新的统一战线战场。

第四节　遥祝延安景物华

全面抗战爆发后,董必武长期在国民党统治区工作,他"站在抗日民族统一战线的前卫地位""不屈不挠地奋斗着"。⑥ 他协助周恩来工作,为抗日民族统一战线的形成和发展,以及国统区的党建工作做出了卓越贡献。

一、战斗在国统区

为加强在国民党统治区的工作,中共中央决定在西安、太原、上海、南京、武汉、长沙等地公开设立八路军办事处。同时,中共中央政治局常委会于1937年8月23日决定以派到国民党统治区工作的中共中央代表林伯渠、董必武、周恩来、秦邦宪、叶剑英组成中共长江沿岸委员会,由周恩来任书记,领导中共在长江一带和西安的工作。根据中共中央的指示,董必武以中共中央代表的身份,于1937年9月离开延安,经西安到武汉,恢复和开创中共在武汉地区的工作。

---

① 李坚真(1907—1992),女,广东丰顺县小胜镇大南村人,出生于贫苦农民家庭,自幼被卖与贫农朱家做童养媳,从小参加劳动。1926年夏接受工农革命的宣传教育,见到彭湃,积极参加农民运动,被选为第四区农民协会委员,1927年6月加入中国共产党。

② 吴瑞林(1915—1995),原名吴尚德、吴上德,四川巴中县人。1955年授中将军衔,曾任海南军区司令员、海军南海舰队司令员、广州军区副司令员兼南海舰队司令员、海军常务副司令员等职。

③ 吴朝祥(1918—1998),女,祖籍湖北麻城,参加过长征的女红军。曾任湖北省军区后勤部副政委、湖北省军区顾问,上校军衔。荣获二级八一勋章、二级独立自由勋章、二级解放勋章、二级红星功勋荣誉章。第四、五届全国人大代表。

④ 李金莲,生卒年不详,红四方面军的红色妇女独立营的干部。

⑤ 何连芝(1905—1980),四川太平(今四川万源市)人。董必武夫人。1933年加入中国共产党。曾任万源县苏维埃政府粮食委员会主席、县游击队队长,中共万源县委、保兴县委妇女部部长。后任中共甘泉县委妇女部部长、陕甘宁边区政府招待所所长。中华人民共和国成立后任董必武秘书,是第五届全国政协委员。

⑥《中国共产党中央委员会给董必武的祝寿电》(1944年1月1日),《新华日报》1944年1月5日。

董必武协助周恩来谋划于武汉、南京、长沙之间,一面公开开展统战工作,筹建第十八集团军①武汉办事处和新华日报馆;一面秘密筹建中共湖北省工作委员会,改组中共鄂豫皖、湘鄂赣两省委,恢复和发展在第二次国内革命战争时期被破坏的中共组织,同时,还调整和补充中共领导的红军游击队,使高敬亭、②傅秋涛③两部均按红军规模加以扩充。到武汉后,董必武住在汉口府南一路安仁里1号,并在东方旅馆楼上租了一间房,接待各方面来访的客人,积极展开统战工作。

与此同时,董必武统一领导了同国民党武汉行营的谈判工作。10月,他顺利筹建了八路军武汉办事处,经与秦邦宪、叶剑英等商定,由李涛④(湘龄)任处长。他又通过谈判斗争,为高敬亭、傅秋涛两部红军游击队从军饷上和物资上向国民党当局争得了一定补充。因湘鄂赣省委不健全,董必武又和叶剑英在南京商定,将鄂豫皖省委改为特委,派郑位三⑤任书记,高敬亭为委员并负责军事工作;派李涛到傅秋涛部传达中共中央关于抗日民族统一战线的政策,将湘鄂赣省委也改为特委,傅秋涛任书记,党的组织由公开转为秘密。

董必武还亲赴黄冈、麻城、黄安等县,为人民抗日队伍募捐,进一步改善了部队的给养。10月2日,中共中央同国民党达成协议,将留在湘、赣、闽、粤、浙、鄂、豫、皖八省边境13个地区的红军游击队改编为国民革命军陆军新编第四军。董必武同周恩来、叶剑英、叶挺等就建立新四军等问题进行商议以后,又和叶剑英于次年初先后到黄安七里坪,检查高敬亭部改编为新四军第四支队并准备挺进敌后的情况。

在周恩来、叶剑英、董必武的具体关怀、筹划之下,高敬亭部发展到3 100余人,傅秋涛部发展到1 500余人,装备得到了一定的改善。从1938年2月开始,高、傅两部分别奔赴抗日前线,向皖中舒城、皖南岩寺地区集中,成为新四军的一支劲旅。

1937年11月12日,上海失陷,南京门户洞开,南京八路军办事处的部分工

---

① 1937年9月11日改称此番号,但习惯上仍沿用第八路军,以下均按习惯称谓。

② 高敬亭(1907—1939),原名高志原,河南新县人,1927年参加革命,1929年加入中国共产党,鄂豫皖苏区游击战争中的红军主要领导人。

③ 傅秋涛(1907—1981),中华人民共和国开国上将。湖南平江县人。1925年参加雇农工会,1927年参加平江农民扑城暴动,1929年加入中国共产党。

④ 李涛(1905—1970),中华人民共和国开国上将,湖南汝城县延寿瑶族乡新坡村四组人。1925年参加爱国学生运动,1926年加入中国共产党。

⑤ 郑位三(1902—1975),原名郑植槐,湖北黄安县人,早年投身反帝反封建的爱国斗争,1925年,加入中国共产党。参与领导黄麻起义,是鄂豫皖根据地的主要创始人之一。

作人员随即迁往武汉；12月上旬，董必武、叶剑英即组织宁汉两地的八路军办事处合并，钱之光①任处长。中旬，中共中央政治局会议决定，由周恩来、王明、秦邦宪、叶剑英组成中共中央代表团，负责同国民党谈判；由周恩来、秦邦宪、项英、董必武组成中共中央长江局，领导中国共产党在中国南部的工作。

11月18日，周恩来、王明与秦邦宪从延安来到武汉，11月23日，代表团和长江局在武汉举行联席会议，决定两者合并，对外称中共中央代表团，对内为长江局，暂以王明为书记，周恩来为副书记，董必武兼长江局民运部部长，主管包括文教、青运、妇运、党派等在内的民运工作，兼管中共湖北省委的工作。

这一时期的董必武一方面积极恢复和发展了大革命失败后被国民党反动派破坏了的共产党组织；另一方面，又和张国焘、②王明等人的右倾错误路线展开了艰苦的斗争，重新甄别了一大批失联党员，向各类工青妇群团组织派驻了大量共产党员与进步青年骨干力量，在湖北开辟了大量坚实的农村敌后抗日根据地，利用各种机会与场合，宣扬共产党的正确理念与先进思想，不断扩大党的影响力。

在武汉期间，董必武支持潘梓年、③许涤新④创办《群众》周刊和《新华日报》，作为党的喉舌，宣传全民族抗日统一战线理论，鼓舞民众，与反动势力做舆论斗争；他还指导湖北省委在应城汤池、黄安七里坪、汉口富源里等地举办面向大专院校学生、党员、游击队员等各群体的各类训练班，进一步教育民众，为抗日斗争输送了一批新鲜血液。

二、站在统一战线的前卫地位

1938年3—4月，在中共推动下，国民党临时全国代表大会决定成立国民参政会。6月16日，国民党中央常务委员会第81次会议决定1938年7月1日召开国民参政会，并公布了参政员名单。国民党政府聘请毛泽东、陈绍禹、⑤秦邦

---

①　钱之光（1900—1994），浙江诸暨牌头王家宅人。中华人民共和国纺织工业主要领导人之一，他参与建立了中华人民共和国的纺织机械制造业体系，适时满足了大规模建设的需要，使我国棉、毛、麻、丝等纺织业得到全面发展。

②　张国焘（1897—1979），又名张特立，江西萍乡人，中国共产党一大代表之一。

③　潘梓年（1893—1972），江苏宜兴县人，中国近代著名的哲学家和杰出的新闻斗士，潘汉年的堂兄。创办了《新华日报》，并担任第一任社长。

④　许涤新（1906—1988），又名许声闻、方治平、渤若。曾任中国社会科学院副院长、汕头大学首任校长。

⑤　即王明，陈绍禹是其原名。

宪、林伯渠、吴玉章、董必武、邓颖超① 7 位中共人士为国民参政会参政员。7 月 6—15 日,董必武作为中共参政员出席国民参政会首届会议,被指定为内政组召集人之一,并当选为驻会委员。在武汉期间,董必武遵循中共中央"明确的政治立场和诚挚的团结精神"②的指示,利用各种社会关系和一切可以利用的机会、场合,在会内、会外积极进行活动。

1938 年 10 月初,在武汉沦陷之前,董必武率八路军小事处及《新华日报》编辑部迁往重庆。10 月 8 日,《新华日报》重庆分馆举行茶会,欢迎中共参政员、《新华日报》董事会成员董必武。董必武发表了题为《目前抗战形势与〈新华日报〉》的讲话,批评了社会上弥散的消极、失败情绪,并勉励《新华日报》积极宣传党的政策与方针,宣传各民主党派和无党派人士有利于抗日民族统一战线的意见与主张。

在渝期间,面对复杂艰难的特殊政治形势,董必武不屈不挠,坚持以斗争求团结,尤其是在 1939 年 12 月国民党第一次反共高潮与 1941 年 1 月皖南事变发生后,董必武利用《新华日报》等媒介发布一系列文稿,揭露国民党当局的丑恶行径,宣讲中共的立场与主张,要求惩治激变首恶,呼吁团结一致、抵御外辱;他以国民参政会参政员的身份,坚持"议会斗争",以提案、质询以及退席等方式与国民党顽固派周旋;他还积极展开会外活动,与国民党左派、各民主人士以及外国驻华使节宣讲、恳谈,使得社会各阶层人士对于中国共产党更加了解与同情,有效扩大了统一战线的范围。

值得一提的是,此时的董必武开始接触立法工作,以国民参政员的身份参与了国民政府的"立宪"。在重庆,董必武参与了"宪政座谈会""宪政期成会""宪政促进会"等一系列要求当局尽速"行宪"的活动。1940 年 4 月 1 日,国民参政会一届五次会议召开,面对蒋介石当局抛出的"五五宪草",董必武等中共参政员指出,所谓"五五宪草"是抗战前的东西,目前已不适用,现在需要的宪法应当根据抗日民族解放战争的具体状况和社会各抗日阶层力量的对比,以孙中山的新三民主义为原则重新制定,并提出了新的"中华民国宪法草案修正案"。

皖南事变之后,蒋介石当局加紧独裁阴谋,一方面,进一步限制中共生存的空间,妄图取缔国统区的八路军办事处;另一方面,开始打击、迫害监督民国政府

① 邓颖超(1904—1992),女,河南光山人,生于广西南宁,1924 年加入中国社会主义青年团,1925 年 3 月,加入中国共产党。伟大的无产阶级革命家、政治家,著名社会活动家,坚定的马克思主义者,党和国家的卓越领导人,中国妇女运动的先驱。

② 胡传章、哈经雄:《董必武传记》,湖北人民出版社 2006 年版,第 177 页。

和同情中共的民主人士。

董必武与周恩来等一道,遵照中共中央"充分地准备应付可能发生的任何地方性和全国性的突然事变"的指示,将在重庆工作的一些身份已公开、半公开的党员撤回延安,或转移到其他较安全的地方,把可能遭到国民党迫害的大批民主人士、进步分子、左翼文化人士从重庆、桂林转移到香港地区。邹韬奋、①张友渔、②夏衍、③胡绳、④韩幽桐⑤等就是这时被派到香港地区,由廖承志⑥联系并帮助他们开展工作的。完全没有暴露身份的党员,有的参加国民党政府设立的战地党政委员会,有的参加国民党的所谓训练团,在国民党政府军事委员会总政治部工作。董必武等人细致且有预见性的工作为中国抗日与解放事业保存了大量有生力量。

三、在联合国宪章上签字的中共代表

1945 年 4 月,在世界反法西斯战争全面胜利前夕,由中、苏、美、英四国发起,在美国旧金山召开了《联合国家宣言》的签字国和参加国参加的"联合国国家国际组织会议",会议的主要议案是制定并通过联合国宪章。会前就中国代表团的人员组成,国共双方展开了斗争。1945 年 3 月,周恩来写信给国民党代表王世杰,⑦并通过已回国的美国驻华大使帕特里克·杰伊·赫尔利(Patrick Jay Hurley),⑧声明国民党独占参加旧金山会议代表的名额是不公正的、不合理的,中国共产党拟派周恩来、董必武、秦邦宪 3 人参加中国代表团。

国民党政府虽然没有接受中国共产党提出的全部条件,但表示同意董必武为出席旧金山会议的代表。3 月 27 日,国民党政府行政院正式公布董必武

---

① 邹韬奋(1895—1944),本名恩润,乳名荫书,曾用名李晋卿。祖籍江西鹰潭市余江区潢溪乡渡口村委会沙塘村,1895 年出生于福建永安。近代中国记者和出版家。

② 张友渔(1898—1992),山西灵石人,原名张象鼎,字友彝。中国法学家、政治学家、新闻学家。

③ 夏衍(1900—1995),原名沈乃熙,字端先,浙江杭州人,中国近代著名文学、电影、戏剧作家和社会活动家,中国左翼电影运动的开拓者、组织者和领导者之一。

④ 胡绳(1918—2000),原名项志逖,笔名蒲韧、卜人、李念青、沈友谷等,中国著名哲学家、近代史专家。

⑤ 韩幽桐(1908—1985),女,回族,原名韩桂琴,系回族革命先驱马骏烈士的表妹,著名法学家、中国法学会原名誉会长张友渔的夫人。

⑥ 廖承志(1908—1983),曾用名何柳华,广东惠阳县(现惠城区)陈江人。中国无产阶级革命家、杰出的社会活动家、党和国家的优秀领导人。

⑦ 王世杰(1891—1981),字雪艇,湖北崇阳人。民国时期的著名政治家、教育家、武汉大学首任校长。

⑧ 帕特里克·杰伊·赫尔利(1883—1963),美国政治家、外交家、印第安人,早年为律师,后来是赫伯特·胡佛政府的战争部长,第二次世界大战中曾作为总统代表广泛出使世界各地,1944 年任美国驻中国大使。

为中国出席旧金山会议代表团的成员。同时公布的代表团成员有宋子文、①
顾维钧、②王宠惠、③魏道明、④胡适、⑤吴贻芳、⑥李璜、⑦张君劢、⑧胡霖、⑨施
肇基。⑩

　　4月21日，董必武等与胡霖等同时飞抵纽约，24日到达旧金山。25日下
午，旧金山会议正式开幕，董必武与中国代表团其他成员一道出席了大会。除
参加大会外，董必武还出席了组织及程序第三小组委员会。5月1日，他参加
我国出席联合国安全机构会议代表团举行的第一次记者招待会，回答了记者
提出的问题。6月26日，会议闭幕，按照大会预定程序，参加会议的50个会
员国的代表在《联合国宪章》上签字（加上后来签字的波兰为51国），董必武代
表中国共产党和中国人民在联合国宪章上签字。当天，他向国内发表广播
演说。

　　在美期间，董必武还积极展开了统战与侨务工作。公余，董必武瞻仰了旧金
山孙中山先生铜像，会见了华侨代表，到华美协进会发表演讲，在纽约华侨衣馆
联合会的会员大会上做报告，为该会以及华侨办的金星广播公司题词留念，向华
侨发表了题为《中国共产党的基本政策》的演讲，还代表中国共产党捐助《华侨日
报》10 000美元。此外，董必武还利用自身的影响力展开"民间外交"，诸如看望
中国人民的老朋友、美国进步女作家艾格尼丝·史沫特莱（Agnes Smedley），⑪
争取她的协助；会见美国部分上层人物、友好人士和新闻记者，介绍中国解放区

　　① 宋子文（1894—1971），民国时期的政治家、外交家、金融家、海南文昌人。
　　② 顾维钧（1888—1985），字少川，江苏嘉定县（今上海市嘉定区）人，毕业于美国哥伦比亚大学，
中国近现代政治人物、社会活动家和外交家。
　　③ 王宠惠（1881—1958），字亮畴，祖籍广东东莞市，是近代中国第一张新式大学文凭的获得者，
曾任中华民国外交部长、代总理、国务总理，是海牙国际法庭任职的中国第一人。
　　④ 魏道明（1901—1978），字伯聪，江西德化县（今九江县）人，民国时期政治外交人物。早年留学
法国，获巴黎大学法学博士学位。
　　⑤ 胡适（1891—1962），曾用名嗣穈，字希彊，学名洪骍，后改名适，字适之。近代中国思想家、文
学家、哲学家。安徽绩溪人，以倡导"白话文"、领导新文化运动闻名于世。
　　⑥ 吴贻芳（1893—1985），女，号冬生，江苏泰兴人，生于湖北武昌。1928年受聘于母校金陵女子
大学，先后主校23年。1945年，出席联合国成立大会，成为在《联合国宪章》上签字的第一位女性。
　　⑦ 李璜（1895—1991），字幼椿，号学纯，曾化名伯谦，四川成都人。政治活动人物、国家主义派人
士，中国青年党创始人之一。
　　⑧ 张君劢（1887—1969），原名嘉森，字士林，号立斋，别署"世界室主人"，笔名君房，江苏宝山（今
属上海市宝山区）人，中国政治家、哲学家，中国民主社会党领袖，近现代学者，早期新儒家的代表之一。
　　⑨ 胡霖（1889—1949），字政之，以字行。四川成都人。近代著名新闻记者、报业家。
　　⑩ 施肇基（1877—1958），字植之，康奈尔大学第一位中国留学生，也是第一位在美国获得硕士学
位的中国学生，是中国第一任驻美国大使。
　　⑪ 艾格尼丝·史沫特莱（1892—1950），出生于美国密苏里州的奥斯古德，著名记者、作家和社会活
动家。1928年年底来华，抗战期间，她目睹日本对中国侵略，向世界发出了正义的声音。

的情况;他与章汉夫、①徐永瑛②一起编写了《中国解放区实录》一书,用英文印刷了 5 000 册发行,向全世界介绍了中国共产党领导下的解放区的真实情况,争取更多国际人士对于共产党的理解与同情。董必武此次美国之行,圆满完成了中共中央指示的各项任务。

回国后的董必武,又迅速回到了统战工作的前线。12 月 5 日,周恩来向中共中央建议,将董必武去渝时改组的中共重庆工委恢复为中共中央南方局,由董必武任书记,王若飞③任副书记,刘少文、④徐冰、⑤华岗、⑥钱瑛、⑦钱之光、潘梓年、熊瑾玎⑧为委员,章汉夫、王世英、⑨童小鹏、⑩王炳南、⑪许涤新、张友渔、夏衍为候补委员,领导国统区工作;由周恩来、董必武、王若飞、陆定一、⑫叶剑英、吴玉章、邓颖超组成中共代表团,负责同国民党谈判和出席政治协商会议。中共中央于 15 日批准了这一提议,并确定南方局目前称为中共中央重庆局。董必武和他的战友们继续战斗在南中国的国统区。

第五节　高标主义新民主

国共内战爆发前后,董必武坚持留在国民政府所在地,战斗在敌人的心脏,

---

① 章汉夫(1905—1972),原名谢启泰,1905 年 10 月 24 日生于江苏武进县。1950 年初,任中华人民共和国外交部副部长。

② 徐永瑛(1902—1968),祖籍江西龙南县。学生时期参加了爱国学生运动。1925 年赴美留学,加入美国共产党,曾任美共中央中国局书记,领导旅美华侨左翼运动逾 20 年。1946 年夏回国。

③ 王若飞(1896—1946),幼年原名大伦,小名运笙(运生)、荫生,号继仁,曾用名王度、雷音,参加革命深入敌后化名黄敬斋,出生于贵州安顺,杰出的共产主义先驱、中共领导人,老一辈无产阶级革命家,著名的"四八"烈士。

④ 刘少文(1905—1987),河南信阳县人,1925 年加入共产主义青年团,同年转入中国共产党。

⑤ 徐冰(1903—1972),原名邢西萍,河北邢台南宫人。曾任中共中央统战部第一副部长、政协第四届全国委员会副主席,第三届全国人民代表大会常务委员。

⑥ 华岗(1903—1972),浙江衢州市龙游县人,又名延年、少峰,字西园,曾用名刘少陵、林少侯、潘鸿文,笔名林石父(一作林石夫)、华石修、烧风、方衡等,中国现代哲学家、史学家、教育学家。

⑦ 钱瑛(1903—1973),女,原名钱秀英,又名生桂,号海霞,曾用名彭友姑、陈萍等。1927 年 3 月加入中国共产主义青年团,1927 年 4 月转为中国共产党党员。中华人民共和国监察部第一任部长。

⑧ 熊瑾玎(1886—1973),湖南长沙人,中共中央在上海时期的财务管家,后在南方局的《新华日报》任总经理。

⑨ 王世英(1905—1968),字子杰,山西洪洞人。

⑩ 童小鹏(1914—2007),福建长汀县童坊乡童坊村人,1930 年 6 月参加红军,并加入中国共产党。

⑪ 王炳南(1908—1988),陕西乾县人。1929 年赴日本留学,继而留学德国。在留德期间,曾任德共中国语言组书记、国际反帝大同盟东方部主任、旅欧华侨反帝同盟主席。

⑫ 陆定一(1906—1996),出生于江苏无锡,伟大的共产主义战士,杰出的无产阶级革命家,中国共产党宣传思想阵线杰出的领导人。

为停止内战做最后的努力，也用实际行动向人民与世界揭露国民党反动派假和谈、真内战的阴谋。在安全撤回中共驻国统区各代表处后，董必武又奔赴华北解放区，开始主持和探索解放财经工作与新生的人民政权建设工作。

一、参与政治协商会议

抗日战争胜利后，蒋介石在美帝国主义支持下，采取假和平、真内战的反革命两手策略，一面调兵遣将，准备发动内战，另一面又玩弄"和谈"阴谋，借以欺骗人民。为了制止内战、力争和平民主、教育广大人民，中共中央决定由毛泽东赴重庆同蒋介石进行谈判。经过 43 天的谈判，1945 年 10 月 10 日，国共双方的代表签署了会谈纪要，即《双十协定》。国民党被迫承认各党派的平等合法地位和人民的某些民主权利，并允诺召开政治协商会议，但拒不承认解放区的人民政权。

董必武从美国一回到重庆，立即投入到争取停止内战的谈判斗争中。到重庆后，董必武向各民主党派领袖、国民党元老说明中国共产党的立场，介绍蒋介石进攻解放区的文件、材料，使他们了解真相，并同他们就政协有关问题进行磋商。各民主党派立即要求国民党当局停止武装进攻，恢复国共谈判。

12 月 27 日，中共代表将无条件停止内战的三项提议书面提交国民党政府代表。国民党由于全面内战的准备尚未就绪，又迫于国内外舆论的压力，不得不表示同意谈判停战问题。次年 1 月 10 日，在马歇尔寓所怡园，中共代表同国民党政府代表正式达成停战协定，但蒋介石在下达停战令的同时，还密令他的军队抢占战略要点。董必武和中共代表团其他成员在谈判桌上针锋相对地揭露了反动派的阴谋。就在正式达成停战协定的这一天，政治协商会议在重庆开幕。董必武和周恩来、王若飞、叶剑英、吴玉章、陆定一、邓颖超作为中共代表，出席了会议。

在会议期间，董必武一方面在会上联合国民党左派和各民主党派人士，就停止内战、组建联合政府、军队国家化、国家民主化、宪法政治等议题与国民党顽固派据理力争；另一方面，他在会下展开积极的宣传攻势，深入工、青、妇等各类民间团体中演说，宣讲中国共产党的主张，与各党派人士、文化艺术界人士与出版界人士商讨政治事务，组织政治协商会议陪都各界协进会，发动社会各阶层力量共商国是，给国民党当局假和谈、真内战的阴谋造成民意和舆论的压力。

尽管国共双方在重庆进行和平谈判，但与此同时国民党陈重兵于以宣化店（今属湖北省大悟县）为中心的中原解放区边境，对解放区实行封锁围困，解放区面临粮食危机。董必武在此困难情形下临危受命,于 1946 年 3 月 30 日经武汉来到宣化店慰问当地军民,为我中原军区筹措粮草。在宣化店,董必武鼓舞、教育解放区人民团结、吃苦,渡过眼前难关,并通过各种关系,于 4 月 8 日争取到第一批粮食,缓解解放区粮荒的问题。回到重庆后,董必武又将解放区的真实情况传递出来,进一步揭露蒋介石当局反人民的丑恶行径。

二、战斗在敌人的心脏

在国民党发动全面内战之后,董必武与他的战友们依旧留在重庆,后又随国民政府还都南京,坚持与国民党当局进行和平谈判的斗争,揭露国民党假和谈、真独裁的反动面目。此外,董必武也利用自身和谈代表的身份,做了许多隐蔽战线的工作,为解放战争的胜利做出了独特的贡献。

他同国民党海军之第二、九、五十六、四五〇号等四艘小型军舰官兵,桂系第四十六军军长韩练成[①]和陇海线上的国民党驻军以及山东的一批原国民党军政人员均建立了秘密联系,尽可能为华中、山东、中原各解放区的民主自卫战争和人民解放战争创造有利条件。1946 年 9 月底,对于国民党的四艘小型军舰,董必武亲自派人前往江苏邵伯至高邮一带组织起义,并请粟裕、[②]谭震林[③]通知当地负责人急速予以援助。同年 11 月上旬,他在上海接见了遵周恩来指示由南京而来的韩练成,向其说明了中国共产党坚决粉碎国民党军全面进攻的方针,交代了在前线起义的任务和与山东野战军建立联系的方法。11 月 8 日,董必武致电陈毅、[④]张云逸、黎玉[⑤]告知韩练成已从华南北调山东,不愿内战,请派人与之联系。当华东野战军于次年 2 月 20—23 日在鲁中山区举行莱芜战役时,在国民党军前线作战的韩练成临阵放弃指挥,使国民党部队阵脚混乱,配合解放军歼灭国

---

①　韩练成(1909—1984),宁夏固原人,原国民党军高级将领。是中国共产党深入"龙潭虎穴"的四大传奇将军之一,被蒋经国称为"在总统身边隐藏时间最长的隐形将军"。

②　粟裕(1907—1984),原名粟多珍,曾用名粟志裕,侗族,生于湖南会同。中国无产阶级革命家、军事家,中国人民解放军的主要领导人,中华人民共和国十大大将之首。

③　谭震林(1902—1983),1902 年出生于湖南省攸县城关镇一个普通工人家庭,1926 年加入中国共产党。曾任中共中央委员、中央书记处书记、中央政治局委员、国务院副总理、全国人大常委会副委员长、中央顾问委员会副主任等职。

④　陈毅(1901—1972),名世俊,字仲弘,四川乐至人,中华人民共和国十大元帅之一。中国人民解放军创建人和领导人,中国无产阶级革命家、军事家、外交家。

⑤　黎玉(1906—1986),又名李兴唐。山西崞县(今原平)人。1926 年加入中国共产党。黎玉在山东长期担任党的主要领导,为开创山东的抗日新局面做出了重大贡献。解放战争中,为保卫和建设山东解放区、粉碎国民党的全面进攻和重点进攻做了大量工作,使解放区的土地改革和工商经济得到迅速发展。

民党第二绥靖区所属兵力 7 万余人的作战,为取得这一重大胜利做出了贡献。对此,陈毅曾称赞"莱芜战役第一功,应是恩来同志和董老"。[①]

随着内战局势的不断发展,国民党军队由战略进攻转向战略防御,对于国统区共产党的活动则进一步限缩,特务的盯梢与破坏活动愈演愈烈,终于在 1947 年 3 月间,要求关闭中共驻重庆、上海和南京等地的办事处。董必武在恶劣的政治环境中有条不紊地组织各地办事处的同志销毁文件、有序撤离,并在促使国民党方允诺派飞机送重庆办事处及《新华日报》社的工作人员回延安后,才于 4 月 7 日率南京、上海两处人员离开南京,飞往延安。可以说,董必武在国统区战斗到了最后一刻。

三、解放区财政与政权建设

从国统区撤回的董必武,随即踏上新的征程。随着解放战争的不断推进,为适应党面临的新形势与新问题,1947 年 4 月,中共中央决定成立华北财经办事处,驻太行,统一华北各解放区财经政策,调剂各区财经关系和收支,并决定董必武任主任,华东、太行、五台、晋绥各派一员担任副主任。由此,董必武开始探索解放区的财政工作,于 8 月 1 日向中央提出了《华北财经办事处组织规程》,明确办事处的任务是审查各个解放区的生产、贸易、金融计划,各个解放区的货币发行,筹建中央财政及银行等,并于 8 月 16 日获批通过。9 月 18—19 日,董必武出席了晋察冀边区财经会议并讲话,他指出,发展生产和保障供给是当前财经工作的总方针与大原则,"当前的财经任务应当是动员现有的人力、财力、物力来支援空前大规模的近代化的长期性的战争。发展各种生产,特别是国民生产,实行精简节约,保障前线后方各部队机关从业人员业务和生活上一定量必需的供给。"[②]

董必武强调了统一财经工作的极端重要性,指出现在情况完全变了,各战区内部连成一片,各战区间也连接起来了,要发展生产,支援全国范围内的战争,特别是运动战,财经工作必须统一。[③] 在财办主任的职位上,董必武还就人民银行的创办、解放区货币的发行、军工厂的设置、交通运输的联通以及华北地区统一财政的问题做了诸多有益的尝试。

随着解放战争的节节胜利,在华北、山东、晋察冀、晋冀鲁豫、晋绥等诸解放

---

① 胡传章、哈经雄:《董必武传记》,湖北人民出版社 2006 年版,第 248 页。
② 《董必武年谱》编辑组:《董必武年谱》,中央文献出版社 1991 年版,第 299 页。
③ 《董必武年谱》编辑组:《董必武年谱》,中央文献出版社 1991 年版,第 300 页。

区连成一片,1948 年 5 月 9 日,中共中央决定,将晋察冀中央局和晋冀鲁豫中央局合并,建立统一领导华北地区的中共中央华北局,并决定建立华北联合行政委员会和华北军区。6 月 9 日,中央决定撤销华北财经办事处,设中央财政经济部。根据中央的决定,董必武担任中共中央财经部部长、中共中央华北局常委等职,并任华北联合行政委员会主席,主持华北联合行政委员会的工作。6 月 26 日,晋冀鲁豫边区政府和晋察冀边区行政委员会的参议会驻会参议员举行联席会议,决议召开华北临时人民代表大会。

从此,董必武开始了筹建华北人民政府的工作,探索我党人民政权建设工作的经验。华北临时人民代表大会于 1948 年 8 月 7 日在石家庄召开,董必武致开幕词,他指出:"我们华北临时人民代表大会宣布开幕了。它是一个临时性的,也是华北一个地区的。但是,它将成为全国人民代表大会的前奏和雏形。因此,它是中国民主革命历史中划时代的一次大会,在中国民主革命历史上将占有光荣的篇章。"①

9 月 20 日,董必武主持召开华北人民政府委员会第一次会议。委员们一致选举董必武为华北人民政府主席,薄一波、②蓝公武、③杨秀峰④为副主席。会议通过了各部长、各会主任、各院长、华北银行总经理及秘书长、劳动局长等的任命。9 月 26 日,董必武主持召开就职大会,并启用华北人民政府印信。

董必武在会上指出,华北土地改革已基本完成,今后华北人民政府的中心任务是实施华北政府的施政方针,建立各级人民政权,从各方面发展生产,支援前线等。⑤ 在董必武的领导下,在晋冀鲁豫解放区冀南银行、晋察冀边区银行合并而成的华北银行的基础上,华北银行又同北海银行、西北农民银行合并为中国人民银行。董必武还为当年发行的人民币题写了"中国人民银行"几个字。

---

① 胡传章、哈经雄:《董必武传记》,湖北人民出版社 2006 年版,第 268 页。
② 薄一波(1908—2007),原名薄书存,山西定襄县蒋村人。1925 年入党,曾在山西、天津等地从事兵运等工作。1946 年起,担任军队领导工作。中华人民共和国成立后,历任华北局第一书记、军区政委、财政部部长、国务院第三办公室主任、国家建设委员会主任、国家经济委员会主任等职。
③ 蓝公武(1887—1957),广东大埔人,最高人民检察院原副检察长。早年留学日本,时人称他和张君劢、黄远庸为梁启超门下的"三少年"。
④ 杨秀峰(1897—1983),原名碧峰,字秀林。杰出的教育家、法学家,我国公安政法战线的杰出领导人。中华人民共和国成立后,任河北省人民政府主席、中华人民共和国高教部部长、教育部部长,最高人民法院院长。
⑤ 《人民日报》1948 年 10 月 19 日。

第六节　一代新规要渐磨

一、草拟《中央人民政府组织法》

1949 年 1 月,北平和平解放,董必武随华北人民政府前往北平,开始为人民的建设而擘画。6 月 15—16 日,董必武参加新政治协商会议筹备委员会会议,担任常委和新政协筹备会第四小组组长,主持起草中央人民政府组织法。7 月 10 日,他被中共中央指定为由 21 人组成的新政协筹备会党组干事会成员,是政法工作负责人。

董必武领导的第四小组共有 25 人,出席筹备会的 23 个单位除了文化界的民主人士外,均有代表参加这个小组。6 月 18 日,小组举行了第一次全体会议,广泛交换了意见。7 月 8 日,在小组第二次全体会议上,董必武与张奚若、①阎宝航、②王昆仑、③张志让④被推定负责起草政府组织法的初步草案。他们作为起草委员,曾先后三次开会研究,并征询了钱端升、⑤王之相、⑥邓初民⑦等专家的意见,写成了政府组织法的草案初稿。8 月 17 日,小组又召开了第三次全体会议,修正通过了组织法的初步草案,提交新政协筹备会的常务委员会。

8 月 27 日,在新政协筹备会常务委员会第四次会议上,董必武与黄炎培、⑧马叙伦、⑨张奚若、李立三被指定负责修改组织法的初步草案。9 月 13 日,新

---

① 张奚若(1889—1973),字熙若,自号耘,陕西大荔县朝邑镇人。早年加入同盟会,参加辛亥革命。在第一届中国人民政治协商会议上,他是"中华人民共和国"国名的提议者。

② 阎宝航(1895—1968),字玉衡,中国战略情报专家,为世界反法西斯战争的事业立下过不朽的功勋。

③ 王昆仑(1902—1985),江苏无锡人,北京大学哲学系毕业。1922 年加入中国国民党,1926 年任黄埔军校潮州分校政治教官,曾参加北伐战争。

④ 张志让(1893—1978),中国当代著名法学家、法学教育家。江苏武进县人。早年曾求学于复旦公学,后留学美国哥伦比亚大学,回国后任复旦大学校务委员会主任委员、北京大学和东吴大学教授。

⑤ 钱端升(1900—1990),字寿朋,生于上海,中国著名法学家、政治学家、社会活动家。

⑥ 王之相(1891—1986),奉天(今辽宁)绥中人。字叔梅　法学家。1915 年,毕业于北京法政专门学校法律本科。中华人民共和国成立后,任政务院法制委员会委员兼编译室主任,后任九三学社第三—七届中央委员,是第二—六届全国政协委员。著有《国际关系论》《外交史》《国际法》等。

⑦ 邓初民(1889—1981),又名邓昌权、邓希禹,中共党员。著名社会科学家,长期从事社会科学和社会史的教学和研究工作,国家级有突出贡献的教授,中华人民共和国成立以后任山西大学第一任校长。

⑧ 黄炎培(1878—1965),号楚南,字任之,笔名抱一,江苏川沙(今属上海市)人。1905 年参加同盟会。中华人民共和国成立后,黄炎培破"不为官吏"的立身准则,欣然从政。

⑨ 马叙伦(1885—1970),字彝初,更字夷初,号石翁、寒香,晚号石屋老人,浙江杭县(今杭州)人。现代学者、书法家,中国民主促进会(民进)的主要缔造人,中国共产党的亲密战友。

政协筹备会常务委员会第五次会议对组织法草案进行了文字修改,9 月 17 日的新政协筹备会第二次全体会议原则上通过了这个组织法。在华北工作期间,董必武就曾领导制定了《华北人民政府组织大纲》,这个组织大纲成为制定中央人民政府组织法的参考与借鉴。中央人民政府组织法的不少条文,特别是关于政府各部、会、院、署、行、厅的组织条文,更是对组织大纲的直接继承与发展。

　　9 月 21 日,新政协在北平开幕,董必武出席,并当选为大会主席团成员。在 22 日的会议上,董必武做关于《中华人民共和国中央人民政府组织法》草拟的经过及其基本内容的报告,会议通过了该法草案。9 月 30 日,董必武当选为中央人民政府委员和政协全国委员会委员。10 月 1 日,董必武参加了在怀仁堂举行的中央人民政府委员会第一次会议,就任政府委员职。同日,他登上天安门城楼,出席开国大典。10 月 19 日,董必武出席中央人民政府委员会第三次会议,被任命为政务院副总理和政治法律委员会主任,开启了其领导中华人民共和国法制建设的历程。

二、人民民主专政的政权建设

　　对于中华人民共和国的政权建设问题,董必武通过总结其主政华北人民政府的实践经验,指出新中国人民民主专政的国家机关要在民主集中制组织原则的基础上,开好各级人民代表会议和人民代表大会,使政府与人民保持最密切联系。

　　1950 年,董必武领导组织了政法草案审查会议。8 月,小组审查了由内务部起草的、经 7 月全国民政会议讨论的有关区乡各界人民代表会议和区乡人民政府的四个组织通则草案,并提出了修正草案。10 月 25 日,董必武将这四个组织通则草案分送给毛泽东、朱德、刘少奇、①周恩来、任弼时、②林伯渠等审核。这些组织通则的制定为中华人民共和国的区乡基层政权的建设提供了依据。

　　而在县级政权建设方面,董必武于 1951 年 9 月召集华北的县长(旗长)、专员(盟员)、省人民政府主席、副主席及各级民政工作负责人召开华北县长会议。

---

　　① 刘少奇(1898—1969),生于湖南宁乡县,伟大的马克思主义者,伟大的无产阶级革命家、政治家、理论家,党和国家主要领导人之一,中华人民共和国开国元勋,是以毛泽东同志为核心的党的第一代中央领导集体的重要成员。

　　② 任弼时(1904—1950),原名任培国,湖南汨罗人。伟大的马克思主义者,杰出的无产阶级革命家、政治家、组织家,中国共产党和中国人民解放军的卓越领导人,是以毛泽东同志为核心的中国共产党第一代领导集体的重要成员。

会上,刘澜涛①做《进一步加强县人民代表会议工作》的报告,薄一波做《发展华北农业生产问题》的报告。9月23日,董必武做《论加强人民代表会议的工作》的报告,指出人民代表会议和人民代表大会是我们国家的基本制度,要创造条件,在华北乃至全国范围内使县级人民代表会议普遍代行人民代表大会职权,以正式选举县人民政府;报告要求按县人民政府组织通则,设立县民政、财政、教育、公安等科或局,成立县人民监察委员会、人民法院和人民检察署;报告还批驳和纠正了在建政问题上认为"群众觉悟不够""人民代表会议不如干部会顶事"等错误观点和不恰当的提法,强调"人民是主人,人民代表和政府干部都是长工",人民政府要为人民服务,要让人民"当家坐天下"。

1953年1月13日,中央人民政府委员会第二十次会议决议召开全国人民代表大会及地方各级人民代表大会,以取代中国人民政治协商会议代行全国人民代表大会职权、地方各级人民代表会议代行地方各级人民代表大会职权的形式。2月6日,董必武在全国政协一届四次会议上就此做发言,指出这是"我国人民政治生活中一个历史性的巨大事件",为次年9月全国一届人大的召开做了充分准备。

全国人大召开以后,为适应战争环境建立起来的军管会就基本完成了历史使命。1955年8月22日,经中共中央政治局会议决定,董必武与张鼎丞、②罗瑞卿③开始负责研究军管会的撤销问题,并于12月22日向中共中央做了《关于军事管制委员会问题的报告》,提出了具体撤销方案。中央政治局于次年3月24日讨论批准了这个方案。从此,起临时政权组织作用的军管会就正式在全国范围内由经地方各级人民代表大会选举产生的政权机关代替了。

三、中华人民共和国法制建设的奠基人

董必武担任中央人民政府政务院政治法律委员会主任后,于1949年10月21日主持召开政法委员会第一次会议。董必武说明政法委员会的任务是负责指导内务部、公安部、司法部、法制委员会、民族事务委员会的工作。董必武一直强调人民民主专政的国家必须"依法办事",而"有法可依"是"依法办事"的首

---

① 刘澜涛(1910—1997),又名刘华甫,陕西米脂人。1926年加入中国共产主义青年团,1928年9月转为中国共产党党员,1926年参加革命工作。

② 张鼎丞(1898—1981),闽西革命根据地的主要创建人之一。福建永定人。1927年加入中国共产党。土地革命战争时期,参加并领导了龙岩、永定、上杭等县的农民武装暴动。

③ 罗瑞卿(1906—1978),四川南充人,大将军衔,中国无产阶级革命家、军事家。1928年加入中国共产党,1929年参加中国工农红军。

要之义。因此,之后的一段时期,在董必武的直接领导下,我国先后制定了一系列保护人民、打击敌人的法律和法令,中华人民共和国最初的法制体系架构由此搭建。

在领导制定中央人民政府组织法以后,董必武又领导政法部门按照中国人民政治协商会议共同纲领的规定,彻底废除了国民党反动政府的一切反人民的法律、法令和司法制度,先后制定了《中华人民共和国土地改革法》《中华人民共和国婚姻法》《中华人民共和国兵役法》《中华人民共和国惩治反革命条例》《中华人民共和国惩治贪污条例》《中华人民共和国民族区域自治实施纲要》等各项重要的法律、法规,以及工会法、农协组织法、劳动保险条例、私营企业条例、人民法庭组织法以及革命军人、革命工作人员、革命烈军属、民兵、民工5个优抚暂行条例等。董必武还参与了中华人民共和国第一部宪法的起草工作,1953年1月13日,中央人民政府委员会第二十次会议上决定成立中华人民共和国宪法起草委员会,毛泽东为主席,朱德、董必武等为委员。与此同时,董必武还直接参与制定了《中华人民共和国全国人民代表大会及地方各级人民代表大会选举法》。

在1954年全国一届人大上,董必武当选为最高人民法院院长,领导法院党组起草了《中华人民共和国刑事诉讼法(草案)》。他甚至想在马列主义关于国家与法律的理论指导下,制定社会主义的民法、刑法、民事诉讼法等基本法典,但受限于当时的政治环境,终未能如愿。而在司法层面为了落实“依法办事”,董必武强调有反必肃、有错必纠的审判工作方针,纠正和避免了一些冤假错案。

除了立法和司法工作,董必武还十分重视法学研究问题,他提出“法学是一种科学”,对于中华人民共和国法学研究机构和法学理论刊物的创建,以及政法干部的培养投入了极大的关注与支持。1951年11月,董必武亲自主持筹建中国政治法律学会,次年4月22日,学会在北京正式成立,选举董必武为主席。《政法研究》等法学理论刊物以及中国科学院法学研究所等法学研究机构也都是在董必武的直接关心下创设的。

尽管年事已高,身体羸弱,但在之后的岁月里,董必武仍然先后担任了全国政协副主席、国家副主席、代主席以及全国人大常委会副委员长等重要领导职务,他的足迹遍及了祖国除了西藏和台湾之外的所有省区,对于经济、交通、民族、海军、民政和外交等事务都倾注了大量的心血。

1975年3月5日,董必武在广州度过了自己90岁的生日,后终因肝癌与其他并发症,于4月2日7时58分在北京与世长辞。

第二章　董必武法学观

　　董必武法学观根植于董必武的生活经历，是董必武就法律现象和法律问题的看法。作为一个马克思主义的革命家、法学家以及中华人民共和国成立后长期负责政法工作的国家领导人，董必武对于法治建设、法治实践和法学教育等都有自己独到的见解。

　　法学观作为个人对法律现象和法律基本问题的观念和看法，决定了个人在尊法守法、执法用法、法律评价等方面的基本态度和观点。党员干部的法学观对于我国社会主义法治建设尤为重要。2018年8月，习近平总书记在中央全面依法治国委员会上发表了《加强党对全面依法治国的领导》的讲话，强调："领导干部必须带头尊崇法治、敬畏法律，了解法律、掌握法律，遵纪守法、捍卫法治，厉行法治、依法办事，不断提高运用法治思维和法治方法深化改革、推动发展、化解矛盾、维护稳定的能力，做尊法学法守法用法的模范，以实际行动带动全社会尊法学法守法用法。"领导干部作为"关键少数"，其法学观的树立和培养是完成新时代全面依法治国任务的前提。

　　董必武法学观经过革命时期的淬炼和中华人民共和国建设时期的实践检验，是具有中国特色社会主义法学观的重要组成部分。董必武的法学观对于领导干部法学观的培养和塑造有着重要的学习和借鉴作用。

第一节　董必武法学观的形成

　　人的观念是时代、社会生活与人的主观特性相结合的产物。董必武本人富于探索的勇气和革命实践精神，在学习上极具天赋和热情，并且能够以实践检验所学，这是董必武法学观形成的自身条件。在客观上，董必武所处的时代环境对其法学观的塑造起到了不可替代的重要作用。

一、董必武法学观的产生

董必武出生于清朝末年,亲身经历了清王朝的覆灭和随后纷繁变幻的政权更迭。时值社会动荡时期,旧政权崩坏而新秩序尚未形成,军阀逐鹿中原,西方殖民势力侵扰。对秩序的寻求使得董必武踏上了革命抗争的道路。铁与血浇筑的革命生涯,使得董必武法学观从实践总结中来、从根据地政府法治建设中来、从不厌其烦地亲身解决群众实际问题中来。可以说,从基层到中央、从微观到宏观,董必武法学观有着深厚的法律实践基础。

早年留学日本所受的完整系统的法学教育使董必能够理论结合实践,而理论又在法律实践中得到运用和提升,反过来促进理论本身的发展。

董必武法学观"坚持群众路线、秉持人民立场"的基调是中国特色社会主义法学观的体现,而"依法治国"重要思想是董必武法学观一以贯之、从未懈怠的强调、坚持以及恳切渴望。

"董必武的青少年时期,中华大地正处在多事之秋,中华民族已经陷入灾难深重的境地。早在他出生四十多年前,西方列强的大亨们用鸦片和洋枪洋炮轰开了清帝国紧闭的大门。"①军阀割据,西方列强入侵,中国人民面对着帝国主义、封建主义和官僚资本主义的三重压迫。无数仁人志士不顾自身安危,宣扬"国家兴亡,匹夫有责"的革命理念,成立各类团体以救亡图存。

董必武于清朝末年开始了自己的求学生涯,在此期间通过日知会与刘静庵等志士亦师亦友的学习交流,使他受到了民主主义的启蒙。在得知武昌起义的消息后,董必武毅然剪掉发辫,正式投身革命。早期革命失败以后,1914年董必武远赴东瀛,入日本大学法学部学习,攻读法律专业,接受了系统而完整的法学教育。回国后,董必武又在武汉进行律师执业,利用所学法律知识帮助贫困百姓。

1920年秋,董必武与陈潭秋在武汉创建共产主义小组,并于1921年参加中共第一次代表大会,接受党的指派,完成革命任务。大革命时期,董必武主持、参与制定了《湖北目前最低政纲》《国民政府反革命罪条例》等法律文件。在中央苏区,董必武主持党的纪检工作并先后担任临时最高法庭主席以及最高法院院长,大力展开反腐倡廉活动,并主持审判工作。

在此期间,董必武制定了一系列宪法性法律文件和诉讼法、婚姻法、土地法、

---

① 《董必武传》撰写组:《董必武传(1886—1975)》,中央文献出版社 2006 年版,第 12 页。

选举法等部门法,以及政府组织条例、工作大纲等。通过主持审判工作,董必武积累了司法审判经验,建立了诉讼档案制度。

抗日战争时期,董必武就党政关系、党法关系、群众路线等重要问题做了论述,并于1945年赴美出席联合国成立大会时,在讲话中宣传了党的各项政策。解放战争时期,董必武制定的各项法律制度为新中国所借鉴和沿用。中华人民共和国成立后,董必武主持建立新政权的司法审判制度、主持制定法律、推行法学教育,为新中国的法治建设打下坚实基础。

在长期革命工作和社会主义建设工作中,董必武对中国国情和中国人民有了具体而深刻的认识,这使得董必武能够立足国情,在制定法律、把握立法执法宽严、坚守社会主义方向、落实司法工作具体内容、优化工作方式上,注重理论结合实践,构建符合中国国情的法治体系。这一实践过程也是董必武法学观的形成过程。

可以说,董必武法学观是在半殖民地半封建社会的旧中国这一特殊历史时期、特殊社会环境中,在长期革命工作中总结经验教训而产生的,是随着新中国的建立,根据我党前期积累,理论结合实践而发展完善起来的,是具备中国特色的、马克思主义的法学观。它发轫于对抗清末黑暗政治的少年情怀,启蒙于留学日本学习法政的理论基础,初试锋芒于律师执业实践,但更多内容的成熟和完善是在长期革命斗争中,在新中国的制度建设中探寻、总结而来。

二、董必武法学观的特点

与中国共产党早期其他领导人相比,董必武属于较少接受系统法学教育的"海归"。而与西方法律界知名人士的法学观相比,董必武法学观在性质上属于马克思主义的法学观。董必武对于立法、司法、执法所秉持的观念看法,以及立场和价值取向始终是人民。因此,较之于中共早期其他领导人以及西方法律界所流行的法学观念,董必武法学观具备如下特点。

(一)始终坚持依法治国的理念

坚持依法治国也就是坚持法治。董必武是我党少数受过完整的法学教育,并在之后革命工作、新中国建设工作中始终强调、坚持依法治国理念的领导人。依法治国理念在当今已得到社会各阶层的广泛认同,但是,在战火纷飞的革命年代以及中华人民共和国成立之初,法治理念曾不同程度地受到忽视和损坏。坚持依法治国理念,根据法律规定来建设革命根据地、组建人民政府以及治党治军是董必武始终如一的初心。

乱世有法不依的社会状态让董必武意识到法治的重要性。虽然辛亥革命推翻了清王朝,但是并未平息战乱,反而产生了更为频繁的政权更迭。当时社会动荡不安,各种规章制度难以落到实处,有法而无法治。生活在乱世的民众盼望安定有序的生活秩序。对于清末知识分子而言,他们脱离了科举考试的八股文教育体系,开始解除思想上的束缚,睁眼看世界,有机会接触和学习西方法律制度,法治概念逐渐步入人们的视野。

民国初期,走马灯一样不断更替的政府首脑往往一上任就急于公布自己的施政纲领和宪法性文件以安天下、平民心。从戊戌变法到武昌起义、从湖北军政府到北洋军阀,当时实施法治的社会条件并不成熟,大部分施政纲领仅停留在书面上。

正是因为经历了"有法律但无法治"的乱世生活,董必武深刻意识到法治对于创立制度、恢复秩序、巩固生产、维护人民群众利益的重要性。

清朝末年,同样积贫积弱的东亚国家日本通过明治维新摆脱了被西方国家控制和瓜分的局面,走上了独立发展资本主义的道路,这引发了国内知识分子的关注和思考。"甲午中日战争后,大多数知识分子认为清王朝战败的原因在于日本推行了明治维新,改良了政治,于是转而向日本学习政法制度。因此到日本留学者以学习法政的居多……据统计,1906—1911 年,清朝学部共举办过七次考取留学毕业生的考试,合格的留日学生共 1 252 人……近 65%是学习法政专业者……国内的专门学堂也以法政为最多……虽然学习法律的动机各不相同,但是相当一部分人认为变法修律,改革官制,才能使民富国强,所以很多人的视野转向法律的学习和法律制度的移植。"①

董必武的青年时期恰逢清末留学日本学习政法制度、救亡图存风气的高涨。这是促使董必武在二次革命失败之后,选择东渡日本系统学习法律的重要因素。在日本受到的法学教育,为其今后始终秉持的法治立场打下了坚实的基础。在长期革命生涯中,董必武深刻意识到,革命根据地以及将来建设社会主义国家也可以实施法治,并且应当实施法治。

"中国共产党并不是法律虚无主义者。早在延安时期,董必武等老一代革

---

① 柯新凡:《实践—学习—实践:董必武早期法治思想形成的历史轨迹》,《学术论坛》2012 年第 7 期,第 212 页。

命家已然开始关注法律的作用。1940 年,董必武在《更好地领导政府工作》中就总结了当时国民党受到人民痛恨的原因不在于没有法律,而是在于它不能带领群众遵守法律。""董必武反复强调,法制不是资本主义所独有,社会主义国家,甚至是战争年代的革命政权同样需要法制。董必武将马克思列宁主义的理论与中国革命具体实践相结合,指出人民的政权也必须要有自己的法律,社会主义国家的政治、经济、文化、教育、社会秩序也同样需要法律的维护。1954 年 5 月,《中华人民共和国宪法(草案)》公布前夕,董必武在中国共产党第二次宣传工作会议上的讲话中历数法制对于革命和建设的维护和促进作用,并引用列宁的话,强调革命胜利后,人民群众、党员干部应该转变和克服仇视旧法律的心理。"①"1954 年 6 月 20 日,董必武在给中央政法干部学校的学员报告中又进一步阐述了革命与法律的关系:'人民革命是摧毁反动阶级的统治的,本来便不以任何法律为根据,也不受任何法律限制。革命胜利后,情况便不同了。人民建立自己的政权,进行国家建设,制定自己的法律秩序就是必要的。'"②

对法治的坚持和肯定是董必武贯彻一生的工作态度。直至 1975 年 90 岁生日,董必武在《九十初度》③一诗中仍然表示"一代新规要渐磨""深信前途会伐柯"。

(二)始终坚持群众路线的工作方法

董必武法学观体现中国特色的地方在于特别强调群众路线,这与董必武长期的革命斗争生涯分不开。群众,意指人民群众,按照马克思主义的观念,人民群众是指对社会历史起推动作用的人们,主体为劳动群众。人民群众既是实践的主体,也是历史的创造者。

中国共产党的群众观念特别强调了群众的历史地位和重要性,他认为,"群众意识是中国共产党党性观念的源头。群众是相对于党员干部尤其是领导干部而言的一个广泛社会群体,是中国共产党的立身之本、执政之基和力量

---

① 马小红:《"法治"的应有之义:董必武法学思想与实践的分析》,孙琬钟、杨瑞广:《董必武法学思想研究文集》(第十一辑·上册),人民法院出版社 2012 年版,第 22 页。
② 马小红:《"法治"的应有之义:董必武法学思想与实践的分析》,孙琬钟、杨瑞广:《董必武法学思想研究文集》(第十一辑·上册),人民法院出版社 2012 年版,第 23 页。
③ 胡传章、哈经雄:《董必武传记》,湖北人民出版社 2006 年版,第 355 页。

之源。"①党的群众路线内容为："一切为了群众,一切依靠群众,从群众中来,到群众中去。"②将群众路线灵活运用到立法、司法、执法中,贯穿董必武法学观的始终。

在《十月革命与中国革命》一文中,董必武已经深刻意识到群众中蕴含的巨大能量。董必武在文中写道："中国以前从事革命工作的人,多半偏重上层的改造,而忽视民众的组织。辛亥革命,虽然颠覆了清朝统治,而民众的势力太薄弱,民众的组织太不完备……中国从事革命工作的人,经过这番的教训,才认识民众的势力了,才晓得要得自由解放、和平统一,必须唤起全国被压迫民众共同努力奋斗了。"③

在立法工作中,董必武强调立法是为了保障人民群众的利益,立法过程需要发动群众、收集群众意见、群策群力。在司法审判工作中,董必武强调人民司法,运用"马锡五审判方式"发动群众参与和监督,最大限度地亲近群众,争取群众的理解和拥护。在反腐倡廉等法律监督工作中,董必武重视群众的反映,专门开辟了群众意见的反映通道。在新中国政权建设中,人民代表大会制度更是全方位地体现、坚持了群众路线。

三、董必武法学观的发展完善

董必武关于法律问题的论述较为集中地收录在其法律文集和各会议讲话中。董必武参与主持制定的政府规章制度、法律等也都不同程度地体现了董必武的法学观。不同时期的文章、会议讲话稿、主持制定的政府规章制度等都体现了董必武法学观在中华人民共和国成立前后的发展和完善。

董必武法学观作为一种思想观念,有其自身发展的内在动力,它必然随着社会环境的变化、工作经验的积累,随着个人认识世界改造世界主观能动性的增强而发展完善。

华北人民政府时期是董必武法学观在实践中全面运用并得以发展的时期。"新中国将要建立的新民主主义制度旷古未有,需在实践中探索试验。党中央高瞻远瞩,先期成立华北人民政府,作为共和国之雏形。董必武众望所归,老将出

---

① 刘会锋:《群众意识:中国共产党党性观念的源头》,中国共产党新闻网,http://qzlx.people.com.cn/n/2013/0716/c364565-22217886.html,2020年9月25日访问。
② 师霞:《什么是党的群众路线?》,中国共产党新闻网,http://cpc.people.com.cn/GB/64156/64157/4418490.html,2020年9月25日访问。
③ 董必武:《十月革命与中国革命》,董必武:《董必武选集》,人民出版社1985年版,第2页。

马做开路先锋,为新中国、新制度创榛辟莽,以启山林。"①

华北人民政府存续的时间为 1948 年 9 月—1949 年 10 月,前后 13 个月。对于它的地位和作用,1948 年 5 月 20 日,刘少奇在中共中央华北局扩大会议上的讲话中已经明确定调:"我们现在建设的各种制度将来要为全国所取法(做出榜样)。中央工作主要是华北局工作,华北工作带有全国性意义。"②

"董必武……在主政华北人民政府期间,十分注重华北人民政府的民主法制建设,在建设健全法制和依法执政方面做了极大努力,使各项工作逐步走上法治的轨道,特别是为中央人民政府的建章立制打下了坚实的基础。"③

这一时期,董必武在法律实践上大量创建新的规章制度、设置新的司法机构、创造性地成立华北临时人民代表大会、试行多党合作与政治协商制度、实行人民法院四级两审制和政府主导的民间调解制度等,这一系列的法治实践为新中国的法治建设起到了重要的参考作用。

这一时期是董必武法学观得到极大发展的时期。依法行政、有法可依、有法必依、执法必严等董必武法学观的基本内涵在其法律实践中均得到较为完整的体现。而董必武对于政府建设、司法执法的构想也得到了实践的检验。

中华人民共和国成立后,董必武主持政法工作,为新中国法治工作做出了卓越贡献,董必武法学观在政法工作中得到了进一步贯彻。这一时期政法工作的实践主要有:改造旧司法工作人员与培养新式地方精英、施行政法教育和提倡全民法制教育、完善法学教育体系、明确法院审判工作三条路线和中心工作、废除《六法全书》并改造旧的司法体制、主张立法需要根据无产阶级和劳动人民的意志和利益、提倡坚持群众路线和人民司法、建立新中国货币制度和金融制度等。这些政法工作实践较为全面地体现了董必武法学观的精神,是我们至今可以挖掘和学习的宝贵财富。

董必武人民司法理念、依法治国观念体系、农村法治建设、民族法治建设等经典法学思想和他对各部门法的指导性的看法和构想构成了董必武法学观的重

---

① 俞荣根、段晓彦:《"共和国之雏形"的法律使命:董必武和华北人民政府对新中国法制的贡献》,孙琬钟、杨瑞广:《董必武法学思想研究文集》(第十一辑·上册),人民法院出版社 2012 年版,第 537 页。

② 俞荣根、段晓彦:《"共和国之雏形"的法律使命:董必武和华北人民政府对新中国法制的贡献》,孙琬钟、杨瑞广:《董必武法学思想研究文集》(第十一辑·上册),人民法院出版社 2012 年版,第 537 页。

③ 俞荣根、段晓彦:《"共和国之雏形"的法律使命:董必武和华北人民政府对新中国法制的贡献》,孙琬钟、杨瑞广:《董必武法学思想研究文集》(第十一辑·上册),人民法院出版社 2012 年版,第 538 页。

要组成部分。

第二节　董必武法学观的内涵

一、依法治国观念体系

依法治国观念体系是董必武法学观的核心构成部分,它主要包括:依法办事思想、尊法守法思想以及中国特色社会主义法治理念。

董必武依法治国观念体系在董必武大量文章里被称为"国家法制""人民民主法制建设"。例如,在《进一步加强人民民主法制,保障社会主义建设事业》一文中,董必武写道:"在这样任务面前,党就必须采取积极措施,健全我们的人民民主法制,以便进一步保卫人民民主制度,巩固法律秩序,保障人民民主权利……人民民主法制必须进一步加强才能适应党所提出的任务。"①

对于人民民主法制的理解,董必武解释道:"我们的人民民主法制是工人阶级领导的人民群众通过国家机构表现出来的自己的意志,是我们国家实现人民民主专政的重要工具。"②事实上,至 20 世纪 70 年代,我国法学领域和法律实践领域仍然采用"法制"一词。党的十五大之后,"法治"概念才得到了认可。从"法制"到"法治"的转变体现了法学观念上的巨大变革,从仅关注平面的、静止的国家法律和制度转变为强调立体的、动态的法律实施运用。

董必武是"依法治国方略的最早奠基者和实践者",③其一生坚持对法治的强调。中华人民共和国成立之初,人民法院的工作主要围绕配合"三反五反""镇压反革命"等群众运动而展开。董必武在肯定群众运动作用的同时,指出群众运动有着自身固有的不足,容易助长人们产生轻视法制的心理。对于"人民民主专政工作",董必武表示:"今后的人民民主专政工作必须用、也可以用正规的革命法制来施行,并用以保障人民利益和国家建设事业的顺利进行"。④ 董必武希望能够在"革命法制"的规范下,依法实施人民民主专政工作。

---

① 董必武:《董必武选集》,人民出版社 1985 年版,第 418 页。
② 董必武:《董必武选集》,人民出版社 1985 年版,第 406 页。
③ 王立:《董必武对中国法制的两大贡献解析(二)》,中华法律文化网,http://www.ruclcc.com/article/? id=2267,2020 年 9 月 25 日访问。
④ 张懋:《第四届全国司法工作会议的来龙去脉及其严重影响》,孙琬钟、李玉臻:《董必武法学思想研究文集》(第四辑),人民法院出版社 2005 年版,第 412 页。

1956 年,中共八大将国内主要矛盾明确定性为:"先进的社会主义制度同落后的社会生产力之间的矛盾。"①在这一认识下,董必武再次提出人民民主法制,强调依法办事,做到有法可依、有法必依。董必武在中共八大上表示:"党中央号召公安、检察、法院和一切国家机关都必须依法办事。依法办事,是我们进一步加强人民民主法制的中心环节。"②

在一些特殊的历史时期,例如"大跃进"时期,董必武也一直坚持实事求是的态度,驳斥当时司法工作领域的"大跃进"计划,表明运动式的工作方式并不能达成"无案件"或者"少案件"的目标,人民内部矛盾是大量存在的,民事案件也不少。此外,董必武指出,司法审判工作必然会涉及定分止争、惩罚犯罪,故必然会有当事人不满意,"大跃进"口号所提出的当事人完全满意的目标是不符合实际的。

1954 年《人民法院组织法》颁布以后,在各种公开场合,董必武始终强调法制的重要性。1956 年董必武在中共第八次全国代表大会上讲话表示:"有少数党员和国家工作人员,对于国家的法制有不重视或不遵守的现象⋯⋯说国家法制太麻烦,施行起来妨碍工作。实际上这种理由是牵强的,经不起一驳的。工人阶级领导的国家必须建立健全的法制,才能更有效地发挥国家的职能和保障人民的权利。一切国家机关和公民在法制中才能知道做什么和怎样做是国家允许的或不允许的。"③

在《进一步加强人民民主法制,保障社会主义建设事业》中,董必武提道:"党中央对国家法制历来就是重视的。在国家机关和人民团体服务的同志绝大多数也都知道应该重视国家法制,在工作中因为正确地运用法制而获得的成绩也是很大的。这些都是事实。但我们绝不能因为这些成绩,就把存在着的某些不重视法制和不遵守国家法制的现象掩盖起来,而不注意它的严重性"。④ 国家不可脱离法治而运作。董必武认为,国家没有了法治,就不能成为一个国家。

（一）依法办事是董必武法治思想的精髓

在《进一步加强人民民主法制,保障社会主义建设事业》中,董必武认为"依

---

① 韩振峰:《中国共产党对我国社会主要矛盾的认识过程》,《光明日报》2018 年 6 月 6 日,第 11 版。
② 孙国华:《依法办事,加强法制的中心环节:从董必武到邓小平》,孙琬钟、李玉臻:《董必武法学思想研究文集》(第四辑),人民法院出版社 2005 年版,第 175 页。
③ 董必武:《董必武政治法律文集》,法律出版社 1986 年版,第 482—484 页。
④ 董必武:《董必武选集》,人民出版社 1985 年版,第 416 页。

法办事,是我们进一步加强人民民主法制的中心环节。依法办事有两方面的意义:其一,必须有法可依。这就促使我们要赶快把国家尚不完备的几种重要的法规制定出来……其二,有法必依。凡属已有明文规定的,必须确切地执行,依照规定办事;尤其一切司法机关,更应该严格地遵守,不许有任何违反"。① 依法办事的具体内涵,就是有法可依、有法必依。依法办事思想是1978年党的十一届三中全会上提出的社会主义法制建设十六字方针——"有法可依、有法必依、执法必严、违法必究"②的重要思想来源。

1. 有法可依

立法工作是法治建设的基础,是法治的起点。只有先建立完备的法律体系,才能施行下一步的内容。

早在华北人民政府时期,董必武在《建设华北,支援解放战争》一文中就认为,必须建立一套正规的制度。"正规的政府,首先要建立一套正规的制度和办法。过去好多事情不讲手续,正规化起来,手续很要紧。有人说这是形式。正规的政府办事就要讲一定的形式,不讲形式,光讲良心和记忆,会把事情办坏的。"③时任华北人民政府主席的董必武表示:"建立新的政权,自然要创建法律、法令、规章、制度。我们把旧的打碎了,一定要建立新的,否则就是无政府主义。如果没有法律、法令、规章、制度,那新的秩序怎样维持呢? 因此新的政权建立后,就要求按照新的法律规章制度办事。这样新的法令、规章、制度,就要大家根据无产阶级和广大劳动人民的意志和利益来拟定。我写过一句'恶法胜于无法',意思是我们的法虽然一时还不可能尽善尽美,但总比无法要好。我说'恶法',是指我们初创、一时还不完备的法。"④

董必武在《进一步加强人民民主法制,保障社会主义建设事业》中表示:"现在无论就国家法制建设的需要来说,或者是就客观的可能性来说,法制都应该逐渐完备起来。法制不完备的现象如果再让它继续存在,甚至拖得过久,无论如何不能不说是一个严重的问题……工人阶级领导的国家必须建立健全的法制,才能更有效地发挥国家的职能和保障人民的权利。"⑤

---

① 董必武:《董必武选集》,人民出版社1985年版,第419页。
② 张伯晋:《"科学立法、严格执法、公正司法、全民守法"新16字方针:开启依法治国新时代》,中国共产党新闻网,http://cpc.people.com.cn/18/n/2012/1115/c350825 - 19589561.html,2020年9月25日访问。
③ 董必武:《董必武政治法律文集》,法律出版社1986年版,第30页。
④ 董必武:《董必武选集》,人民出版社1985年版,第218页。
⑤ 董必武:《董必武选集》,人民出版社1985年版,第413页。

中华人民共和国完成社会主义改造之后,董必武强调,制定保护人民的法律、法令,以建立人民司法制度、巩固人民民主专政是立法工作的目的。立法工作需要保卫经济建设,为经济建设服务是立法工作的重要内容。董必武认为,立法应当实体法和程序法并重。在中共八大上,董必武表示:"在废除旧的《六法全书》之后,要制定刑法、民法、诉讼法、劳动法、土地使用法等一系列法律。"[①]"在 1949 年 10 月 21 日召开的政务院政法委员会第一次会议上,董老以主任的身份明确提出必须逐步建立完善各种法律。此后,他不仅直接参与了 1954 年《中华人民共和国宪法》的制定,而且领导制定了《中央人民政法组织法》《土地改革法》《婚姻法》《惩治反革命条例》《惩治贪污条例》《民族区域自治实施纲要》等各项重要法律。"[②]

(1) 立法要从实际出发、坚持群众路线。立法应当从实际出发,根据政治经济发展的客观要求逐步由简而繁地发展。董必武所倡导的立法方式体现了群众路线和一切从实际出发原则。在《进一步加强人民民主法制,保障社会主义建设事业》中,董必武表示:"我们人民民主法制,不能过早过死地主观地规定一套,而是必须从实际出发,根据政治经济发展的客观要求,逐步地由简而繁地发展和完备起来。……我们人民民主法制所以有力量,是由于它实事求是地总结了人民斗争的经验和贯彻了群众路线。我国许多重要法律、法令,都是我们党在实际工作中经过调查研究,提出初稿,同民主党派商谈,逐渐形成草案,经过国家机关讨论修改以后,有的仍以草案形式发交地方国家机关、人民团体一直到县乡,发动广泛的群众讨论;有的还经过一定时期的试行,再由国家立法机关审议通过,才成为正式的法律、法令。正是由于我们的法制是这样贯彻'从群众中来,到群众中去'的原则,所以它也就无隔阂地反映了人民的意见。"[③]

"为了制定诉讼法,董必武亲自布置收集北京、天津、上海、南京、杭州、济南、沈阳、长春、哈尔滨、武汉、广州、重庆等十四个大城市高、中级人民法院对刑事、民事案件审判程序的资料,并指出:'法院依法审判的意义,包括依实体法,也要依程序法'。"[④]

---

① 李敏昌、周志红:《论建国初期董必武对新中国法制建设的主要贡献》,孙琬钟、杨瑞广:《董必武法学思想研究文集》(第十一辑·下册),人民法院出版社 2012 年版,第 548 页。

② 解成:《"人民当家作主"与"依法治国"的有机统一:董必武法治思想刍议》,孙琬钟、李玉臻:《董必武法学思想研究文集》(第四辑),人民法院出版社 2005 年版,第 163 页。

③ 董必武:《董必武政治法律文集》,法律出版社 1986 年版,第 480 页。

④ 马小红:《"法治"的应有之义:董必武法学思想与实践的分析》,孙琬钟、杨瑞广:《董必武法学思想研究文集》(第十一辑·上册),人民法院出版社 2012 年版,第 26 页。

　　作为马克思主义的法学家,实事求是、具体情况具体分析是在立法工作中必须秉持的态度。董必武否定一步到位的不符合实际情况的立法幻想,认为立法应当根据实际情况逐步补充和完善。一套完整的法律体系不能够脱离国情完全照搬他国经验,也不能不顾经济发展水平跨阶段立法。对于少数民族自治区、直辖市等特殊区域,董必武表示:"我们的人民民主法制,还有因时制宜和因地制宜的特点,它照顾了各兄弟民族地区的特殊情况,在不抵触宪法的原则下,各自治区完全可以制定符合他们意志的自治条例和单行条例。"①

　　董必武认为,立法工作发动和依靠群众,既能够最广泛地进行普法宣传教育,又能够促进人民群众对法律的理解和支持。群策群力的立法模式最大限度地保证了人民群众意志的体现。

　　(2) 立法要参考历史和他国的经验。董必武强调,各地法院应当实事求是地总结审判经验,为立法机关制定法律提供翔实的第一手资料。在《为废除国民党的六法全书及一切反动法令的训令》中,董必武表示各级政府要"用革命精神……来搜集与研究人民自己的统治经验,制定出新的较完备的法律来。"②董必武"组织最高人民法院、省高级人民法院的法官们,深入总结审判经验和方法,反复征求意见,完成了新中国历史上著名的《各级人民法院民事案件审判程序总结》《各级人民法院刑事案件审判程序总结》等",③为立法和执法工作提供了详细的参考资料。此外,立法还需要参考历史上以及其他国家的经验教训。董必武认为,"我们的人民民主法制,还吸取了我国历史上和国际上一切对人民有益的经验,特别是苏联的经验。"④董必武认为立法和对已有法律的完善要及时,立法语言要简明。"选举法一定要简单明了,使人民易懂易行。假如选举办法,我们的老百姓还不懂得,那就不能够通用。只有这样的适合广大群众的选举法,人民才能选举出他们的代表来,行使他们的民主权利。"⑤

　　2. 有法必依

　　有法必依要求国家机关、司法工作人员在处理各种事务时,必须依照法律规定办事,不得滥用职权;同时也要求任何社会关系的参与者必须在宪法和法律规定的范围内活动,必须遵守国家法律。

　　① 董必武:《董必武选集》,人民出版社 1985 年版,第 412 页。
　　② 董必武:《董必武政治法律文集》,法律出版社 1986 年版,第 46 页。
　　③ 杜立钧:《董必武"依法办事"法学思想浅析》,《人民法院报》2016 年 7 月 1 日,第 7 版。
　　④ 董必武:《董必武选集》,人民出版社 1985 年版,第 411 页。
　　⑤ 董必武:《董必武政治法律文集》,法律出版社 1986 年版,第 43 页。

董必武在《进一步加强人民民主法制，保障社会主义建设事业》中表示："我们反对一切随便不按规定办事的违法行为。今后对于那些故意违反法律的人，不管他现在地位多高，过去功劳多大，必须一律追究法律责任。对于那些不知道法律的人，不仅要教育他懂得法律，还要教育他遵守法律。依法办事就是清除不重视和不遵守国家法制现象的主要方法之一。"①

（1）有法必依需要党员干部发挥带头模范作用。董必武强调，党员干部需要熟悉法律规定，在生产生活中运用法律规定办事，对于违法犯罪现象应该通过法律手段进行预防和惩处。在《五年来政治法律工作中的几个问题和加强守法教育问题》中，董必武指出："有些干部对法律的严肃性认识不足，不依法办事，不懂得如何运用法律武器和违法犯罪现象作斗争，例如对于经济建设中发生的事故，常常只注意政治事故而很少注意追究责任事故；同时对责任事故，又常常只注意单纯的教育，而很少注意用必要的法律制裁，以便更有效地消灭和预防违法犯罪现象。""现在不守法、不依法办事的是社会上一般公民多呢？还是机关干部多？我看是机关干部多……有法不依，法就是空的东西，起不了作用。"②

中国共产党作为执政党，党员干部的特殊身份要求其必须依法办事，发挥带头模范作用。如果党员干部违规违法，对法治建设起到的负面影响是巨大的。党员干部应当学习和运用法律，在处理工作问题时需具有法律意识，以法律的手段解决问题，单纯的教育批评或是只追究政治责任而不追究法律责任，都不是有法必依的正确态度。

（2）有法必依需要执法者发挥主观能动性。董必武认为，依法办事不应当作为官僚主义打官腔的借口，因为"我们要办理的国家事务是具体的、千态万状的，而法是概括的、定型的，不可能一切事务都由法来规定。因此，依法办事，不应当作为官僚主义打官腔的借口。"③

此外，法制暂时的不完备也不应当成为无法可依的借口，"亦不应当钻法制不完备的空子，借口无法可依，把事情推出去不管。法只能是办事的准绳，只有从实际出发，对事物的本身和它相关联的各方面加以周密的分析，才能达到妥善办事的目的。"④由于法律固有的滞后性，并不是每一种社会关系一经产生就立即有对应的法律对其进行调整。法律本身的抽象性、稳定性特点也必然会与现

---

① 董必武：《董必武选集》，人民出版社 1985 年版，第 419 页。
② 董必武：《董必武政治法律文集》，法律出版社 1986 年版，第 521 页。
③ 董必武：《董必武政治法律文集》，法律出版社 1986 年版，第 488 页。
④ 董必武：《董必武政治法律文集》，法律出版社 1986 年版，第 489 页。

实生活中法律关系的具体性、多变性产生矛盾。面对复杂多变的社会现象,借口法律没有对此做出规定而不予以处理,无疑是一种不负责任的懒政态度。

有法必依,正如董必武所说,需要发挥主观能动性,从国情出发,从具体法律事实出发,周密分析立法者的意图,权衡法律关系各方面因素,才能真正完成从制度上的法律到实践上的法律这一转变。有法必依不是僵化的、被动的,而应该是具有一定主观能动性和自由裁量权的,需要充分领会立法精神、站稳人民立场,不怕辛苦、不怕麻烦,才能真正满足有法必依这一要求。

(3) 有法必依需要重视法治教育。董必武强调对于法学教育研究机构的设立和建设,"我们还必须把法学研究的机构迅速建立起来;必须改进政法学校的教学质量;必须配好一般高等学校讲授法律课的教员。"[1]法治教育有助于加深广大人民群众对法的理解,有助于法律权威的树立。随着全社会法治素养的提高,国家行政机关以及司法、执法机构有法必依的工作态度必将得到进一步加强。

有法必依还需要在全社会进行普法宣传教育工作。"董老对于普遍提高全面法律素质这项基础工程极为重视。首先,他认为,树立社会主义法律权威的一个重要任务,就是要在全体人民中间深入开展法制宣传教育,使人民从不信法、不守法变为信法、守法,这是我们必须完成的任务;其次,教育人民守法应从国家干部入手,特别要加强国家机关工作人员的法制教育;最后,要加强对法律工作者的培养。"[2]有法必依,除了需要较为完备的法律体系,还需要有较高法律素养的司法者、执法者、守法者。人民群众对法律越了解,就越有可能减少其违法违规的可能性。对法律的敬畏心理和对违法的警戒心理,在法治教育中能够得到最大限度的培养。

(4) 有法必依需要良好的司法、执法环境。有法必依需要司法、执法工作的配合。在司法工作中,审判独立原则是保证司法公正的一项重要原则,主要指法庭审理案件除服从法律外,不受任何干涉。董必武特别强调,审判独立原则是指司法机关职能独立,不是司法权独立于行政权和立法权之外,也不是司法权与行政权、立法权互相制衡。我国《宪法》第 126 条规定:"人民法院依照法律规定独立行使审判权,不受行政机关、社会团体和个人的干涉。"严格公正的司法判决是维护有法必依原则的重要体现。

---

①　董必武:《董必武选集》,人民出版社 1985 年版,第 420 页。
②　费春:《论董必武的法律权威观》,祝铭山、孙琬钟:《董必武法学思想研究文集》(第一辑),人民法院出版社 2001 年版,第 221 页。

董必武认为,执法程序必须是公正的、合理的、公开的、便民的;此外,执法者必须具备较高的专业素质,执法必严。董必武强调:"一个案子判决确定之后,诉讼当事人应该有一方负责任,他不执行,法院就应该强制执行。"①廉洁高效的执法环境对于有法必依原则的实现起到了决定性的作用。

完备的监督制约机制是保证执法工作顺利进行必不可少的组成部分。在中央苏区时期,董必武在党刊《斗争》上发表了《把检举运动更广大的开展起来》,对人民群众检举揭发贪腐行为予以肯定。在主持华北人民政府时期,董必武指出,从事财经工作的人员由于工作性质比一般群众方便接触财物,因此,更应该加强对该人群的预防和惩治,"我在土地会议中提议政府公布一道惩治贪污的法令,规定贪污的要判罪,起码是若干时期的苦工,其贪污的赃私要追缴。犯罪的如果是党员,除按党纪处分外,同样应按国法处理。我们做财经工作的同志必须知道,仅仅自己审查,仅仅训导被领导人还不够,国家应当有法律制裁,党应当有纪律制裁,才能使贪污减少,直至根绝。"②

3. 董必武依法办事思想的影响

董必武"有法可依、有法必依"思想作为早期法治理念的雏形,在党的十一届三中全会公报得到了明确肯定:"为了保障人民民主,必须加强社会主义法制,使民主制度化、法律化,使这种法律具有稳定性、连续性和极大的权威,做到有法可依,有法必依,执法必严,违法必究。"③1989年9月,江泽民主席在中外记者招待会上宣布:"我们绝不能以党代政,也决不能以党代法。这也是新闻界讲的人治还是法治的问题,我想我们一定要遵循法治的方针。"④1997年党的十五大将"建设社会主义法制国家"的提法改变为"建设社会主义法治国家",进一步强调依法治国,"依法治国"成为党领导人民治理国家的基本方略。"1999年3月,九届全国人大二次会议通过的宪法修正案规定:'中华人民共和国实行依法治国,建设社会主义法治国家'。并将这一条作为宪法第5条第1款,正式将依法治国确立为宪法的基本原则,通过国家根本法对依法治国予以保障,使其有了宪法保障,也使'依法治国'这一基本方略有了长期性、稳定性的制度基础。"⑤2002年,党的

---

① 董必武:《董必武选集》,人民出版社1985年版,第351页。
② 董必武:《董必武选集》,人民出版社1985年版,第171页。
③ 刘树德:《司法文明在"四个全面"进程中提升》,《人民法院报》2015年3月20日,第5版。
④ 李步云:《依法治国,建设社会主义法治国家》,中国人大网,http://www.npc.gov.cn/npc/c541/199808/001dcc045c1e42ccb01e59ab395153a2.shtml,2020年10月15日访问。
⑤ 王利明:《依法治国方略是怎样形成和发展的?》,中国共产党新闻网,http://theory.people.com.cn/n/2014/1101/c40531-25951786.html,2020年10月15日访问。

十六大正式提出"政治文明"的概念,进一步丰富了依法治国理念的内涵,明确"发展社会主义民主政治,最根本的是要把坚持党的领导、人民当家作主和依法治国有机统一起来。"①这是中国特色社会主义依法治国方略的根本原则。

依法治国理念的表述,从最初的"依法办事"逐步完善到十六字方针,再到"依法治国,建设社会主义法治国家"的治国方略,中华人民共和国的法治建设经历了漫长而艰难的历程。与中华人民共和国成立初期相比,我们今天的社会主义法治建设已经取得了巨大的成就。在法治精神的培养、法律设施的建设、法学教育的普及、法律监督的完善等各方面都取得了长足的进步。

同时我们也应当客观清醒地看到,目前整个国家和社会的法治建设还处于继续大力推进和不断完善中,在这一过程中会不断产生新的普遍性问题,一些潜伏的深层次问题也将陆续浮现出来。在我国法治化进程中,有法不依、执法不严、司法腐败的现象仍然存在,损害法律权威的新闻也不断曝出,这些情况都损害着广大人民群众对法治建设的信心。

对于公平公正的法治呼唤是广大人民群众希望过上稳定有序、有保障的生活的必然要求。对于社会主义法治理论的创新需要继续学习和发扬董必武"依法办事"的法治思想。

（二）尊法守法思想

董必武依法治国理念除了"依法办事"思想,还包括尊法守法思想。培养尊法守法思想既需要在广大人民群众中树立法律权威,也需要培养人民群众信法守法的观念。

1. 法律权威思想的树立

"所谓法律权威是说国家和社会管理过程中,法律具有何等的地位和作用,是指法律的内在说服力和外在强制力得到普遍的信赖和服从。"②党的十七大报告提出,应"加强宪法和法律实施,坚持公民在法律面前一律平等,维护社会公平正义,维护社会主义法制的统一、尊严、权威"。③

司法权威是法律权威的组成部分。司法权威是指司法机关在公正执行宪法

---

① 《坚持党的领导人民当家作主依法治国有机统一》,中国共产党新闻网,http://theory. people.com.cn/n1/2018/0122/c40531 - 29779008.html,2020 年 10 月 15 日访问。

② 费春:《论董必武的法律权威观》,祝铭山、孙琬钟:《董必武法学思想研究文集》(第一辑),人民法院出版社 2001 年版,第 221 页。

③ 《维护社会主义法制的统一、尊严、权威》,中国青年报网,http://zqb. cyol. com/content/ 2007 - 12/23/content_2006131.htm,2020 年 10 月 15 日访问。

和法律过程中,获取的使整个社会服从的权力和威望。在一个法治国家,法院应当享有纠纷解决的裁判权力,任何公民都应当尊重这种权力,服从司法机关裁判的结果。司法机关获得权威的前提是法院审判的公正有效。因此,司法公正是司法获得权威的前提,既是法治的灵魂,也是人民对司法机关产生信赖和尊崇的基础。

"新中国初期,中国共产党尚缺乏民主与法制建设的经验,并存在热衷于利用组织和号召群众运动来解决问题的习惯,法治模式没有得到广大人民及其领导者所遵循。此时,董必武明确提出要用法制来治理国家,率先提出了树立社会主义法律权威的问题。"①董必武认为,正是因为我国的法律体现了人民群众的意志、保障了人民的利益,所以,法律应当得到遵守和重视。法律的权威源于人民的意志,而国家权力属于人民。同时董必武也深知,我国旧社会并没有法治传统,中华人民共和国成立后,人们对于法治的认识不足,长期革命式的或者群众运动式的工作方式对法治建设有着不同程度的损害。因此,培养尊法守法思想、树立法律权威思想是一项极为重要的工作。

对于法律权威的树立,需要培养广大人民群众的法律信仰、提高司法裁判的公信力、保障人民群众利益;也需要培养高素质司法队伍以及党员干部带头尊法守法。

2. 信法守法思想的普及

"在《进一步加强人民民主法制,保障社会主义建设事业》一文中,董必武专设一节'不重视和不遵守法律的根源',深入阐述人们忽视、轻视,甚至仇视法制的历史、社会根源。董必武指出,'在我们党领导人民没有夺得全国政权以前,在被压迫得不能利用合法斗争的时候,一切革命工作都是在突破旧统治的法制中进行的;夺得全国的政权以后,我们又彻底地摧毁了旧的政权机关和旧的法统。所以仇视旧法制的心理在我们党内和公民群众中有着极深厚的基础,这种仇视旧法制的心理能引起对一切法制的轻视心理。'"②中华人民共和国成立初期,不尊重法治,不重视法治的思想较为普遍。为了扭转这种局面,董必武在多个场合多次强调法治的重要性,强调各项革命工作也需要革命的法治。

董必武认为必须遵守法律的原因在于,法律是人民意志的体现,其制定目的

① 吴道敏:《继承和发展董必武法律权威论在审判工作中增进司法权威》,孙琬钟、钱锋:《董必武法学思想研究文集》(第八辑),人民法院出版社 2009 年版,第 200 页。
② 马小红:《"法治"的应有之义:董必武法学思想与实践的分析》,孙琬钟、杨瑞广:《董必武法学思想研究文集》(第十一辑·上册),人民法院出版社 2011 年版,第 23 页。

在于保护人民的利益。"既然法律是人民利益的体现,公民就必须遵守。董必武强调守法的重要性,他引用列宁的话:'大多数人的意志永远是必须执行的,违背这种意志就等于叛变革命'。说明在社会主义国家,无论是国家工作人员还是深受旧法律之苦的劳动群众都必须转变对法律的态度。"①

信法守法思想主要针对普通百姓,需要营造出对法治的信赖以及在法律规定范围内行为的社会整体氛围。董必武认为,党员干部带头尊法守法是树立法律权威的关键。"早在陕甘宁边区时期,董老就在中共县委书记联席会议上指出:政府所颁布的法令,所制定的秩序,我们党员应当无条件地服从和遵守。那些法令和秩序是我们公共生活所必需,而且法令是经过了一定的手续才制定出来的,秩序是经过一定的时间才形成起来的。在制定和形成时已经渗透了我们党和我们自己的意见和活动。我们如果违背政府的法令,破坏了社会的秩序,我们自己必须负责,受到国家法律的制裁……党员应当自觉地遵守党所领导的政府的法令。"②

"在《进一步加强法律工作和群众的守法教育》一文中,董必武指出:'国家机关工作人员由于认为自己对革命有贡献,滋长了一种极端危险的骄傲自满情绪,不把法律、法令放在自己的眼里,以为这些只是用来管人民群众的,而自己可以不守法,或者不守法也不要紧,这都是极端错误的。'其实早在 1954 年宪法草案公布后,董必武就要求党员干部以身作则,带头守法。'要使群众守法,首先就要求国家机关工作人员,特别是领导者以身作则。国家机关工作人员必须对法律、法令有充分的理解,才能正确地执行和模范地遵守法令。'"党员应当自觉地遵守党所领导的政府的法令,如果违反了这样的法令,除受到党纪制裁外,应当比照群众犯法加等治罪。"③

我们应当看到,经过长期的努力,守法思想已经成为我国社会普遍共识,广大人民群众普遍承认法律的权威,按法律规章办事已经深入人心。尽管背离法律规定、强调个人意愿的情况依旧个别存在,但我国目前的法治体系整体净化和纠错能力已经能够进行有效的自我监督、自我纠察,并最终回归到守法轨道上来。

(三) 中国特色社会主义法治理念

董必武法学观是中国特色社会主义法治理念的雏形。首先,董必武始终坚

---

① 马小红:《"法治"的应有之义:董必武法学思想与实践的分析》,孙琬钟、杨瑞广:《董必武法学思想研究文集》(第十一辑·上册),人民法院出版社 2011 年版,第 26 页。
② 董必武:《董必武政治法律文集》,法律出版社 1986 年版,第 6 页。
③ 董必武:《董必武选集》,人民出版社 1985 年版,第 58 页。

持中国共产党的领导;其次,始终坚持人民民主专政的社会主义性质;再次,始终坚持"依法办事"的法治思想和为人民服务的理念;最后,始终坚持一切从实际出发,从中国国情出发,即坚持中国特色的社会主义法治理论,这与建设中国特色社会主义法治体系一脉相承。

在2014年党的第十八届中央委员会第四次全体会议上,习近平总书记做了《中共中央关于全面推进依法治国若干重大问题的决定》的工作报告,并指出:全面推进依法治国的总目标是建设中国特色社会主义法治体系,建设社会主义法治国家,即在中国共产党领导下,坚持中国特色社会主义制度,贯彻中国特色社会主义法治理论,形成完备的法律规范体系、高效的法治实施体系、严密的法治监督体系、有力的法治保障体系,形成完善的党内法规体系。坚持依法治国、依法执政、依法行政共同推进,坚持法治国家、法治政府、法治社会一体建设,实现科学立法、严格执法、公正司法、全民守法,促进国家治理体系和治理能力现代化。

董必武所提倡和坚持的理念在党的十八届四中全会上再次得到了完整表述,坚持中国特色社会主义法治道路、建设中国特色社会主义法治体系成为中国共产党的治国方略。

1. 坚持党的领导

坚持党的领导是中国特色社会主义法治理念的必然要求,是中国特色社会主义法治建设成功的根本保障。一方面,党通过法治实现对国家的领导;另一方面,良好的法治状况同时也需要党的领导。董必武认为,工人阶级领导的国家必须要靠健全的法制才能巩固革命果实、保障人民利益,而坚持党组织对国家机关的领导则是不可动摇的原则。

(1)党的领导是法治建设社会主义性质的保证。《中共中央关于全面推进依法治国若干重大问题的决定》有如下表述:"党的领导是中国特色社会主义最本质的特征,是社会主义法治最根本的保证。把党的领导贯彻到依法治国全过程和各方面,是我国社会主义法治建设的一条基本经验。我国宪法确立了中国共产党的领导地位。坚持党的领导,是社会主义法治的根本要求,是党和国家的根本所在、命脉所在,是全国各族人民的利益所系、幸福所系,是全面推进依法治国的题中应有之义。"[1]

无产阶级的政党必须依法办事,带头遵守宪法和法律。党的领导也必须依

---

[1] 习近平:《中国共产党领导是中国特色社会主义最本质的特征》,中国政府网,http://www.gov.cn/xinwen/2020-07/15/content_5527053.htm,2020年9月28日访问。

靠社会主义法治。党是全国各族人民利益的代表者,党领导人民,及时将人民的意志用法律形式表示出来。党的领导和社会主义法治是一致的。具体来说,党领导下的全国人民代表大会是我国立法机关,它依照法定的程序完成立法任务,而各政府机关依法活动,厉行法治,以实现人民当家作主。

董必武认为,"党对国家政权机关的正确关系应当是:一、对政权机关工作的性质和方向应给予确定的指示;二、通过政权机关及其工作部门实施党的政策,并对它们的活动实施监督;三、挑选和提拔忠诚而有能力的干部(党与非党的)到政权机关去工作。"①董必武的这些见解符合中国共产党第十九次全国代表大会通过的新《党章》所规定的:"党政军民学,东西南北中,党是领导一切的。""中国共产党领导人民发展社会主义民主政治……广开言路,建立健全民主选举、民主决策、民主管理、民主监督的制度和程序。完善中国特色社会主义法律体系,加强法律实施工作,实现国家各项工作法治化。"②

党是各机关配合工作的协调者,是司法工作人员的选拔者,是党员干部的监督者;同时,党的政策极大地影响了法律的制定,是部分法律制定的来源和参考,是司法机关工作的方向指引和工作标准。中国共产党是无产阶级的政党,其政策也必然体现社会主义性质。党的领导是我国法治社会主义性质的保障。

(2)党领导社会主义法治建设的健全和完善。"在我国,我们党是执政党,在领导国家的过程中会制定一系列的路线、方针、政策,这些路线、方针、政策以科学的世界观和方法论为指导,大都正确地反映了我国每一个时期社会、经济、政治的客观要求和规律,是对我国人民共同利益和意志的高度概括,在推动我国政治经济文化等各方面发展的过程中发挥了重要作用。但实践证明,我们还要以党的政策为指导,结合形势的要求,将这些路线、方针、政策及时转化为法律,只有这样才能充分发挥其作用。"③

立法方向的把握、机关工作人员的选拔、党纪监督、各行政机关之间的组织协调、司法改革内容和目标的制定等都离不开党的领导。社会主义法治建设的总体布局规划以及健全和完善也需要党的领导。董必武在中共八大上讲道:"法制不完备的状态,在新建设的国家内是不可避免地会存在一些时候的。我们不

---

①　董必武:《董必武选集》,人民出版社1985年版,第342页。

②　《中国共产党章程》,央广网,http://news.cnr.cn/zt2017/shijiuda/sjddz/20171030/t20171030_524005253.shtml.2023年9月18日访问。

③　王明有:《董必武"党法关系"观对我国实行依法治国的指导意义》,《新乡学院学报》2015年第11期,第13页。

可能也不应该设想,一下子就能够把国家的一切法制都完备地建设起来。这样想是不实际的……在这样的任务面前,党就必须采取积极措施,健全我们的人民民主法制。"①

(3)党的领导与依法治国的关系。党的领导是我国实施依法治国方针的保障。董必武认为,"这绝不是说党直接管理国家事务,绝不是说可以把党和国家政权看作一个东西……这就是说,党领导着国家政权,但它并不直接向国家政权机关发号施令。党对各级国家政权机关的领导应当理解为经过它,把它强化起来,使它能发挥其政权的作用。强化政权机关工作,一方面,是党支持政权机关;另一方面,是政权机关在受了党的支持之后就会更好地实现党的政策。"②"党是经过在政权机关中的党员的工作使政权机关接受党的政策来实现党的领导的。"③具体实施依法治国方略的执行机构是我国的政权机关,包括各级政府以及公检法等机构。

董必武"既反对各级党组织对政法工作的干预,反对各级党政领导以言代法、不按法定程序办事、包揽审判工作,又反对将党的领导与司法独立对立起来的观点,党的领导不是具体个案的领导,而是从政治上敦促和监督司法机关认真贯彻执行党的政策。"④

在我国,坚持党的领导与实施依法治国方略是完全统一的。《中共中央关于全面推进依法治国若干重大问题的决定》指出:"坚持党的领导,是社会主义法治的根本要求,是党和国家的根本所在、命脉所在,是全国各族人民的利益所系、幸福所系、是全面推进依法治国的题中应有之义。党的领导和社会主义法治是一致的,社会主义法治必须坚持党的领导,党的领导必须依靠社会主义法治。"⑤

2. 坚持法治服务思想

社会主义法治应该服务于人民,是董必武法学观的基本要求。新旧法律的分水岭不是法律形式,而是法律的实质究竟是为人民而立还是为统治者而立;法律究竟是人民利益的保障还是统治者的工具。

董必武有关法律本质的论述十分丰富。1940年在《更好地领导政府工作》中,董必武提出:"要使政府真正成为人民的政府……政府有权,要为群众做事,

① 董必武:《董必武选集》,人民出版社1985年版,第412页。
② 董必武:《董必武选集》,人民出版社1985年版,第420页。
③ 董必武:《董必武选集》,人民出版社1985年版,第308页。
④ 庄汉、周雅菲:《树立司法权威,铸就和谐社会:从董必武司法权威思想谈起》,孙琬钟、公丕祥:《董必武法学思想研究文集》(第五辑),人民法院出版社2006年版,第523页。
⑤ 韩震:《党的领导是社会主义法制最根本的保证》,《光明日报》2015年1月2日,第6版。

为群众谋幸福,不应该妨害群众、压迫群众。"1949 年,他在《废除国民党的六法全书及其一切反动法律》中这样阐述了将要建设的新法律与旧法律本质的不同:"国民党的法律是为了保护封建地主、买办、官僚资产阶级的统治与镇压广大人民的反抗;人民要的法律,则是为了保护人民大众的利益与镇压地主、买办、官僚资产阶级的反抗。"①董必武认为,法治就是为了保护人民大众的利益,为人民服务。

党的十八届四中全会所倡导的建设法治国家、法治社会,促进国家治理体系和治理能力现代化的根本目的就是为人民服务,坚持人民主体地位是法治建设必须坚持的原则。《中共中央关于全面推进依法治国若干重大问题的决定》规定:"必须坚持法治建设为了人民、依靠人民、造福人民、保护人民,以保障人民根本权益为出发点和落脚点,保证人民依法享有广泛的权利和自由,承担应尽的义务,维护社会公平正义,促进共同富裕。"②这与董必武法治服务思想一脉相承。

中华人民共和国成立后,随着社会主义三大改造的完成,经济建设成为摆在党和人民面前的重大任务。董必武于 1950 年 7 月提出,当下人民最迫切需要的就是恢复和发展生产,这是应当坚持的真理,而司法工作就要对恢复和发展生产予以配合。董必武将司法工作为经济建设服务提到了原则性的高度,强调经济建设的重要性是董必武对于整个时局的判断结果。既然经济建设成为国家的中心任务,司法工作就更需要坚持为经济建设服务的方针。

社会主义经济建设需要有法可依。董必武在《进一步加强人民民主法制,保障社会主义建设事业》一文中表示:"立法方面,要着手起草或研究各种必要的法规,特别是有关经济建设的法规,如保障基本建设的法规,违反劳动保护和技术保安规则的制裁条例,保护农业生产互助合作的法规,等等。"③

中共八大以后,董必武多次提道:"现在国家的主要任务已经由解放生产力变为保护和发展生产力。为了正常的社会生活和社会生产的利益,保护公民权利和公共财产有重大的意义。国家机关、特别是审判机关切实依法办事就十分重要。"④

1955 年,董必武在《司法工作必须为经济建设服务》的讲话中,根据当时的形势提出了如何与不法资本家作斗争等工作,强调了为经济建设服务的重要性,

---

① 马小红:《"法治"的应有之义:董必武法学思想与实践的分析》,孙琬钟、杨瑞广:《董必武法学思想研究文集》(第十一辑·上册),人民法院出版社 2011 年版,第 25 页。
② 魏礼群:《法治社会建设的六大特征》,光明网,https://theory.gmw.cn/2015 - 05/17/content_15692207.htm,2020 年 9 月 28 日访问。
③ 董必武:《董必武政治法律文集》,法律出版社 1986 年版,第 309 页。
④ 董必武:《董必武选集》,人民出版社 1985 年版,第 470 页。

指出在社会主义经济建设时期,重视经济建设工作是完全正确的,但是如果没有政治法律工作的加强和发展,就不能保障我们的经济建设,保障国家的社会主义工业化。由于国家的主要矛盾是人民日益增长的物质文化需求和落后生产力之间的矛盾,那么,法治就应当为保障经济建设做出相应的贡献。法治为经济建设服务是董必武法治服务思想的重要内容。

3. 坚持和完善中国特色社会主义法治理论

董必武法学观是中国特色社会主义法治理论的重要渊源之一。中国特色社会主义法治理论是指立法、司法和执法要实事求是,一切从实际出发、从国情出发、从中国视角出发,绝不完全照搬外国经验,而是用中国话语体系构建符合中国实际的一整套社会主体的法律体系。

社会主义法治理念的基本内涵包括依法治国、执法为民、公平正义、服务大局、党的领导五个方面。党的十八届四中全会规定,全面推进依法治国的总目标是建设中国特色社会主义法治体系。为实现这一总目标,必须坚持中国共产党的领导、坚持人民主体地位、坚持法律面前人人平等、坚持依法治国和以德治国相结合、坚持从中国实际出发。

董必武法学观坚持"依法治国"的法治观念,强调司法工作的作用之一是巩固人民民主专政、提倡人民司法理念,认为司法的公平正义有助于树立法律权威,认为政法工作必须在党的领导下进行,要求"各级党委必须把法制工作列入工作议程,党委定期讨论和定期检查法制工作,都是迫切需要的"。[1] 董必武指出:"人民司法是巩固人民民主专政的一个武器。"[2]"我们是取得革命胜利的国家,是人民民主专政的国家,人民民主专政的最锐利武器,如果说司法工作不是第一位的话,也是第二位。"[3]董必武认为,法院应当通过公开审判、独立司法来实现社会的公平正义,同时裁判活动也应当受到广大群众的监督。

董必武法学观是社会主体法治理念的源头之一,契合了社会主义法治理念的基本内涵以及党的十八届四中全会的要求,这是董必武法学观始终保持长久的生命力,并对当代具有指导借鉴意义的根源。

二、民主法治和政治建设

社会主义国家成立后,新的社会主义的法制是根据无产阶级和劳动人民的

---

① 董必武:《董必武法学文集》,法律出版社 2001 年版,第 354 页。
② 董必武:《董必武法学文集》,法律出版社 2001 年版,第 153 页。
③ 董必武:《董必武法学文集》,法律出版社 2001 年版,第 38 页。

利益和意志来制定的,因此,建立和健全人民民主法制就是最大限度地保障人民权利。

三、农村法治建设

中华人民共和国成立初期,我国法治基础薄弱,广大人民群众受教育水平较为低下,农村地区尤甚。根据一切从实际出发的原则,在董必武的倡导下,农村地区施行了一套符合实际情况的法治建设路线。董必武认为,"要忠于人民的事业,切实地为人民排忧解难,让人民群众满意,这是农村司法工作的主要任务,因而也是检验其工作好坏的唯一标准。"①

（一）群众路线,深入农村

群众路线的工作原则贯穿董必武法治工作理念的始终。董必武在《进一步加强经济建设时期的政法工作》一文中指出:"全体政法工作人员,特别是领导干部,必须从头学起。首先是深入到群众中和基础组织中去,深入到工厂、矿山和各种经济部门以及农村中去,虚心地向群众学习,细心地调查研究人民群众特别是工人、农民在实际生活中创造了什么,否定了什么,需要什么,反对什么,哪些是推动工农业生产和社会主义改造的因素,哪些是前进的障碍,及时地发现和总结各地政法工作中的实际经验,推广先进的经验,纠正错误倾向。"②董必武要求政法干部必须虚心向工人、农民学习,学习其生产生活经验,了解其思想动态和需求,只有这样才能更好地做好农村政法工作。

中华人民共和国成立初期,在农村,原来在延安革命根据地实施的"马锡五审判方式"是解决人民内部矛盾的主要方式。尽量让群众参与到司法过程中来、发挥群众积极性,并对司法审判进行监督是"马锡五审判方式"的特点。它共有四个步骤:司法机关查明案件事实、充分听取和考虑群众意见、形成解决方案、说服当事人接受。"对于那些长期生活在偏远农村,出行不便、文化素质不高、诉讼能力不强、推崇情理,甚至认为情理远重于法律的群众来说,他们所需要的正是马锡五审判方式中的巡回审理、就地开庭、方便当事人诉讼等审理方法和审判原则。"③

董必武在农村推行人民陪审制度以监督法院的审判工作,广泛发动群众参

---

① 董必武:《董必武法学文集》,法律出版社 2001 年版,第 41 页。
② 董必武:《董必武政治法律文集》,法律出版社 1986 年版,第 311 页。
③ 占云发、万鸿青:《董必武的农村法治思想之探求》,孙琬钟:《董必武法学思想研究文集》(第六辑),人民法院出版社 2007 年版,第 518 页。

与谈论,重视群众对案件审理的看法和意见。此外,由于农村属于熟人社会,人口流动性较小,农村司法工作也更为重视调解的作用。

（二）审判方式便民、审判文书通俗易懂

董必武认为,人民司法工作者必须尽可能地采取最便于人民的方法来解决人民所要求党和政府予以解决的问题。董必武提倡便民诉讼原则:"人民起诉口头和书面均可,书面诉状不拘格式,看得清楚即可,司法机关不得以不符合格式规定而拒绝受理;进一步完善了群众公审、就地审判、巡回审判等便民方式,彻底改变了坐堂办案的传统。关于审判形式,农村民众叙述说'民刑案件多采取坐下漫谈式,不拘束,能把话说完。公家人态度好,问事不打人,过堂不下跪。现在的政府比旧政权要好得多',而发表于 1950 年初的重庆《解放日报》上的一篇文章则对农村的审判制度做了这样的描述:'不敷衍,不拖延,早餐,晚上,山头,河边,老百姓随时可以要求拉话,要求审理案件'。判决书力求文字通俗易懂,'判决书须力求通俗简明,废除司法八股'。这种力图将生活经验与司法审判经验合而为一的做法,极大地方便了广大人民。"①

中华人民共和国成立初期,我国的文盲率高达 80%,20 世纪 50 年代开展了三次大规模的全国性扫盲运动。在当时社会环境下,农村司法工作的开展不能过于苛求,倘若要求农村群众的诉状完全符合格式要求,程序完全符合法定流程,一是很可能找不到人代为书写诉状;二是增加农村群众对司法程序的畏惧感,进而可能放弃诉讼。为了鼓励农村百姓以诉讼方式解决矛盾纠纷,相信人民法庭能够主持公道,在早期采取上述这种便民诉讼原则是非常必要的。

（三）法律宣传的大众化

董必武提出,"在法律的宣传上,首先是党员、干部遵守法制的自觉性的教育,通过农村群众喜闻乐见的形式宣传法律的公平性,以达到传播革命思想的目的,这也成为董必武陕甘宁抗日根据地农村法制思想的重要组成部分。例如,通过编写顺口溜、戏剧等群众易接受的方式来宣传,既达到了宣传革命思想的目的,又让农村群众对法律有了初步了解。"②

---

① 占云发、万鸿青:《董必武的农村法治思想之探求》,孙琬钟:《董必武法学思想研究文集》（第六辑）,人民法院出版社 2007 年版,第 516 页。
② 徐如刚:《董必武对陕甘宁根据地农村法治建设贡献及其启示》,陈冀平、王其江:《董必武法学思想研究文集》（第十五辑）,人民法院出版社 2016 年版,第 262 页。

农村群众法治意识的提高对农村司法工作有着重要的促进作用,但是农村群众受教育程度低,法治意识不强,与城市司法环境截然不同。为了更贴近农村生活实际,以农村群众更能够接受的方式进行普法宣传,董必武在宣传形式、宣传渠道、宣传手法上进行了创新,对农村群众法治意识的培养起到了良好效果。

董必武通过在农村推行人民陪审制、鼓励群众旁听法院的司法审判活动来引导村民增强法治意识,认识自己的权利义务。虽然法律规定与族规村约在一定程度上存在着冲突,但村民们通过旁听司法审判活动受到了法治启蒙。实事求是、就地取材,以百姓喜闻乐见的方式开展工作是董必武农村法治建设理念的主要特色。董必武的农村法治建设理念,对于我国今天的农村法治建设工作仍然起着重要的借鉴和启示作用。

四、群众路线工作理念

董必武法学思想在立法、司法、执法、法学教育、司法工作人员的培养、党与法的关系、政权建设、法律监督等方面贯彻了党的"从群众中来,到群众中去"的群众工作路线。

"董必武深入阐述和系统实践的群众路线,在他的法学思想中占据了主要篇幅,其核心内容就是坚持人民司法工作必须密切联系群众,依靠人民群众的支持,多倾听群众意见,全心全意为人民服务,一切以广大人民的利益为标准。"① 将人民司法工作的方方面面与群众路线的工作方法结合起来是董必武法学观的重要方式。

董必武强调立法过程应当充分发动、依靠群众,必须经过充分的调查研究,从群众中来,到群众中去,从中央到地方必须收集到翔实的数据形成草案,并经过充分的群众讨论,有的还须经过一定时期的试行,再由立法机关进行审议通过,成为正式的法律。立法内容是群众意志的反映,经过群众讨论和充分调研的立法程序所创制的法律必然反映了人民群众的意志。

评价司法工作的三个"是不是"标准深刻体现了"一切为了人民"的人民司法观念。"三个是不是"包括:是不是有利于老百姓;是不是有利于巩固人民民主专政;是不是对社会主义有保障和促进作用。在这样的评价标准面前,一切司法

---

① 龚恒超:《坚持群众路线,密切与人民群众血肉联系才是法律权威的社会基础:学习董必武法学思想的一点感悟》,孙琬钟、杨瑞广:《董必武法学思想研究文集》(第十一辑·上册),人民法院出版社 2011 年版,第 664 页。

工作都应该是为了群众的利益、为了促进社会主义、为了巩固人民民主专政。

五、民族法治建设思想

作为新中国法制的奠基人,董必武对民族法治建设有着独到的创见。他"把马克思主义基本原理和我国多民族的实际国情相结合,探索解决中国民族问题的道路和模式,对新民主主义革命和新中国民族法制建设所面临的各种具体问题提出了许多著名的论断,为中国民族法制建设的理论和实践做出了卓越贡献。"①"提倡国内各民族团结互助、繁荣经济、昌明文化、共同建设富强的新中国"②是董必武民族法治建设的目标。

（一）民族区域自治思想

对于不同民族风俗、民族文化的尊重,民族经济的扶持发展,民族自治权利的保护,防止民族歧视,可以说早就在中国共产党的民族政策考虑范围之内了。1931年,中华苏维埃共和国临时中央政府《关于中共境内少数民族问题的决议案》首次提出少数民族区域自治的提法,规定:"委托中央临时政府特别注意中华苏维埃共和国的少数民族共和国或自治区域内的生产力的发展,文化程度的提高与当地干部的培养与提拔,以消灭民族间的仇视与成见,建立一个没有任何民族界限的工农国家。"③在此背景下,1941年董必武参与制定的《陕甘宁边区施政纲领》规定:"依据民族平等原则,实行蒙回民族与汉族在政治经济文化上的平等权利,建立蒙回民族的自治区,尊重蒙回民族的宗教信仰与风俗习惯。"④

1945年6月,董必武赴美参加联合国成立大会,其间为美国华侨演讲时阐明了中国共产党的民主政策为国内各民族一律平等,并且少数民族享有民族自决权。1946年,董必武在与国民党的谈判会上,再次表示中国共产党在民族问题方面承认各民族的平等和自治。

中华人民共和国成立后,1950年9月董必武在《关于中国人民政治协商共

---

① 戴小明:《董必武民族法制思想述论》,孙琬钟等:《董必武法学思想研究文集》(第二辑),人民法院出版社2003年版,第870页。

② 董必武:《董必武法学文集》,法律出版社2001年版,第72页。

③ 中国社科院民族研究所:《党的民族政策文献资料选编(1922.7—1949.10)》,中国社会科学院民族研究所民族问题理论研究室1981年版,第21页。

④ 中国社会科学院近代史研究所《近代史资料》编译室:《陕甘宁边区参议会文献汇辑》,科学出版社1958年版,第105页。

同纲领的讲演》中指出,少数民族实行区域自治。1952 年,董必武亲自主持制定了《中华人民共和国民族区域自治实施纲要》。少数民族行使自治权、管理本民族内部事务是民族区域自治的重要内容。

1956 年在中共八大上,董必武更进一步指出,"我们的人民民主法制,还有因时制宜和因地制宜的特点,它照顾了各兄弟民族地区的特殊情况,在不抵触宪法的原则下,各自治区完全可以制定符合他们意志的自治条例和单行条例。"①

(二)民主团结,反对民族压迫和歧视思想

在民族关系上,董必武一向主张维护民族团结,反对任何形式的民族压迫和民族歧视,同时也反对大汉族主义。

中华人民共和国成立后,董必武对于一些汉族干部不尊重少数民族的行为提出批评,认为"我们的民族政策,是对于国内民族一律平等,尊重各民族的习惯、信仰,不强调某一个民族的文化与形式……我们反对狭隘民族主义与大汉族主义。"②

少数民族有权参加人民代表大会,参与国家管理事务。在入学、就业等社会生活各方面,少数民族享有与汉族同等的权利,承担同等的义务。

(三)民族互助,共促经济发展思想

中华人民共和国成立初期,由于大部分民族地区地处偏远、交通不便,加上与外界往来不多,其经济发展水平较为落后,有的地方甚至处于奴隶制阶段。董必武在新疆第一届人民代表大会第二次会议上表示,新疆各民族在发展自己的经济、文化工作中,需要其他各族尤其是汉族人民的支援帮助,而各民族间的互帮互助,尤其是汉民族对少数民族的帮助是应尽的责任和义务。对于少数民族干部以及专业技术人才的培养,董必武也非常重视。

(四)注重少数民族干部的培养和政治意识的提高

1952 年董必武在《关于改革司法机关及政法干部补充训练诸问题》中表示,省级轮训班可以轮训少数民族干部。在政治意识培养方面,也应该加强对少数民族干部的爱国主义教育和社会主义教育。

---

① 董必武:《董必武选集》,人民出版社 1985 年版,第 411 页。
② 董必武:《董必武法学文集》,法律出版社 2001 年版,第 72 页。

六、法治教育思想

在法治教育方面,董必武对于初高级法律教育、师资培养、法律职业人才培养、社会普法宣传等方面提出了一系列真知灼见的观点。

七、部门法治建设思想

董必武的法治思想除了依法治国思想体系、民主和宪政理念、农村法治建设思想、群众路线工作理念、民族法治建设思想、法治教育思想之外,还包含了董必武对各部门法领域法律问题的见解和思考,其内涵较为微观,多为董必武担任华北人民政府主席以及中华人民共和国最高法院院长等职务时对某些领域具体问题的处理办法。这些具体问题的处理办法体现出董必武高度的法律素养和政治智慧。

(一)坚持政府信息公开

早在革命战争年代,为了扩大党的影响力、宣传党的政策、促进外界对党的认识,董必武就已经非常重视宣传领域,并为此做出了卓越贡献。

1. 华北人民政府时期的信息公开制度

坚持政府工作信息公开是董必武建设法治政府一贯坚持的重要原则。1948年董必武主政华北人民政府期间,主持制定了《华北人民政府新闻发布办法》(以下简称《办法》),主要规定了政府的新闻发布途径及渠道、政府与新闻媒体的关系等。《办法》规定:华北人民政府各部门的简要工作日志,由各部门报道组每日送到专门的政府新闻发布室,每月还需向新闻发布室提交工作月报。《办法》规定:华北人民政府的工作人员如果以个人名义发表与政府工作有关的稿件、论文等,需要经过主管部门的负责人审阅,并由新闻发布室核准发布。对于报社的采访和读者的询问,如果属于对一般法令的解释,部门负责人审阅后可以发布,如果属于对重大问题的解答,则需要由秘书处新闻发布室递交主席审阅后发布。

值得注意的是,《办法》中规定:"凡通讯社、报社记者自行采访本府各部门之新闻性质稿件,应交由各该部门报道秘书或部门负责人核签,其未经各该部门报道秘书或部门负责人之核签而发布者,文责概由各该报社、通讯社负之。"①

---

① 周翠丽:《董必武与新闻立法》,孙琬钟、张忠厚:《董必武法学思想研究文集》(第九辑),人民法院出版社 2010 年版,第 754 页。

在《华北人民政府新闻发布办法》的规制下,《华北政报》得以创办面世。它是华北人民政府的机关刊物,由华北人民政府秘书厅编印发行,内容主要为:华北人民政府的各种规章制度、对经济生活的指示、职务任命和机关设置的通令、对各社会生活的指示等。例如,《董主席就职讲话》《华北人民政府各部门组织大纲》《华北人民政府为通告本府任命各部会院行厅局负责人的通令》《华北人民政府办事通则》《关于统一规定各行署各直属市府名称、组织机构并任命各行署正副主任及各直属市府正副市长的通令》《关于统一各行署司法机关名称恢复各县原有司法组织及审级的规定的通令》《关于成立华北税务总局并颁布"关于建立华北各级税务机关的决定"及"华北区各级税务机关组织规程草案"的通令》《关于建立华北各级税务机关的决定》《华北区各级税务机关组织规程草案》《关于成立华北银行布告》《关于冬季生产的指示》《关于冬季生产贷款的指示》《关于农学院工作的决定》等。

2. 涉及政府信息公开的各种出版物

这一时期,华北地区的新闻出版事业蓬勃发展。就华北人民政府刊印出版的书籍来看,有以下几个方面:《各级人民代表大会、各界人民代表会议经验汇集》(1949 年版),公布了当时各村尝试人民代表大会制度的经验和总结,内容主要有:安国县试建村人民代表大会的工作报告;安国县南楼底村试建人民代表大会的总结;安国县寺下村试建人民代表大会的总结报告;安国县伍仁村试建人民代表友会的点滴经验;威县南里村试建人民代表大会的报告;石家庄市人民代表大会代表选举考察报告;石家庄市首届人民代表大会的基本经验;太原、保定、张家口各界人民代表会议情况与经验的综合汇报;天津市各界人民代表会议初步总结报告等。

《华北人民政府法令汇编》分两集,将政府颁布的法令划分为:民政、财政、金融、工商、交通、卫生、文教、生产建设、水利、司法、公安、劳动法规、外事、其他等共 14 种,并予以公示。其中民政方面主要有:《为重新调整行政区划通令》《为执行干部请委制度与登记专县级干部的训令》《为规定荣军伤口复犯住院办法令》《为检查公房破漏情形并迅予修理的命令》等。

财政方面主要有:《为取消战争勤务动员办法的联合命令》《关于区划变动中移交问题的指示》《华北区暂行财政会计规程》《关于贯彻农业税灾情减免办法与组织年景调查的指示》《华北区农业税灾情减免暂行办法》等。

金融方面主要有:《关于停止东北、长城两种货币在华北流通的布告》《中国人民银行总行关于工商放款政策及调整利息的指示》等。

工商方面主要有：《华北区商标注册办法》《为奖励土产品出口、降低土产品出口成本的几项决定》《关于内地贸易问题的几项决定》《为文化教育卫生用品及器材准予免税进口令》《关于市场管理、物质交流的几点规定》等。

交通方面主要有：《收集与保护铁路交通器材暂行办法》《华北区收集汽车及胶皮轮大车养路费采用月票补齐票办法的布告》等。

卫生方面主要有：《关于华北区公立医院工作方针的指示》《关于巡回治疗工作的指示》《关于实施种痘的指示》《关于公立医院及医疗队免费医疗的决定》等。

文教方面主要有：《关于小学教育几个重要问题的指示》《华北区小学教育暂行实施办法》《华北区小学教师服务暂行规程》《华北高等教育委员会组织规程》《专科以上学校校务委员会组织规程》《北平专科以上学校学生人民助学金暂行条例》等。

生产建设方面主要有：《奖励农业增产的指示》《关于开展植树护林运动的指示》《关于植棉的指示》《为紧急防旱克服困难的通知》《紧急动员除虫保苗的指示》等。

水利方面有：《关于防汛工作的指示》。

司法方面有：《为贯彻清理积案，并研究减少积案办法的训令》。

公安方面有：《华北区禁烟禁毒暂行办法》《关于禁止赌博的指示》。

劳动法规方面有：《关于建立省、市劳动局的决定》《关于成立"工业复员委员会"的决定》《关于工薪所得税问题的决定》《关于华北大工矿区行政区划与设立行政机构的决定》《关于恢复和建立工人区学校问题的决定》等。

外事方面主要有：《关于处理华北区（平津除外）内地外侨旅行问题的指示》《为催报外侨材料并令各地凡有外侨出入境事项均须呈府核准备案令》等。

其他方面主要有：《华北人民政府新闻发布办法》《关于石景山钢铁厂化验室失火事件的通令》《华北区行政区划表》等。

华北人民政府各部门就各自工作的内容也进行了整理汇编成册并出版。例如，华北人民政府农业部就华北农业生产的具体情况进行研究调查，出版了《华北农业生产统计资料》，内容涉及人口土地统计、播种面积及产量统计、副业水产统计、农家收入与消耗统计、男女劳力和妇女生产统计、劳力互助统计、耕畜农具统计、耕锄施肥统计、农田水利统计、合作农货统计、造林灭荒统计、灾情抗灾统计等；华北人民政府财政部就华北农村经济情况做了调查，并作为《华北政报》的副刊出版，书名为《华北区农村经济调查（1947年事）》，就相同阶层的农民（分富、中、贫农)收入情况、支出及剩余情况等进行了详细调查;华北人民政府教育部则编写了《国语课本(初小用)》《教育学参考资料(师范用)》《小学各科教材及教学法参考资料(小学用)》《新编高级小学国语课本》等书;此外,华北人民政府还组织刊印了《师范学校暂时实施办法(师范用)》。

3. 政报类出版物

作为中央人民政府的前身,华北人民政府的工作经验对于中华人民共和国政权的建立具有重要的参考价值。华北人民政府所建立的各种制度为全国所借鉴。《华北政报》以及其他政务类出版物将华北人民政府对外发布的政令、规章、通知公告等以标准文本的形式予以公示,成为政务公开的重要环节。

中华人民共和国成立后,全国各地方政府学习采纳了此做法,以政报或者公报的形式将政府工作信息予以公开,尤其在2000年《中华人民共和国立法法》颁布以后,全国各地方政府按照法律对政报或者公报的编撰刊印要求更为严格。《中华人民共和国立法法》第70条规定:"地方性法规、自治区的自治条例和单行条例公布后,及时在本级人民代表大会常务委员会公报和在本行政区域范围内发行的报纸上刊登。在常务委员会公报上刊登的地方性法规、自治条例和单行条例文本为标准文本。"

2008年开始实施的《中华人民共和国政府信息公开条例》更为详细地制定了政府信息公开的流程,并规定,各级人民政府办公厅为信息公开主管部门,负责推进、指导、协调、监督本行政区域的政府信息公开工作。

随着互联网的发展,政府信息公开的途径不仅限于政报或者政府公报,而且包括互联网信息公开平台。政府信息公开的手段和方式越来越多,人民群众获取政府信息的途径也越来越便捷。我们不能忘记,早在华北人民政府时期,董必武就已经建立了较为完善的政府政务信息公开制度,并专门制定了相应的法律予以规制。

(二)制定退役军人待遇办法

对于军队法治建设,董必武在《在军事检察院检察长、军事法院院长会议上的讲话》中表示:"我们军队,从红军、八路军到现在的人民解放军,都规定有一定制度,否则就成为乌合之众,无法打仗了。"[1]以法治而非人治来处理军队事务是董必武法治观在军队管理方面的体现。

---

[1] 董必武:《董必武法学文集》,法律出版社2001年版,第381页。

解放战争时期,华北战区人民解放军做出了巨大牺牲和卓越贡献,因此,华北人民政府成立后就颁布了《华北区荣誉军人优待抚恤条例》《华北区退职人员待遇办法》《华北区年老病弱退伍军人待遇办法》等,对年老病弱退伍军人的待遇作出规定:"因年老及长期病弱退职之工作人员如参加工作满3年,在其退职时,按下列标准发给退职生产补助金:参加工作满3年者发给小米80市斤,每多一年增发小米40市斤,尾数超过1个月者按半年计,超过7个月者按全年计。患严重慢性病且久病不愈者,经医生证明及机关首长严格审查批准后,酌情加发补助金,但最高不得超过其补助金总数的二分之一。参加工作未满3年者一律不能享受本办法之待遇。"①

华北人民政府《关于执行年老病弱退职人员待遇办法的补充通知》规定:"曾参加部队未办退伍手续而转入地方工作后,即以地方工作人员论,在将来退职时,即不再办退伍手续,应依照华北区年老病弱退职人员待遇办法第四条之规定办理手续,由其所在机关(相当于县以上者,非县以上者由直属上级办理)直接介绍回原籍政府安置。介绍信内须将何时参加部队、担任何种职务、何时转业地方工作、因何退职与退职日期一律注明,并加盖印信。分三联,第一联存所在机关,第二、三两联退职人员交原籍县府审核无误后即按照退职待遇办法第二条第四项之规定计算发给生产补助金,并加盖该县戳记与注明'领讫'字样,由该县留存第二联粘呈报销,第三联由退职人员领回以作纪念(不另发退职证件),介绍信样式附后,所有退职人员介绍信均一律适用。荣军未经退伍而转业地方工作者,在退职时可就近介绍至荣军机关办理,但亦不再发退伍证。除荣抚部分外,仍照退职手续办理,享受退职待遇。所有退职人员不论华北籍或非华北籍者,共应领之生产补助金统按华北区退职人员待遇办法第四条之规定,由原籍县府计算发给,依照划一。华北区退职人员待遇办法第一条文内所称机关首长批准退职回家者之机关首长,是指相当于县级以上对该退职人员有核准加以委权之首长而言。"②

华北人民政府以法律的形式规定了退伍军人、退职人员的退职待遇,对于可能引起争议的部分也仔细界定,妥善解决了战争后期退伍军人的待遇问题。对于后续的医疗、军属等问题也通过《为规定伤口复犯荣军住院办法令》《对尚有军籍之荣校学员、工作人员家属准按均属优待的通知》《关于目前优军工作应检查

---

① 劳动部保险福利司:《我国职工保险福利史料》,中国食品出版社1989年版,第74页。
② 《华北人民政府、华北军区政治部(联优抚字第二号)文件》(1949年1月24日颁布)。

的两点指示》予以规制。

（三）构建中华人民共和国成立初期的金融体系

中华人民共和国成立前，货币币种混乱，各解放区都有自己的银行和货币。市面上存在着由东北解放区东北银行发行的地方流通券"东北币"，晋察冀边区银行发行的货币"晋察冀边币"；晋绥边区由西北农民银行发行的"西北农民币"等。旅大地区甚至同时流通过四种货币："苏军票""伪满票""日本币"和"朝鲜币"。解放战争期间，各根据地银行管理分散，兑换困难，不利于集中力量反抗国民党在经济、金融上的打压。设立中央银行、统一货币制度成为当时经济上亟须解决的难题。

面对此种情形，董必武深刻意识到必须要建立起统一的货币制度、设立发行统一货币的央行以及组织构建一整套完整的金融系统。从杂乱无章的旧制度过渡到新中国金融体系的建立，董必武在金融实践工作中体现了高超的金融法治思想以及金融管理水平。

1. 统一货币制度

1947年，中共中央发布《关于成立华北财经办事处及任命董必武为主任的决定》，由董必武负责组建华北财经办事处，成立"战时经济内阁"。董必武在正式成立华北财经办事处之前，通过详尽调研分析，统一了解放区各货币之间的兑换比价。1947年年底，华北财经办事处正式成立，董必武任主任一职。统一货币制度是办事处最紧要的工作，此外，办事处还需要负责各解放区经济调控以作为解放战争的后勤保障。

董必武认为，在目前各解放区都有自己发行货币的情况下，直接发行统一的新货币并宣布旧货币作废的做法过于急切，而成立"货币兑换所"能够为货币的统一提供一个较为缓和的软着陆方式。"董必武决定，解放区统一货币，不能急于求成，要把工作重点放在尽快调整各解放区贸易关系上，在调整中理顺各解放区的货币关系，逐渐促使各解放区之间物价水平持平，货币比价也就渐渐接近预想的比价标准。为了做好这方面工作，董必武根据实际情况，决定首先由华北财经办事处建立货币兑换所。"[①]

1947年8月，董必武拟定了《华北财经办事处组织规程》，明确规定华北财

---

① 陈立旭：《董必武创建中国人民银行》，中国共产党新闻网，http://dangshi.people.com.cn/n1/2016/0317/c85037 - 28207538.html，2020年9月30日访问。

经办事处的工作任务:"(1)制定华北解放区国民经济建设的方针。(2)审查各个解放区的生产、贸易、金融计划,并及时做必要的管理与调剂。(3)掌握各个解放区的货币发行。(4)指导各个解放区的对敌经济斗争。(5)筹建中央财政及银行。(6)审定各个解放区的人民负担。(7)审定各个解放区脱离生产的人数及其编制与供给情形。(8)审核各个解放区的财政预算并做出必要的调剂办法。华北财办的内部组织,暂分为秘书处、财政组、经济组、军事供给组、调查研究室。"①

在晋察冀解放区财经工作会议上,董必武表示,货币发行问题在华北财经会议以及土地会议代表谈话中,大家都说由中央统一起来较为方便。现山东要求成立中央银行,发行一种通行各区的钞票,并说愈快愈好。这桩事当然不能立即办到,但大势所趋,不容延时进行。对于央行的取名,董必武认为,共产党办中央银行是人民所需求的,是为人民而办,用"人民"二字可以表明它的性质,使它与国民党办的银行区别开来;"人民"二字也能体现出中央银行的地位、规模和作用。他建议采用"中国人民银行"的名称,得到了中共中央的采纳。

为使央行能够在成立之初就进入正式的工作状态,董必武先成立了中国人民银行筹备处,并同意了南汉宸②的建议,新发行的货币称"人民币"。第一套人民币由董必武领导设计,"发行单位就是中国人民银行;图案以反映解放区人民从事工农业生产为主;票版的正面和背面,除了必要的阿拉伯数字外,一律用中文,以此体现我们是独立自主的国家。"③

对于统一发行人民币的问题,董必武制定了非常合理的五个步骤工作计划。"'第一步,华办必须确实掌握各区的发行额和预算,了解各区票币的互换率,以及粮食、棉花、纱、布、油、盐、煤、金、银等物的价格,并基本完成银行的准备工作。第二步,发行少量的统一票币[假定币值比太行币(冀南币)高若干倍而发行数量定为20亿(元)],这主要做各区汇划用,当然市面也可以流通。老百姓持着统一票币,可以照银行牌价买他所需要的东西,也可以换该区本币。统一币有物资做保证,各区银行贸易机关及政府税收机关必须承认其币值不变。对各区票币比

---

① 《中国人民银行成立纪事 3:华北财经办事处成立》,首席收藏网,http://www.shouxi.com/news/opinion/2018/1223/5087.html,2020 年 9 月 30 日访问。

② 南汉宸(1895—1967),山西洪洞县人,1926 年加入中国共产党,曾长期在冯玉祥、杨虎城部从事地下工作和统一战线工作。20 世纪 40 年代初,于日寇和国民党经济封锁期间担任边区财政厅厅长,解决边区财政问题。中华人民共和国成立后,任中国人民银行首任行长,是新中国金融事业的创建人之一。

③ 陈立旭:《董必武创建中国人民银行》,中国共产党新闻网,http://dangshi.people.com.cn/n1/2016/0317/c85037-28207538.html,2020 年 9 月 30 日访问。

值在发行时各定出一定的比率。嗣后某一区票币因故贬值时,则统一币对该区币的比值可以提高;反之,也可以降低。别区币值无变动的,统一币对它的比值也不变。因为发行量小,又有保证准备,且经过各区银行与贸易公司来流通,市场上可能不发生波动,纵然有点也不会很大。这一步要好好地把统一币的信用建立和巩固起来,这时各区除与友邻区毗连的地方外依然是各区本币市场。第三步,在各区票币发行的定额中,统一币发行占一定的成数。如某区在某一时期要发行该本币 10 亿(元),华办只让它发行本币 8 亿(元)或 7 亿(元)或更少一点,而在该区发行统一币可值该区票币 2 亿(元)或 3 亿(元)或更多一点的数量。这样逐渐推行统一币。第四步,停止各区票币的发行,完全发行统一币。到这步止各区是该区本币和统一币的市场。第五步,用统一币收回各区票币。'董必武认为,上述五个步骤不是一成不变的,而是可以根据当时实际发生的具体情况进行调整。"①

从董必武统一货币制度的工作实践中可以看出,事缓则圆,事前的认真调研和准备是正确决策的基础。而在工作正式铺开前成立筹备处,充分留出时间给当事各方改变和适应的空间,是货币统一、第一套人民币得以顺利发行的宝贵经验。

2. 成立中国人民银行

1947 年,董必武在南汉宸的陪同下,"赶赴阜平南峪村的印钞厂,详细考察了印制钞票的工艺流程,向工人们询问了设计、制版、印刷、纸张、油墨等诸多方面的问题。"②在中国人民银行名称的确定上,董必武认为不仅要考虑与货币名称的统一,而且也应当考虑将来新中国政权成立后作为中央银行的地位。1947 年 10 月,董必武致电中央工委,询问"银行名称拟定为'中国人民银行',是否可以?请考虑示尊。"③中央工委电告中共中央,中共中央复电银行名称可以用"中国人民银行"。

1948 年 5 月,中国中央决定改华北财经办事处为中央财政经济部,并正式成立中国人民银行。同年 6 月,中央财政经济部正式成立,董必武担任部长。由于解放战争的迅速推进,董必武在 1948 年 11 月 18 日第三次政务会会议中表示:"发行统一货币,现已刻不容缓,立即成立中国人民银行,并任命南汉宸署理

---

① 《中国人民银行成立纪事 3:华北财经办事处成立》,首席收藏网,http://www.shouxi.com/news/opinion/2018/1223/5087.html,2020 年 9 月 30 日访问。

② 《中国人民银行成立纪事 4:筹建过程时间紧迫》,首席收藏网,http://coin.shouxi.com/news/opinion/2019/0116/5148.html,2020 年 9 月 30 日访问。

③ 《中国人民银行的成立与全国金融体系的统一》,中共党史网,http://www.zgdsw.com/newsx.asp?id=730,2020 年 9 月 30 日访问。

中国人民银行总经理。一面电商各区,一面加速准备的决议。"①

董必武意识到,成立中国人民银行的任务已经刻不容缓,必须跟上时局的节点。1948 年 11 月 22 日,"华北人民政府主席董必武在华北银行总行签发了成立中国人民银行、发行统一货币的训令。25 日又向华北、山东、西北解放区的银行发出《关于发行中国人民银行钞票的指示信》。同年 12 月 1 日,董必武发布了《华北人民政府布告——⌊金字⌋第四号》,宣布成立中国人民银行。自此,中国人民银行成立,第一套人民币正式发行。"②中国人民银行由华北银行、北海银行、西北农民银行合并组成,南汉宸担任第一任总经理。

中华人民共和国金融体系的诞生以中国人民银行的设立为标志。"新中国货币制度与中国人民银行得以建立,这在中国货币史和金融史上有着划时代的意义。"③

2003 年 12 月 27 日第十届全国人民代表大会常务委员会第六次会议对《中华人民共和国中国人民银行法》进行修正,其中第 1 章第 2 条明确规定:中国人民银行是中华人民共和国的中央银行,中国人民银行在国务院领导下,制定和执行货币政策,防范和化解金融风险,维护金融稳定。第 4 条规定:中国人民银行履行的职责有:依法制定和执行货币政策;发行人民币,管理人民币流通等。第 3 章第 16 条规定:中华人民共和国的法定货币是人民币。以人民币支付中华人民共和国境内的一切公共的和私人的债务,任何单位和个人不得拒收。第 17 条规定:人民币的单位为元,人民币辅币单位为角、分。第 18 条规定:人民币由中国人民银行统一印刷、发行。中国人民银行发行新版人民币,应当将发行时间、面额、图案、式样、规格予以公告。这些法律条文对董必武在金融方面的设定和计划予以了认可。

3. 健全金融系统

中国人民银行成立以后,为发挥金融系统的作用,恢复国民经济,"董必武强调要抓好以下几项主要工作:一是健全'中国银行'的下属系统,在沿海和国外发展外汇业务;二是针对重要城市普设'交通银行'的有利条件,建立工矿、交通的长期信用关系;三是支持'实业银行'开展各项业务,使其在我国工业化中有所

---

① 陈立旭:《董必武创建中国人民银行》,中国共产党新闻网,http://dangshi.people.com.cn/n1/2016/0317/c85037－28207538.html,2020 年 9 月 30 日访问。

② 陈立旭:《董必武创建中国人民银行》,中国共产党新闻网,http://dangshi.people.com.cn/n1/2016/0317/c85037－28207538.html,2020 年 9 月 30 日访问。

③ 张海琴:《论董必武的金融思想及其当代意义》,孙琬钟、杨瑞广:《董必武法学思想研究文集》(第十四辑),人民法院出版社 2015 年版,第 438 页。

作为；四是人民银行暂设农业业务专管部门，积极为'农业银行'的建立准备条件；五是加强对公私合作银行的领导，使其成为有力的卫星银行；六是充实'保险公司'力量，并在各地人民银行内委托办理保险业务。"①

在董必武的指导下，各解放区银行先后并入中国人民银行，并成为其在各地分支机构。各解放区银行并入中国人民银行以后，按照六大区成立区行，省市成立分行，地区成立支行。此外，农业银行、交通银行、建设银行等专业银行以及农村信用社也纷纷设立，形成了较为完整的金融体系。对于国民党政权的央行和地方银行以及其他金融机构则采取没收资本由中国人民银行接管的方式。据统计，1949 年年底，在接收国民党官僚买办银行基础上，40 个省市级分行、1 200 多个县级支行和办事处得以设立。

此外，1949 年 6 月 1 日，中国人民银行天津分行制定了《证券交易所暂行营业简则》，创办了天津证券交易所，批准了 11 家公司的股票上市。1949 年 9 月，《中国人民保险公司会计制度》颁布，中国人民保险公司正式成立。

4. 创立金融法律体系

董必武非常重视金融法治建设，其领导的华北人民政府以及中国人民银行前后颁布了《华北人民政府金库条例》《华北区私营银钱业管理暂行办法》《华北区外汇管理暂行办法》《华北区金银管理暂行办法》《人民银行活期储蓄存款暂行章程》《人民银行薪金制试行办法》《中国人民银行发行库制度》《关于工商放款政策及调整利率的指示》《私营行庄通汇办法》《活期、定期储蓄存款暂行章程》等涉及银行业方面的政府条例、部门规章、指示等。

1949 年 1 月，华北人民政府颁布《华北人民政府金库条例》。其为保证库款的解拨，规定在华北、行署、县三级分别设立总、分、支金库以行使金库职权，后于 1950 年 3 月被中央人民政府政务院颁布的《中央金库条例》所承继。1985 年 7 月，《中央金库条例》被《中华人民共和国国家金库条例》所取代。

《华北区私营银钱业管理暂行办法》于 1949 年 4 月由中国人民银行颁布，目的是稳定金融、扶植生产、保障社会正当信用，其规定：华北人民政府授权各地中国人民银行作为银钱业的管理检查机关，协助各级政府执行银钱业管理事宜。当时还存在着私营资本的商业银行、银号、钱庄等，以江苏为例，截至 1949 年，江苏省内的私营钱庄共计 129 家，其中苏南 67 家，苏北 12 家，南京 49 家。该办法

---

① 张海琴：《论董必武的金融思想及其当代意义》，孙琬钟、杨瑞广：《董必武法学思想研究文集》(第十四辑)，人民法院出版社 2015 年版，第 437 页。

的颁行使中国人民银行对这些机构的管理有了法律依据。

《华北区私营银钱业管理暂行办法》第4条规定，这些私营银钱业机构可以经营的业务范围是："（1）收受各种存款。（2）办理各种放款及票据贴现。（3）解放区境内汇兑及押汇。（4）经中国人民银行特许之区外及国外汇兑。（5）票据承兑。（6）代理收付款项。（7）工矿业投资。（8）保管贵重物品。"①该办法也规定了银钱业机构不得进行经营的事项以及向华北人民政府进行登记的程序、放款数额和准备金、利率、停业流程、营业报告的审核等。根据这一规定，各地开始对私营钱庄等银钱业机构进行清理和整顿，对于不符合办法规定的违法经营活动予以打击和取缔，以促使银钱业机构接受中国人民银行的监督和管理。

此外，《合作社信用部推进办法》《关于典型试办合作社信用部的指示》《中国人民银行为国外华侨认购胜利折实公债服务办法》《人民银行代理财政部发行公债办法》《中国人民保险公司会计制度》等金融法律也相继制定，为我国合作信用社的设立、政府公债的发行、保险公司的设立等提供了法律依据和法律保障。

"在初步建立新型金融法律体系的同时，董必武还领导确立了金融法制的基本原则，为进一步维持金融稳定提供保证。金融法制的基本原则有：（1）依法统一管理金融，管理与经营相分离，规范和完善国家金融调控和监管行为的原则。（2）在稳定币值的基础上促进经济增长的原则。（3）以社会整体经济利益和金融秩序稳定为出发点，依法规范和完善金融机构组织体系和金融市场体系，促进金融业公平、公开、有序竞争，提高金融资源配置效率，维护金融市场各利益主体合法权益的原则。（4）防范和化解金融风险的原则等。"②

董必武对我国金融体系的创立以及金融法律的制定做出了巨大贡献，其精妙而充满智慧的金融工作经验以及审慎严谨的金融法治思想为我国金融事业的发展奠定了稳固的基础。

（四）提倡对名胜古迹的保护

1949年1月，在董必武主持下的华北人民政府颁布了《为保护各地名胜古迹严禁破坏的训令》（以下称《训令》），规定县以上各级政府、华北人民政府各部门以及各直属机关需要关注和保护各地的名胜古迹。

---

① 华北人民政府：《华北区私营银钱业管理暂行办法》，《江西政报》1949年第1期。
② 张海琴：《论董必武的金融思想及其当代意义》，孙琬钟、杨瑞广：《董必武法学思想研究文集》（第十四辑），人民法院出版社2015年版，第438页。

在保护范围上,《训令》规定:名胜古迹在历史、文化、科学研究以及艺术方面有很大价值,属于人民的文化财产。之前因为日寇破坏和国民政府的缺乏保护而损毁破坏者为数众多,而土改期间又破坏了一部分。现在为了珍惜保护人民文化财产,特规定:凡是有历史文化价值的名胜古迹,例如古寺、庙、观、庵、亭、塔、牌坊、行宫等建筑;碑碣、塑像、雕刻、壁画、古墓、古迹发掘遗址;名人故里之特殊建筑及其有纪念意义的附属物等均在保护之列。

在具体保护措施上,该《训令》规定:各级政府的民政部门应该将其辖域内的名胜古迹勘察清楚,并向华北人民政府进行报告。关于名胜古迹的修葺,需要以保护为原则,强调目前绝不应该翻修或重建。修葺的费用可以从地方建设粮内进行开支,有特殊情况的可以上报华北人民政府酌情处理。名胜古迹中能够移动的,例如碑、雕像之类,必要时可以移动到专门的古物保护所以便保护。凡是有历史文化价值的宫、观、寺宇等名胜场所,禁止军队及其他机关拆毁占用,并且应该委托专人驻守管理,看守人员的生活费用应该由当地政府专门制定办法支付。一般无特殊价值的寺院也应当视为公共财产予以照顾,不可任意损坏。该《训令》强调,各地政府应该遵照执行,并且将保护名胜古迹的重要性向广大群众宣传解说,还需将辖域内名胜古迹做一调查,于四月底之前上报华北人民政府。①

（五）提倡植树造林、促进林业发展

早在 1947 年,董必武在全国土地会议上就表示,应当兴修水利、开渠打井、植树造林。董必武认为,应该讲究工作办法,按照各地的客观情况制定计划,不能主观臆断,不能命令主义。"按照地方情形分别提倡,不能主观规定。如兴修水利,有些地方需要打井浇地,有些地方就要筑堤开渠,防洪排水……植树造林可以预防水灾旱灾,且能供给燃料,对群众是很有好处的。但过去用命令主义的办法来提倡植树造林,又没有确定树林的所有权及树林的保护办法,结果年年植树造林,树木还是愈来愈少,今后应当改变作风。"②

在《人民公社生产队要大办林业:在鄂省林业座谈会上谈的一个建议》中,董必武强调:"我们中国的林业应当赶上芬兰、瑞典这样的先进国家,如果像现在这样发展,到底什么时候才能克服我们的困难?……现在是否可以提大办林业

---

① 《华北人民政府(社政字第七号)训令》(1949 年 1 月 14 日颁布)。
② 董必武:《董必武选集》,人民出版社 1985 年版,第 148 页。

的口号呢？我看现在可以提这个口号。我们要急起直追,赶上去,实现林业的现代化,跟上国民经济建设的需要。""在《铁路公路应把植树作为业务的一个组成部分》中写道:'铁路公路旁,植树有潜力,路树美风景,宜有不宜无。若从经济论,路须与树俱。'"①这些都体现了董必武植树和修路并重、经济发展与美化环境并重的思想。

（六）有限度地允许机关生产

1949 年,董必武主持下的华北人民政府颁布了《关于机关生产的决定》(简称《决定》),规定:允许各机关组织本机关人力从事手工业、农业生产,不得从事商业活动,不得雇用劳动力进行生产。但在专署或者一定行政区划以上级别,本着有利于国计民生的工业领域,允许雇用工人进行工业生产,并允许设立推销本工厂生产产品,收购本工厂原材料的工商门市部,但不得从事其他商业活动。

《决定》规定:机关生产应遵守政府法令,与国家贸易机关密切合作。对上述机关生产,银行可给予贷款,国家贸易机关应予以帮助,并在可能的范围内,委托其经营一定的业务(如委托收购某些物资、委托推销货物等)。"凡违背上述方针,不遵守政府法令,不服从工商部门与国家贸易机关的指导,在市场上进行投机操纵,甚至假借名义进行活动,或者与私商勾结共同反对国家贸易机关合作社者,他们的资本虽然是公家的,但他们的经营方法则是旧资本主义的方法,是违反新民主主义经济建设的方针的,必须从经济上及行政上予以管制和打击,从劝告、处分直到停止其营业。各级政府及工商部门、贸易公司必须认真的深入研究此决定,并切实进行上述工作,解决目前各地市场上机关生产存在的无政府现象,并组织机关生产,使之成为国家领导下,反对私人投机操纵、支持合作社的力量。"②

（七）董必武其他部门法思想

董必武关于部门法的思想,除了本章节列举的内容之外,还包括了刑法和刑事诉讼法思想、民商事和经济法律思想、宪法行政法律思想等。

---

① 程三娥、余俊:《论董必武森林法制思想的诗意情怀》,陈冀平、王其江:《董必武法学思想研究文集》(第十五辑),人民法院出版社 2016 年版,第 305 页。
② 《华北人民政府(工行字第一号)训令》(1949 年 1 月 18 日颁布)。

第三节　董必武法学观的价值
及其现实意义

董必武围绕依法治国构建了相关法治思想体系,并在许多部门法领域开创了中华人民共和国早期相关制度并沿用至今。董必武法学观具有重要的历史地位,其法治思想"是党第一代领导集体法制思想的重要体现,是依法治国方略的理论源头。"①

一、董必武法学观与和谐社会建设

2006 年,党的十六届四中全会审议通过《中共中央关于构建社会主义和谐社会若干重大问题的决定》,进一步明确建设和谐社会的任务。和谐社会的基本特征就是民主法治、公平正义。具体的目标任务就是"社会主义民主法制更加完善,依法治国基本方略得到全面落实,人民的权益得到切实尊重和保障"。②

早在抗战胜利前夕,董必武在《中国共产党的基本政策》一文中提出,应当实行民主政治,保障人民的宪法权利。"人民民主政权"就是人民当家作主的、无产阶级执政的以工农联盟为基础的、社会主义的民主政权。董必武所设计、构建的人民代表大会制度无疑是人民参政、议政的民主保证。

"董必武在强调发扬社会主义民主的同时,还十分注重健全社会主义法制。他认为,人民当家作主,成为国家的主人,但究其实质而言,只能实行法制管理,以维护社会秩序、工作秩序和生活秩序"。③ 在其革命生涯以及新中国建设工作中,董必武始终如一地提倡和坚持法治。在依法治党治军、依法办案、依法依规建设国家机关等各方面皆体现了董必武坚持贯彻法治的思想。

可以说,在我党早期领导人中,董必武体现了极高的法治素养,并且一直呕心沥血地推进我国的民主法治建设。坚持民主法治是构建和谐社会的重要保证,要实现社会的公平正义、安定有序必然需要民主法治建设。

---

① 柯新凡:《董必武法制思想的历史地位评析》,《安阳师范学院学报》2006 年第 6 期,第 53 页。

② 《构建社会主义和谐社会的目标任务》,中国共产党新闻网,http://cpc.people.com.cn/GB/134999/135000/8105132.html,2020 年 11 月 13 日访问。

③ 刘琳玲:《不断学习董必武法制思想,为构建和谐社会尽职尽责》,孙琬钟、公丕祥:《董必武法学思想研究文集》(第五辑),人民法院出版社 2006 年版,第 544 页。

在经济社会飞速发展的今天,法治建设必须跟上。对于新出现的法治空白领域,需要对其加强立法,学习董必武等老一代领导人创业之初筚路蓝缕、克服艰难困苦建立法律制度的坚毅精神;对于已有法律领域出现的法律滞后或者僵化要及时修订;在具体的工作方式上要学习继承老一辈革命家始终坚持人民路线的工作方式,反映人民的需求,听取群众的意见。只有继承和发扬群众路线的工作方法,并对法治建设坚持不懈,才能创建美好的社会主义和谐社会。

二、董必武法学观与中国特色社会主义法治建设

中国特色社会主义法治建设要求完善以宪法为核心的中国特色社会主义法律体系,将"法治国家、法治政府、法治社会基本建成确立为 2035 年基本实现社会主义现代化的重要目标。"①坚持中国特色社会主义法治建设必须维护宪法权威,推动科学立法、民主立法,形成社会主义法律法规体系;必须尊法守法,树立法律权威,配套以监督管理体系;需要在全社会宣传法律,形成完善的法律教育体系,培养大批司法人才。

"中国法制建设凝聚了很多人的心血,虽然党的一代领导集体的其他成员在法制建设方面都有很大贡献,董必武的法制思想和中央其他领导同志的法制思想具有一致性,但董必武长期领导政法工作,加之他早年学习、研究过法律,他的法制思想最为完善、全面和系统。"②董必武法治思想与中国特色社会主义建设的内在要求是一致的。

首先,董必武提倡法治,倡导立法的制定和完善,立法过程中坚持群众路线原则,对于群众的意见建议耐心听取。其次,董必武强调依法行政,建立法治政府。董必武指出,应当从严治党,党的领导干部违法应当加重处罚。在培养对法律的尊崇以及树立法律权威方面,董必武强调必须培养人民的法治意识,加强法治宣传和法治教育,将法律根植于民心。再次,对于旧司法人员的改造以及对新中国法律工作者的培养,使得中国特色社会主义法治建设有了具体承担任务的工作者。董必武的法治主张形成了一个较为完善的体系,体现出中国特色社会主义建设的内在要求。

---

① 袁曙宏:《坚持法治国家、法治政府、法治社会一体建设》,中国共产党新闻网,http://theory.people.com.cn/n1/2020/0421/c40531-31681219.html,2020 年 11 月 13 日访问。
② 《董必武法制思想对我国"依法治国"的指导意义》,品略图书馆网,http://www.pinlue.com/article/2018/09/2209/547328487211.html,2020 年 11 月 13 日访问。

三、董必武法学观与中国传统法律文化

中国传统法律文化有着其朴素的正义观以及符合天理民心的价值取向。根据东汉许慎的《说文解字》记载：灋，刑也。平之如水，从水。廌，触不直者去之，从去。法平如水，在判断是非曲直时需要"一碗水端平"、一视同仁、处事公允。若有"不直"的情况，则需要去除。而在中国传统法律文化中，强调出礼入刑。根据传统的道德标准应当父慈子孝、兄友弟恭、讲信修睦。对于那些违背"礼"的行为则进入了"刑"的范畴，需要用刑法予以规制。由于古代属于农耕经济基础上发展起来的熟人社会，人民以血缘聚居，在调整相互间关系时更多的是需要有威望的老人、族长予以调解。例如，明太祖朱元璋所颁布的《教民榜文》就要求民间发生的婚姻、田地、斗殴争端等经由本地的里长、甲长予以理断。而中国民间对于严格执法、为官清正的"青天大老爷"的向往体现了人民对公平正义的憧憬。

董必武法学观吸收、继承了中国传统法律文化的优良因素。首先，董必武法学观要求我们的法治工作从立法、司法、执法，必须坚持群众路线。在制定法律时听取群众意见，在执行法律时必须接受群众的监督。其次，董必武法学观实事求是、因地制宜，在农村推行"马锡五审判方式"，深入群众，携案卷下乡，巡回审理。董必武主张探索和发展人民调解的非诉讼争端解决机制，这是对我国传统法律文化在熟人社会中尽量倡导"息讼"，以维持社会和睦的观念的继承和发扬。董必武强调党员干部违法必须从重处罚，对于党纪国法必须严格遵守，在制定法律法规时必须符合人民群众的利益。

四、结语

"董必武法制思想对我国新时期法治建设依然具有着重大的理论指导意义……依法办事仍然是我们法治建设的核心内容。……我国尚有一些重要的法律尚未制定，有些法律的内容有些粗疏，或法与法之间相互矛盾、难以运作等实际问题，尚须提高立法质量。有法就必须依法办事，公正司法，否则必将损害法律的尊严……目前我国司法状况并不令人乐观，有法不依、执法不严、司法不公甚至腐败现象时有发生，因此，必须采取有力措施，进一步提高执法人员的政治、道德、业务素质，提高执法水平，同时加强普法教育。"①

---

① 柯新凡：《董必武法制思想的历史地位评析》，《安阳师范学院学报》2006年第6期，第55页。

董必武在 20 世纪 40—70 年代所提出的法律思想继承和发扬了中国传统法律文化的优秀因素,是中国特色社会主义法治体系的源头,符合和谐社会建设的要求。董必武法治思想源于革命工作和新中国建设工作两个阶段,丰富的实践经验是其得以具备持续生命力的源头活水。

"当前,我国正处在社会转型、体制转轨的历史新时期。随着改革发展的全面推进,社会结构急剧变动,利益格局不断调整,各种积压起来的深层次矛盾和问题逐渐显现,社会矛盾正处于一个相对活跃期和高发期。"①在建设我们社会主义法治体系的今天,我们必将遇到新的法律难题和法律空白。回顾往昔,重温老一辈领导人在法律工作战线上的工作方式、工作思路、工作态度,从中汲取营养、获得启示是我们法治建设不忘初心、方得始终的指引和参照。

_____

① 官正艳:《建设法治政府,铸就和谐社会:从董必武"依法行政"思想谈起》,孙琬钟、应勇:《董必武法学思想研究文集》(第七辑),人民法院出版社 2008 年版,第 215 页。

第三章　宪法与政制思想

董必武不仅是一位伟大的无产阶级革命家,而且也是一位杰出的马克思主义法学家。在不同的历史时期,董必武系统地阐述了马列主义、毛泽东思想的国家观和法律观,总结了新中国的政权建设和法制建设的经验,给我们留下了有关宪法理论与政权建设方面大量的论著和报告。尤其是中华人民共和国成立以后,董必武长期担任党和国家立法与司法工作的主要领导职务,将马克思主义法律观与中国国情相结合,以自身对法的认识总结出国家政权建设和社会主义法制建设的宝贵经验,形成了社会主义宪法政治制度的雏形。董必武的宪法思想是在革命与建设的实践过程中不断创设和完善的,有着十分丰富的内涵,它涉及宪制、民主、法治、人权、政权、政党与民族关系等方面。整理和研究董必武的宪法与政制思想能使我们了解中国宪制的发展历史,有效地总结本国宪制经验,对新时代我国宪制建设以及推进民主法治进程均有重要的现实意义。

第一节　董必武的宪法思想

董必武一生有着非常丰富的制宪经验,抗战时期,他作为代表中国共产党的参政员参加国民政府主导的国民参政会,参与《中华民国宪法草案修正案》的审查工作,更加深刻而直观地认识到旧民主主义宪政的局限性。中华人民共和国成立前后,董必武主持了《中华人民共和国中央人民政府组织法》的起草,参与了《中国人民政治协商会议共同纲领》和1954年宪法等宪制性法规范的起草,逐渐形成了一套成熟的体系性的宪法法治思想。而在现代法制国家的法律体系中,宪法作为调整国家生活中最基本的社会关系的规范而被视为根本大法,而实现宪法政治则被视为建设法治国家的基础,宪法政治作为实现宪法原则的动态过程和良好的社会效果的评价,在某种程度上是社会发展与文明的标志。① 因此,宪法思想可以说是董必武法律思想的核心。

一、除旧立新

董必武作为一个从旧时代走过来的知识分子,考过前清的秀才,饱读传统儒学经典;又曾相继负笈日本、俄国,其旧学、西学功底皆为可观,但对于中华人民共和国的法制建设尤其是宪法建设,董必武始终坚持立足于本国国情与时代任务,主张除旧立新、不破不立。或许是因为其作为参政员亲身参与了国民政府主导的“期成宪草”修宪活动,董必武对于包括《中华民国宪法》在内的国民党六法体系背离时代、背离国情、背离人民根本利益的实质有着独特而清醒的认识。在中华人民共和国成立前夕,董必武作为华北人民政府主席,签署了《废除国民党的六法全书及其一切反动法律》的训令。

训令首先指出了不同阶级属性的法律在本质上的差异:“国民党的法律,是为了保护封建地主、买办、官僚资产阶级的统治与镇压广大人民的反抗;人民要的法律则是为了保护人民大众的统治与镇压封建地主、买办、官僚资产阶级的反抗。阶级利益既相反,因而在法律的本质上就不会相同”,②进而又指出不能因旧法中有“似乎是保护人民的条文”就加以“留恋”,亦不能以“新法律尚不完全”就“不妨暂时应用”旧法律,而是要以大破大立的革命精神投入到新的法律体系的建设中去:“旧的必须彻底粉碎,新的才能顺利成长。各级人民政府,特别是司法工作者,要和对国民党的阶级统治的痛恨一样,而以蔑视与批判态度对待国民党六法全书及欧美、日本等资本主义国家一切反人民的法律,用革命精神来学习马列主义、毛泽东思想的国家观、法律观,学习新民主主义的政策、纲领、法律、命令、条例、决议,来搜集与研究人民自己的统治经验,制作出新的较完备的法律来。”③

尽管如今看来,董必武对于民国时期的宪法与其他法律体系的看法不免有一些时代的局限性,但其提出的以马列主义与马列主义中国化的理论成果为指导、除旧布新、建设新中国的人民宪法和宪法政治的理念时至今日依旧具有重要的现实意义。

而对于国外以往的立宪经验,董必武也始终保持审慎的扬弃态度。1949

---

① 韩大元:《董必武宪政思想初探》,祝铭山、孙琬钟:《董必武法学思想研究文集(第一辑)》,人民法院出版社 2001 年版,第 307 页。
② 董必武:《董必武法学文集》,法律出版社 2001 年版,第 14 页。
③ 董必武:《董必武法学文集》,法律出版社 2001 年版,第 15 页。

年9月,受中国人民政治协商会议筹备委员会委托,董必武负责主持《中华人民共和国中央人民政府组织法》的起草工作,在向政协全体会议代表作起草经过报告时,董必武就指出,新政权的组织形式是以更能保证普遍的人民民主权利的民主集中制代替民国所行的资产阶级的权力分立体制。更为难能可贵的是,对于苏联模式,董必武始终立足中国国情,绝不照搬照套。例如对于中央政府主席、副主席的设置,我国根据单一制的国家结构形式未采用苏联的主席团模式,董必武解释道:"中央人民政府委员会设主席、副主席而不设主席团,也不设常务委员会。苏联采行联邦制,有十六个共和国,每一共和国在中央有一位副主席,所以自然组成了主席团。我们没有这个事实,也就不必仿行此制。"①由此可见,对于中外过往的宪制经验,董必武始终坚持立足本国国情、坚持人民立场,这一点对于我们今天实践社会主义宪法政治具有重要的启示意义。

二、宪法地位

董必武作为第一代领导集体中少数受过系统现代法学教育的成员之一,非常重视宪法对于国家政治生活与人民利益保护的重要作用,特别强调宪法作为国家根本大法在新中国法制建设中的重要位置。早在1954年5月18日,中华人民共和国第一部宪法颁布之前,其就在《关于党在政治法律方面的思想工作》一文中点明了宪法在国家法律制度中根本大法的地位,并且明确了国家即将制定的其他法律的制定依据都是宪法,"我们国家即将要公布宪法,宪法是国家的根本法,根据宪法还将要产生若干法律,这是宪法上规定的。"②

《中华人民共和国宪法(草案)》公布后,董必武于1954年6月20日,进一步就立宪目的、宪法内容及其对国家社会生活将产生的重大影响向中央政法干部学校的学员做说明:"我们之所以制定宪法,就是要用法律手段把我国人民革命第一阶段的成果巩固下来,同时表达我国人民在现有基础上继续前进——向社会主义社会前进的根本愿望"。他指出宪法"把党和国家在过渡时期有总路线总任务规定为全国人民必须遵循的法定方向",重申"宪法是国家的根本大法,它规定我国的社会制度、政治制度、国家机构,公民权利义务等根本性质的问题",③即从宪法的规范内容是国家生活中的根本问题这一层面论证了宪法的根本大法的地位。

---

① 董必武:《董必武法学文集》,法律出版社2001年版,第20—21页。
② 董必武:《董必武选集》,人民出版社1985年版,第344页。
③ 董必武:《董必武法学文集》,法律出版社2001年版,第218—219页。

"五四宪法"颁布后的两年,在党的八大上,董必武做了题为《进一步加强人民民主法制保障社会主义建设事业》的发言。发言中,董必武再次强调宪法的根本地位:"这部宪法是共同纲领的发展,是我们国家的根本大法",同时肯定了宪法颁布后,其他领域的立法成就:"依据宪法重新制定了一些有关国家机关和国家制度的各项重要法律、法令"。①从宪法效力角度说明宪法的根本大法地位,凸显在董必武的法律观中,宪法具有最高的法律效力,是其他一切法律制定所必须遵循的上位法依据,其他法律不得与宪法相抵触。

三、人民民主

董必武的法律思想体系有关于法律体系建设、政权组织形式建设和民主制度建设等方面,且始终坚持人民立场,强调新中国的法制与宪制始终是"人民民主"的。董必武在党的第八次全国代表大会上的发言,将新中国的法制明确冠以"人民民主"的属性:"我们的人民民主法制,是工人阶级领导的人民群众通过国家机构表现出来的自己的意志,是我们国家实现人民民主专政的重要工具。"②同时他也从优越性的角度剖析新中国法制的"人民民主"属性,指出此种人民民主的法制之所以"有力量",是因为其一是"在摧毁旧法制的斗争中产生的""真正表现人民意志与为人民服务";二是"适应国家建设的迫切需要""有效地发挥了人民群众的积极性,并且促进了社会生产力的发展";三是"实事求是地总结了人民斗争的经验和贯彻了群众路线""无隔阂地反映了人民的意见";四是"吸取了我国历史上和国际上一切对人民有益的经验"。③

具体到宪法思想层面,董必武人民民主的法律思想主要体现在对于国体的人民民主专政性质的坚持。所谓"国体",在宪法学上是指国家的性质,即国家的阶级本质。毛泽东指出,国体问题指的是"社会各阶级在国家中的地位"。④董必武忠实地阐释和发展了马列主义、毛泽东思想关于人民民主专政的思想,坚持在我国建立人民民主专政的政权。早在中华人民共和国成立之前,董必武就积极地将人民民主专政的理念落实在解放区的一系列宪制实践上。1948年8月7日,董必武在华北临时人民代表大会上的开幕词中指出:"我们这个人民代表

---

① 董必武:《董必武法学文集》,法律出版社2001年版,第342—343页。
② 董必武:《董必武法学文集》,法律出版社2001年版,第340页。
③ 董必武:《董必武法学文集》,法律出版社2001年版,第344—345页。
④ 《毛泽东选集》(第二卷),人民出版社1991年版,第676页。

大会,表现了我们解放区的政权是革命的政权,是新民主主义的政权。"①同年 10
月 16 日在人民政权研究会上,他又明确指出,我们新民主主义国家是以无产阶
级领导的、以工农联盟为基础的,包括民主爱国人士共同组成的人民民主政
权。1954 年 10 月 31 日在第二次全国民政会议上更明确地指出:"我们说加强
人民民主政权,我们的政权性质仍然是以工人阶级为领导的、以工农联盟为基础
的、团结各民主阶级和国内各民族的人民民主专政。"②在这样的国家政权里,工
人阶级是领导力量,工农联盟是政权阶级基础。此外,还要团结其他的革命阶
级、阶层、知识分子、爱国民主人士,组成广泛的统一战线,作为人民民主专政政
权的社会基础。1949 年 8 月 25 日,董必武在对华北人民政府科长以上党员干
部的讲话中指出:"中国新的政权机构中,必须包括工人、农民、小资产阶级、民族
资产阶级及爱国人士。在各级人民代表大会或代表会议及政府中,特别是在县
以上的政权机构中,都应该有他们的代表参加,并且有职有权",③进一步明确了
中华人民共和国各阶级的地位以及未来人民民主政权民主所涉及的范围。

　　而在人民民主专政的国体设计体系下,民主的对立面即是专政。对于人民
民主政权实行专政的对象与必要性,董必武亦有清醒的认识。他首先明确了民
主与专政的不同对象:"对什么人专政? 对反动阶级专政,对反人民的反动派专
政。对什么人民主? 对工人阶级、农民阶级、民主爱国人士实行民主"。④"我们
中华人民共和国,对人民实行民主而对反革命分子实行专政。人民政府严厉镇
压反革命,奖励积极从事生产的人民,保卫和平事业,坚决反对侵略。"⑤此外,董
必武还一直强调作为国家暴力的专政手段存在的必要性,他认为对敌人实施专
政与对人民实施民主是一体两面、相辅相成的:"很多人总不喜欢'专政'这个名
词,在革命时期,反革命不镇压下去,革命秩序就建立不起来,就难以发扬人民民
主。"⑥1956 年,在《关于肃清一切反革命分子问题》的报告中,他进一步指出:"如
果不对这些决心与人民为敌的顽抗到底的反革命分子给以严厉的打击,那么,我
们国家的社会主义建设和社会主义改造事业,就不可能顺利进行。"⑦这些关于
人民民主专政理论的思想为董必武亲自参与起草的新中国第一部宪法所采纳,

---

① 董必武:《论社会主义民主和法制》,人民出版社 1979 年版,第 2 页。
② 董必武:《论社会主义民主和法制》,人民出版社 1979 年版,第 59 页。
③ 董必武:《论社会主义民主和法制》,人民出版社 1979 年版,第 15 页。
④ 董必武:《论社会主义民主和法制》,人民出版社 1979 年版,第 8 页。
⑤ 董必武:《论社会主义民主和法制》,人民出版社 1979 年版,第 27 页。
⑥ 董必武:《论社会主义民主和法制》,人民出版社 1979 年版,第 8 页。
⑦ 董必武:《论社会主义民主和法制》,人民出版社 1979 年版,第 111 页。

"五四宪法"总纲第 1 条即规定："中华人民共和国是工人阶级领导的,以工农联盟为基础的人民民主国家"。这很好体现了董必武关于新中国国体的人民民主专政属性的主张。

四、保障人权

所谓人权,一般是指一个人应当享受的人身自由与各种民主权利。新中国的宪法理论对这一概念有一个接受的过程,2004 年 3 月 14 日,第十届全国人大第二次会议通过的《宪法修正案》将人权概念正式引入宪法,规定："国家尊重和保障人权"。我党在早期的革命斗争中就已提出"人权"。1923 年,董必武参与领导的"二七"大罢工高举"争自由、争人权"的旗帜;1935 年 8 月 1 日,中国共产党发表《为抗日救国告全体同胞书》,号召一切不愿做亡国奴的同胞奋起抗日救国,"为人权、自由而战"。

1937 年抗日战争全面爆发,党号召全国人民"为民族独立、民权自由、民生幸福"这三大目标而奋斗。抗战胜利后,党又提出必须"实现孙中山先生的三民主义,林肯的民有、民治、民享的原则与罗斯福的四大自由",以"保障人权、解救民生、完成统一"。从土地革命到解放战争的各个历史时期,我党在各个革命根据地制定了一系列保障人权的专项条例,例如《陕甘宁边区保障人权、财权条例》《山东省人权保障条例》《冀鲁豫边区保障人民权利暂行条例》《晋西北保障人权条例》《渤海区人权条例执行细则》等。[①]

而董必武本人则在 1945 年 6 月 5 日向美国侨界发表《中国共产党的基本政策》的讲演中正式提出了"保障人权"的概念,他向国际传递出中国共产党对于人权的保护理念："中国共产党在解放区保障了人权与财权。人权受到了政府的保障,非依法律由合法机关依照合法手续不能任意逮捕,并且依照法律,以合法程序予以审判和处置。"[②]

尽管董必武并不是处处使用或者强调"人权"这样的表述,但在其长期领导立法制宪的实践过程中,对于人权实质内涵的保护一直是其重要的宪法思想内容。综观史料,董必武的人权保障思想大致包含以下几个方面。

一是强调对于公民自由民主的政治权利的保护。中华人民共和国成立之前,董必武就对民国政府空有民国之名而不能真正保障公民基本政治权利而奔

---

① 李步云:《不断完善中国人权的保障体制》,《法学》1992 年第 12 期,第 13 页。
② 董必武:《董必武政治法律文集》,法律出版社 1986 年版,第 14 页。

走呼号。他在1941年10月10日为重庆《新华日报》撰写的代社论《辛亥革命三十周年》一文中引用孙中山先生的话直斥时弊："民国应该由人民自治一切，民治应该由人民自己管理中国。因为受了数千年的专制，人民不习惯自治，更不知道自治是什么东西，所以清朝遗孽和官僚军阀，便能够把国家来盘踞，假托民国之名，阴行他们自私自利之实。弄到今日的民国，只有官治，没有民治，只有武人的治和强盗的治，不是民治，那里还算民国呢？"①文末，他更是高呼："政治真正民主化！"②董必武在1945年6月5日发表的《中国共产党的基本政策》讲演中则阐释了中国共产党在解放区对于人民政治权利的保障："中国共产党在解放区保证人民有民主权利，有集会、结社、言论、出版、信仰等自由。……中国共产党在解放区保障了人权与财权……中国共产党在解放区保障人民有选举和被选举权……中国共产党在解放区，不论在政府与参议会之中，都实行了'三三制'……中国共产党是主张民主政治，反对一党专政的……以上种种措施，保证人民有民主权利，保证政府是民主政府。这是最好的民主制度。"③在华北临时人民代表大会上致开幕词时，董必武指出："我们这个代表会虽然是临时的、一个地区的，但是没有种族、信仰性别的歧视，我们的大会不但有回民代表参加，而且有回民代表被选入主席团。妇女代表很多，主席团中也有妇女。主席团中还有工人代表、农民代表、工商业者代表、学生代表、军队代表、党派代表、无党派社会贤达、开明绅士的代表等。人民的选举权利得到了充分的尊重"。④ 足见董必武在建政实践中已经开始落实对于人民政治权利的保障。

二是强调通过法制建设加强对于人民基本权利尤其是生命权的保障。早在1934年，董必武担任中华苏维埃共和国最高法院院长时，他要求办案要有严格的手续，要建立档案，以便有据可查，这甚至一度被诬为"文牍主义"而受到冲击。中华人民共和国成立后，董必武更是注重加强与改进立法与司法工作，实现对人民基本权利的保护。1954年3月，他为《人民日报》撰写社论《进一步加强经济建设时期的政法工作》时指出："在逐步完善起来的人民民主制度和人民民主法制之下，人民的民主权利应该受到充分的保护。由于过去处在紧张的战争和大规模的社会改革运动中，由于法律还很不完备，司法制度特别是检察制度还不健全，有些公安、司法机关还有粗枝大叶、组织不纯甚至使用肉刑的现象，以致

---

① 董必武：《董必武选集》，人民出版社1985年版，第76页。
② 董必武：《董必武选集》，人民出版社1985年版，第78页。
③ 董必武：《董必武政治法律文集》，法律出版社1986年版，第14页。
④ 董必武：《董必武政治法律文集》，法律出版社1986年版，第23页。

有一些人被错捕、错押或错判,人民的民主权利受到侵犯。为克服这种现象,今后必须从立法方面,从健全司法、公安和检察制度方面,对人民的民主权利给予充分保护。"①即使在"镇反"这样大规模的政治运动中,董必武依然坚持对于人民生命权与免受司法迫害权利的尽力保护:"对这整批的反革命案件,法院应当'抓紧两头,中间放松点'。就是说一方面抓紧查清楚是不是反革命,防止抓错了;另一方面抓紧弄清该杀不该杀,以免杀的不适当,引起群众不满,难以挽回影响。留着脑袋问题就不大,只要'两头'抓紧,案件数量不会太大,就是多费点时间,还不大要紧。搞得好了,既可以少出乱子,又能够争取及时处理……遇有经党委确定杀的案子,法院发现确有可不杀的事实根据时,应向党委提出意见;党委确定还要杀时,仍可声明保留意见向上级党委反映。这是对党负责,不是闹独立性。如果有意见不提,或提了之后不能坚持向上级党委反映或不执行党委决定就是错误的。"②

三是强调法律面前人人平等,反对特权。平等地适用法律是平等享有权利的必要保障。董必武保障人权法律思想的一个重要内涵就是对于法律公平问题的提倡与践行。早在1940年,董必武在陕甘宁边区县委书记联席会议上做《更好地领导政府工作》报告时就强调:"政府所颁布的法令,所定的秩序,我们党员应当无条件地服从和遵守……党员应当自觉地遵守党所领导的政府的法令。如果违反了这样的法令,除受到党纪制裁外,应比群众犯法加等治罪。为什么呢?因为群众犯法有可能是出于无知,而我们党员是群众中的觉悟分子,觉悟分子犯罪是决不能宽恕的,是应当加重处罚的。不然的话,就不能服人……王子犯法,与庶民同罪。"③董必武是这么说的,更是这么做的。1933年,中央苏区负责筹建中央政府大礼堂和红军烈士纪念塔等工程的"全苏大会工程处"主任左祥云,任职期间贪污公款246.7元,并盗窃公章,企图逃跑。事件发生后,作为中央工农检察委员会委员的董必武不因左祥云的职务高而有所偏袒,主张严办。后在毛泽东的支持下,对左祥云执行了死刑。

四是重视对公民财产权的保护。除了基本的政治权利之外,董必武对私人财产的保护也给予了一定的关注。在赴美期间,其就第二次世界大战后共产党的经济政策做了宣讲:"对小的生产合作,更应尽力提倡和帮助,使能普遍发展……战后工业的发展,需要大量资本。除前面所说奖励国人投资及海外侨胞

① 董必武:《董必武法学文集》,法律出版社2001年版,第174页。
② 董必武:《董必武政治法律文集》,法律出版社1986年版,第460页。
③ 董必武:《董必武政治法律文集》,法律出版社1986年版,第6页。

的积极投资外,对于外资,在遵守中国政府法令的前提下,也一样地欢迎。"①中华人民共和国成立后,其在对中国人民大学的师生做《关于中国人民政治协商共同纲领的演讲》时重申了新民主主义社会对于私人财产政策的延续性问题:"我们的新民主主义,固然也允许私人资本主义的存在,但它不可能像英美资本主义一样的发展,而只是一定限度的发展……对于资产阶级的剥削,我们可以用一定的办法加以限制,可以用社会保险、工厂法等法律来保护工人的利益。"②

第二节　董必武政制法治思想

董必武对国家政权的组织与建设,尤其是对国家政治权力运行机制层面制度设计贡献最大的,莫过于其对于人民代表大会制度的理论与实践的不断探索与完善。人民代表大会制度的内涵、作用以及发展趋向构成了董必武政制法治思想的重要组成部分。因此,董必武也被誉为我国人民代表大会制度的奠基者。

一、人民代表大会制度

人民代表大会制度既是我国人民民主专政的组织形式,也是我国的根本政治制度,即所谓"政体"。这一制度的形成是国际共运史上"议行合一"的巴黎公社体制与苏维埃制度的理论探索以及与中共领导人民革命斗争实践经验相结合的产物,是符合社会主义中国政治实际的制度安排,董必武对此制度高度重视,并积极探索。

对于人民代表大会制度,早在主政华北期间,董必武就已着手组织构建和探索人民政权的权力机关的架构模式。1948年8月7日—8月20日,华北临时人民代表大会在石家庄召开,董必武在开幕式上做题为《人民的世纪,人民的会议》的讲话,讲话开宗明义:"我们华北临时人民代表大会宣布开幕了。它是一个临时性的,也是华北一个地区的,但是,它将成为全国人民代表大会的前奏和雏形。"③可见此时的董必武已经在考虑全国范围内的政权组织形式的问题,并明

---

①　董必武:《董必武政治法律文集》,法律出版社1986年版,第20—21页。
②　董必武:《董必武法学文集》,法律出版社2001年版,第69—70页。
③　董必武:《董必武政治法律文集》,法律出版社1986年版,第22页。

确提出了召开全国人民代表大会的政治蓝图。

对于人民代表大会制度的性质与地位,董必武在 1948 年 10 月举行的人民政权研究会上给出明确的阐述:"政权的组织形式就是人民代表大会,全国的政权机关是全国人民代表大会。这个代表大会,就是一切权力都要归它。"①在 1951 年 9 月召开的华北第一次县长会议上,董必武更明确指出人民代表大会制度作为国家基本制度的重要地位,并进一步阐释原因:"为什么我们说代表会议或代表大会的制度是我们国家的基本制度?这是因为:一、我们国家有很多制度,例如婚姻制度,税收制度,司法制度,军制,学制,等等,但这些制度都只能表示我们政治生活的一面,只有人民代表会议或人民代表大会制度才能代表我们政治生活的全面,才能表示我们政治力量的源泉,因此,人民代表会议或人民代表大会制度是我们国家的基本制度。二、我国人民代表会议或人民代表大会是由人民革命直接创造出来的。不是依靠从前任何法律规定而产生的。人民代表会议或人民代表大会一经宣告成立,它就可以相应地制定各种制度和法律,而其他任何制度则必须经过人民代表会议或人民代表大会批准,或由它所授权的机关批准,才能生效。"②

对于人民代表大会的职权,董必武也有系统论述。一是各级人大的决定权,即各级地方或者全国的一切重大方针政策均须由该级人大决定,这与董必武长期坚持的人民民主思想是契合的,在回答中华人民共和国成立后"谁是主人,谁是长工"这一命题时,董必武明确地说:"人民是主人,人民代表和政府干部都是长工。代表可以做干部,干部也可以做代表,这在上面已讲过了。但只有人民代表会议或人民代表大会是代表人民行使国家政权的机关,是代表人民做主人,这一点是必须认清的。"③二是任免权与监督权,即人大对于同级国家机关工作人员有选举、任免和监督的权力。"我们由人民代表大会选举政府,政府的权力是由人民代表大会给的,它的工作要受人民代表大会限制,规定了才能做,没有规定就不能做。如果有紧急措施,做了要向人民代表大会做报告,错了要受到批评,一直受到罢免的处分。"④三是全国人大的立法权,在人民代表大会制度之下,全国人大不仅是我国最高权力机构,而且也是我国的立法机构,所谓法律必须经过全国人大或其常委会审议通过。1954 年 5 月,在中国共产党第二次全国

① 董必武:《董必武选集》,人民出版社 1985 年版,第 218 页。
② 董必武:《董必武政治法律文集》,法律出版社 1986 年版,第 181 页。
③ 董必武:《董必武政治法律文集》,法律出版社 1986 年版,第 187 页。
④ 董必武:《董必武选集》,人民出版社 1985 年版,第 218—219 页。

宣传工作会议的讲话中,董必武就明确指出了全国人大的立法权问题:"比如我们的宪法草案规定,全国人民代表大会是国家唯一的立法机关。这就是说只有全国人民代表大会通过了的法规,才能叫作法律,它的意义是庄严的,通过它的手续是慎重的,它的公布是中华人民共和国主席的职权之一。"①

董必武长期关注人民代表大会的运行与发展,对于如何选举人民代表、怎样应对人民代表大会面临的困难与挑战等人民代表大会制度建设的问题,有着长期而深刻的思考。董必武非常重视人民代表,尤其是基层人民代表的选举问题。他强调基层的人民代表必须落实直接选举,并认为这是合理且可行的:"代表的产生,在基层,在乡一级,由人民直接选举直接撤换为最好。因为乡与乡离三到五里,顶多十里、八里路,人们也都较熟识,是完全可以做到的。"②他始终强调人民代表的代表性和普遍性,告诫大家不可重蹈覆辙,选一些与人民没有联络和关系的人;要切实保障基层的农民、文盲和妇女等过去被忽视的群体的选举权与被选举权。

中华人民共和国成立初期,不少干部群众对于新兴的人民代表大会制度有着诸如"群众觉悟不够""怕有坏分子当了代表""干部条件不够""太麻烦""不起作用""不如干部会顶事"的各种质疑与偏见,董必武针对这些现象,集中在《论加强人民代表会议的工作》一文中条分缕析地回应驳斥了这些错误观点,为新生的人民代表大会制度护航,并明确要求,"人民代表会议不是'可有可无',应当是只许有不许无,只许一次比一次开得好,不许不开或少开。因为这是我们国家的基本制度。"③他提出要尽快健全各级人民代表大会制度是国家政权建设的重中之重,"目前我们国家政权建设工作的首要任务是建立代行人民代表大会职权的人民代表会议。人民代表会议代行人民代表大会职权,就有权选举人民政府,就把建立民主政权机关的主要部分的工作完成了。"④董必武对于人民代表大会制度的研究、宣导与实践,对于我们今天的中国特色社会主义政治文明体系有着重要影响。

二、民主集中制

董必武法律思想在政治体制层面的另一个内容是其对于作为政府组织原则

---

① 董必武:《董必武选集》,人民出版社 1985 年版,第 346 页。
② 董必武:《董必武政治法律文集》,法律出版社 1986 年版,第 42 页。
③ 董必武:《董必武政治法律文集》,法律出版社 1986 年版,第 185 页。
④ 董必武:《董必武政治法律文集》,法律出版社 1986 年版,第 188 页。

的民主集中制的论述。这种民主基础上的集中与集中指导下的民主相结合的制度符合中国作为一个统一的多民族的社会主义国家的基本国情,也是中国特色社会主义民主制度区别于西方三权分立等民主制度架构的重要体现之一。

董必武关于民主集中制的观点集中在 1949 年 9 月第一届政协会议上所做的《中华人民共和国中央人民政府组织法的草拟经讨及其基本内容》报告中,指出"政府组织的原则:这个原则是民主集中制,它具体的表现是人民代表大会制的政府",并且直接表明我国的民主集中制就是对西方三权分立制度的扬弃与回应,"民主集中原则的提出,正是针对着旧民主主义三权分立的原则。欧美资产阶级故意把他们专政的政府分为立法、行政与司法三个机体,使之互相矛盾,互相制约,以便于他们操纵政权。旧民主主义的议会制度是资产阶级中当权的一部分人容许另一部分的少数人,所谓反对派,在会议讲台上去说空话,而当权者则紧握着行政权柄,干有利于本身统治的事情。这是剥削阶级在广大人民面前玩弄手腕、分取赃私,干出来的一种骗人的民主制度。司法是最精巧的统治工具,同样是为当权的阶级服务的。我们不要资产阶级骗人的那一套。我们的制度是议行合一的,行使国家权力的机关是各级人民代表大会和它产生的各级人民政府。"①时至今日,我们党与国家的一系列组织活动依旧围绕着董必武所论述的这一民主集中制的原则开展的。

第三节　董必武政党法治思想

作为党的第一代领导集体中受过系统法学教育又长期主管法制工作的重要成员,董必武对于政党法治有着非常精深的思考,尤其是如何协调党的领导与政府、司法机关依法行使自身职权以及依法治国之间的关系,董必武提出了许多精辟的论述;而作为长期从事统战工作的老战士,对于如何处理执政党与其他参政党、民主人士以及人民团体的关系,如何协调加强党的领导与构建爱国民主统一战线,鼓励各界人士参政议政两者之间的关系,董必武亦有相当重要的论述。

一、党政关系

对于作为执政党的共产党组织与政府在国家治理上的关系问题,董必武坚

---

① 董必武:《董必武政治法律文集》,法律出版社 1986 年版,第 73—74 页。

持党政分开的基本理念,但这个分开不是绝对意义上的分开,而是在坚持党对政府正确领导的基础上关于领导方式的相对分开。

董必武始终坚持党的领导地位:"党的组织要领导国家机关工作,这是不可动摇的原则",①并进一步阐述,中国共产党的领导地位是历史和人民的选择,"中国共产党领导中国人民革命夺取了政权,建立了人民民主专政,它成为政权机关的领导党。这种领导是由于亿万人民对它的信任。"②但是,坚持党的领导并不是说党应该直接参与国家事务的管理,党与政权机关各有其职能与分工,在这个意义上,董必武主张党机器与政权机关应当分离:"党领导着国家政权。但这绝不是说党直接管理国家事务,绝不是说可以把党和国家政权看作一个东西……党领导着国家政权,但它并不直接向国家政权机关发号施令。党对各级国家政权机关的领导应当理解为经过它,把它强化起来,使它能发挥其政权的作用。强化政权机关工作,一方面是党支持政权机关,另一方面是政权机关在受了党的支持之后就会更好地实现党的政策。"③而对于南京国民政府时期国民党直接向政府下令的方式,董必武认为是不妥当的。他始终强调党与国家机关的职能要分开,"党无论在什么情况下,不应把党的机关的职能和国家机关的职能混同起来。党不能因领导政权机关就包办代替政权机关的工作,也不能因领导政权机关而取消党本身组织的职能。"④

在党政职能分开的前提下,党究竟如何实现自身对于政权机构的领导? 董必武也做了明确的回答:"党对国家政权机关的正确关系应当是:一、对政权机关工作的性质和方向应给予确定的指示;二、通过政权机关及其工作部门实施党的政策,并对它们的活动实施监督;三、挑选和提拔忠诚而有能力的干部(党与非党的)到政权机关中去工作。"⑤也就是我们常说的政治领导、思想领导和组织领导。董必武特别指出,党应该尽量少地在具体的、微观的人事问题上直接干涉政府正常的公务活动,"党一经选定干部担任政府工作以后,便不要轻易去调动他们。在政府各部门中互相调动自然不在此例。政府既是一副机器,那就不是人人都会运用它,特别是在初建立政权的时候是这样。一个人刚刚把工作头绪摸清又被调动了,这对他个人是损失,对工作尤其是损失。党当然有权调动它

---

① 董必武:《董必武选集》,人民出版社 1985 年版,第 342 页。
② 董必武:《董必武选集》,人民出版社 1985 年版,第 307 页。
③ 董必武:《董必武选集》,人民出版社 1985 年版,第 308 页。
④ 董必武:《董必武选集》,人民出版社 1985 年版,第 308 页。
⑤ 董必武:《董必武选集》,人民出版社 1985 年版,第 309 页。

的党员,但党员既在政府中工作,属于另一工作系统,要调动他,不仅是简单对他个人发命令,而是应当经过他所隶属的系统,即要经过政府负责人的同意。如果政府负责人是非党员,我们调动在他领导下工作的同志,那就尤其要慎重,要设法取得他的同意。"①

二、党法关系

在董必武关于党与法关系的论述中,党对于法制建设的领导无疑是基础与前提,他在中共八大上所做的《进一步加强人民民主法制保障社会主义建设事业》报告中提出,要加强党在法制建设领域的领导:"进一步加强人民民主法制,更重要的还在于加强党对法制工作的领导。各级党委必须把法制工作问题列入工作议程,党委定期讨论和定期检查法制工作,都是迫切需要的。"②但这并不是说"党在法上",董必武始终强调党组织与党员都要遵循宪法和法律,要带头在法律规定的范围内活动:"对于宪法和法律,我们必须带头遵守,并领导人民群众来遵守。假如我们自己不遵守宪法和法律,怎么能领导人民群众来守法呢?"③

具体而言,董必武强调要正确处理党与立法、执法、司法三者的关系。在立法层面,董必武强调作为党的意志的方针政策要上升为国家意志的法律必须经过严谨的立法程序。早在华北人民政府成立时,董必武就指出程序与制度对于建政的重要意义:"正规的政府,首先要建立一套正规的制度和办法。过去好多事情不讲手续,正规化起来,手续很要紧。有人说这是形式。正规的政府办事就要讲一定的形式,不讲形式,光讲良心和记忆,会把事情办坏的。"④中华人民共和国成立后,董必武始终坚持立法的必要程序,认为党的政策与国家法律两者决不可混同。1951 年 9 月,在华北第一次县长会议上,他向基层的干部宣讲中央立法的程序,并要求他们学习,"我党中央从来没有直接向中央人民政府下过命令。中央人民政府颁布的法律命令都是党的创意,许多重要的文告都是先由党拟定初稿(不经过党的准备、考虑,是没有的),然后经过政协全国委员会或它的常委会讨论,再提到中央人民政府委员会或政务院讨论通过。在讨论过程中,各方面曾提出了不少很好的意见,补充或修改我党拟定的初稿,使其更加完备。我

---

① 董必武:《董必武法学文集》,法律出版社 2001 年版,第 5 页。
② 董必武:《董必武法学文集》,法律出版社 2001 年版,第 354 页。
③ 董必武:《董必武选集》,人民出版社 1985 年版,第 344 页。
④ 董必武:《董必武法学文集》,法律出版社 2001 年版,第 11 页。

们中央人民政府决定一切大事,其经过情形都是如此。"①

董必武始终坚持党政职能的分开,他强调:"党包办政府工作是极端不利的。政府有名无实,法令就不会有效。政府一定要真正有权",②从执法效果层面论述党政分开的必要性。在司法层面,董必武依旧强调公检法机关在党的领导下依法独立行使各自的职权,反对党直接插手具体的司法案件,"党是我们国家的领导核心,我们一切工作都是在党的领导下进行的。但党的领导不是每个具体案件都要党委管,如果这样,那还设法院这些机构干什么?党是依靠机关里的党组来领导。"③综观董必武法律思想体系对于党法关系的认识,党一方面居于法制建设的领导地位;另一方面,党的行动也必须遵循法律的规定。

三、统一战线建设

统一战线、武装斗争、党的建设被毛泽东称为党在中国革命中战胜敌人的"三大法宝",在社会主义建设时期依旧发挥着重要作用,历来为我党所重视。董必武是老同盟会会员,与国民党及各民主党派人士渊源颇深;早年领导湖北地区工农革命,与工、农、青、妇等各群团组织联系密切。因此,在其革命生涯中,长期从事党的统一战线工作,积累了非常丰厚的对于统战工作的经验与思考。其在早期革命斗争实践中就总结出了诸如"谁是我们的友?谁是我们的敌?""统一战线内最主要的力量是农民""党的建设是掌握统一战线和武装斗争这两个武器以实行对敌冲锋陷阵的英勇战士""凡是革命,非武装不可"④这样精辟而重要的统一战线理论命题。在抗战期间,董必武始终战斗在抗日民族统一战线的一线,紧紧围绕团结抗日这一主题积极开展工作。在此期间,其先后写出了《共产主义与三民主义》《怎样争取抗战的胜利》《今年的"九一八"》等文章,系统反映了其抗日民族统一战线思想体系,包括如何处理国共关系、如何处理与民主党派的关系、如何加强党自身的建设、如何建设统一战线一致抗日,等等。

而董必武的统战思想在国家政治体制层面体现则是在中华人民共和国成立前后。在华北人民政府时期,董必武就明确指出此时政府的性质:"华北人民政

---

① 董必武:《董必武政治法律文集》,法律出版社 1986 年版,第 191 页。
② 董必武:《董必武法学文集》,法律出版社 2001 年版,第 3 页。
③ 董必武:《董必武选集》,人民出版社 1985 年版,第 458 页。
④ 樊维聪:《新民主主义革命时期董必武统一战线思想与实践研究》,延安大学硕士学位论文,2012 年,第 7—14 页。

府是民主联合政府。"①并进一步提出:"联合政府本身就是最好的统一战线形式。"②因此,董必武提出新中国成立后,"中国新的政权机构中,必须包括工人、农民、小资产阶级、民族资产阶级及爱国民主人士。在各级人民代表大会或代表会议及政府中,特别是在县以上的政权机构中,都应该有他们的代表参加,并且有职有权"。③

对于所谓"民主人士"的范围,董必武也提出了一个相当宽泛的认定标准:"我们所说的民主人士是指小资产阶级、民族资产阶级及民主爱国人士。这些人士是很复杂的。用革命的尺度来看,有同情革命运动直接参加工作的;有同情革命参加工作积极和不积极的;有同情革命而自己不去行动的;有同情革命但不明白我们革命是搞些什么的;有在革命高涨时他轰轰烈烈地干,很积极,而当革命低潮时便表现消沉的;有过去是反革命,觉悟以后走上革命道路的;有不久以前还是反革命,新近参加革命阵营的。"④

在新政协召开之后,不少共产党员对于新的政治安排,对党外人士的政治待遇、生活待遇有意见,"我们的同志有的不明白这个道理,讲许多怪话,说:'革命不如不革命,不革命不如反革命。''早革命不如迟革命。''革命困难的时候看不见他们,革命胜利的时候他们都来了。''从前没有他们,革命还不是一样胜利?'总之,是满肚子不舒服。"⑤董必武则对他们进行了说服教育:"这些话初听好像有点道理,实际是极错误的。说这样话的人忘记了自己是一个共产党员。共产党员干为人民服务的工作是无条件的。不讲条件而担负革命的任务,革命才是光荣,不革命自然没有那种光荣,反革命更是光荣的反面,不是光荣而是耻辱、罪恶。早革命则早享受光荣的称号,迟革命则享受光荣的称号也就因之而迟。革命胜利之前有困难,革命胜利之后不能说绝对没有困难。没有民主人士陆续参加革命,人民革命的胜利是不会巩固的。把革命的光荣降低到与不革命,甚至与反革命相比,这样错误的思想是很危险的。单纯计较地位和享受,这是把革命的观点庸俗化。"⑥可见董必武对于统一战线工作重要性的清醒认识和伟大胸襟。

董必武不仅在宏观政策面建构、维护党的统一战线工作,而且在具体事务上也用实际行动支持党外人士正常参与国家事务的管理。1952 年 7 月,董必武、

---

① 董必武:《董必武统一战线文集》,法律出版社 1990 年版,第 346 页。
② 董必武:《董必武统一战线文集》,法律出版社 1990 年版,第 346 页。
③ 董必武:《董必武政治法律文集》,法律出版社 1986 年版,第 57 页。
④ 董必武:《董必武政治法律文集》,法律出版社 1986 年版,第 59 页。
⑤ 董必武:《董必武政治法律文集》,法律出版社 1986 年版,第 62 页。
⑥ 董必武:《董必武政治法律文集》,法律出版社 1986 年版,第 62 页。

彭真、罗瑞卿等人相继病倒,政法机关的工作由民主人士来主持,董必武特意召集政法五机关处长级以上党员干部谈话,告诫他们:"我们的政权是人民民主统一战线的政权,当然有非中共人士做领导人,即使是过渡到社会主义时也还是这样。所谓工人阶级领导,是指政策上、政治路线上的领导,并不是说每个部门都必定是共产党做领导人。我们政法部门中,作领导的民主人士是更多些,大家要做好统战工作(特别是在民主人士主持工作的期间)。毛主席说,统一战线是中国革命胜利的三大法宝之一,统一战线搞得不好,革命就一定要失败。什么是统一战线工作呢? 就是把那些拥护我党的和不很拥护我党的人团结在一起,为我们的共同目标而奋斗。"①

他要求党员干部要加强与非中共人士的联系:"我们政法部门的民主人士,对我党都是信赖的和拥护的,所以我们的统战工作不难做好,困难的是我们党员同志对于统战政策的认识和领会不够,不善于掌握又团结又斗争的艺术。目前我们统战工作中存在的缺点是什么呢? 就是我们党员同志和民主人士之间只有政治上的团结,而在生活上和他们接近不够。要把统战工作做好,除了政治原则上的团结,还需要和他们交朋友,建立感情和友谊,这样统战工作才容易做好。"②

他特别强调尊重非中共人士的工作职权,保障他们正常开展工作,"还有一个问题是大家必须深刻认识、严格注意的,就是无论是哪个部门或哪个处科,只要是民主人士作领导(不管这位民主人士多么靠近我们党),那我们党对行政工作问题所做的决定一定要通过他们,征得他们的同意而后做。如果他们不同意我们的意见,那就等待一下再说,也就是列宁所说的,等待群众的觉悟(当然不是光等待,而是要设法争取他们的同意)。等待一下再做,而不马上做,党不会责备我们;况且我们政法部门工作中,目前也没有什么急不可待的事情。所以如果作领导的民主人士不同意,切不可因为那是党的决定而率然执行,否则就要犯错误。"③足见董必武是时时刻刻切实维护党的统战政策,保障民主人士有职有权,共同建设社会主义。

第四节　董必武民族法治思想

作为党和国家立法和司法工作杰出的领导者,董必武长期关注我国的民族

---

① 董必武:《董必武统一战线文集》,法律出版社 1990 年版,第 402—403 页。
② 董必武:《董必武统一战线文集》,法律出版社 1990 年版,第 403—404 页。
③ 董必武:《董必武统一战线文集》,法律出版社 1990 年版,第 404 页。

问题,尤其是少数民族地区的政权建设和法制建设问题。他始终坚持各民族的平等与团结,主张各民族共同合作与发展,认为建立和健全民族区域自治制度是解决民族问题、保护少数民族权益最重要的制度保障。

一、民族区域自治制度

民族区域自治制度是我国的基本政治制度之一,是指在国家统一领导下,各少数民族聚居的地方实行区域自治,设立自治机关,行使自治权的制度。董必武参与的一系列立法制宪活动确立和完善了这一制度。早在 1941 年,董必武即参与了《陕甘宁边区施政纲领》的制定,其中第 17 条规定:"依据民族平等原则,实行蒙回民族与汉族在政治经济文化上的平等权利,建立蒙回民族的自治区,尊重蒙回民族的宗教信仰与风俗习惯""边区各少数民族在居住集中地区,须划成民族区,组织民族自治政权,在不与省宪法抵触的原则下,须订立自治法规。"[1]据此,我党领导下的陕甘宁边区共建立了 5 个回民自治乡、1 个蒙民自治区。[2] 1946 年 1 月,国共谈判,董必武与周恩来、王若飞、叶剑英等组成的中共代表团在《和平建国纲领草案》中明确提出了我们的民族问题方针:"在少数民族区域,应承认各民族的平等地位及其自治权",[3]宣传了中国共产党关于民族区域自治的思想。次年 5 月,我国第一个民族自治区域——内蒙古自治区正式宣告成立。

中华人民共和国成立后,董必武进一步宣传和践行民族区域自治制度。1950 年 9 月,他在中国人民大学做题为《关于中国人民政治协商共同纲领的演讲》的报告时明确指出,我国的民族政策是"少数民族实行区域自治"。[4] 1951 年 12 月 14—31 日,董必武出席中央人民政府民族事务委员会召开的第二次委员会议,参与了《中华人民共和国民族区域自治实施纲要》的制定工作。[5]《实施纲要》的颁布实行进一步推广和发展了民族区域自治制度,同时为我国社会主义民族法制体系的形成奠定基础。而在董必武参与起草的 1954 年宪法中,民族区域自治制度得到了宪法层面的落实与保障。

1955 年 9 月,新疆省第一届人民代表大会第二次会议召开,董必武代表中

---

① 　中共中央统部:《民族问题文献汇编(一九二一·七——一九四九·九)》,中共中央党校出版社 1991 年版,第 653 页。
② 　张尔驹:《中国民族区域自治史纲》,民族出版社 1995 年版,第 72 页。
③ 　王德贵等:《"八·一五"前后的中国政局》,东北师范大学出版社 1985 年版,第 74 页。
④ 　董必武:《董必武法学文集》,法律出版社 2001 年版,第 69 页。
⑤ 　金海燕:《董必武对民族法制工作的重要贡献》,《满族研究》2008 年第 3 期,第 521 页。

央到会祝贺,他在讲话中指出:"中国共产党和毛泽东主席把民族的区域自治作为解决我国民族问题的基本政策,这一政策已载入我国的宪法。《中华人民共和国宪法》保证了我国各少数民族在聚居的地方都能行使自治权,当家做主,管理本民族内部事务。我们须坚定不移地贯彻这个政策,这不仅是因为我们必须尊重各民族应该享有的平等地位和权利,而且只有这个政策才能消除历史上残留下来的各民族间的隔阂和歧视,才能不断地增进各民族间的互相信任和团结。毫无疑问,新疆维吾尔自治区的建立是中国共产党推行民族区域自治政策的又一重大胜利,是祖国各民族更加团结的又一标志。"①

1956 年 9 月,董必武在中国共产党第八次全国代表大会上做《进一步加强人民民主法制,保障社会主义建设事业》的发言,总结了我国民族法制建设的经验,认为"我们的人民民主法制,还有因时制宜和因地制宜的特点,它照顾了各兄弟民族地区的特殊情况,在不抵触宪法的原则下,各自治区完全可以制定符合于他们意志的自治条例和单行条例"。②

二、民族平等与团结

在对待民族关系上,董必武一贯主张和坚持民族平等,反对一切民族压迫、民族歧视和任何形式的民族特权,反对大民族主义及大汉族主义。早在 1937年 6 月第二次国共合作前夕,董必武就在《解放周刊》发表的《共产主义与三民主义》一文中,表达了自己对民族平等问题的看法。文章首先批驳了旧三民主义中以大汉族主义为中心,同化其他民族的论点,指出新的民族主义是革命的、进步的,"关于民族主义,宣言上说:'国民党之民族主义有两方面之意义。一则中国民族之自求解放;二则中国境内各民族一律平等。'"③而在 1945 年对美国侨界发表的那篇著名的《中国共产党的基本政策》演说中,董必武也特别提到了中共对于民族平等问题的看法:"关于少数民族问题,中国共产党向来就主张国内各民族必须平等,而各少数民族都应该有民族自决权。"④董必武在新政权建设的实践中努力探索和践行民族平等思想。在主政华北期间,他在华北临时人民代表大会上指出,"我们这个代表会虽然是临时的、一个地区的,但是没有种族、信

---

①　董必武:《董必武选集》,人民出版社 1985 年版,第 391—392 页。
②　董必武:《董必武选集》,人民出版社 1985 年版,第 411—412 页。
③　董必武:《董必武选集》,人民出版社 1985 年版,第 30 页。
④　董必武:《董必武政治法律文集》,法律出版社 1986 年版,第 21 页。

仰、性别的歧视,我们的大会不但有回民代表参加,而且还有回民代表被选入主席团。"①足见其对民族平等理念的重视。中华人民共和国成立之后,董必武依旧不断提倡民族平等理念,在对中国人民大学的师生宣讲新政协共同纲领时也特别提到了民族平等问题,"我们的民族政策,是对于国内民族一律平等,尊重各民族的习惯、信仰,不强调某一个民族的文化与形式。少数民族实行区域自治。我们反对狭隘民族主义与大汉族主义。"②

董必武还特别强调民族团结问题。民族的平等与团结是互为条件的,没有民族间的平等无法实现各民族真正的团结;同样地,不能构建民族间团结、友爱、互助的关系也无法消除长期以来各民族由于各种主客观原因形成的隔阂、歧视与发展差距,实现真正的民族平等。因此,董必武特别强调民族团结的问题,他认为只有实现民族团结,才能促进各民族共同发展,进而促进新中国各项事业的健康发展。"全国人民大革命的胜利和以工人阶级为领导的、以工农联盟为基础的人民民主政权的建立,使我们能够以彻底的民主主义和民族平等精神解决民族问题,建立各民族的真正团结和合作。"③"我们今后一定会更有成效地加强我们的工作,使我们全国各民族、各民主阶级、各民主党派和各人民团体更加密切地团结起来……以保障我国伟大的社会主义建设和社会主义改造事业获得更加辉煌的胜利。"④

三、民族合作与发展

除了强调政治上的平等,董必武的民族法制观还特别强调各民族共同繁荣与共同发展的问题。历史的、现实的种种因素造成了我国境内各民族之间发展的不均衡问题,董必武多次论及,在新中国的背景之下,汉族要帮助各少数民族,少数民族之间也要互相帮助,促进各少数民族的经济、交通、教育、文化和卫生等各项事业实现历史阶段的跨越式发展,实现境内各民族的协同发展、共同繁荣。在出席新疆省第一届人民代表大会第二次会议时董必武指出,"新疆各民族人民在中国共产党和中央人民政府的领导下……开展了以互助合作为中心的农业增产运动,发展了农业、畜牧业、工业、交通运输和商业,在文化、教育、卫生各个方面的工作也都有了进展,人民生活已逐步地得到改善和提高,并先后建立了新疆

---

① 董必武:《董必武选集》,人民出版社1985年版,第200页。
② 董必武:《董必武法学文集》,法律出版社2001年版,第72页。
③ 董必武:《董必武选集》,人民出版社1985年版,第391页。
④ 董必武:《董必武法学文集》,法律出版社2001年版,第327页。

境内各民族自治州和自治县,增强了民族团结,培养了大批的民族干部,大大地提高了各民族人民的爱国主义和社会主义觉悟。所有这些都为成立新疆维吾尔自治区和今后在自治区内有计划地发展经济和文化事业打下了良好的基础。"①"新疆各民族在发展自己的政治、经济和文化的工作中,还须继续欢迎祖国各民族特别是汉族人民的支援和汉族干部的帮助,这样才能使我们的自治区更快地建设好,离开这样的帮助是不对的,也是不行的。而各民族间的互相帮助,特别是汉族对其他民族的帮助,也都应该认为这是自己应尽的责任和义务,不这样做是不对的,也是不行的。驻新疆部队和汉族干部必须以忘我的态度全心全意地为新疆各民族人民服务,为了建设新疆维吾尔自治区和巩固国防应该努力工作,安心工作,并且做出更大更多的成绩来。"②"新疆维吾尔自治区成立之后,不仅要继续并且还要加强自治区内各民族间的互助合作。"③

在少数民族发展的具体事务上,董必武特别重视少数民族干部尤其是司法干部的培养。他认为,只有培养出大量合格的、了解本民族情况的民族干部才能真正在民族地区落实各项法律与政策,完善民族区域自治制度,管理好民族事务。在1952年6月召开的全国政法干部训练会议上,董必武做《关于改革司法机关及政法干部补充训练诸问题》的讲话时就提出了加大对民族干部的轮训,要求"省的轮训班也可以轮训民族干部。"④对于培养方式,董必武强调,一是要加强思想政治教育,对民族干部进行爱国主义和社会主义教育,"十分认真地在干部中和人民群众中进行爱国主义和社会主义的教育,防止大民族主义和地方民族主义倾向。"⑤二是要注重培养专业技术人才,要使民族干部掌握先进生产技术,"在自治区成立之后,新疆各民族干部必须积极工作,努力学习,戒骄戒躁,虚心谨慎,进一步地密切联系群众,加强民族团结。"⑥总之,董必武始终坚持民族平等、民族团结与各民族共同繁荣三者间的相互促进,号召全国各族人民为新中国的社会主义建设贡献力量,"我们提倡国内各民族团结互助,繁荣经济,昌明文化,共同建设富强的新中国。"⑦

---

① 董必武:《董必武选集》,人民出版社1985年版,第390—391页。
② 董必武:《董必武选集》,人民出版社1985年版,第392—393页。
③ 董必武:《董必武选集》,人民出版社1985年版,第393页。
④ 董必武:《董必武法学文集》,法律出版社2001年版,第125页。
⑤ 董必武:《董必武选集》,人民出版社1985年版,第393页。
⑥ 董必武:《董必武选集》,人民出版社1985年版,第392页。
⑦ 董必武:《董必武法学文集》,法律出版社2001年版,第72页。

第四章　董必武经济与民事法律思想

董必武的民事与经济法律思想多体现于其担任江西中央工农政府执行委员、陕甘宁边区政府代理主席、华北人民政府主席、政务院副总理、中华人民共和国副主席和代理主席、全国人大常委会副委员长等职务期间的言论著作。同时，董必武担任这些职务期间所主持的工作、制定的政策中部分涉及民事与经济法律规范，这些法律规范对于解决民商事领域相关问题大多起到了开创性的奠基作用。

第一节　董必武经济法律思想

董必武在经济法领域有着自己独到而具有前瞻性的见解。1947 年 4 月，华北财经办事处成立，董必武任主席。华北财经办事处在董必武的领导下制定了各解放区经济生产方针、统一了各解放区财经政策、指导了各解放区对敌经济斗争并统一援助军队、调查掌握了货币发行情况，并最终成立中央银行发行统一货币。1948 年 5 月，华北财经办被撤销，成立中央财政经济部，董必武任中央财政经济部部长。任职期间，董必武主持颁布了一系列涉及经济领域的法令制度，展现出高超的宏观调控能力和市场驾驭能力。

董必武在各重要会议的演讲以及领导经济工作的具体实践中皆体现出其经济法学领域"国家干预"说以及"宏观调控"说的主张。"国家干预"说认为，经济法是国家为了克服市场失灵而制定的、需要由国家干预的具有全局性、社会公共性的经济关系的法律规范的总称。由于市场自我调节有时候会失灵，因此需要政府这只"看得见的手"进行统一的协调规划。"宏观调控"说则认为，经济法是国家对国民经济进行宏观调控的部门法。董必武通过政府机构管理经济、稳定市场、统一货币、设立央行、发行人民币等种种经济实践正是"国家干预"说以及

"宏观调控"说的重要实践。董必武支持政府对经济生产进行宏观调控,对社会物质生产进行鼓励和帮扶,对市场交易进行规划。对于市场上新出现的经济法主体,例如生产合作社等董必武认为也要予以引导和规制。

一、充分发挥政府宏观调控职能

对于党和政府必须领导和组织生产的宏观调控职能,董必武一直有着深刻的认识和明晰的规划。他认为政府应该围绕党和国家经济建设总路线去制定具体的工作计划,系统性地指导安排各具体的工作。董必武认为将来革命胜利,应该发展工业,整个国家的发展方向是工业化,而当下党和政府领导经济最首要的问题是解决吃穿的问题。具体来说,一是必须提高农民的生产积极性;二是必须使农民有从事再生产、扩大再生产的能力。区、村的党组织和政府对于领导和组织农村生产起着至关重要的作用。生产的思想动员、劳动力的组织安排、生产计划的制定落实、技术研究的推广提升、奖惩计划的制定实施等都需要区、村一级的党组织和政府。关于董必武充分发挥政府宏观调控职能的主张具体表现在了如下一些演讲中。

第一,政府应当带领民众发展经济、改善生活。1940年8月,董必武在陕甘宁边区中共县委书记联席会议上做题为《更好地领导政府工作》的讲话,表示近三年来,边区政府在党的领导下,除了军事方面的成绩,在经济、民生方面还主要开展了"发展经济、提高生产、提高文化教育、免除苛捐杂税、征收救国公粮、锄奸、除匪、禁烟、建立民主制度、改善人民生活"[1]等事项。这些所有涉民事、经济方面的政策目的是改善人民的生活。这些政策所体现出的民事经济法律思想对于我们今天政府工作的开展和相关法律的制定有着重要的借鉴意义。

第二,政府应当主动负责以合理方式调整劳资、农民与地主、合作社与社员之间的关系。1945年6月,董必武赴美出席联合国大会成立期间,在华侨举办的演讲大会上做题为《中国共产党的基本政策》的演讲。在此演讲中,董必武表示,在地主和农民的关系上,应要求地主减租减息,农民交租交息,以缓和两方矛盾。同理,在资本家和劳工的关系上,需改善工人生活,同时应当保障资方合理利润。在解放区的税收政策上,应废除旧时的苛捐杂税,征收统一累进税。在生产工作上,组织劳动互助小组。政府对经济生产进行宏观调控的职能,以及有计划地进行经济建设的特点此时已经表现了出来,"政府帮助每家农户根据各自的

---

① 董必武:《董必武选集》,人民出版社1985年版,第53页。

具体条件,定出各户各人的生产计划,并帮助他们逐步实现。……此外,政府还有计划地开垦荒地、兴水利,教人民如何施肥,如何深耕。"①"政府鼓励地主投资工业,帮助工业的发展……还有一种综合性的合作社,不仅包括消费、生产、运输及信用的合作,还根据人民的需要,代为纳粮,举办文化教育、医疗卫生事业。"②

第三,在资本家和劳工关系上,党的政策是尽量协调双方利益,保障双方基本利益得到满足,以使经济关系可以正常运转。"目前劳资关系的关键在于保障工人生活和资本家利润。能够做到这样,双方就能协调。所以,一方面要资本家使工人生活得到相当提高,另一方面又使资本家能够获利,使双方关系能够得到调整,能够团结一致,协力从事战时生产。"③只有实事求是地协调双方利益才能最大限度地调动双方积极性,最大限度地发展生产,满足解放区人民以及部队的物质生产生活需求。

第四,政府应当统筹规划,从全局角度合理安排公、私营企业,建立现代化工业体系。就中国经济发展的问题,董必武表示:"对大企业,如铁路、水电站等等私人资本无力举办的,应由国家经营;对于私人资本的经营,应该予以奖励和保护。同时,对小的生产合作,更应尽力提倡和帮助,使其能普遍发展……战后工业的发展需要大量资本,除前面所说奖励国人投资及海外侨胞的积极投资外,对于外资,在遵守中国政府法令的前提下,也一样欢迎。"④

第五,政府应该充分发挥宏观调控职能,采取一切办法发展生产。董必武在题为"中国共产党的基本政策"的演讲中表示:"民选政府采取一切办法,发展生产。首先就是普遍的生产运动,从上到下,从男女到老幼……现在,经过中国共产党和解放区政府的提倡,劳动组织的日趋科学化,生产力已经大为改善和提高……大家看到'变工''扎工'等名词,就是劳动互助的组织……政府还帮助每家农户根据各自的具体条件,定出各户各人的生产计划,并帮助他们逐步实现。所有这些办法,使生产不断地增加。此外,政府还有计划地开垦荒地、兴水利,教人民如何施肥,如何深耕。由于采取这些进步的措施,陕甘宁边区的农民到今年已可以有一年的余粮,从此,就可以做到耕三余一,就是每三

①　董必武:《董必武选集》,人民出版社 1985 年版,第 112 页。
②　董必武:《董必武选集》,人民出版社 1985 年版,第 113 页。
③　董必武:《董必武选集》,人民出版社 1985 年版,第 110 页。
④　董必武:《董必武选集》,人民出版社 1985 年版,第 118 页。

年有一年的余粮"。①"民选的政府,在工业生产方面也尽力发展……现在,以陕甘宁边区一地而论,纺织业已普遍发展,造纸厂建立起来了,印报纸、出书刊完全用自造的纸张。而且,从前无印刷业,现已有两个印刷厂了。火柴过去是没有的,现在不仅能自给,且有剩余可以输出……现在已能制革,皮鞋、皮衣都能自制。工业发展规模尚小,但工业合作社相当发达。同时,政府也鼓励地主投资工业,帮助工业的发展。"②"民选的政府,还广泛地发展了合作社。消费、生产、运输及信用合作社几乎到处都有。此外,还有一种综合性的合作社不仅包括消费、生产、运输及信用的合作,还根据人民的需要,代为纳粮,举办文化教育、医药卫生事业,所以,这种合作社已经成为人民最欢迎的一种社会经济生活中心。"③

从 1942 年开始,中国共产党和政府已经领导人民广泛开展大生产运动,主要发展农业生产,兼办手工业、运输业、畜牧业等,充分发动机关、学校参与生产,达到粮食自给自足或者部分自给自足,以改善人民生活,突破敌人的经济封锁。陕甘宁边区以及其他各根据地在党和政府的带领下,扩大耕地,粮食和棉花产量稳步提高,造纸厂、肥皂厂、被服厂、工具厂、印刷厂、陶瓷厂、纺织厂等公私营工厂也建立起来。在当时,董必武已经认为政府应当扶持地主投资工商业,通过税收平衡劳资关系,创办生产合作社,鼓励外商投资等。

二、落实土地改革、优化资源配置

落实土地改革、优化资源配置是实施政府宏观调控职能的具体措施之一。在中华人民共和国成立前夕,落实土地改革、在农村中恢复和发展生产关系革命的胜利关系中华人民共和国成立后的稳定。这一问题在实践上也存在着诸多的难点。董必武针对此问题提出的解决办法深刻体现了其高超的经济法律素养。1947 年 7 月,董必武《在全国土地会议开幕式上的讲话》中表示,中国共产党一定要解决农民的土地问题,实现耕者有其田。"中国目前一定要解决这个问题。我们不能解决这个问题,那中国革命就不能成功,能解决这个问题,中国革命就一定会胜利。"④

关于土地改革后农村的生产问题,董必武表示,土地改革解放了农村的生产

---

① 董必武:《董必武选集》,人民出版社 1985 年版,第 113 页。
② 董必武:《董必武选集》,人民出版社 1985 年版,第 114 页。
③ 董必武:《董必武选集》,人民出版社 1985 年版,第 114 页。
④ 董必武:《董必武选集》,人民出版社 1985 年版,第 129 页。

力,无地或者少地的农民分得了大致上相当于当地农民地亩平均数的土地,中农也分得了一些果实,实现了耕者有其地,大大提高了农民的生产积极性。但董必武认为,倘若想要真正唤醒农村生产力,政府还需要解决这样一些难题:生产资具,例如耕畜、农具、种子、肥料等的提供;生产技术的提高和生产经验的传授;妇女参加生产劳动的培训;社会积蓄的持续消耗;分散的小农经济在生产效率上不如大规模农业生产;地主富农在农村经营工商业的退出导致的市场空白;金融业方面资金融通的机会减少;等等。董必武认为,政府要解决这样一些困难,必须发动、组织群众进行更多的生产,"在自愿的原则下,把农村的全劳动力、半劳动力和辅助劳动力、可能组织的都组织起来",[①]以解决农村劳动力不足的问题。政府应当提倡农村副业,也可以将剩余劳动力组织起来经营副业,增加农民收入;政府也应当鼓励农民在自愿的原则下制订生产计划,不拘于农业或副业,但需注意计划的可行性。对于农具不足的问题,应当有计划的使用现有的耕畜和农具。"关于劳动互助组的工资问题,由于有些人家地多劳动力少,有些人家地少劳动力多,因而在互助帮工中所产生的计工算账问题,究竟如何解决,望各地切实和群众商量,妥善解决,但决不要主观地、机械地去做一般规定。"[②]在资源配置方面,董必武指出,应当"奖励农村的商业和运输,调剂有无,使货畅其流。商业和运输的发展对农村生产好处很多,可以供给工具、农具、原料,并把剩余的农产和土产运销出去"。[③] 董必武所提出的问题解决方式既符合当时的实际情况,也符合经济发展规律以及相关法理。

三、提倡制定合作社法

在各解放区都曾组织过合作社,有成功和失败的经验。1947 年 8 月,董必武在全国土地会议上做《土地改革后农村生产与负担问题》的报告时指出,合作社失败的原因有很多,"主要是营业方向错误,摊派股金,不定期分红,贪污浪费,不为群众服务而只图赢利,为少数人赚钱做买卖,亦有随便扩大范围或因用人不当而垮台的。此外,有的名为合作社,实际做投机买卖,放高利贷;有的为地主富农所把持;有的为干部所吞没"。[④]

在合作社的管理运营方面,董必武认为应当加强领导,并且对合作社法做

---

① 董必武:《董必武选集》,人民出版社 1985 年版,第 141 页。
② 董必武:《董必武选集》,人民出版社 1985 年版,第 142 页。
③ 董必武:《董必武选集》,人民出版社 1985 年版,第 147 页。
④ 董必武:《董必武选集》,人民出版社 1985 年版,第 144 页。

了一系列的设想:"颁布合作社法,规定农村合作社营业的方针和范围。营业的方针是为农民,特别是为贫苦农民服务,组织农民的生产,解决生产与生活的困难。营业的范围应根据各地农民的生产条件和生活条件而定。入股、结账、分红均应明白规定,定期结账,定期分红,期限长短由社员大会决定。合作社负责人应定期召集社员大会,报告业务状况,并由社员大会审查,负责人由社员大会选举和罢免。好的合作社应予以表扬和推广,不好的合作社应整顿,没有合作社或少有合作社的地方,趁土地改革洪潮在自愿和民主的原则下迅速组织起来。"①

中华人民共和国成立后,国务院于 1955 年发布了《农业生产合作社示范章程(草案)》。针对董必武当初制定合作社法的设想,这一章程作出了更为周密的细化规定。该章程同样规定合作社应当组织社员进行共同劳动,并且对社员共同的劳动成果进行统一分配;对于社员劳动的报酬实行"按劳计酬、多劳多得"的原则;社员可以对社务提出建议和批评,对社务进行监督。对董必武当初设想的"入股、结账、分红",该章程规定了具体的入股办法,社员按照入社的土地分摊股份基金,也可以按照劳动力分摊一部分股份基金。关于结账方式,该章程第 52 条规定:在扣除生产费、公积金、公益金和土地报酬以后,用全社全年劳动日的总数来除,除出来的就是每一个劳动日所应该分到的。

董必武当初预想的合作社应当定期召开社员大会,进行业务审查,该章程在此基础上规定了详细的财务预算审判和账目公开制度。该章程第 61 条规定:"财务预算必须经过管理委员会批准……追加预算,必须经过社员大会的审查和批准,对一切不合制度和手续的开支,社员有权拒绝。合作社的一切收支必须有单据证明,会计员必须凭单据记账。会计和出纳必须逐步地做到分人负责:会计员管账不管钱,出纳员管钱不管账。出纳员无权自行支付任何款项。合作社的一切公共财产必须有专人保管,并且订出登记、保管和按时清点的办法。合作社社员如果对于公共财产有贪污、盗窃、破坏的行为,或者由于不负责任造成公共财产的重要损失都必须赔偿,并且受到应得的处分;情节严重的,合作社应该请司法机关处理。"②该章程第 62 条规定:"农业生产合作社的账目必须按时公布。每个社员所得的劳动日的账目,按月、生产季度公布。财务开支,按月、年度公布。公共财产的清单在年度结账的时候公布。合作社监察委员会必须定期检

①　董必武:《董必武选集》,人民出版社 1985 年版,第 144 页。
②　《农业生产合作社示范章程草案》,中国经济网,http://www.ce.cn/xwzx/gnsz/szyw/200706/02/t20070602_11579218.shtml,2020 年 10 月 2 日访问。

查合作社的各种账目。"①

各解放区实行农村合作社的建设经验,为中华人民共和国成立后合作社的推广与实施积累了经验。董必武在中华人民共和国成立前就提出应当制定合作社法,并指出合作社法应当规定营业方针、营业范围、入股结账、社务公开、社员大会的审查等事项,为中华人民共和国成立后各类合作社法的制定提供了参考方向。

按照董必武早在1947年对合作社的设想,富农也可以向合作社投资入股,"由政府规定不准富农入合作社是不好的,我们不应当让富农夺取合作社的领导地位,但这也不要用法律规定,要由社员的觉悟和党在社员中的工作来保证。"②对于入股也不该限制,一人几股应当是允许的,只是选举时应当一人一票。对于合作社的领导机关,董必武认为可以在财经办事处下设一领导机构,或者在政府中专设领导机构。董必武对政府宏观调控领域事项边界的把握体现了其深厚的法律素养。允许富农入股合作社、一人可入多股、一开始不对合作社征税以促进经济发展等主张也体现了董必武开放、灵活的心态,以及对经济建设的前瞻性构想。

四、提倡发展农村帮扶政策

董必武所主张的农村帮扶政策主要包含农村金融与农村救济。农村救济事业是指政府运用行政力量进行社会财富的再分配,促使财富流向需要保障的人群,以帮助竞争力较弱的贫困者。主要包含:农村社会养老保险、农村社会救济、优抚安置、农村福利设施建设等方面。农村金融则是指各金融机构在县以及县以下的地区提供的存贷款、汇兑、保险、期货、证券等金融服务。农村金融属于中国人民银行的重点研究规划方向,中国人民银行专门成立了农村金融发展课题组,就此问题作出相关研究报告。早在1947年,董必武就已经设想了农村救济以及农村金融方案,中华人民共和国成立后社会保障制度的构建和完善是对董必武构建农村救济制度的继承和发展。

长期的解放区政府工作以及多次实地调研使董必武比较了解农村的实际情况。他认为,农民生产生活中所存在的困苦需要农村金融业的帮扶以及农村救

---

① 《农业生产合作社示范章程草案》,中国经济网,http://www.ce.cn/xwzx/gnsz/szyw/200706/02/t20070602_11579218.shtml,2020年10月2日访问。

② 董必武:《董必武选集》,人民出版社1985年版,第145页。

济的实施。"为了使贫苦农民得到他们所缺乏的生产资具,要举办农民救济与农村贷款。从国库中支出部分资金,从银行发行中支出部分资金,从地主的浮财中抽取一部分,用这些办法来举办农救与农贷,都是可以实行的⋯⋯但这些办法必须征得农会的同意,并且须由农会选派可靠干部保管,民主讨论分配办法,按时贷、按时收,不要被少数村干部把持为变相的贪污。"①

董必武认为,"银行、贸易局应确定帮助农村经济发展的方针,使贫苦农民获得一些切实帮助。银行应给农村合作社通融周转资金的便利,贸易局应给农村合作社以采购工具、农具、原料和运销剩余农产、土产的便利。这种帮助应当是经常的、有计划的、真正适合群众生产需要的。"②

董必武对于农村救济和农村金融的构想根植于其长期的农村生活以及乡村工作。对于农具的锻造、庄稼的插秧抽芽到收割、农会的利弊、供销的线路等董必武都极为熟稔,也比较了解农民生产生活的困苦。董必武对于农村帮扶政策的提出反映了老一辈革命家为人民服务的工作宗旨。

五、保护私营经济的合法经营

董必武对经济建设的认识符合经济发展规律。他认为,"由合作社来经营供销运输当然很好,但单靠合作社还不够,还要鼓励私营的商业。公营商店对调剂物产有好处,但不应用公家力量去排挤私营商业。战争和土地改革中农村的私营商业垮得很厉害,这使生产发展受到影响。我们鼓励私营商业不是免税或贷款,而是给他们一些便利;不要故意排挤他们,而是保护他们合法营业的自由。在土地改革中党已有明确的政策,要保护工商业者的财产不受侵犯。"③

董必武对新民主主义经济有着深刻的理解。他认为,新民主主义经济包括国营经济、合作社经济以及私营经济。"在私营经济中又包括独立小工商业者的私营经济,以及小的和中等的资本主义的私营经济。"④对于国营经济和合作社经济,董必武认为这是主流,是必须互助和帮扶的。私营经济发展到一定程度时可能会与国营经济、合作社经济产生竞争,但是对于私营经济中有利于国计民生的一面还是应当予以保留,并且国营经济不应当畏惧与私营经济的竞争。"我们还应当放手发展有益于国民经济的私营资本主义经济,尤其是独立小工商业者

---

① 董必武:《董必武选集》,人民出版社1985年版,第146页。
② 董必武:《董必武选集》,人民出版社1985年版,第148页。
③ 董必武:《董必武选集》,人民出版社1985年版,第147页。
④ 董必武:《董必武选集》,人民出版社1985年版,第151页。

的私营经济。只要我们能很好地管理和经营,国营经济一定能够比私营资本主义经济发展得更快,在将来与私营资本主义经济竞争中,依靠其自身的经济力量,依靠合作经济的支持及新民主主义政权的帮助,一定能够胜过私营资本主义经济。"①

对于富农经济,董必武认为,"现在要土地改革,而且有了劳动互助,贫农中农的生产力可能超过单独经营的富农,因此保证了中国的农村生产不会再走旧民主主义的道路,所以,现在我们并不需要限制富农发展,只要好好帮助贫苦农民,好好组织劳动互助,富农经济的部分发展是没有什么危险的。"②对于富农经济在将来可能与合作社经济、小农经济产生的竞争,董必武认为,"在农业生产中,只要我们能很好地把小农经济组织起来,使农业经济由个体逐次向着集体方向发展,那么,我们也就一定能够胜过富农经济。"③他认为,不应该因为惧怕与富农经济的竞争而直接限制乃至消灭富农经济,应该引导发挥其利于人民的一面,同时发展壮大小农经济。

对于整体经济模式的力量对比,董必武认为,"将来革命在全国胜利以后,国营经济能掌握全国经济命脉,合作社经济基础已经很巩固,这两种经济结合起来与私营资本主义经济竞争,胜利是有把握的……新民主主义经济发展的越广泛、越迅速、越巩固,就奠定了新民主主义过渡到社会主义的基础。"④

董必武提倡市场竞争,对国有经济、合作社经济等保持高度信心,以开阔的心态和视野包容私营经济、富农经济,并且认为保有私营经济、富农经济能够使得市场健康发展、更具活力。董必武的这些见解和看法能够起到明晰是非的作用,在当时非常具有先进性。

六、限制政府机关和军队经营商业

1947 年,董必武在晋察冀边区财经会议上的讲话已经注意到公家单位和军队经营商业的问题。在革命时期,为了应对敌人的封锁和扫荡,各战略区或各分区不得不"自己去补充,自搞生产,自己建立家务。各单位自搞生产,为的是补充生活上的必需,为了提高生活水平。"⑤但若过于专注赚钱,就很容易忘却本质工

---

① 董必武:《董必武选集》,人民出版社 1985 年版,第 152 页。
② 董必武:《董必武选集》,人民出版社 1985 年版,第 151 页。
③ 董必武:《董必武选集》,人民出版社 1985 年版,第 152 页。
④ 董必武:《董必武选集》,人民出版社 1985 年版,第 155 页。
⑤ 董必武:《董必武选集》,人民出版社 1985 年版,第 164 页。

作,变为经营商业,做一些投机生意。"于是所谓搞生产就变成绝大多数单位都去搞商业。各单位自己建立家务,包括大单位和小单位。听说许多军队的单位直到连也建立起了家务,政府和党组织直到区县都建立起了家务。有人说村单位也有家务。"①董必武认为,这种办法确实解决过一个时期的困难问题,但弊端很大。首先,是浪费人才,能干的人去经营商业,就会削弱单位的工作力量和军队战斗力。其次,在商业经营中会产生竞争和争斗,导致互相猜疑和欺骗。再次,是脱离人民群众,唯利是图。党政工作者无法专心工作,军队也无法专心打仗,需要分心照管商业经营。

针对此问题,董必武在华北财经会议上提出了解决办法:"把各单位的机关商店都撤销,把小公家家务归并到大公家。自然各战略区的财政由分散到统一,不是一下子实现的,都经过了一番酝酿、一番斗争才逐渐完成……我从材料中看到这里各区还有独立的银行,还有各自的兵工生产。我认为各区银行应改隶于边区银行,区的兵工生产应归并边区的兵工生产。这样由边区一级整盘地计划、监督、指挥、调节,要适当些。"②在这样的情况下,华北财经会议提出了财政统一的要求,中央对此予以核准并决定成立华北财经办事处,并针对此现象展开了财政统一工作。

1949 年,董必武主持下的华北人民政府颁布了《关于机关生产的决定》,规定允许各机关组织本机关人力从事手工业农业生产,不得从事商业活动,不得雇用劳动力进行生产。但在专署或者一定行政区划以上级别,本着有利于国计民生的工业领域,允许雇用工人进行工业生产,并允许设立推销本工厂生产产品,收购本工厂原材料的工商门市部,但不得从事其他商业活动;该《决定》规定机关生产应遵守政府法令,与国家贸易机关密切合作。对上述机关生产,银行可给予贷款,国家贸易机关应予以帮助,并在可能的范围内委托其经营一定的业务(例如委托收购某些物资、委托推销货物等)。"凡违背上述方针,不遵守政府法令,不服从工商部门与国家贸易机关的指导,在市场上进行投机操纵,甚至假借名义进行活动,或者与私商勾结共同反对国家贸易机关合作社者,他们的资本虽然是公家的,但他们的经营方法则是旧资本主义的方法,这是违反新民主主义经济建设的方针的,必须从经济上及行政上予以管制和打击,从劝告、处分直到停止其营业。各级政府及工商部门、贸易公司必须认真深入研究此决定,并切实进行上

---

① 董必武:《董必武选集》,人民出版社 1985 年版,第 164 页。
② 董必武:《董必武选集》,人民出版社 1985 年版,第 165 页。

述工作,解决目前各地市场上机关生产存在的无政府现象,并组织机关生产,使之成为国家领导下,反对私人投机操纵、支持合作社的力量。"①

董必武主持工作颁布的各类命令、决议宽严适当,充分考虑了人情和实际,在处理方式上不急不躁,以极大的耐心具体分析,解决问题。

七、倡导创建预算公开及审查制度

董必武认为,财经工作应当始终坚持群众路线,创建财经工作新局面。董必武在土地会议上提议,将政府预算交解放区人民代表机关区审查、修改和通过。这种一切为公的精神正是当时众多共产党员干部的写照。他提议,"村款开支和战勤支差都由村民大会讨论决定。这样我们所办的事、所用的款子都由群众审查和批准,即使负担重一点,群众是明明白白、愿意承受的。自然,这项工作要与其他各种工作配合,都是以群众路线为基础才能收效。我们想问题和群众一同想,做事情和群众一同做,完全和群众融成一片,群众知道我们是全心全力来为他们服务,他们必然以全心全力来支持我们。"②

政府预算公开及审查制度是政府将预算政策、预算制度、预算程序、预算资金分配等向社会公开,接受社会监督的制度。政府财政预算公开制度对于保障公民知情权、防止行政腐败、提高政府执政能力和提高政府工作效率有着极为重要的意义。尽管早在1947年董必武就已经提出政府财政预算公开制度,但中华人民共和国成立后,一直没有将这一制度纳入法律之中。1995年开始实施的《预算法》也未对政府预算公开制度做出规定。政府财政支出透明度不高,缺乏群众监督,直到2008年《中华人民共和国政府信息公开条例》的颁布才使政府财政预决算公开成为可能。《政府信息公开条例》规定:政府预决算信息属于政府主动公开的内容。但在实践中,早期的政府预算公开主要集中于中央一级。2009年,财政部将"经全国人大批准的'中央财政收入预算表'等4张中央财政预算表格首次向社会公开。在此基础上,2010年公开的中央财政预算表格进一步增加至12张,中央本级支出预算表以及中央对地方税收返还和转移支付预算表基本上细化到'款级'科目。"③2012年,提交全国人大常委会审议的预算法修正案草案首次明确提出,各级政府应当及时向社会公开预决算。《预算法》

---

①　华北人民政府:《关于机关生产的决定》,《江西政报》1952年第3期。
②　董必武:《董必武选集》,人民出版社1985年版,第178页。
③　《我国拟将预决算公开规定写入法律,以便社会监督》,新浪网,http://news.sina.com.cn/o/2012-06-26/165924661250.shtml,2020年10月31日访问。

历经 2014 年和 2018 年两次修正,最终确定:"经本级人民代表大会或者本级人民代表大会常务委员会批准的预算、预算调整、决算、预算执行情况的报告和报表,由本级政府财政部门向社会公开。经本级政府财政部门批复的部门预算,由各部门向社会公开。"①2016 年 10 月,财政部颁布《地方预决算公开操作规程》,细化了地方政府预决算公开的责任主体、公开流程、公开时间、公开渠道等问题。

随着市场经济的发展、网络科技的提升,政府财政预算公开制度有了更为便捷的公开渠道,一些官方门户网站、网络媒体、纸质媒体等都能够查询到相关信息。2020 年 10 月 1 日起正式实施的《中华人民共和国预算法实施条例》第 6 条规定:政府债务、机关运行经费、政府采购、财政专户资金等情况,按照有关规定向社会公开。部门预算、决算应当公开基本支出和项目支出。部门预算、决算支出按其功能分类应当公开到项;按其经济性质分类,基本支出应当公开到款。各部门所属单位的预算、决算及报表应当在部门批复后 20 日内由单位向社会公开。第 89 条规定:县级以上各级政府应当接受本级和上级人民代表大会及其常务委员会对预算执行情况和决算的监督,乡、民族乡、镇政府应当接受本级人民代表大会和上级人民代表大会及其常务委员会对预算执行情况和决算的监督;按照本级人民代表大会或者其常务委员会的要求报告预算执行情况;认真研究处理本级人民代表大会代表或者其常务委员会组成人员有关改进预算管理的建议、批评和意见,并及时答复。董必武早在 1947 年设想的政府财政预算公开制度,随着法治建设的推进已经写入了法律,成为各级政府必须遵守的制度。

八、主张完善邮政工作制度

《邮政法》兼具行政法与经济法的特征。邮政设施、邮政服务、邮政资费、损失赔偿、快递业务等邮政服务方面的内容带有强烈的经济法的色彩。1986 年,我国制定了第一部《邮政法》,然而早在 1948 年,董必武在华北交通会议上所做的总结报告已经提出了完善邮政工作制度的构想。

董必武认为,邮政工作要企业化、专业化。在企业化方面,寄邮件应当收取邮费,除了前方部队外,其他邮件不论公私都应当收取邮费,并且还应适当提高邮费。邮局应该精简节约,提高工作效率,要做到事业费的全部或者大部分自给自足,生活费由政府供给,但也应争取部分自给自足。在专业化方面,相关工作

---

① 《财政部关于切实做好地方预决算公开工作的通知》,中华人民共和国中央人民政府门户网,http://www.gov.cn/xinwen/2016 - 09/24/content_5111469.htm,2020 年 10 月 31 日访问。

人员应该把邮政工作当作为人民服务的终身事业,这是为社会服务的重要工作,工作人员不应轻易调动。

在对各解放区邮政事务的统一上,董必武采纳了各方意见,将名称统一为"中国人民邮政",统一邮票式样、统一各级邮政机构名称,即"边区和行署设邮政管理总局和分局,以下设一二三四等邮局,区设邮政所……机构编制只要符合精简原则,且能提高工作效率,那就可以采用。各区邮路干线必须互相衔接……邮政员工目前还只能采取供给制,但要照顾他们工作上的特殊需要。如有些邮工日夜奔走,风雨无阻,多吃一点粮食,多穿几双鞋子,那是应该照顾的。"①

董必武对于邮局企业化的设想非常有前瞻性,他表示,邮局业务不应该局限于邮寄书报或者公文信件,还应该拓展服务内容,例如邮寄包裹、承办汇兑。"此外还可以试办储蓄,试办农村贷款。邮局在农村中的接触面比较广,如果能够兼营这些业务,比较银行自己派人来办,可以节省开支。"②中华人民共和国成立后,中国的邮政金融代理业务逐渐展开。传统的邮政金融代理业务包括代理和代收代付两大业务。代理业务主要指代理保险、代理国债、代理彩票、代售 IC 卡等。代收代付业务主要指代发工资养老金、代收电信费用和公益事业费等。2007 年,在改革邮政储蓄、继承原国家邮政局金融业务基础上,中国邮政储蓄银行成立。董必武超前的构想在 59 年后成为现实。

九、主张运输公司企业化、管理规范化

在大力发展我国交通运输事业的问题上,董必武认为各地应当创办大规模的运输公司。董必武曾经表扬晋冀鲁豫区一家非常有成绩的运输公司,认为该公司有三点经验值得学习:一是企业化,利用公家很少的创办资金就能够自力更生;二是公司负责人能够去掉官僚架子;三是建立了良好的制度,工资问题、工作问题,乃至家属生产问题都能够得到适当的解决。

在创办运输公司的初始资本上,董必武建议党政机关和军队退役的运输工具,包括汽车、大车、牲口都交给运输公司,折价为公司资本。"将来任何机关部队需要车辆、搭客、运货的时候,都应照付运费,保证部队和机关人员不强搭运输公司的汽车,不强借运输公司的车辆,再加上科学化的管理(不让车子空着,不让牲口空闲下来,不让公司中有一个闲人),这样就一定能企业化。"③对于技术人

---

① 董必武:《董必武选集》,人民出版社 1985 年版,第 192 页。
② 董必武:《董必武选集》,人民出版社 1985 年版,第 191 页。
③ 董必武:《董必武选集》,人民出版社 1985 年版,第 193 页。

员,董必武认为,战争时期不应强调这些人的特殊待遇,不应使其与农民生活距离太远,但技术员工有特殊需要还是应当予以照顾。在企业化的地方,技术员工可以按照技术高低水平确定不同的工资,或者予以技术津贴。应当规定对技术员工的奖励办法,鼓励技术员工钻研技术。

对交通事业进行管理的领导机构,董必武认为可以叫交通局或者交通厅,名称可以再研究,"但要建立一个统一的领导机关,管理邮政、公路、铁路、河道和运输事业,这一点是可以确定了的。有了一个统一的领导机关,就能够通盘研究交通建设工作,不致各搞各的。"①

在行政隶属关系上,董必武认为各地的交通管理机关,业务上应受上级直属机关领导,地方政府不应随意变更交通机关的业务和工作计划。交通机关应该服从地方政府一般法令,接受地方政府的监督。

十、要求采取经济手段平抑物价

董必武所主持的华北人民政府在《对冀南行署去年 12 月工作汇报的指示》(以下简称"指示")中指出,物价波动在当前货币集中于平津战地大量发行的情况下是不可避免的,党和政府应该设法使其不剧烈波动。从中我们可以看出董必武对政府采取经济手段平抑物价的工作思路。

《指示》就物价波动问题采取的具体措施如下:国营商店随市价出售粮食,同时承担零售和对合作社的配售工作;对机关生产严格统一管理,公营商店应从照顾全局的立场出发,严禁从事市场投机及勾结私商,冒充私商进行活动,查获者必予以警告、处罚,直至停业的处分;加强对私商的管理工作,具体管理办法由华北人民政府拟定后施行;友邻区国营商店不得到冀南区自行购买货物,必须购买的,应该通过冀南贸易公司进行;为限制商人在市场投机,促使货币回笼、平抑物价,催征冬季工商业税,如果条件允许,工商业税最好按月征收;小型工业作坊如果属于家庭副业,按农业税则规定应该在免税之列,但根据各区反映来看,农业负担比工商业负担重得多,因此关于此类作坊的负担问题需要重新研究;对土布棉花征收交易税需要好好组织,土布不经过交易所交易的不交税,但这样有的征税有的不征税很难掌握,因此土布交易还是统一经过交易所。

这些措施虽然带有明显的时代色彩,但在当时政府缺乏可采用的经济手段

---

①　董必武:《董必武选集》,人民出版社 1985 年版,第 195 页。

的情况下起到了稳定市场物价的重要作用。

十一、仔细研判农业税的征收问题

土地税收问题一直是中国共产党关注的重点问题,它关系革命与经济建设的成败。在不同时期,我党对于农业税有着不同的经济政策。我党的农业税收政策凝聚着包含董必武在内的共产党人智慧的结晶。

董必武于1945年6月5日赴美出席联合国大会成立期间,在华侨举办的演讲大会上对抗日战争时期的土地税收政策做了介绍:"民选的政府减轻了人民的负担,实行了减租减息。国民党政府颁布的二五减租,别处没有真正实行,在解放区的民选政府实行了。旧时的千百种苛捐杂税是完全废除了,现在征收的是统一累进税。这项税有个起税点,在这以下完全免税;在这以上,收入愈多,征税也比较多。这正是钱多多出,钱少少出的合理税则。"①

董必武在《中国共产党的基本政策》中表示,在地租关系上,我们党的政策是地主减租减息,农民交租交息。"使农民既有力缴纳,又可维持和稍稍改善生活。在地主减租减息的前提下,又保证农民交租交息,使地主和农民的利益暂时协调,相互关系得到改善。"②

解放战争时期,华北人民政府就农业税问题颁布了《华北区农业税暂行税则》《关于农业税土地亩数及常年应产量订定标准的规定》等法律文件。《关于农业税土地亩数及常年应产量订定标准的规定》规定了征收农业税的土地面积计算方式,具体内容为:"一、土地面积以'市亩'为基本单位。每市亩为六十方市丈(每市丈为十市尺,每市尺等于三分之一公尺),但在市亩尚未通行地区,区村登记得暂以当地习惯亩或"坰"为单位,由县人民政府折合市亩,列表具报,并详加说明。二、土地产量以常年应产量为标准。常年应产量是指:各种土地根据其自然条件和当地一般经营条件及种植习惯,在平常年成下,今年所应收获的产量。"③

《关于前颁"关于农业税土地亩数及常年应产量订定标准的规定"中的两点修正的训令》就上述法律文件做了两点修正:原规定称:"当年应产量之订定,应根据土地自然条件……并参照当地近年一般经营概况……当地情况如人稠地

---

① 董必武:《董必武政治法律文集》,法律出版社1986年版,第15页。
② 董必武:《董必武政治法律文集》,法律出版社1986年版,第13页。
③ 华北人民政府:《关于农业税土地亩数及常年应产量订定标准的规定》,《福建政报》1950年第9期。

窄、精耕细作,或地广人稀、广种薄收,按实际情况加以区别。"①实行旧的训令会使精耕细作地区的生产积极性受到抑制——生产量高就上缴多、负担重;而地广人稀区,又有了降低产量的借口;有些地区人稠地窄,但地瘠民贫,人民主要依靠副业,土地并不精耕细作;有的地区(主要是平原农业区)土地广袤,劳动力也不少,耕作勤劳,并非"广种薄收"。根据以上情形,为发展农业生产,本项应修正为按该地区一般劳力、施肥、耕作技术等条件加以区别。但此标准指对较大区域而言,并非逐村逐户加以区别。另外,原规定第二条第三款"常年系指当地平常年头,既不是风调雨顺特殊的丰年,也不是旱涝不收的歉年,一般说六成至八成年景即可称为常年",②其末句"六成至八成"之解释,据太岳行署提出的意见及相关研究,六至八成距离太大,如甲地按八成评,乙地按六成评,则产量相差四分之一,即25%,其结果负担会相差25%以上。地区间负担应尽量平衡,应将"一般说六成至八成年景即可称为常年"删去。

华北人民政府颁布的关于农业税的法律文件,确立了税收体制的基本框架,为中华人民共和国成立初期农业税体系的建立奠定了基础。

十二、大力推进中华人民共和国的救济福利事业

中华人民共和国成立之初,"由于连年战争,国家工农业生产遭到严重破坏,人民生活极端困苦,加之1949年自然灾害,全国受灾面积达12 787万亩,受灾人口约4 555万人,粮食减产113亿斤,灾情分布在全国16个省区、498个县市的部分地区。"③在这样的背景下,1950年4月24—29日,中国人民救济代表会议在北京召开。董必武作为中国解放区救济总会主席做了题为《关于中国的救济福利事业》的报告,为今后救济福利事业的基本方针奠定了工作基础。

在该报告中,董必武认为我国的救济福利工作最基本的是要医治战争创伤,进行和平建设,最紧急的则是加强节约、救济灾荒事业。基本任务和紧急任务互相联系、不可分割。董必武认为:"主要的救灾办法是政府领导人民互助自救,同时政府又给灾民以必要的和可能的帮助。"④具体救济帮助的措施有:中央划拨用于救灾的粮食给灾区;从有余粮的地区调配粮食给缺粮地区;修复交通运输道

---

① 华北人民政府:《关于前颁"关于农业税土地亩数及常年应产量订定标准的规定"中的两点修正的训令》,《河南省人民政府公报》1950年第11期。

② 华北人民政府:《关于前颁"关于农业税土地亩数及常年应产量订定标准的规定"中的两点修正的训令》,《河南省人民政府公报》1950年第11期。

③ 李飞龙:《中国人民救济总会和建国初的社会救济》,《兰台世界》2012年第25期,第20页。

④ 董必武:《董必武选集》,人民出版社1985年版,第286页。

路以输送粮食到灾区；组织人们进行生产，以工代赈；开展水利植树等农村副业工作；推动城市失业救济；加强生产节约，减少国家开支等。

董必武认为，救济福利事业应当团结一切可团结的力量，最大限度地建立统一战线。"新民主主义国家的救济福利事业在人民政府领导之下应该吸收个人和团体参加。一切从事真正救济福利工作的个人和团体，只要他们赞成我们共同规定的方针，愿意在人民政府领导之下工作，我们就有责任和义务同他们合作，并吸收他们参加各级救济代表会议和救济组织。"①

董必武认为，全国的救济福利事业应该有统一的工作方针，对工作计划和人力物力财力的安排应当有机配合，同时展开配套的工作宣传。在工作方式上，各级救济组织应当吸收相关代表人物，开展协商性质的会议。对于过去一些名存实亡或者名不副实的救济团体应当整顿乃至取消。对于过去援助中国人民的真正国际友人，倘若对方处于压迫之下，我们也应当予以援助，以感谢他们过去给予的帮助。对于帝国主义国家中有些个人或团体以援助的名义来推行另有目的的计划应当坚决予以拒绝。

在董必武的工作报告的指导下，中国人民救济总会展开了方方面面的工作。这些工作主要有：针对 1950 年皖北、苏北、河北、河南等地的水灾，组织开展了灾民寒衣劝募活动；对原有慈善团体进行团结改造、接收改组乃至关闭；思想舆论上通过群众大会和斗争大会，批判亲美崇美思想，揭开美帝国主义伪善的面纱，促使大众对慈善工作重新认识；针对城市贫民展开生产自救、劳动互助活动来解决失业和贫苦问题；对城市游民、乞丐、老弱病残及妇孺等予以收容教养，针对不同群体采取不同方针，使其能够自立劳动；在国际交流上展开国际救助和声援等。

1956 年 7 月，中国人民救济总会与中国红十字会合并办公。董必武所奠定的救济福利事业基本工作思路和方针一直延续了下来。

第二节　董必武民商事法律思想

董必武的民商事法律思想体现在他主持制定的法律规章、政府政策、演讲报告以及推行的各项法律实践中。

---

① 董必武：《董必武选集》，人民出版社 1985 年版，第 289 页。

一、要求以严谨态度订立合同

中华人民共和国成立初期,广大人民由于连年战争难以接受稳定和系统的教育,法律意识也普遍淡薄,但经济领域强调承诺的信守和合同的严格履行,需要有专门的部门法来规范引导人们的商业行为,使人们的商业行为在法律约束下具备公示公信力以及结果的可预测性。

在经济建设领域,董必武顺应此种对法律的需求,主张将人们的种种市场行为纳入法制轨道,推行合同的使用。"各经济部门要按计划进行工作必须重视签订合同。签订合同是一种契约行为,是需要法律保障的。"[①]

董必武主张政府以及各企事业单位应该实行合同制度,为了实行合同制,政府以及各企事业单位应当建立法律室。"当然,法律室的工作是较广泛的,不止于帮助推行合同制。"[②]

对于合同的履行,董必武强调应当完全按照当初的约定进行充分的、完全的给付,在合同的用语上应当精准、恰当,不能用语模糊或者有歧义。董必武表示,"现在我们的工厂,不管国营的也好,私营的也好,订了合同以后,许多工厂都有破坏合同、不履行合同的现象。有的订合同的人在合同上写上'尽可能''差不多'这样的话,这样的合同怎么来执行呢?'尽可能''差不多'这样的话,在讲政治术语的时候还可以马马虎虎地讲一讲。合同应该是具有法律效力的东西,品种、质量和数量这些东西一定要肯定,不能够说'尽可能''差不多'。"[③]

二、强调以法律维护劳动纪律

中华人民共和国成立初期百废待兴。在建设社会主义国家过程中,各行各业都亟须建立行业的规章制度,对于劳动纪律的强调需要由法律来保证。劳动法是调整劳动者与企业之间关系的法律。一般来说,劳动者和企业双方的权利义务需要在劳动合同中分别列出,并且受到《劳动合同法》的规制。

董必武认为,劳动者应当遵守劳动纪律,承担一定的责任。他在《论加强人民司法工作》中写道:"列宁曾经严重地指出过:如果认为革命以后劳动纪律就会很好,那是错误的,一定要有国家的强制的机关来保证;破坏分子当然更不待言,就是违反了劳动纪律也一定要受到法律的制裁。关于这一点,我们还完全没

---

① 董必武:《董必武政治法律文集》,法律出版社 1986 年版,第 386 页。
② 董必武:《董必武政治法律文集》,法律出版社 1986 年版,第 387 页。
③ 董必武:《董必武法学文集》,法律出版社 2001 年版,第 199 页。

有经验,只能来重点试验。"①

董必武认为,在工矿企业中应当设立专门的法庭,并且应当起到教育劳动人民群众的作用。在《论加强人民司法工作》一文中,董必武指出:"这种法庭建立起来首先是要跟破坏经济的犯罪分子做斗争,同时也要教育劳动人民遵守劳动纪律。只有用这个东西去教育,收效才能很快。"②

三、切实保障结婚自由和离婚自由

在妇女保护方面,董必武所主持制定实施的《华北人民政府施政方针》明确规定了男女平等的原则,强调要发挥妇女在经济建设上的积极性。"1949年4月13日《关于婚姻问题的解答》中规定'人民政府的法令对落后的一夫多妻是严厉禁止的——任何女方自愿提出离婚,男方不得加以干涉,政府应即批准。人民政府成立后,再发生一夫多妻的罪行,应受法律处分'"。③

华北人民政府在《关于婚姻问题给太行行署的快邮代电》明确表示:"婚姻自由是我们确定的政策原则,前晋冀鲁豫边区婚姻条例明白规定:无论订婚结婚须男女双方自愿,任何人不得强迫。夫妻感情恶劣至不能同居者,任何一方均得请求离婚。这与中央妇委所传达之结婚自由离婚自由之本旨没有丝毫冲突。固然我们在处理离婚案件时,首先应加强调查研究,劝解双方重归于好,但劝解不成时,与其继续双方痛苦,不如批准离婚。男女固然都应照顾,但女方受压迫更甚,尤应多照顾一些。中心问题在于干部的封建思想还未肃清,某些群众对于婚姻自由政策还未彻底了解。我们应从积极方面加强其教育,提高其觉悟,以贯彻婚姻自由政策。不应专从消极方面强调限制。所说混乱现象其实是婚姻不自由的后果,而不是婚姻已经自由了的后果,故我们应从根源上想办法,不应在枝节上打圈子,问题才能得到合理解决。"④

四、进一步总结和完善民事诉讼制度

中华人民共和国成立初期,我国民事诉讼审判制度在实践中初具雏形。1949年2月,党中央发布《关于废除国民党的六法全书与确定解放区司法原则的指示》,明确宣布废除国民党的一切法律制度,在新的法律还没有系统地

---

① 董必武:《董必武政治法律文集》,法律出版社1986年版,第279页。
② 董必武:《董必武政治法律文集》,法律出版社1986年版,第279页。
③ 华北人民政府:《关于婚姻问题的解答》,《新华日报》1953年3月24日。
④ 华北人民政府:《关于婚姻问题给太行行署的快邮代电》,《华北政报》1949年第9期,第10页。

发布以前,司法机关的办事原则是:有纲领、法律、命令、条例、决议规定者,从之;无纲领、法律、命令、条例、决议规定者,从新民主主义的政策,例如《中华苏维埃共和国中央执行委员会训令》(1931年)、《裁判部暂行组织及裁判条例》(1932年)、《中华苏维埃司法程序》(1934年)、《晋冀鲁豫边区民事上诉须知》(1943年)等。

1950—1951年,中央人民政府相继颁布了《中华人民共和国诉讼程序通则(草案)》《中华人民共和国法院暂行组织条例》,这两部法律文件不仅对管辖、回避、起诉、代理、调解、上诉、执行、再审等具体诉讼问题做出了规定,还确立了三级两审、人民陪审、公开审判等基本诉讼制度。1954年,《中华人民共和国法院组织法》在第一届全国人民代表大会上通过。该部法律明确规定:"审判权由人民法院行使;人民法院独立进行审判;一切公民在适用法律上一律平等;民族平等。"[1]

"据1954年10月至1955年5月的统计,全国各级人民法院共收初审案件837 163件,其中民事472 245件……同一时期,最高人民法院共收案件768件,其中……民事476件……就这些案件的类型而论……民事案件中有公私纠纷8件,劳资纠纷14件,婚姻纠纷88件,抚养纠纷4件,继承纠纷62件,债务纠纷68件,房屋纠纷69件,土地纠纷134件,其他29件。"[2]

董必武认为,为了"提供国家立法机关草拟程序法的实际资料,为了督促和指导各地人民法院正确贯彻中华人民共和国法院组织法,改进和提高审判工作",[3]应当收集和整理全国各大城市高级、中级、基层法院关于民事案件审理程序的实际资料,总结审判经验。在董必武的指导下,审判经验具体方式总结为:将各大城市人民法院从案件受理到执行阶段所经过的程序归纳总结,加以抽象概括以符合人民法院组织法的要求。在工作细节把握上,董必武表示:"把行之有效的、便利群众而且已经比较成熟的经验肯定下来,并略加提高,不成熟的暂时不总结,以免脱离实际、无法执行。已经肯定下来的东西也都照顾各大、中城市人民法院目前的实际情况,特别是干部条件,所以只是略加提高而不是提的很高。"[4]

---

[1] 《民事诉讼制度70年简史》,搜狐网,https://www.sohu.com/a/342783308_117927,2020年11月4日访问。

[2] 董必武:《董必武政治法律文集》,法律出版社1986年版,第393页。

[3] 董必武:《董必武政治法律文集》,法律出版社1986年版,第395页。

[4] 董必武:《董必武政治法律文集》,法律出版社1986年版,第395页。

　　在董必武的主持下,司法部自 1954 年年底起先后派员到各省巡视,以了解情况,交流工作经验,对工作疑难进行指导。1955 年,司法部召开了由各高级法院院长、各司法厅(局)长以及部分中级法院院长参加的司法座谈会,对"如何主动配合有关部门镇压反革命分子和打击各种犯罪分子"以及"如何纠正先入为主、偏听偏信等错误的审判作风"两个问题进行了探讨。所有的这些工作对《关于北京、天津、上海等十三个大城市高、中级人民法院民事案件审理程序的初步总结》的出台有着重要的推动作用。

　　《关于北京、天津、上海等十三个大城市高、中级人民法院民事案件审理程序的初步总结》(以下简称《初步总结》)的出台为我国民事诉讼法的制定提供了极为重要的实践资料,为全国各地人民法院民事诉讼程序的改进提供了重要的借鉴参考。《初步总结》从人民法院接收案件到最终执行环节,分为五部分内容:第一部分为案件受理阶段,分析了案件主要来源以及接收案件的手续;第二部分为开庭审理前的准备工作,主要包括对起诉手续的审核、收集和调查证据、决定是否采取保全措施、试行调解以及其他工作;第三部分为审理裁判阶段,主要内容为对案件的开庭审理、评议和宣判;第四部分为上诉、再审阶段,主要围绕上诉程序和再审程序展开论述;第五部分为执行阶段,主要收集整理已生效判决或裁定的具体执行程序。

　　1957 年,在董必武的主持下,最高人民法院在《初步总结》的基础上,制定了更为全面的《民事案件审判程序》,共计 84 条,以法律条文的形式,按照时间顺序规定了案件的受理、审判前的准备、审理和裁判、上诉及再审、执行等五大阶段。这两份文件对我国民事诉讼案件的审理程序进行了提炼和统一,使之更为规范和凝练。作为人民法院的办案依据,这两份文件起到了工作指南的重要作用,为之后 1982 年《中华人民共和国民事诉讼法》的颁布奠定了基础。

第五章　董必武刑事法治思想

　　董必武的一生处在一个革命与动荡的时代,这样的时代格外需要科学有效的刑事法律维持社会治安、稳定社会秩序,因此,刑事法治思想在董必武法治思想中占有不可或缺的地位。中华人民共和国成立后百废待兴,国民党的"六法全书"已于 1949 年 2 月被废除,作为中华人民共和国民主法治的主要奠基人之一,董必武认为建设社会主义,中华人民共和国需要发展自己的刑事法律。承袭旧中国、模仿西方资本主义国家或是社会主义兄弟国家的刑法都是行不通的,必须以马克思主义思想为指导,通过法律实践形成符合中国国情的刑法。如何在新中国建立一套具有中国特色的社会主义刑法体系? 董必武对这一问题进行了一系列影响深远的探索,并在探索中逐渐形成了董必武刑事法治思想。

第一节　刑事立法思想

　　董必武一直积极推动新中国刑法的建立与完善,并在实践中形成了丰富深厚的刑事立法思想。根据董必武的著作与讲话,他的刑事立法思想可以归纳为以下五方面。

一、主张刑事立法的必要性

　　董必武坚持认为刑事立法在国家与政权建设中必不可少。早在 1948 年 10 月 16 日华北人民政府召开的人民政权研究会的讲话中,董必武便强调,建立维持新的政权秩序就要创建一套新的法律制度。① 国家是阶级压迫的产物,而法律就是一个阶级统治另一个阶级的工具。中华人民共和国是新民主主义国家,统治阶级是工人阶级、无产阶级。无产阶级要掌握政权进行人民民主专政,就要

---

　　① 胡传章、哈经雄:《董必武传记》,湖北人民出版社 2006 版,第 291 页。

利用好法律这个武器。"一五计划"展开后,中国的社会秩序初步稳定,国家工作逐渐转移到发展经济与社会建设上,董必武敏锐地意识到新中国对刑事法律的需要,多次在各种会议上强调刑事立法的必要性,并在工作中不断推进刑事立法。

董必武认为,只有建设好刑法才能保障国家经济的稳健发展。1954 年1 月 14 日,董必武在对《一九五四年政法工作的主要任务》的说明中表示:"为什么把立法问题摆在前面? 因为立法工作特别是保卫经济建设的立法工作相应落后于客观需要,今后如果要按法制办事,就必须着重搞立法工作。"[1]法制建设的相对落后将会不可避免地对经济建设带来副作用。

为了做到法律适用的统一公平,尽量减少错案和量刑畸轻畸重的案件、制定全国统一的刑法是必须的。董必武强调刑事立法的必要性,认为目前法律制度的不完善导致办案没有法律依据,全凭审判员的法律素养来审判,这样对于相似案件的处理标准悬殊便会很大。[2] 1957 年,董必武在军事检察院检察长、军事法院院长会议上的讲话中再次表示:"拿判刑的畸轻畸重来说,与我们没有刑法是有关系的。"[3]

刑法作为一种法律规范,要想发挥其规制机能、法益保护机能和权利保障机能,完成其惩罚犯罪、保护人民、保卫国家安全和社会秩序的任务,就必须将其以统一成文的方式固定下来。作为一种行为规范,只有刑法具有稳定性和易知性,人民群众才有可能响应法律的号召,规范自己的行为;作为一种裁判规范,稳定的成文刑法是司法人员定罪量刑的依据,只有刑法为全国司法机关工作人员所熟知,并在实践中加以运用才能发挥其机能,约束人们的行为,维持社会的秩序,进而保障每个人应有的权利。没有统一的法律作为准绳,公平正义难以实现。

二、批判地对待旧刑法

对待旧刑法,董必武秉持马列主义和毛泽东思想的法律观,总体持否定态度。他认为,国民党的法律代表着封建地主、买办和官僚资产阶级的利益,与广大人民的根本利益相悖,因此不应被传承,必须废除。新生的人民政权应当通过学习实践,制定出符合无产阶级利益的法律。

---

[1]　董必武:《董必武政治法律文集》,法律出版社 1986 年版,第 302—303 页。
[2]　董必武:《董必武政治法律文集》,法律出版社 1986 年版,第 374 页。
[3]　董必武:《董必武政治法律文集》,法律出版社 1986 年版,第 526 页。

1949 年 3 月 31 日,在新中国建立的前夕,董必武与华北人民政府副主席薄一波、蓝公武、杨秀峰联名颁布《废除国民党的六法全书及其一切反动法律》的命令,代表着崭新的人民政权彻底与封建剥削的旧法律划清界限,向广大人民群众揭开了旧刑法貌似保护人民的虚伪外表,指出这只不过是为了维持其统治而缓和社会矛盾的缓兵之计,其本质依旧是压迫剥削,因此不破不立,只有彻底废除旧法才能诞生出符合广大人民利益的新法。①

董必武也在谈话中指出废除"六法全书"的必要性:我们如果承认国家是阶级矛盾不可调和的产物,是一个阶级统治另一个阶级的工具,我们就不能不承认"六法全书"是统治者少数人压迫被统治者多数人的法律,也就是我们革命的对象。现在国家的本质已经变了,那么,旧国家的法律为什么不要推翻,还让它再存在下去呢? 所以,"六法全书"是一定要取消的。

对于某些人以中国历史上朝代变迁而法律形式内容总体不变为由提出的质疑,董必武认为,汉唐律之所以因袭秦隋律而行得通,是因为尽管朝代换了,国家的本质并未变化。秦变而为汉,隋变而为唐,同样都是少数人统治多数人,所以新的朝代仍可以沿用旧的法律。现在我们的国家同过去旧的国家有本质上的不同,法律也就必须从本质上加以改变,不能率由旧章,认为在新法未完全订出以前不妨暂用旧法的观点完全是错误的。

又有人引西方格言"恶法胜于无法",认为不应在新法律还未制定好之前匆匆废除旧法。对于这种观点,董必武认为,这句话只有这样解释才有意义,即某一时期,人民感觉没有法律,便基于他们自己的意思与要求制定出一种法律来,虽然这种法律不是很完善,但可以适用,绝对不是沿袭旧的法律。对"恶法胜于无法"这句西方格言,应该这样解释。若是一切因袭旧的,认为即使反动的法律也比没有法律好,那何必要革命呢?②

董必武强调,立法要破除迷信,打破陈规。立法一定不能束缚革命的手脚,一定要清除资产阶级的东西,以及封建社会和奴隶社会的东西,不能让它们束缚社会主义革命,妨碍人民群众。③

在对腐朽的封建旧法剧烈批评的同时,董必武也对封建法律中合理有益之处予以肯定和吸收:"我们应当区别:对于体现封建反动统治的刑法原则,我们必须进行马克思主义的分析和批判,予以坚决地摒弃;而对于体现刑法实

---

① 董必武:《董必武法学文集》,法律出版社 2001 年版,第 14—16 页。
② 董必武:《董必武政治法律文集》,法律出版社 1986 年版,第 85 页。
③ 《董必武年谱》编辑组:《董必武年谱》,中央文献出版社 1991 年版,第 520 页。

施中的合理的东西和有益的经验,我们也要加以批判的吸取,作为我们的借鉴,古为今用。"①董必武并没有将封建旧刑法视作一个不可分割的整体,而是以其深厚的法学功底意识到了刑法的有机性。他巧妙地将体现封建阶级性、压迫性和剥削性的刑法基本原则、目的、任务与刑法实施技术性制度进行分离,并区别对待。这种法学思想充分体现了唯物辩证主义,对中国封建刑法做出了客观评价,为未来新中国刑法从历史中汲取养分提供了依据,是董必武对中国马克思主义法学做出的伟大贡献。

三、实事求是地建立刑事法律制度

董必武认为,在客观上,必须要承认当时新中国刑事立法活动困难重重。首先,在政府中一直存在着不够重视司法工作的风气;其次,由于新中国的建立和"三反""五反"等运动主要以群众运动的方式进行,国内各界从上到下有重视群众运动而轻视法制的现象;再次,法律人才格外稀少;最后,社会主义刑法先例寥寥无几,当时即使苏联也只有一部刑法,这些问题为刑事立法活动增添了重重障碍。

在这种情况下,1950 年董必武在第一届全国司法会议中谈到,立法是长期的工作,不可能一下子搞好,也不是现有的司法机关和从事司法工作的这一部分人所能完成的,需要更多方面的创造与努力才有可能。法律不完备不要紧,先有一个基础,逐渐发展,逐渐充实,就会趋于完备的。② 在这种思想的指导下,中央人民政府法制委员会开始起草《中华人民共和国刑法草案》,并拟出一部不太成熟的《中华人民共和国刑法大纲(草稿)》进行立法实践,不过这份草稿并未进一步修改完善。③

1954 年,当国家在司法领域有了一定实践成果后,董必武以实事求是的精神对当时的中国社会和司法现状进行了详细的考察分析,根据中国的实际情况进一步推进刑事法律的制定。董必武认为,立法活动需要慎重进行,法律不能凭空起草,必须以实践经验作为依据,而当时的法律实践经验不足以支撑产生一套完善的新中国刑法。他在会议中表示:"当然目前要创制一个很完整的刑法,条

---

① 李光灿、倪健民:《中国马克思主义法学的丰碑:纪念董必武同志诞辰一百周年》,张国华:《中国社会主义法制建设的理论与实践》,鹭江出版社 1987 年版,第 305 页。
② 董必武:《董必武政治法律文集》,法律出版社 1986 年版,第 102 页。
③ 欧阳涛:《论董必武的刑事立法思想》,孙琬钟、公丕祥:《董必武法学思想研究文集》(第六辑),人民法院出版社 2007 年版,第 435 页。

件还不够,但是如刑法指导原则或刑法大纲是不是有可能制定出来呢？应该说有充分的可能"。① "目前我们更没法子搞整套的刑法,打算先搞一些单行法规。希望各部门协助我们完成这些立法工作。"②因此,在修改刑法草案、总结实践经验的同时,董必武也主持了《中华人民共和国刑法指导原则》初稿的拟定和单行法规的制定。

1956 年后,经过 6 年的准备,《刑法草案》已修改至第 13 稿,较为完善,加之中央八大决议强调国家需要系统地制定完备的法律,董必武认为刑法立法的时机已经成熟,"法制不完备的状态,在一个新建立的国家中会不可避免地存在,觉得国家的一切法制一下子就能建立起来的想法是不切实际的,但现在无论就国家法制建设的需要来说,或者是就客观的可能性来说,法制都应该逐渐完备起来。法制不完备的现象如果再让它继续存在,甚至拖得过久,无论如何不能不说是一个严重的问题。"③为此,他加紧了刑法草稿的拟定工作,并发给各国家机关审议讨论,征求修改意见,各方奔走,为新中国刑法的颁布不断努力。

在董必武的刑事立法思想中可以看到马克思主义的精髓——实事求是。他关于刑法立法的态度看似随着时间不断改变,但他一切从实际出发,依据事物的客观规律办事的本质思想却从未改变,这体现在刑事立法工作上,就是根据具体国情需要与法律实践经验来确定是否进行刑事立法活动,进行什么样的刑事立法活动。

四、在总结刑法实践经验的基础上制定刑事法律

废除"六法全书"后,人民政权便彻底否定了刑事立法上国民政府和日本欧美所走的资本主义道路,而对于社会主义的"老大哥"苏联,董必武也并不赞成照搬其立法制度,他认为,建立刑事法律制度应当走一条符合中国国情的实践总结的道路。

董必武认为,创法是先有问题,然后去解决它,取得了经验,再加以总结、提炼才有了法。有人说过去的法是超阶级的,这是不对的,法本是阶级斗争的产物。我们立法要依靠在社会主义革命和建设的实践中不断地总结经验,总结一条就是一条,两条就是两条,逐渐积累起来,不讲形式。我们就是这样做的,不能

---

① 董必武:《董必武法学文集》,法律出版社 2001 年版,第 193 页。
② 董必武:《董必武法学文集》,法律出版社 2001 年版,第 165 页。
③ 董必武:《董必武政治法律文集》,法律出版社 1986 年版,第 475 页。

笼统地要求完备。①

在这种思想的指导下,董必武主管国家政法工作时从我国实际国情出发,多次对刑事司法状况进行系统的调查研究,了解我国犯罪的现实状况和发展态势。1950 年,董必武组织东北、西南视察组到各地法院调查研究司法工作情形。在他的主持下,最高法院每年都对审理刑事案件的经验进行总结。从 1955 年到 1956 年,董必武指示最高人民法院分别对刑事案件的罪名、刑种、量刑幅度和十四个大城市高(中)级人民法院刑事、民事案件的审理程序进行调查研究,并做出初步总结,为制定刑法提供参考。为了总结罪名刑种和罪刑幅度,最高人民法院调阅了各地的刑事案件 19 200 余卷。② 正是在刑事司法实践经验的总结中,先后拟出《中华人民共和国刑法大纲》与《中华人民共和国刑法指导原则》的草案,草案虽然没有最终颁布,但为未来《中华人民共和国刑法》的制定奠定了坚实的基础。我国的刑事立法工作正如 1959 年董必武在出席全国公安、检察、法院先进工作者代表会议时总结的那样,实事求是地总结了人民斗争的经验,是经过一定的立法程序制定出来的。③

经过学术界的研究和整理,董必武参与起草的具有刑事法律性质的主要文件有:1950 年《中华人民共和国刑法大纲(初稿)》、④1954 年《中华人民共和国刑法指导原则(初稿)》、⑤《中华人民共和国刑法草案》(至 1963 年修改至第 33 稿)、⑥1956 年《最高人民法院 1955 年肃清反革命分子斗争审判工作经验初步总结》、⑦以及 1950 年《关于正确执行惩治反革命政策与清理积案的指示(草案)》、⑧1951 年《关于没收反革命罪犯财产的规定》、⑨1927 年《湖北省惩治土豪劣绅暂行条例》等。⑩ 这些刑事法律文件不仅是我国 20 世纪五六十年代刑事执法和司法的重要依据,而且是我国 1978 年改革开放以后刑事立法

---

① 《董必武年谱》编辑组:《董必武年谱》,中央文献出版社 1991 年版,第 484 页。
② 胡传章、哈经雄:《董必武传记》,湖北人民出版社 2006 版,第 298 页。
③ 《董必武年谱》编辑组:《董必武年谱》,中央文献出版社 1991 年版,第 490 页。
④ 欧阳涛:《论董必武的刑事立法思想》,孙琬钟、公丕祥:《董必武法学思想研究文集》(第六辑),人民法院出版社 2007 年版,第 439 页。
⑤ 欧阳涛:《论董必武的刑事立法思想》,孙琬钟、公丕祥:《董必武法学思想研究文集》(第六辑),人民法院出版社 2007 年版,第 440 页。
⑥ 欧阳涛:《论董必武的刑事立法思想》,孙琬钟、公丕祥:《董必武法学思想研究文集》(第六辑),人民法院出版社 2007 年版,第 441 页。
⑦ 《董必武年谱》编辑组:《董必武年谱》,中央文献出版社 1991 年版,第 464 页。
⑧ 《董必武年谱》编辑组:《董必武年谱》,中央文献出版社 1991 年版,第 372 页。
⑨ 《董必武年谱》编辑组:《董必武年谱》,中央文献出版社 1991 年版,第 389 页。
⑩ 胡传章、哈经雄:《董必武传记》,湖北人民出版社 2006 版,第 114 页。

发展的重要历史渊源。

第二节　关于刑法基本原则的思考

刑法基本原则是指贯穿全部刑法规范,具有指导和制约全部刑事立法和刑事司法的意义,并体现我国刑事法治基本精神的准则。① 我国刑法的基本原则为罪刑法定原则、平等适用刑法原则和罪责刑相适应原则。虽然刑法基本原则这一概念在董必武生活的时代尚未进行深入讨论研究,也没有以成文形式规定,但由于基本原则的全局性和根本性,董必武法治思想中仍有不少内容体现了刑法的基本原则精神。

一、罪刑法定原则

根据意大利经济学家、法理学家、古典犯罪学派代表人物切萨雷·贝卡利亚(Cesare Beccaria,1738—1794)的观点,罪刑法定原则就是只有法律才能为犯罪规定刑罚,只有代表社会契约而联合起来的整个社会的立法者才拥有这一权利。② 另一位古典犯罪学派的代表人物德国哲学家路德维希·安德列斯·费尔巴哈(Ludwig Andreas Feuerbach,1804—1872)又对这一原则进行了概括,即法无明文规定不为罪,法无明文规定不处罚。董必武认为:"(政府颁布的法令)在制定和形成时已经渗透了我们党和我们自己的意见和活动,我们如果违背了政府的法令,破坏了社会的秩序,我们自己必须负责,受到国家法律的制裁。"③渗透了我们党和我们自己的意见和活动的法令,即体现为人民意志的法律,对法令的违反就要受到相应的处罚,这实质上就是对罪刑法定原则的论述。

此外,董必武依法办事、依法治国的思想具体到刑法上就与罪刑法定原则高度一致。他积极进行刑事立法活动,让刑事审判活动有法可依,为罪刑法定原则的适用提供环境;在刑事审判工作中,董必武强调司法人员要严格依据法律规定判断嫌疑人是否有罪,认为办案要特别注意两个界限,其中一个就是要弄清无罪还是有罪,不能把无罪的判成有罪;④重视错案,在中华人民共和国成立后的三

---

① 高铭暄、马克昌:《刑法学》,北京大学出版社 2017 年版,第 25 页。
② 〔意〕切萨雷·贝卡利亚:《论犯罪与刑罚》,黄风译,商务印书馆 2017 年版,第 11 页。
③ 董必武:《董必武政治法律文集》,法律出版社 1986 年版,第 6 页。
④ 《董必武年谱》编辑组:《董必武年谱》,中央文献出版社 1991 年版,第 458 页。

年里 600 万件刑民案件中有将近 10% 的错案率,错案不可谓不少,董必武及时提出了"有错必纠",对错案绝对不能轻易放过。

二、平等适用刑法原则

法律面前人人平等是我国宪法所确立的社会主义法治的基本原则,贯彻到刑法上就是平等适用刑法原则,即任何人犯罪,在法律适用上一律平等,不允许任何人有超越法律的特权。

董必武法治思想中的平等适用刑法原则主要体现在刑法面前没有特权,对党员、干部、有功劳者和普通公民适用法律应一律平等。他严厉批评某些人仗着自己曾有功劳或者身居高位便蔑视法制,认为自己和普通老百姓不同,有超越法律的特权的思想,他表示:"今后对于那些故意违反法律的人,不管他现在地位多高、过去功劳多大,必须一律追究法律责任";"党决不包庇罪人,党决不容许在社会上有特权阶级。"①

三、罪责刑相适应原则

罪责刑相适应原则,即刑罚的轻重应当与犯罪分子所犯罪行和承担的刑事责任相适应。犯罪对公共利益的危害越大,促使人们犯罪的力量就越强,制止人们犯罪的手段就该越强有力,这需要刑罚与犯罪相对称。②

首先,董必武关于罪责刑适应原则的思想体现在对同案不同判现象的看法中。董必武认为,缺少成文的刑事法律规范固然是造成判刑畸轻畸重的原因之一,但在同一个法院里处理情节相似的两个案子,一个判 10 年,一个判 3 个月,这样的畸轻畸重是不能以没有法律根据来推脱的。③ 这间接体现了董必武对刑事审判活动中贯彻罪责刑相适应原则的要求。

其次,董必武在 1955—1956 年指示最高人民法院对刑事案件的罪名、刑种、量刑幅度进行总结和整理。经过研究,形成了《关于刑事案件的罪名、刑种和量刑幅度的初步总结(初稿)》,这是新中国首次对各罪名、相应刑罚和量刑幅度进行详细说明,明确了具体罪行与相应刑事责任间的关系。虽然这份文件由于种种原因未能进一步修改定稿,但依旧体现了董必武罪责刑相适应的法律思想。

---

① 董必武:《董必武政治法律文集》,法律出版社 1986 年版,第 488 页。
② 〔意〕切萨雷·贝卡利亚:《论犯罪与刑罚》,黄风译,商务印书馆 2017 年版,第 69 页。
③ 董必武:《董必武政治法律文集》,法律出版社 1986 年版,第 520 页。

再次,董必武的罪责刑相适应思想体现在处理具体案件的方法和态度上。1955年,董必武经由甘肃省时,当地司法部门向他反映:由于宕昌县干旱,当地群众迷信求雨,干部强行禁止,引起纠纷。有的人动手打了一位乡干部,闹到县里,动手打干部的几个群众因此被判为"现行反革命",4人被判处死刑,1人被判无期徒刑,另外两人分别被判15和18年的有期徒刑。此种行为至多算是故意伤害,故此判决显然畸重,不符合罪刑相适应原则的要求。董必武立刻对此案进行干预,重新调查,最终改判:除1人判1年半有期徒刑外,其余全部教育释放。① 显然,这样的结果不仅合情合理,而且贯彻了罪责刑相适应原则的精神。

第三节　关于死刑与罪犯改造的思想

董必武从马克思主义法学的视角出发,认为我国刑法是以马列主义为指导原则的,它与封建刑法和资产阶级刑法有着本质不同。就封建刑法来说,它充分体现了地主统治阶级的单纯惩罚主义、阶级报复主义、威吓主义、重刑主义、酷刑主义等(五个主义)。我们研究、制定刑法指导原则就是要批判和反对这些东西。我国主张并实行惩罚与教育相结合,反对封建刑法的单纯惩罚主义;主张并实行伸张正义、坚持革命和进步,反对封建刑法的阶级报复主义;主张并实行罚当其罪以改造犯罪人为目的的,反对封建刑法的威吓主义和重刑主义;主张并实行无产阶级的革命人道主义,反对地主阶级的酷刑主义。资产阶级刑法就其剥削阶级本质来说与封建刑法相同,也反映了这五个主义,但在程度上,一般说来是较轻的。与封建刑法和资产阶级刑法相比较,无产阶级刑法原则主张相对宽刑的原则。②

由此可以看出,董必武认为刑法的历史发展趋势是轻刑化,无产阶级作为比地主阶级和资产阶级更先进的阶级,其刑法也应该更为宽松和人道。董必武坚持目的刑主义,严格限制刑罚权和严酷刑罚,认为刑罚的目的是教育改造人,使破坏社会的罪犯变为能为社会做贡献的公民,预防其再犯。因此,董必武关于刑罚论的思想可以总结为犯罪改造思想。

董必武认为对罪犯实施与罪行相适应的惩罚是必需的,但也要进行教育,使

---

① 胡传章、哈经雄:《董必武传记》,湖北人民出版社2006版,第297页。
② 李光灿、倪健民:《中国马克思主义法学的丰碑:纪念董必武同志诞辰一百周年》,张国华:《中国社会主义法制建设的理论与实践》,鹭江出版社1987年版,第304页。

他们成为遵纪守法、自食其力的新人。只有惩罚没有教育,罪犯改造就成了单纯对肉体和精神的折磨,这显然违背无产阶级刑法的人道主义精神;只有教育没有惩罚,监狱就和学校没有区别,起不到应有的作用。惩罚与教育必须相互结合,缺一不可。

一、死刑

死刑以剥夺人的生命为内容,因此又称为生命刑,是所有刑罚中最严厉的一种,一般只适用于罪行性质极其严重的罪犯。董必武坚持目的刑主义,在制定和适用刑事法律的时候注重发挥刑法的谦抑性,减少死刑的判决和执行。具体来说,董必武的死刑思想主要有以下几个方面。

(一)少用、慎用死刑

少用、慎用死刑是我国一直坚持的死刑政策,少杀、慎杀的思想贯彻于董必武刑事法治思想中,主要体现在肃反运动中的审判工作上。

首先,董必武表示:"在杀的问题上,凡有血债的、民愤大的,一定要杀。"[1]对于罪行深重的反革命分子,应当坚定果断地判处死刑,不能犯"宽大无边"的右倾错误。只有对他们处以最严厉的惩罚才能震慑反革命势力,鼓舞深受反革命之害的群众。

其次,董必武又明确,只有那些有血债或其他严重的罪行、不杀不足以平民愤和严重损害国家利益的反革命分子才应判处死刑,并通过死缓和死刑复核程序,严格限制死刑在反革命罪中的运用。他多次表示:"我们对于已经依法逮捕起来的反革命分子,除其中极少数罪大恶极、怙恶不悛,严重危害国家、人民利益和民愤很大的分子,应当依法判处死刑外,其余的应依法判处徒刑,实行劳动改造,让他们在劳动改造的过程中有重新做人的机会"。[2] "关于死刑的适用,我们国家历来采取十分慎重的方针。在这次肃清反革命分子的斗争中,人民法院依法判处死刑的反革命分子仍是极少数。我们国家对罪犯适用死刑的范围是尽可能缩小的。大家知道,早在一九五一年镇压反革命运动时期,我们就对某些罪该处死但其罪行对国家利益的损害尚未达到最严重程度的反革命分子,实行了'判处死刑、缓期两年、强迫劳动、以观后效'的政策。这个政策执行的结果实际上已

---

[1]　董必武:《董必武政治法律文集》,法律出版社 1986 年版,第 460 页。
[2]　董必武:《董必武政治法律文集》,法律出版社 1986 年版,第 453 页。

使得许多犯有死罪的反革命分子获得了宽赦……现在,不仅在死刑适用的范围上缩小,而且国家还从法律上规定得很严格。《人民法院组织法》第十一条第五款规定的死刑复核程序,保证了对死刑适用的严肃、慎重。"①凡介于可杀与可不杀之间的分子应一律不杀,如果杀了就是犯错误,这进一步限制了死刑在反革命犯罪中的适用范围。

董必武严格防范肃反运动中出现的"左"和扩大化的倾向,多次在司法会议上要求司法审判人员慎重对待死刑,指出"关于死刑的适用,我们国家历来采取十分慎重的方针。在这次肃清反革命分子斗争中,人民法院依法判处死刑的反革命分子仍是极少数。我们国家对罪犯适用死刑的范围是尽可能缩小的"。"可捕可不捕的,不捕;可杀可不杀的,不杀"。② 在 1955 年的肃反运动中,董必武更是将少用、慎用死刑思想细化为"抓紧两头"的措施,提出"办案要特别注意的两个界限,其中一个就是要弄清无罪还是有罪,不能把无罪的判成有罪;二是要弄准该杀不该杀,不该杀的杀了就严重"。③ 他还强调法院在肃反中应该起到控制死刑案件数量、贯彻少杀慎杀政策的作用,"遇有经党委确定杀的案子,法院发现确有可不杀的事实根据时,应向党委提出意见;党委确定还要杀时,仍可声明保留意见向上级党委反映。这是对党负责,不是闹独立性。如果有意见不提,或提了之后不能坚持向上级党委反映或不执行党委决定就是错误的。实际上只要法院的决定正确又有事实根据,党委不会不考虑。"④

董必武少用、慎用死刑的思想保证了新中国死刑案件司法的严肃性,体现了刑法的改造功能,贯彻了对反革命分子镇压与宽大相结合的政策,对减少在肃反运动中死刑的错判具有重要意义。

（二）死缓的适用

死缓,即死刑缓期执行,是指对于应当判处死刑的犯罪分子,如果不是必须执行的,可以判处死刑同时宣告缓期两年执行的死刑执行方式。死缓制度为中国独创,源于中国古代法律史中长期存在的秋冬行刑制度,并于 1951 年肃反运动时作为刑事政策正式实行。死缓是从执行方式上限制死刑适用,体现了刑法仁慈性与改造作用的制度。死缓制度是中国法律实践对刑法理论做出的巨大贡

---

① 董必武:《董必武政治法律文集》,法律出版社 1986 年版,第 464 页。
② 董必武:《董必武法学文集》,法律出版社 2001 年版,第 330 页。
③ 《董必武年谱》编辑组:《董必武年谱》,中央文献出版社 1991 年版,第 458、392 页。
④ 董必武:《董必武政治法律文集》,法律出版社 1986 年版,第 460 页。

献,在中国起到了良好的效果。它有效限制了死刑的执行,降低了我国的死刑执行案件的数量,彰显出社会主义国家刑法的人道性,鼓励犯罪分子忏悔罪行,改过自新,并极大减轻了死刑错判带来的严重后果。

(三) 死刑复核程序

死刑复核程序是对死刑案件进行审查核准来限制死刑执行的特殊制度,也是死刑适用纠偏防错的最后一道程序。刑事诉讼法规定,死刑由最高人民法院核准。最高人民法院应对下级人民法院报请的死刑判决和裁定进行复核,在认定事实和适用法律方面是否正确进行全面审查,依法作出是否核准死刑的决定。1948 年,董必武在主持华北政府工作期间,便与华北人民政府副主席联名颁布了关于复核死刑案件的通令,在华北进行死刑复核的实践。[①] 董必武认为死刑复核程序是我国少用、慎用死刑政策在程序法上的体现,"人民法院组织法第十一条第五款规定的死刑复核程序,保证了对死刑适用的严肃、慎重";"保证了人民法院办案不错或少错。"[②]死刑复核程序有效减少了死刑案件的错判率,有效体现了公平与正义,加强了死刑制度的严肃性。

二、劳动改造

劳动改造是指对判处自由刑罚的罪犯,凡有劳动能力的,强迫他们在劳动中改造自己,成为新人。[③] 劳动是改造犯罪分子最有效的手段之一。

正如弗里德里希·恩格斯(Friedrich Engels,1820—1895)所述,劳动创造人。[④] 强迫劳动同时具有惩罚与教育的作用,这恰好与无产阶级刑罚该有的功能相符,与其他刑罚手段相比拥有无可比拟的优越性。在惩罚这一层面,对人类心灵产生较大影响的不是刑罚的强烈性,而是刑罚的延续性。处死罪犯的场面虽然可怕,但只是暂时的,如果把罪犯变为劳役犯,让他用自己的劳苦来补偿他所侵犯的社会利益,这种丧失自由的惩罚则是长久和痛苦的,是制止犯罪最强有力的手段。[⑤] 而在教育这一层面,劳动不仅能够令罪犯学习新技能,而且可以通过与他人合作创造价值的过程矫正罪犯的心理,使他们的人格得到良好的社会

---

① 《董必武年谱》编辑组:《董必武年谱》,中央文献出版社 1991 年版,第 317 页。
② 董必武:《董必武政治法律文集》,法律出版社 1986 年版,第 465 页。
③ 法学辞典编辑组:《法学辞典》(增订版),上海辞书出版社 1984 年版,第 412 页。
④ 《马克思恩格斯选集》(第三卷),人民出版社 2012 年版,第 508 页。
⑤ 〔意〕切萨雷·贝卡利亚:《论犯罪与刑罚》,黄风译,商务印书馆 2017 年版,第 46 页。

化,从而避免罪犯回归社会后难以适应而再犯。

在新中国,劳动改造首先被适用于服刑的反革命分子。董必武认为,之所以可以采取劳动改造的方式改造这些反革命分子,是因为他们中的绝大多数是可以被改造的,而且我们也有力量改造他们。这样做的结果就可以把绝大多数反革命分子挽救过来,使他们在劳动中彻底改造,成为自食其力的新人。① 劳动改造取得了显著的成效,不仅解决了镇压反革命运动中大量罪犯无所事事地消耗国家资源的问题,而且可使他们在建设劳动中创造价值。刑满释放后,他们当中的许多人更是成为新社会自食其力的新人,对于从根本上消除反革命和其他犯罪活动的社会基础、化解消极因素、建设社会主义有着巨大的积极作用。

劳动改造是我国对罪犯进行改造的行之有效的制度,但恰当把握惩罚与教育的力度颇有难度,在初期实施中出现了不少问题,例如有一些劳改单位对犯人的生活不够注意,甚至发生过只重视劳动改造的财富,而不尊重罪犯的人权,打骂犯人或者随便给犯人加刑的现象;另一些劳改单位则发生了放松管教工作,不适当地把犯人的生活标准提得过高。董必武指出,这些都是必须加以纠正的。他认为,以上这些缺点和错误的产生,是与某些部门工作人员政策水平不高、法制观念不强和工作作风草率粗糙的状况分不开的。当然更主要的原因还在于领导机关平时对干部的教育训练工作做得不够,在肃反斗争中对执行政策的检查和具体业务的指导做得不够及时和通透,加之我们国家的法制还不够健全,给实际工作带来一定的困难,因而也就难免在工作上发生缺点和错误。②

第四节　反　革　命　罪

反革命罪是一种产生于革命斗争年代的特殊犯罪。这一名词最早出现在 1917 年十月革命后苏俄政权的一系列刑事立法中,随后"反革命罪"的概念传至中国,为当时处于激烈政治斗争中的中国所接受并予以发展运用。

在中国,这一罪名最早可追溯至 1927 年武汉国民政府临时联席会议所通过

---

① 董必武:《董必武政治法律文集》,法律出版社 1986 年版,第 464 页。
② 董必武:《董必武法学文集》,法律出版社 2001 年版,第 371 页。

的《反革命罪条例》,这也是中国历史上第一部惩治反革命罪的单行法规。

"反革命"一词本来就属于政治术语,在革命组织掌握政权后,该词开始法律化,形成反革命罪,因此反革命罪具有浓重的政治色彩,在实践中常以政治立场和思想定罪,是法律泛政治化的表现。武汉国民政府解体后,反革命罪仍在国共两党的法律中长期存在,并发挥重要作用。[①]

1951年,董必武修改了新中国初期规制反革命罪最重要的法律——《惩治反革命条例》,[②]其中规定,反革命罪是指"以推翻人民民主政权,破坏人民民主事业为目的"的犯罪。由于董必武主管国家政法工作时期,我们党和国家的主要任务之一就是与反革命分子做斗争,因此反革命罪相关理论在董必武刑事法治思想中占有相当比重。

一、反革命罪的违法性要件

根据犯罪构成的双阶层理论体系,一个犯罪行为由违法性构成要件和责任性构成要件组成。违法性构成要件包括危害行为、行为对象、危害结果、定罪身份和违法阻却事由。董必武在其讲话和文章中对反革命罪的违法性要件做出过如下详细论述。

（一）反革命行为

董必武在执笔修改的《惩治反革命条例》中详细规定了11种反革命行为:

（1）勾结帝国主义背叛祖国;

（2）策动、勾引、收买公职人员、武装部队或民兵进行叛变;

（3）持械聚众叛乱;

（4）进行间谍或资敌行为;

（5）参加反革命特务或间谍组织;

（6）利用封建会门,进行反革命活动;

（7）以反革命为目的,抢劫、破坏军事设施、工厂、矿场、森林、农场、堤坝、交通、银行、仓库、防险设备或其他重要公私财物;投放毒物、散播病菌或以其他方法,引起人、畜或农作物之重大灾害;受国内外敌人指使扰乱市场或破坏金融;袭击或杀、伤公职人员或人民;假借军政机关、民主党派、人民团体名义,伪造公文

---

① 郭薇:《关于反革命罪的历史考察》,中国青年政治学院硕士学位论文,2007年,第9页。
② 《董必武年谱》编辑组:《董必武年谱》,中央文献出版社1991年版,第310页。

证件,从事反革命活动;

(8) 以反革命为目的进行挑拨、煽惑;

(9) 以反革命为目的偷越国境;

(10) 聚众劫狱或暴动越狱;

(11) 窝藏、包庇反革命罪犯。

《惩治反革命条例》并没有兜底条款,说明反革命行为仅限于上述 11 种。董必武在讲话和文章中多次谈到具体的反革命行为,例如在《论加强人民司法工作》中提到法院中暗藏的反革命分子通过审判陷害了很多革命者。在《最高人民法院自第一届全国人民代表大会第一次会议以来的工作》中指出反革命分子会找机会潜入厂矿企业这样的生产单位进行贪污盗窃、制造事故等破坏活动。通过对《惩治反革命条例》的规定和董必武相关讲话进行总结,反革命行为可以简洁概括为危害国家安全、破坏经济建设。

(二) 反革命罪的危害结果

反革命罪的构成并不要求实际危害结果的发生,严重的危害结果往往作为加重要件存在。根据反革命罪的定义可以推断,反革命所危害的客体是人民民主专政的政权和社会主义制度。危害客体的重要性和根本性决定了反革命罪的危害结果必然是十分严重的。

董必武在中华人民共和国成立前后多次强调反革命罪危害结果的严重性。"在革命时期,反革命不镇压下去,革命秩序就建立不起来,就难以发扬人民民主"。[1] "因为有反革命存在,人民要想安心进行生产是不可能的"。[2] "对反革命分子和各种犯罪分子的这种猖獗的破坏活动,如不给以坚决的镇压和打击,我们国家的社会主义建设和社会主义改造事业就不能顺利进行"。[3] "大家一致认为:要容忍反革命分子存在和活动,就不能顺利地进行社会主义建设和社会主义改造;要顺利地进行社会主义建设和社会主义改造,就必须肃清一切反革命分子和镇压反革命分子的活动"。[4] 反革命分子的活动对社会秩序和社会主义政治经济的建设造成了严重破坏,损害了新生政权的统治和人民群众的利益。正是由于危害结果的严重性,当时对反革命罪的处罚是所有犯罪中最严厉的。

---

[1] 董必武:《董必武政治法律文集》,法律出版社 1986 年版,第 38 页。
[2] 董必武:《董必武政治法律文集》,法律出版社 1986 年版,第 274 页。
[3] 董必武:《董必武政治法律文集》,法律出版社 1986 年版,第 397 页。
[4] 董必武:《董必武政治法律文集》,法律出版社 1986 年版,第 444 页。

二、反革命罪的责任性要件

根据双阶层犯罪构成理论体系,责任性要件由故意与过失的罪过心理、目的与动机等积极责任要素以及责任能力、刑事法定年龄、期待可能性和违法认识的可能性等消极责任要素构成。关于责任性要件,董必武在其讲话、文章和制定的法规中主要有如下详细论述。

（一）反革命罪的主观要件

但由于中华人民共和国成立前后法制尚不健全,系统的刑法还不存在,主要是由单行法对反革命罪进行规定。

首先,关于目的,《惩治反革命条例》规定:反革命犯罪"以推翻人民民主政权、破坏人民民主事业为目的",由此可以推断,反革命犯罪是一种目的犯,构成此罪必须在主观方面要有追求达到推翻人民民主政权、破坏人民民主事业这一目的的心理状态,但并不要求客观上真的实现目的。不具有这种目的的危害社会的行为就不构成反革命罪。有无这一目的是区分反革命罪与其他犯罪的重要标准。

其次,在罪过形式问题上,由于法律规定了目的要件,反革命罪的罪过形式只可能是故意,即明知自己的行为可能会发生推翻人民民主政权、破坏人民民主事业的结果,但仍积极追求或放任这种结果发生的才构成反革命犯罪。过失或主观无过错即使客观上发生了危害国家社会的事实也不可被认定为反革命罪。

再次,在违法性认识可能性方面,对于反革命犯罪中的包庇犯,反革命法律特别规定了缺乏认识可能性可以阻却刑事责任。《最高人民法院 1955 年肃清反革命分子斗争审判工作经验初步总结》规定,应该把中华人民共和国惩治反革命条例公布以前的包庇行为和公布以后的包庇行为加以区别。对于在惩治反革命条例公布以前,由于政治觉悟低而包庇反革命罪犯,除个别情节特别严重的以外,一般都不应该追究刑事责任。[①] 成立犯罪不仅需要客观上的危害行为,而且需要罪犯在主观上有能够认识到法律相关规定的可能性。在《惩治反革命条例》公布前,行为人自然不可能知道包庇反革命罪犯触犯刑法,故不具备违法性认识的可能性,因此除情节特别严重的之外,其他的不予追究刑事责任。

由于缺乏客观要件,反革命罪在实践中难免出现主观归罪、任意定罪的情

---

① 唐德华、王永成:《中华人民共和国法律规范性解释集成》,吉林人民出版社 1990 年版,第282 页。

况。为限制主观归罪，董必武特意指出，对于只有反动思想而没有反革命活动的分子与对待反革命分子是有严格区别的。思想问题是教育改造的问题，只能采用批评教育的办法，帮助他们改正错误。① 这番话是对反革命罪范围的限制，要求反革命罪的成立需要有与主观要件相一致的客观要件。

董必武有关补充反革命罪客观要件的思想是正确的。在法制的不断发展中，反革命罪的客观要件更趋完整。我国 1979 年《刑法》对反革命罪作出详细规定："以推翻无产阶级专政的政权和社会主义制度为目的的、危害中华人民共和国的行为，都是反革命罪。"从这一规定中可以看出，反革命罪的主观要件是"以推翻无产阶级专政的政权和社会主义制度为目的"，由于此时社会主义改造早已完成，我国国家性质已由新民主主义国家变为社会主义国家，因此，反革命罪的主观要件也相应改变；反革命罪的客观要件也明确在国家法律文件中出现，即"危害中华人民共和国的行为"。这一重要改变意味着对于反革命罪不能只依据主观思想定罪，只有主客观相统一，在客观上有与主观一致的、危害国家的行为才能够被认定为反革命罪，这大大缩小了反革命罪的范围，减少了反革命罪定罪的随意性，增强了人民生活的安全感和社会秩序的稳定性。

（二）反革命罪和其他违法行为的区别

反革命罪处罚措施的严厉性使得一旦错判就会造成严重的后果。缺少刑事成文法规和在镇压反革命运动中形成思维定式增加了错判的概率。正如董必武所说，对反革命要镇压，但如果是人民内部的是非问题就不能用这种方法。② 在这种背景下，区分反革命罪与其他犯罪，甚至不是犯罪的违法行为就具有极为重要的意义。

董必武十分重视反革命罪与其他违法犯罪行为之间的区别问题。在镇压反革命运动中，他多次提到这个问题，并领导最高人民法院撰写《最高人民法院 1955 年肃清反革命分子斗争审判工作经验初步总结》（简称《初步总结》），对审判反革命分子及其他刑事犯罪的若干重要界限做了详细说明。董必武对反革命罪和其他违法行为的区别可归纳为以下几点。

1. 反革命组织与思想落后小组织的区别

对于那些一般落后的小组织与真正反革命性质的小集团在对待的政策上是

---

① 董必武：《董必武政治法律文集》，法律出版社 1986 年版，第 452 页。
② 董必武：《董必武政治法律文集》，法律出版社 1986 年版，第 525 页。

有严格区别的。当然,对于那些封建的、具有流氓性质的,特别是被反革命分子利用的小组织,都是必须反对的,对于那些情节恶劣的还必须给予应得的惩处,但主要是进行批评教育。

2. 生产工作中的责任事故和反革命分子进行的破坏事故的区别

对于生产和工作中的责任事故同反革命分子进行的破坏事故在处理上是有严格区别的。当然,造成国家和人民利益重大损失的责任事故也要受到应得的处罚,甚至是法律的制裁,但是这也同反革命分子破坏事故的处理是有区别的。①

3. 反革命罪与一般政治历史问题的区别

必须把国民党军、政、警、宪人员中的骨干分子同一般的国民党军、政、警、宪人员加以区别;把反动党团的骨干分子同一般的反动党团员加以区别;把特务间谍分子同特务组织所雇用的勤杂事务人员加以区别。

4. 一般政治历史问题者抱怨抵触与现行反革命活动的区别

打击反革命分子的重心是打击现行犯,对于有一般政治历史问题的人,或仅有轻微罪恶、中华人民共和国成立后已经坦白交代、一向守法的人,由于政治思想上落后,对工作有抵触情绪,因而说怪话,或有一般轻微违法行为,应该给予教育,不要判刑。

5. 反革命造谣破坏与某些群众落后的言行的区别

对于那些基于阶级仇恨,以反革命为目的,蓄意造谣破坏,煽惑群众,制造骚动的反革命分子应该按照反革命罪从严惩处;对于那些由于思想落后,不了解政策,或误信反革命谣言因而有不满言行或无意识地传谣,或有轻微违法行为的落后群众,应该坚持说服教育;即使某些群众的落后言行已经给工作造成了一定的困难,除了给予批评教育以外,不能当作犯罪行为加以追究。至于其中有严重违法行为或给工作造成了重大恶果的犯罪分子,应依法给予一定的惩罚。

6. 流氓犯罪②与轻微的违反公共秩序的区别

在流氓犯罪中,打击的重点应该是大流氓、流氓集团的组织者,引诱、教唆青少年犯罪或奸污、猥亵男女儿童的流氓分子和其他罪恶大、民愤大的流氓分子,对这些犯罪分子均应依法严惩。至于某些劳动人民、青年学生沾染一些流氓作风,有轻微的违反公共秩序的行为或不正当男女关系的不能当成犯罪,不应该追

---

① 董必武:《董必武政治法律文集》,法律出版社 1986 年版,第 452 页。
② 根据相关资料,笔者认为,此时的流氓犯罪应该是属于反革命犯罪之一种,而非后来被列入 1979 年《刑法》,单独成为一罪的流氓罪。

究刑事责任;对其中偶尔有流氓行为、情节轻微的,应该以批评教育为主,或建议有关部门给予行政处分,一般不应判刑。但对一贯有流氓行为或屡犯强奸妇女、奸淫幼女罪行、严重捣乱社会治安的犯罪分子则应依法惩处。对于过去曾参加流氓组织或活动但早已改过自新的不应该追究刑事责任。

7. 神汉、巫婆迷信活动与反革命活动的区别

对于神汉、巫婆散布迷信思想、欺骗人民的违法活动,应该分以下情况区别对待:对于那些以散布迷信(求神、拜药)为掩护、制造谣言、煽动群众进行反革命活动,或者以治病为手段进行敲诈勒索、奸淫妇女,或者借治病骗人,造成严重后果的犯罪分子都应该依法严惩;对于从事一般迷信活动,仅有轻微违法行为的应该由有关部门加强管理教育;对于并无犯罪行为的宗教迷信职业者和群众,人民法院不应该乱加干涉,尤其不应该按刑事犯判罪。① 对于那些被反革命分子蒙蔽、利用而做了一些坏事的宗教信徒与披着宗教外衣有计划地进行破坏活动的反革命分子在对待的政策上是有严格区别的。对于前者主要是教育他们、提高认识、警惕反革命分子利用我国宗教信仰的自由来破坏宗教团体和进行反革命活动。②

8. 反革命犯罪与其他刑事犯罪的区别

当反革命分子被肃清后,人民内部矛盾产生的一般刑事案件所占比例便逐渐增大。然而,许多人习惯了肃反时期的思维定式,将遇到的所有犯罪都认为是反革命犯罪,所有矛盾都视作敌我矛盾,倾向于通过群众运动而不是法律制度解决问题。例如,有的部门拟定的打击流氓活动的文件中提出要采取群众运动的方式;农村中合作社社员由于对收入和干部作风不民主感到不满,要求退社,导致发生严重的冲突,部分地方党委和司法机关对于这些问题却不加具体分析地仍然采用肃反的方法进行镇压。③ 这样错误的处理方式无疑会加剧人民内部矛盾,造成冤假错案的发生,不利于国家在经济建设时期的发展。

董必武认为,这种情况的出现是部分审判人员对人民内部矛盾问题和正确处理方法缺乏明确认识所导致的。他强调,人民法院对两类矛盾必须严格加以区分。审判人员必须认真学习毛主席正确处理人民内部矛盾问题的指示,严格区分敌我问题和人民内部问题。对于人民内部犯罪必须认真分析案情,认清事

---

① 唐德华、王永成:《中华人民共和国法律规范性解释集成》,吉林人民出版社 1990 年版,第282 页。

② 董必武:《董必武政治法律文集》,法律出版社 1986 年版,第 452 页。

③ 《董必武传》撰写组:《董必武传》,中央文献出版社 2006 年版,第 933 页。

件是否构成犯罪,应否处刑,行为错误而不违法,或违法而非犯罪的,不能用司法手续处理;行为虽构成犯罪,但就当时和事前事后的情况全面考量可以不予追诉刑事责任的,也不应用司法手续处理;犯罪轻微的,可以不用司法手续处理。①《政务院、最高人民法院关于清理反革命罪犯积案的指示》中也规定,一般刑事罪犯,应交人民法院对照一般刑事案件处理。②

综上可见,董必武以是否有反革命的目的和主观恶性的大小作为反革命罪与其他违法犯罪行为之间最主要的区别。《初步总结》和董必武的一系列讲话明确了反革命罪与其他违法犯罪行为之间的区别,对降低反革命罪案件的错案率和提高办案质量意义非凡。

三、反革命罪的处罚措施

与反革命分子斗争的目的是镇压反革命分子的破坏活动;而对反革命罪的处罚措施就是斗争的手段。1950 年董必武谈到镇压反革命时就提出,对反革命分子来说首先是镇压,只有镇压才能使他们服罪,只有在他们服罪之后才能谈到宽大。人民司法工作的任务是惩罚犯罪、保护善良,对破坏国家的建设和财产以及破坏社会秩序和侵害人民正当权益的犯罪者必须给予惩罚,只有惩罚才能使他们认罪,只有在他们认罪之后,才能谈到教育改造。教育只能结合惩罚来进行,片面地强调“教育改造”是不对的;在惩罚犯罪之后,忽视教育改造工作,也是必须纠正的。③ 在这种镇压与宽大相结合、教育与惩罚相结合精神的指导下,董必武在实践中逐渐形成了有关反革命罪处罚原则的法治思想。

（一）处罚反革命罪的一般原则

通过对由董必武起草或领导起草的《中华人民共和国惩治反革命条例》《管制反革命分子暂行办法》《1955 年肃清反革命分子斗争审判工作经验初步总结》《关于正确执行惩治反革命政策与清理积案的指示(草案)》《关于没收反革命罪犯财产的规定》等法律文件和其发表的讲话、文章进行归纳整理,可以总结出董必武处罚反革命罪的一般原则,主要有死刑、自由刑、财产刑三种刑罚,以下以自

---

① 董必武:《董必武政治法律文集》,法律出版社 1986 年版,第 535 页。
② 唐德华、王永成:《中华人民共和国法律规范性解释集成》,吉林人民出版社 1990 年版,第 272 页。
③ 新中国法制研究史料通鉴编写组:《新中国法制研究史料通鉴》,中国政法大学出版社 2003 年版,第 1098 页。

由刑、财产刑和剥夺政治权利展开说明。

1. 自由刑

对于那些没有血债、民愤不大和罪行尚未达到最严重程度的反革命分子,董必武认为应根据其罪行的严重程度处以不同的自由刑,包括无期徒刑、有期徒刑和管制。

董必武根据反革命罪司法实践的实际情况,在讲话中指出:"依法判处徒刑,实行劳动改造,让他们(反革命分子)在劳动改造的过程中有重新做人的机会。经过劳动改造,他们中的绝大多数人都养成了劳动习惯,学会了生产技术,改变成为自食其力的新人。例如浙江省参加工业劳动的反革命分子和其他罪犯,有百分之六十以上都学会了生产技术,有的已经能够制造抽水机、脱粒机、谷物播种机等新式农具。参加农业生产的,绝大多数学会了生产技能。经过劳动改造刑满以后,有的回家参加了生产,有的由劳改机关介绍了职业,有的请求留在劳动改造机关或场所当员工,参加生产,并且接来家眷,安家立业。有些犯人在刑满释放后,由于劳动生产很好,还受到了表扬,也有被选为劳动模范的。因此,我们对罪犯实行劳动改造的政策不仅取得了广大群众的拥护,(而且)就是悔过自新的犯人和他们的家属也真诚地拥护和感激政府。这个政策不仅可以把反革命分子和其他犯罪分子改造成为新人,并且可以逐步从根本上消灭犯罪,它体现了伟大的革命人道主义的原则。"[1]以劳动改造为主的自由刑对消灭、改造反革命分子起到了十分重要的积极作用。

2. 财产刑

《惩治反革命条例》规定反革命分子也应被判处财产刑,"犯本条例之罪者,得剥夺其政治权利,并得没收其财产之全部或一部"。由此可以看出,反革命罪的罪犯理论上都应当被判处财产刑,这种财产刑体现为没收,分为全面没收和部分没收。

《惩治反革命条例》中对财产刑的规定是比较粗线条的,实际适用中出现了执行标准不一致的问题。为了解决这一问题,1951 年董必武又领导制定了《政务院关于没收反革命财产的规定》,对没收反革命罪犯财产具体规则做了细化,主要包括以下方面。

(1)根据罪行轻重决定是全部没收财产还是仅没收一部;

(2)对于犯罪较轻、未判处自由刑的罪犯,可单独判处没收财产;

---

[1] 董必武:《董必武政治法律文集》,法律出版社 1986 年版,第 453 页。

（3）没收全部财产时，应为与反革命罪犯共同生活但未参与反革命活动的家属酌留足够生活的份额；

（4）规定了判处财产刑的例外情况，对于贫穷的反革命分子，不没收其财产；

（5）没收财产应收归政府；

（6）反革命罪犯财产中如有被反革命罪犯侵吞、霸占或抢劫的人民财物，而原物仍在者，经原主请求返回，查明属实后应退还原主。①

3. 政治权利

由于反革命罪是政治色彩浓厚的犯罪，对于所有反革命罪犯都应剥夺其政治权利。

（二）反革命罪的减轻构成要件

为了给反革命分子再造的机会，更为了分化瓦解反革命组织，减小革命的阻力，在处置反革命分子问题上，我们党一直贯彻镇压与宽大相结合的政策，制定了反革命罪的减轻构成要件。中华人民共和国成立之前，董必武便在《关于人民政治协商会议及团结民主人士问题》一文中提道："过去反革命的人，只要他愿意到人民革命阵营里来，我们是欢迎的。今天反革命的人，只要他明天愿意到人民革命阵营里来，我们也是欢迎的。我们争取这些人便能减少革命的阻力，避免更大的牺牲，把反革命集团孤立到最小的一点，因而更便于肃清它……如果我们不加区别地追究过去，不允许他们改过自新，不让他们获得适当的工作岗位，我们便没有道理，人民将不原谅我们，我们的圈子便会缩到很小。但是，我们从来也没有因为他们今天参加革命的光荣就涂掉他们过去反革命的事实，过去的事实让历史去评判，用不着我们去追究了。"②

随着人民政权的日益稳定，人民生活水平的不断提高，许多反革命分子逐渐走投无路，开始悔悟自己的罪过，渴望能够加入社会主义建设。在这种背景下，减轻构成要件的地位变得更加重要，减轻的力度也大为加强。人民政府更深刻地贯彻执行"镇压与宽大相结合"的政策和"坦白从宽，抗拒从严，立功折罪，立大功受奖"的政策，促使反革命分子放弃反革命活动。根据《惩治反革命条例》《最高人民法院1955年肃清反革命分子斗争审判工作经验初步总结》和董必武的谈

① 《新中国法制研究史料通鉴》编写组：《新中国法制研究史料通鉴》，中国政法大学出版社2003年版，第1189页。

② 董必武：《董必武政治法律文集》，法律出版社1986年版，第65页。

话,反革命罪的减轻构成要件可总结为以下四种。

(1)自首。自动向人民政府真诚自首悔过者,可以根据其坦白的程度予以减刑或免予处罚。

(2)坦白。1951年的《惩治反革命条例》中尚未规定坦白可以减刑,但随着形势的发展,对反革命分子的宽大力度不断增强。1956年,董必武在第一届全国人民代表大会第三次会议上提出,除了那些有现行破坏活动或是历史上有严重罪行、民愤很大而又拒不坦白的坚决反革命分子仍然需要依法严惩以外,对于一切坦白悔罪的分子,不论他们是否有严重的历史罪恶或者有现行的反革命活动都一律依法给予宽大处理。

(3)立功。《惩治反革命条例》规定:揭发、检举前或后真诚悔过立功赎罪者可以减轻甚至免予处罚;随着形势变化,董必武在第一届全国人民代表大会第三次会议上进一步细化了认定立功的条件,如果坦白悔罪而又协助政府破获了重要的反革命案件,捕获了重要的反革命分子,即为立了大功,对这种人不但可以将功折罪,而且可以根据具体的情况给以适当的奖励。①

(4)被胁迫、欺骗参加反革命活动者,可以依情形酌情从轻、减轻或免予处罚。

反革命罪的减轻构成要件为反革命分子指出了一条坦白悔罪、重新做人的新路,对彻底肃清反革命分子起到了良好的效果。大量反革命分子放弃违法犯罪活动,主动自首,真诚悔过,反革命残余势力进一步分化瓦解。

中华人民共和国成立初期的反革命罪在法律上的规定并不完善,学界也缺乏适用反革命罪的理论,因此在法律实践中出现了一些主观归罪、随意定罪的现象,在一定程度上破坏了法制和社会秩序。鉴于此,1979年的《刑法》对“反革命罪”的定义与构成要件进行了限制,增加了客观要件,这就使得司法实践中也不能单纯以主观思想内容来定罪,缩小了反革命罪的适用范围,降低了误判错判的概率,《惩治反革命条例》也进行了相应修改。

但有关反革命罪的疑虑远未结束。1981年,中国人民大学法律系二年级的学生徐建在《探索与争鸣》上发表了《“反革命”罪名科学吗?》一文,历史上第一次挑战反革命罪存在的合理性。此文引起了关于反革命罪存废的争论。反对废除者认为,反革命罪是一个清晰的法律概念,我国的国家性质和具体国情决定了我国依旧需要反革命罪;支持废除者则认为,反革命罪是一个政治概念,犯罪的根

---

① 董必武:《董必武政治法律文集》,法律出版社1986年版,第466—467页。

本依据是行为而非反革命罪定罪时侧重的思想,反革命罪难以确定犯罪阶段,反革命罪的内涵不明且易变,实践中缺乏可操作性,且我国已经进入经济建设为重心的阶段,因此,反革命罪作为刑法罪名缺乏合理性,建议取消反革命罪,改为危害国家安全罪。

　　这场争论最终以 1997 年刑法修订中危害国家安全罪取代反革命罪为标志落下帷幕。至此,反革命罪完全退出中国刑法的历史舞台。

第六章　司法机关及审判工作

　　董必武是中华人民共和国司法的奠基人，他对司法机关及审判工作非常重视，在中华人民共和国成立之初的许多会议发言及与领导人的通信中，董必武对中华人民共和国的司法制度体系应如何从零开始建设（包括司法理念、司法制度、法院审判及工作指导、刑事诉讼制度以及多元纠纷解决机制等）提出了许多想法，为中华人民共和国的司法建设出谋划策，并在实践中身体力行、鞠躬尽瘁。

第一节　董必武的司法理念

　　董必武的司法理念体现在他的会议报告和给其他同仁的信件中。其中，会议报告可以根据参会的时间分为中华人民共和国成立前、中华人民共和国成立初期、制宪时期以及宪法实施后四个阶段。

　　中华人民共和国成立前，董必武发表的会议讲话有：1940 年 8 月 20 日《更好地领导政府工作》；1949 年 3 月 31 日《废除国民党的六法全书及其一切反动法律》。

　　中华人民共和国成立之初的法制建设时期，董必武发表的会议讲话有：1950 年 1 月 4 日《旧司法工作人员的改造问题》；1950 年 7 月 26 日《要重视司法工作》；1950 年 8 月 12 日《对参加全国司法会议的党员干部的讲话》；1951 年 7 月《同政法部门党员负责同志谈话要点》；1951 年 9 月 11 日《目前政法工作的重点和政法部门工作人员中存在的几个问题》；1951 年 9 月 23 日《论加强人民代表会议的工作》；1952 年 6 月 20 日《关于整顿和改造司法部门的一些意见》；1952 年 6 月 24 日《关于改革司法机关及政法干部补充、训练问题》；1952 年 7 月 16 日《尊重党外负责干部的领导，加强党内外团结》；1953 年 4 月 11 日《论加强人民司法工作》。主要的信件有：1952 年 6 月 25 日《关于司法队伍的改造和补充问题给中共中央书记处、刘少奇的信》；1952 年 5 月 23 日《给中共中央各中央局负责同志的信》；1952 年 6 月 1 日《给华东视察组王怀安同志的信》；1952 年 6 月 3 日给司法部王怀安的信《关于"人民司法代表会议"问题》。

制宪时期，董必武发表的会议讲话有：1954 年 1 月 14 日《关于〈1954 年政法工作的主要任务〉的说明》；1954 年 3 月《进一步加强经济建设时期的政法工作》；1954 年 3 月 29 日《在第二届全国检察工作会议上的讲话》；1954 年 5 月 18 日《关于党在政治法律方面的思想工作》；1954 年 9 月 24 日《五年来政治法律工作中的几个问题和加强守法教育问题》；1954 年 11 月 19 日《认真贯彻执行法院组织法和检察院组织法》。

宪法实施后，董必武发表的会议讲话有：1955 年 4 月 5 日《司法工作必须为经济建设服务》；1955 年 6 月 15 日《改善审判作风》；1955 年 7 月 3 日《最高人民法院自第一届全国人民代表大会第一次会议以来的工作》；1955 年 9 月 8 日《目前中国的法律工作概况》；1956 年 6 月 22 日《肃反斗争中的审判工作》；1956 年 7 月 9 日《法院判决不应受当事人威胁的影响》；1956 年 9 月 19 日《进一步加强人民民主法制保障社会主义建设事业》；1957 年 3 月 18 日在《军事检察院检察长、军事法院院长会议上的讲话》以及 1957 年 7 月 2 日《正确区分两类矛盾，做好审判工作》。①

在上述文献中，董必武根据自己的所学所知结合新中国的国情，在司法建设方面提出了关于司法干部培养、人民司法、司法权威、程序正义以及司法独立五大理念，推动着司法工作的进行。

一、司法干部的培养理念

董必武关于司法干部培养的理念分为对旧司法工作人员的改造理念以及对新时期司法工作干部的来源的见解，这两个观点对我们今天培养司法干部有很大的借鉴作用。

（一）旧司法工作人员的改造

合格的司法工作人员是司法工作顺利进行的人事保证。旧司法工作人员是指服务于旧政权的司法机关的工作人员，即在中华人民共和国成立之前从事司法工作的人员。董必武对旧司法工作人员问题有自己的见解，他谈及旧司法工作人员的问题最早见于 1950 年 1 月 4 日参加中国新法学研究院的第一期研究

---

① 《正确区分两类矛盾，做好审判工作》这篇文章当时没有发表。

员开学典礼时的发言。

1949 年 7 月 29 日,在"新法学研究会"的倡议下,筹委会常务委员会第一次会议召开,决定创办"新法学研究院",同年 8 月 9 日筹委会第二次会议选定沈钧儒①为院长,谢觉哉、②李达③为副院长,李达兼研究指导委员会主任委员,徐平、④陈传刚⑤为副主任委员,史良、⑥贾潜、⑦孟庆树、⑧周新民⑨等为委员,吴昱恒⑩为总干事。该院的创办宗旨是团结改造旧司法人员,⑪任务是改造过去旧的司法工作人员、律师以及教授法律的教员。

董必武认为,旧的司法工作人员是一定要经过改造的。为什么需要改造呢?董必武从国家的本质问题说起,认为国家是阶级矛盾不可调和的产物,在一个国家里,占统治地位的阶级掌握国家的权力,国家就成为那一阶级的国家。⑫而法具有阶级性,它是统治阶级的统治工具,因此,国家和法律是统治阶级御用的工具。

承认了这个前提之后,董必武进一步阐释了中华人民共和国和旧中国的本质不同,即中国这个国家是由翻过身来的全国大多数的人民对过去压迫他们的

---

① 沈钧儒(1875—1963),字秉甫,号衡山,浙江嘉兴人,中华人民共和国成立后,历任最高人民法院院长、全国政协副主席、全国人大常委会副委员长和民盟中央主席等职,被誉为"民主人士左派的旗帜""爱国知识分子的光辉榜样"。

② 谢觉哉(1884—1971),字焕南,别号觉斋,湖南宁乡人,1925 年加入中国共产党。中国共产党的优秀党员、"延安五老"之一、"长征四老"之一、中华人民共和国司法制度的奠基者之一、著名的法学家和教育家、杰出的社会活动家、法学界的先导、人民司法制度的奠基者。

③ 李达(1890—1966),名庭芳,字永锡,号鹤鸣,湖南省永州市零陵人。杰出的马克思主义理论家、宣传家和教育家,中国共产党的主要创建者和早期领导人之一。

④ 徐平(1900—1968),河北省交河县孟家庄人。曾用名徐寿臣、徐虎臣、徐少臣。中国共产党七大正式代表。

⑤ 陈传刚,生平不详。

⑥ 史良(1900—1985),女,字存初,江苏常州人,中国当代法学家、政治家、女权运动先驱。民国时期,她是上海著名律师,民族救亡运动、争取民主运动的积极投身者,曾因参加并领导抗日救亡运动而被捕入狱,是中国的"七君子"之一。曾担任中华人民共和国司法部首任部长、全国政协副主席、全国人大常委会副委员长、中国民主同盟中央主席。她是中华人民共和国人民司法工作的开拓者和司法行政工作的奠基人,是中国妇女运动的领袖之一。

⑦ 贾潜(1903—1996),原名贾荣卿,字光尧,抗战时期改名为贾潜,河南省滑县杨公店村人。北平朝阳大学法律科毕业,著名法学家。

⑧ 孟庆树(1911—1983),女,安徽寿县人,中国共产党六大、七大代表。王明的妻子。妇女运动领导人。

⑨ 周新民(1897—1979),原名周骏,别名振飞,安徽庐江人。1924 年毕业于日本明治大学法科研究科。曾任中国公学大学部、上海法科大学、复旦大学教授,云南大学、上海法政学院教务长。

⑩ 吴昱恒(1883—1963),男,湖北英山人,字作铭,别号笑予。曾任中央人民政府法制委员会委员、最高人民法院委员。

⑪ 张小军:《1949 年至 1953 年司法改革演变及若干反思:以"新法学研究院"对旧法人员的改造和 1952 年司法改革为例》,《政治与法律》2010 年第 12 期,第 78 页。

⑫ 董必武:《董必武法学文集》,法律出版社 2001 年版,第 26—27 页。

或超经济地剥削他们的少数人，实行统治的国家了。① 国家的统治阶级变了，自然就要推翻旧国家的法律，制定新国家的法律来匹配。既然国家本质改变了，法律也改变了，司法工作人员、律师和法学教授不改变怎能站得住脚呢？②

谈论完改造的必要性，接下来是改造的内容。这里的改造指的是改造人们的思想、工作作风以及生活习惯。其中最困难的一项是思想改造问题。董必武强调，在司法工作初建之际，思想建设特别重要，必须把它视为司法工作建设的前提。③ 改造思想是很困难的，例如在讨论某一问题的时候，或许大家的思想都还正确，但在别的问题上就不一定，错误的思想就有流露出来的可能。而且，董必武强调，思想改造是理论与实践相统一的，思想改造不等于是读书，而是要把所读的书适当地贯彻到实践中去，要能从实际生活行动上表现出来，才算是真正改造了。实践以什么为标准？就是一切以广大人民的利益为标准，也就是一切以广大人民的利益为最高的利益。④

总的来说，思想改造是为了将所学所知贯彻到实践中去，而实践的标准为是否符合广大人民的利益，所以，思想改造就是为广大人民的利益服务的，那么，思想改造有没有可能呢？董必武认为是一定可以改造的。因为世界上的事物本身即在不断改变中，人也是一样，不改变的人是没有的，但在个人的思想性格上也有自己硬不改变的人，这种人是死硬的顽固派，他们就是愿意抱着过去的历史去殉葬。⑤

改造思想应如何进行？董必武认为，这里要用自我克制的功夫，并要不断地下这种功夫。克制功夫用马克思主义的术语来说，叫作自我批评，也就是在自己脑筋里进行思想斗争。⑥ 学习马列主义的人，一定要经过一番自我思想斗争，使正确的马列主义的思想与不正确的非马列主义的思想经过斗争而求得解决才能进步。在这个过程中，正确和不正确的思想在脑筋里展开了斗争，正确的，没有理由不承认它；不正确的，假如没有勇气丢掉它，于是烦恼起来不能解决，会造成精神上的痛苦。旧知识分子必须改造，要改造自己的生活习惯、改造自己的工作作风、改造自己的思想。要改造彻底，特别必须改造自己的思想。⑦

---

① 董必武：《董必武政治法律文集》，法律出版社 1986 年版，第 87 页。
② 董必武：《董必武政治法律文集》，法律出版社 1986 年版，第 89 页。
③ 董必武：《董必武法学文集》，法律出版社 2001 年版，第 41 页。
④ 董必武：《董必武法学文集》，法律出版社 2001 年版，第 32—33 页。
⑤ 董必武：《董必武政治法律文集》，法律出版社 1986 年版，第 89 页。
⑥ 董必武：《董必武法学文集》，法律出版社 2001 年版，第 32 页。
⑦ 董必武选集编辑组：《董必武选集》，人民出版社 1985 年版，第 277 页。

根据董必武的论述,法律为统治阶级服务,司法作为法律实施中的一环,亦是为统治阶级服务的。在中华人民共和国成立之初,董必武深刻地认识到在司法工作中工作人员思想正确的重要性,他在司法改革之初便多次强调要改造旧司法工作人员,最重要的就是改造他们的思想,要让他们的思想跟上潮流、紧跟党的脚步,朝着巩固人民民主专政的方向稳步迈进。

（二）新时期司法工作干部的来源

在董必武的司法理念中,司法工作干部的来源问题是一个重要的部分。关于司法工作干部的来源问题,董必武不仅在第一届全国司法会议上有谈及,而且在政务院政治法律委员会第二十次委务会议上和全国政法干部训练会议上也多次强调。法的生命力在于实施,而司法干部在法的实施上占据了重要地位。

在第一届全国司法会议上,董必武发表了《要重视司法工作》的讲话,董必武认为,干部决定一切,如果没有干部,司法机构即使建立起来也难以完成工作任务。[1] 董必武认为干部的来源不外乎三个:一是在老解放区曾经做过司法工作的同志,或者做过其他工作的,这里也包括一部分曾做过军事工作的同志。二是旧司法工作人员经过一番改造后,可以吸收其中的一部分。三是积极培养和提拔新的司法工作者,补充新鲜血液。中国人民大学和各大学里学习法律的学生乃是涌现大批干部的新的源泉。[2]

董必武发表这个讲话时正值我国解放之初,司法体系并不完善,新的司法工作者尚未培养成材,所以还是比较多的依靠改造后的旧司法工作干部。

但是,在两年后的全国政法干部训练会议上,董必武改变了原先的想法。在实践中他发现,旧司法人员的贪赃枉法现象严重,而且其中还有不少反革命分子。同时,他们一般均未经过彻底改造,还存在非常严重的旧法思想和旧司法作风,对我们的人民法院起着严重的侵蚀作用。[3] 而且对旧司法人员的改造结果并不理想,在立场问题上他们一般表现得没有立场或者仍坚持反动立场,作风上脱离群众,对人民利益和党的政策漠不关心,这对于中华人民共和国的司法建设来说是一个严重的问题。

针对上述情况,董必武认为,对待旧司法人员应该采取这样的原则:旧推、检人员不得任人民法院的审判员,旧司法人员未经彻底改造和严格考验者,不得

①　董必武:《董必武法学文集》,法律出版社 2001 年版,第 39 页。
②　董必武:《董必武法学文集》,法律出版社 2001 年版,第 40 页。
③　董必武:《董必武政治法律文集》,法律出版社 1986 年版,第 232 页。

做审判工作。应将司法人员中的坏分子从审判部门中清除出去。凡在"镇反"或"三反"中发现有罪恶者,应即依法惩办;凡恶习甚深不堪改造者,应坚决加以清除,但仍应给以他们生活出路,不使其流离失所,或送革命大学等校加以训练,甄别后,再另行分配工作。对于历次运动中还没有发现什么问题,思想和工作表现平常尚可改造的,也应当给予训练,改做法院中的技术性工作或调到其他部门中工作,绝不能再让他们掌握审判大权,而且必须继续加以改造。对于在新中国成立后思想、工作都表现较好的进步分子应继续留用,但如系旧推、检人员继续被留用,原则上也以调离原工作地点为宜。①

经过实践的检验,董必武了解到对旧司法工作人员思想改造的难度较大,故对他们的任用应采谨慎再谨慎的态度,即使是尚未发现有问题的工作人员也须另行对其安排工作。

经过两年的时间,董必武认为应该要开辟新的司法干部来源:① 骨干干部,应选派一部分老同志到法院担任领导骨干;② 青年知识分子;③ "五反"运动中的工人店员、积极分子;④ 土改工作队和农民中的积极分子;⑤ 转业建设的革命军人(包括一部分适于做司法工作的残疾军人);⑥ 各种人民法庭的干部,工会、农会、妇联、青年团等人民团体还可以帮助选拔一批适宜于做司法工作的干部和群众运动中涌现出并经过一些锻炼的群众积极分子。②

由此,董必武对于司法干部的来源问题就将重心由原来的寄希望于旧司法工作人员的改造转变为依靠新的青年知识分子以及群众。毕竟尽管旧司法人员有司法工作经验,但那是服务于旧社会的工作经验,与中华人民共和国的司法理念不符,对他们的改造并非易事。反观新青年知识分子并未受到旧社会的思想洗脑,他们接受的都是先进的知识文化,将他们培养为司法干部能纯化司法机关。

二、人民司法

人民司法是董必武司法理念的核心。

人民司法,即站在人民的立场从事司法活动。"人民司法"的概念第一次在法律中确立是具有临时宪法性质的 1949 年《中国人民政治协商会议共同纲领》第 17 条:废除国民党反动政府一切压迫人民的法律、法令和司法制度,制定保

---

① 董必武:《董必武法学文集》,法律出版社 2001 年版,第 122 页。
② 董必武:《董必武法学文集》,法律出版社 2001 年版,第 123 页。

护人民的法律、法令，建立人民司法制度。

董必武在讲话中多次谈到人民司法问题，他认为，一切为人民服务，这是一个真理，我们应该坚持，司法工作也是为人民服务。① 在 1950 年 8 月 12 日《对参加全国司法会议的党员干部的讲话》中，董必武一开始就说明，这次最高人民法院、司法部、法制委员会、最高人民检察署四个部门筹备召开的司法会议，其目的就是要解决关于人民司法工作的基本认识问题。② 在这次讲话中，董必武指出，虽然在工作中关于人民司法是什么存在很多议论，但是具体是什么，很多人都还不清楚。所以，董必武随后对人民司法做了基本阐述。

董必武提出，人民司法的基本精神是要把马、恩、列、斯的观点和毛泽东思想贯彻到司法工作中去。人民司法基本观点之一是群众观点，与群众联系、为人民服务、保障社会秩序、维护人民的正当权益。③

在当时法律制度体系正在逐步建立、司法工作人员紧缺以及全国各地司法资源分布不均的情况下，董必武从人民司法的精神出发，提出关于审判手续的问题，认为审判机关还是应该从便利于人民着想，尽量使手续简化，在农村和大城市不要强求一样。④ 司法工作者从事司法工作是解决人民的纠纷，其最终目的还是为人民服务的，为人民服务就要站在人民的立场从事工作，尽可能便利人民，使人民群众接受司法工作，顺利解决纠纷。

董必武在 1953 年 4 月 11 日第二届全国司法会议的发言——《论加强人民司法工作》中强调，中华人民共和国是一个人民民主专政的国家，而人民司法是巩固人民民主专政的一个武器。人民司法工作者必须站在人民的立场，全心全意地运用人民司法这个武器，尽可能采取最便利人民的方法解决人民所要求解决的问题。⑤

以上论述是董必武在经历了 3 年的司法改革后所总结的经验，直到今天仍然具有指导性意义，董必武深谙人民群众的力量，在他看来维护社会秩序的长久之策是为人民服务，在司法工作中也要牢牢站在人民的立场，在形式问题上，能便利于人民的就尽量便利人民；对于人民的正当权益，司法机关要坚决维护。

① 董必武：《董必武政治法律文集》，法律出版社 1986 年版，第 104 页。
② 董必武：《董必武法学文集》，法律出版社 2001 年版，第 44 页。
③ 董必武：《董必武法学文集》，法律出版社 2001 年版，第 46 页。
④ 董必武：《董必武法学文集》，法律出版社 2001 年版，第 48 页。
⑤ 董必武：《董必武政治法律文集》，法律出版社 1986 年版，第 274 页。

三、司法权威

董必武的司法权威理念包含坚持党的领导、依法办事、司法因强制而权威、公正效率以及树立司法公信力这五个方面。

（一）坚持党的领导

司法权威的维护首先就是要坚持党的领导地位。坚持党的领导是树立司法权威的基本原则。在中国，中国共产党是执政党，是我们国家的领导核心，因为中国共产党是中国工人阶级的先锋队，同时也是中国人民和中华民族的先锋队，更是中国特色社会主义事业的领导核心。[①] 中国共产党领导中国人民夺取了政权，建立了人民民主专政，成为执政党。[②] 这里说的坚持党的领导，并不是说党直接管理司法实务或者介入审判，而是党对政法工作统一领导、统一思想。董必武认为，党对各级国家政权机关的领导应当理解为经过党，把党强化起来，使党能够发挥其政权的作用。强化政权机关工作，一方面，是党支持政权机关；另一方面，是政权机关在受了党的支持之后就会更好地实现党的政策。[③]

党与司法机关之间是良性互动的关系。例如，遇到死刑案件时，遇有经党委确定杀的案子，法院发现确有可不杀的事实依据时，应向党委提出意见；党委确定还要杀时，仍可声明保留意见向上级党委反映。实际上，只要法院的决定正确且有事实根据，党委不会不考虑。法院应当成为党委很好的助手，起到应起的作用。[④] 法院在审理案件时应保持独立思考，公正处理案件是对党负责，是对党事业的正向支持。反之，党委如果发现已经发生法律效力的判决确有错误，可以提交检察院或法院院长依法纠正。[⑤]

最后，董必武总结，党与国家政权机关的正确关系应当是：① 对政权机关工作的性质和方向应给予确定的指示；② 通过政权机关及其工作部门实施党的政策，并对它们的活动实施监督；③ 挑选和提拔忠诚而有能力的干部（党与非党的）到政权机关中去工作。[⑥]

---

① 沈宗灵：《法理学》，高等教育出版社 2009 年版，第 175 页。
② 董必武：《董必武政治法律文集》，法律出版社 1986 年版，第 189 页。
③ 董必武：《董必武政治法律文集》，法律出版社 1986 年版，第 190 页。
④ 董必武：《董必武法学文集》，法律出版社 2001 年版，第 254 页。
⑤ 董必武：《董必武法学文集》，法律出版社 2001 年版，第 390 页。
⑥ 董必武：《董必武政治法律文集》，法律出版社 1986 年版，第 191—192 页。

我们坚持党的领导是因为中国共产党是中国亿万人民的选择,汇集了亿万人民的信任。党内也要加强建设工作,形成党内团结。董必武同志说:"如果党内有不团结的现象,要使人民司法工作开展起来是不可能的。一定要告诉我们在司法部门工作的党员同志,要团结在各地党委的周围,团结在党的政策下,团结在毛主席的旗帜下。"①董必武强调,党员同志一定要团结,只有党内一条心,才可以把党建设得更好;党内团结,之后才能更顺利地和党外人士团结,做好统一战线工作,更好地开展司法工作。

"目前我们统战工作中存在的缺点是什么呢?就是我们党员同志和民主人士之间只有政治上的团结,而在生活上和他们接近不够。要把统战工作做好,除了政治原则上的团结外,还需要和他们交朋友,建立感情和友谊,这样统战工作才容易做好。我们党内必须团结好,党内不团结好而要想和党外人士团结好,那是不可能的。我们党内的团结,是在原则基础上的斗争的团结,是在批评和自我批评的基础上的团结。"②在董必武看来,坚持党的领导是维护司法权威的根本保证,同时党的内部也要加强建设,促进党内团结,强化党的内部力量。

做好统一战线工作不仅要党内团结,而且还要和党外人士加强联系,建立良好的关系,司法工作的开展不仅仅是在党内,而是在全国范围内开展的,只有坚持党的领导,做好党内团结、党外和谐的工作,才能顺利推进司法工作的进行。

一方面,我们要坚持党的领导;另一方面,不是所有事情都由党来包办,党起到更多的是监督的作用。除此之外,我们党要保持先进,不断学习,党内要齐心。

(二)依法办事

在坚持党的领导的原则下,依法办事是树立司法权威的基本要求。徒法不足以自行。立法工作完成后,社会的运作就必须依照法律来运行,否则法律将被束之高阁,成为一纸空谈。董必武提出人民民主法制必须不断加强才能适应党所提出的任务,而依法办事是进一步加强法制的中心环节。依法办事有两方面的意义:其一,必须有法可依;其二,有法必依。③ 有法必依,包括遵守实体法的规定以及程序法的规定,以事实为依据,以法律为准绳,法律应是司法工作人员

---

① 董必武:《董必武法学文集》,法律出版社 2001 年版,第 50 页。
② 董必武:《董必武法学文集》,法律出版社 2001 年版,第 139—141 页。
③ 董必武:《董必武法学文集》,法律出版社 2001 年版,第 352 页。

最基本的司法行为规范,有法不依,法就是空的东西,起不了作用。[①] 司法机关要依照法律的规定来行事,不仅仅是口头上说说而已,《中华人民共和国宪法》《人民法院组织法》的公布施行,向人民法院提出了必须严格遵守国家法制的要求。人民法院认真地执行国家的法律制度,是正确审判案件最重要的保证。[②] 由国家制定或认可的法律应该被遵守和适用。

当然,法律具有局限性,不可能把社会生活的方方面面以及种种情况都包含进来,所以,在坚持依法办事的原则下,司法工作者还要养成一定的灵活性。依法办事有许多好处,但是,如果思想不对头,做得不合法,也可能犯教条主义、形式主义、官僚主义的错误。[③] 董必武强调思想正确的重要性,强调依法办事不应当作为官僚主义打官腔的借口,亦不应当钻法制不完备的空子,借口无法可依,把事情推出去不管。[④] 依法办事应在服从为人民服务的大原则之下,站在人民的立场,依据法律的规定,尽可能地解决人民之间的纠纷与矛盾,而不是将依法办事作为挡箭牌,作为不为人民做实事的借口。

依法办事在审判方面还体现为依法审判。诉讼既然是由两方对立的当事人参加,则必然是有输有赢的,因此,法官在判决案件时应当要依法裁判,不能为了让人民满意而妄自裁判。而且判决本身不可能让双方都赢,如果为了让一方当事人满意,法官偏向一方,不依法判决,那么这务必会让另一方当事人感到不满,判决是很难使双方都满意的,不能说我们执行了国家法纪就脱离了群众。董必武强调,在我们执行职务时,如果怕当事人自杀,就不敢下判或者不按照法律判决,那是不对的。[⑤]

要做出让人民满意的判决,那么判决必须是正义的。如何认定判决是否正义呢?我们知道法律是统治阶级夺取政权之后用来维护社会秩序的工具,法律是国家制定或认可的,所以,法律是在创造一种正义的社会秩序。坚持依法裁判是作出令人民满意的正义判决的第一要义。

(三)司法因强制而权威

司法强制是司法权威的外在保证。司法因强制而权威,是指司法是以国家

---

①　董必武:《董必武政治法律文集》,法律出版社1986年版,第452页。

②　董必武:《董必武法学文集》,法律出版社2001年版,第332页。

③　董必武:《董必武政治法律文集》,法律出版社1986年版,第453页。

④　董必武:《董必武法学文集》,法律出版社2001年版,第352页。

⑤　董必武:《董必武政治法律文集》,法律出版社1986年版,第473—474页。

强制力为后盾,由国家强制力保障实施,从而使民众服从司法裁判,以此体现司法权威。在当时的司法工作中,存在法官对案件进行判决之后害怕自己犯强迫命令的错误,不敢强制执行的情况,导致判决犹如一纸空文,大大损害了司法权威。针对这样的情况,董必武说道:"法院判决了案子,就必须执行,一个案子判决确定之后,诉讼当事人应该有一方负责任,他不执行,法院就应该强制执行。"①

司法机关不敢强制执行判决,是不懂得正确运用法律的体现。有了法,不去积极地贯彻它,即使经历了漫漫长路的审判,做出了公正的判决,做出的判决却得不到执行,那么,以后民众还会选择法院来作为最后的救济途径吗?判决得不到执行,损害的就是司法权威。在董必武领导的司法改革运动期间,1954 年的《人民法院组织法》第 38 条规定,地方各级人民法院设执行员,办理民事案件判决和裁定的执行事项,办理刑事案件判决和裁定中关于财产部分的执行事项。

(四)公正效率

公正与效率是司法权威的要求,同时也是司法机关为之不懈努力的追求。公正,即公平正义,公正与效率是分不开的,若效率不能适应现实需要,司法机关不能及时解决民众之间的纠纷,那么,迟来的正义即非正义。唯有在坚持司法公正的前提下兼顾效率才有可能做到真正的司法公正。

积案问题是法院办事效率低下的一个体现,它的存在是对司法权威的损害。董必武针对当时存在的严重的法院积案问题,提出了实现司法权威的方法论。董必武认为,积案问题应从两方面解决:首先,是法院方面,法院应该简化办事手续,打破陈规,改变作风。法院作为国家司法机关,办理案件必须经过一定的手续,这是毋庸置疑的。但是手续问题应当是司法公正的一个保障,而不是一个拖累,不能因为手续繁杂导致案件办理拖沓,致使人民的纠纷得不到解决,司法公正得不到实现。所以,为了改善积案问题,法院必须想办法平衡案件办理手续与便利群众之间的天平,简化办事程序,更好地做好审判案件的工作。董必武还提到,"调解委员会和将来还要设立的接待处、巡回制度等都是比较便利于人民的,只要我们真正想办法去解决,是可以减少一部分案子的"。② 在当时的社会环境中,设置调解委员会与接待处等是为了在法院的审判效率还有待改进之时,

① 董必武:《董必武法学文集》,法律出版社 2001 年版,第 206 页。
② 董必武:《董必武法学文集》,法律出版社 2001 年版,第 161 页。

帮助缓解法院的压力,将一部分案子分流到调解委员会等组织,帮助解决法院积案问题,同时及时解决人民的纠纷。

其次,提高办案人的能力。假如办案人的能力不强,又不提高,积案现象也不可能改变。① 积案产生的原因之一是广大人民对人民政府的信任,因为打官司不要钱,又方便,故他们一有事就写信来或跑来要求接待,使案件增多。基于广大群众对人民政府的信任,司法工作人员更要不断提升自己的司法能力,切实解决群众之间的纠纷,作出公正裁判。而对于广大人民一有事就跑来法院,则要建立更加完备的案件分流机制,从而为法院减压,做到司法公正。

其实,早在中国古代就有敏速司法的传统。敏速司法指的是司法者凭借自己超越常人的办案能力,机敏快速地办理案件,且所办案件质量仍有保证,没有因为快速而出错。② 在唐代、宋代都有规定审限制度来施行敏速司法,这对提高诉讼效率、实现公平正义有很大的促进作用。

（五）树立司法公信力

树立司法公信力,即树立司法让公众信任的力量。树立司法公信力是维护司法权威的必然要求,也是法治社会的必备要素。

只有让广大群众都信服,司法判决才具有权威性。在法治社会,我们要对法律有着最基本的认同感,对司法机关做出的公正判决,我们应当承认它的效力并且遵照其判决内容来执行。对于公众来说,我们的任务是要去相信司法,对于司法机关来说,其任务便是努力让公众来信服司法。这里的努力并不是指强制,而是靠展现司法魅力来吸引群众,使其信服。区别于司法的强制性是使群众被动服从,树立司法公信力是让群众主动相信。

树立司法公信力最直接的办法就是认真审理好每一个案件,做出公正的判决。董必武认为,法院的判决不仅是使当事人信服,而且更重要的是判决要符合广大人民的意志,要使群众信服。③

相应地,判错一次案件比犯过多次罪行的危害更大,因为后者只不过是污染了河流,而前者则是污染了水源。④ 所以法官作为司法公信力的捍卫者,必须严

---

① 董必武:《董必武法学文集》,法律出版社2001年版,第162页。
② 蒋铁初:《中国古代仁政司法的另类传统》,《淮阴师范学院学报》(哲学社会科学版)2020年第1期,第11—21页。
③ 董必武:《董必武法学文集》,法律出版社2001年版,第238页。
④ 〔英〕弗朗西斯·培根:《培根随笔》,名家编译委员会译,北京日报出版社2016年版,第151页。

肃对待这份职业,认真审理案件,让司法公信力在人民心中树立。

四、程序正义

程序正义是实现司法公正的保证。按照董必武的理解,法院依法审判的意义,包括依实体法,也要依程序法。① 什么是诉讼程序? 为什么我们需要诉讼程序? 董必武回答道:"工厂有操作规程,我们办案子也有操作规程,那就是诉讼程序。按照程序办事,可以使工作进行得更好、更合理、更科学,保证案件办得正确、合法、及时,否则就费事,甚至出差错。"②中国的司法实践一直都是重实体而轻程序,甚至没有程序。中国的第一部《刑事诉讼法》在 1980 年才正式实施,之后经历 3 次修正,最终确立了非法证据排除规则。

在董必武看来,司法活动要具备一定的形式。世界上任何实质的东西,必须以一定的形式表现出来。形式主义与形式是两回事,所谓形式主义,就是不问实质,只讲形式,不管条件如何,硬要来搬弄一套形式。③ 在董必武看来,司法活动必须依照程序办事,这也是依法办事的内涵之一。但是我们也不是不问实质而只讲形式,这样就会犯形式主义的错误。正义从来都不是绝对的,过度强调程序正义就会容易犯形式主义的错误,导致更多的案件得不到正义的判决。我们在司法工作中要坚持程序正义这是毋庸置疑的,但是凡事皆有度,我们要做到既注重程序,又关注实质,找出最优的平衡点,努力实现司法公正。

五、司法独立

中国古代并没有司法独立的概念,司法独立是以孟德斯鸠的三权分立理论为基础而确立的,是西方各资本主义国家的法治基本原则。

董必武的司法独立思想包含两个方面:一是法院相对独立;二是审判独立。

法院的相对独立是区别于西方资本主义国家三权分立中的司法权独立,西方国家强调立法权、执法权和司法权三权分立、相互制约。而中华人民共和国的制度是议行合一的,④其含义是,我们的政权的组织形式就是人民代表大会,即一切权力都要归它。我们由人民代表大会选举政府,政府的权力是由人民代表

---

① 董必武:《董必武政治法律文集》,法律出版社 1986 年版,第 378 页。
② 董必武:《董必武法学文集》,法律出版社 2001 年版,第 426 页。
③ 董必武:《董必武法学文集》,法律出版社 2001 年版,第 382 页。
④ 董必武:《董必武政治法律文集》,法律出版社 1986 年版,第 74 页。

大会给的,它的工作要受人民代表大会限制。① 而司法部门是人民政府的组成部分,②当然要受到人民代表大会的限制。所以,法院是专门负责审判工作的,但是司法权会受到政权机关的限制,这就是法院的相对独立。

审判独立是指法院审判只服从法律,换句话说,就是法院在审判案件过程中任何国家机关、社会团体和个人等都无权干涉,法院只遵循法律规定审判案件。③ 法官在对案件做出裁判的时候,需要意见一致。董必武认为,取得意见一致,首先是取得法院内部的意见一致,其他机关的意见仅仅是一种意见。法院判决的意见也是少数服从多数,没有必要意见完全一致后才判决。④ 在董必武看来,对于判决的意见是法院内部的事情,其他行政机关、社会团体和个人的意见不应该左右法官作出判决,法官应当依法办事,其他组织或个人的意见只能作为参考而存在。

1957 年 11 月 26 日,董必武针对审判独立问题专门拟定了一个《关于"审判独立"问题的研究提纲》。提纲内容包括:① 必须使司法干部对"审判独立"的概念有比较正确的理解;② "审判独立"词汇的来源;③ 各资本主义国家宪法采用三权分立的情况;④ 19 世纪以来资本主义国家的宪法和社会主义国家的宪法,除法国 1875 宪法和某几个社会主义国家初期宪法外,都有"司法独立""法官独立""法院独立"或"审判员独立"的文句规定;⑤ 社会主义国家规定审判独立的条文很不相同,表达的概念并不一致;⑥ 为什么社会主义各国宪法都规定有"审判独立"的文句,最基本的意义是法院专门从事审判工作,不受行政机关的干涉。⑤

第一,审判独立的概念,在前文已有论及,董必武强调司法干部必须对审判独立有着清晰的认识,即我国的审判独立既不独立于行使人民当家做主权力的人民代表大会,也不独立于中国共产党的领导。⑥

第二,"审判独立"词汇的来源问题,根据《法学辞典》的解释,审判独立源于资产阶级三权分立学说,是司法独立的核心,⑦但是审判独立制度移植到中国之后,并不遵循三权分立学说而设立。

第三,司法独立原则在很多资本主义国家的宪法中都已经得到确立,例如

① 董必武:《董必武政治法律文集》,法律出版社 1986 年版,第 41 页。
② 董必武:《董必武政治法律文集》,法律出版社 1986 年版,第 222 页。
③ 孙琬钟、杨瑞广:《董必武法学研究文集》(第 11 辑·上册),人民法院出版社 2012 年版,第230 页。
④ 董必武:《董必武法学文集》,法律出版社 2001 年版,第 339 页。
⑤ 董必武年谱编辑组:《董必武年谱》,中央文献出版社 1991 年版,第 479 页。
⑥ 孙琬钟、杨瑞广:《董必武法学研究文集》(第 11 辑·上册),人民法院出版社 2012 年版,第 224 页。
⑦ 法学辞典编辑委员会:《法学辞典》(增订版),上海辞书出版社 1984 年版,第 592 页。

《美国宪法》第 3 条第 1 款规定："合众国的司法权属于最高法院和国会可不时规定和设立的下级法院。"①《日本宪法》第 76 条第 1 项和第 3 项分别规定了法院独立和法官独立,其中第 1 项规定："一切司法权属于最高法院及由法律规定设置的下级法院。"第 3 项规定："所有法官依良心独立行使职权,只受本宪法及法律的约束。"②《德意志联邦共和国基本法》第 92 条和第 97 条第 1 项分别规定了法院独立和法官独立,其中第 92 条规定："司法权赋予法官。此项权力由联邦宪法法院、本基本法所规定的各联邦法院和各州法院行使。"第 97 条第 1 项规定："法官独立,只服从法律。"③

中华人民共和国的审判独立与资本主义国家的审判独立的不同点体现在来源、形式与目标上:① 我国的审判独立原则是根据国家机关职能分工的需要确立的,而不是源于资产阶级的三权分立学说;② 我国实行法院独立审判,贯彻民主集中制原则,而不是法官独立审判;③ 资产阶级的独立审判为资产阶级的利益服务,我国的独立审判则为无产阶级和广大劳动人民的利益服务。④

另外,董必武还特别强调了司法裁判不应受社会舆论的影响,我们要服务人民群众,绝不是说我们要无原则、无底线地顺从舆论走向来做判决,因为舆论是非常容易被操控的。法院存在的意义就在于让法官可以处在一个与外界相对隔离的地方,只服从法律来进行案件裁判,不偏不倚,实现司法公正。

对于社会舆论问题,董必武曾说道:"对这个问题,我们应当写一篇文章阐明道理,登在报上展开讨论,让社会上动一下,引起注意。也许有人反对这种意见,那就让他百家争鸣来争一下吧! 但是,绝不会说我们不应该依法判决。"⑤

第二节　董必武司法理念的
核心——人民司法

1957 年 1 月,最高人民法院指导全国法院工作的刊物创刊,董必武为它题写了"人民司法"四个刚劲有力的大字作为刊名。几十年来,人民司法一直是人

---

① 〔美〕美国国务院国际信息局:《美国法律概况》,金蔓丽译,辽宁教育出版社 2006 年版,第 405 页。
② 申险峰:《外交的文化阐释》(日本卷),知识产权出版社 2012 年版,第 275—276 页。
③ 吉林大学法律系宪法教研室:《宪法分类比较编译》下,吉林大学印刷厂 1983 年版,第 603、606 页。
④ 法学辞典编辑委员会:《法学辞典》(增订版),上海辞书出版社 1984 年版,第 593 页。
⑤ 董必武:《董必武法学文集》,法律出版社 2001 年版,第 338 页。

民法院工作的指导方针。

"人民司法"是董必武司法理念的核心,它产生于中华苏维埃共和国时期的司法实践,形成于陕甘宁边区政府时期的司法实践。① 中华苏维埃共和国的"人民司法"实践主要有 4 位领导者——何叔衡、②董必武、梁柏台③和古柏,④其中梁柏台和董必武对于苏区的司法做出了巨大贡献。⑤

中华人民共和国成立后,旧的法制被推翻,亟须一个符合新中国理念价值的法律体系。新中国的法律理念是怎样的呢? 董必武指出,新中国的法律是人民的法律,是以为人民服务为理念的。人民的法律体现在司法上,就是人民司法。

一、人民司法的特征

董必武提出的人民司法是以马列主义、毛泽东思想为指导思想,以巩固人民民主专政为基础,以群众路线为基本方法,以实现为人民服务为最终目标。

(一) 以马列主义、毛泽东思想为指导

人之所以区别于其他动物是因为我们是有思想的生物。纵观世界历史发展的漫漫长路,我们可以发现,每一次重大的社会变革,其背后总是有着强大的理论指导。在中国,马列主义、毛泽东思想是指引中国人民站起来的精神支柱。经历了晚清的变革、北洋政府和南京国民政府的统治,历史的实践证明,只有中国共产党可以救中国,只有坚持马列主义、毛泽东思想才是正确的道路。中国共产党历经艰辛,在夹缝中生长,屡次失败又屡次总结经验,继续一往无前。历史的经验表明,中国共产党和中国人民是不可战胜的。

人民司法是马列主义政治正义观的表现,认为"人民"在司法领域的自我规定的体现就是创立真正属于"人民"的司法,即"人民司法","人民司法"体现着"人民"的特定内容。马列主义政治正义观还认为,人民司法与资产阶级司法的

---

① 何青洲:《"人民司法"在中国的实践路线——政治正义的司法实现》,中国政法大学出版社 2016 年版,第 123 页。

② 何叔衡(1876—1935),湖南宁乡人,中国共产党创始人之一。

③ 梁柏台(1899—1935),浙江新昌人,中华苏维埃第一部红色宪法的起草者,被誉为人民法制和人民司法的开拓者和奠基人。

④ 古柏(1906—1935),生于中国江西省长宁县(1914 年改为寻邬县,今称寻乌县),中国工农红军将领。

⑤ 何青洲:《"人民司法"在中国的实践路线——政治正义的司法实现》,中国政法大学出版社 2016 年版,第 129 页。

本质区别在于资产阶级所主张的永恒的正义只在资产阶级的司法中被实现了,平等也仅仅是法律面前的资产阶级的平等,体现的是资产阶级的意志,无产阶级除了要忍受物质上的贫困之外,还要忍受法律上的贫困。①

马列主义之所以成为人民司法的指导思想是因为人民司法观与马列主义中国化指导原则具有高度的一致性。② 董必武提出,群众和党外人士是我们学习马列主义的补习学校,是马列主义的活课本,是马列主义的实验所。我们用马列主义的原则做指导去和他们一块生活和工作,可以告诉他们一些东西,同时也要从他们那里吸取新的东西,以充实和发展马列主义。③

(二)巩固人民民主专政

董必武认为,我国是人民民主专政的国家,人民民主专政是最锐利的武器,如果司法工作不是第一位的话,也是第二位。当我们在跟反革命做武装斗争的时候,武装当然是第一位,在革命胜利的初期,武装也还有很大的重要性。可是社会一经脱离了战争的影响,那么,司法工作和公安工作就成为人民国家手中对付反革命、维持社会秩序最重要的工具。④

人民民主专政的理论渊源是无产阶级专政思想,无产阶级专政思想孕育于马克思恩格斯的经典著作之中。马克思恩格斯有关民主与专政的思想主要包括:民主是具体的、历史的,绝不存在"绝对的民主";民主具有阶级性,本质是国家进行阶级统治的工具;人民是民主的本体,是国家的主人;人民民主体现绝大多数人的意志;民主与专政是进行阶级统治时权力的两种运作方式,二者相辅相成,不可分割;无产阶级专政是对少数人的专政,具有过渡性;等等。⑤

无产阶级专政理论是马克思列宁主义的理论,而人民民主专政理论则是毛泽东的一大创举。人民民主专政是指在不同的历史时期,由工人阶级领导其他革命阶级组成的、对广大人民实行民主、对剥削阶级分子和其他敌对分子实行专政的政权。我国的人民民主专政是无产阶级专政的一种特殊表现形式,在实质

---

① 何青洲:《"人民司法"在中国的实践路线:政治正义的司法实现》,中国政法大学出版社 2016 年版,第 48—49 页。
② 沈玮玮、叶开强等:《人民司法:司法文明建设的历史实践(1931—1959)》,中山大学出版社 2016 年版,第 34 页。
③ 董必武:《董必武选集》,人民出版社 1985 年版,第 84 页。
④ 董必武:《董必武法学文集》,法律出版社 2001 年版,第 38 页。
⑤ 李宏涛:《人民民主专政理论的历史演绎与时代价值》,《法制与社会》2020 年第 2 期,第 238—240 页。

上即为无产阶级专政。① 毛泽东说："对人民内部的民主方面和对反动派的专政方面,互相结合起来,就是人民民主专政。"②

巩固人民民主专政是人民司法的基础。人民司法是为人民服务的司法,不是为敌对分子服务的司法,只有对广大人民实行民主,才能充分调动广大人民群众的积极性,从而形成强大的政治统治力量,实现对敌人的有效专政,而且相对应,只有对敌人实行强有力的专政,才能保障人民的民主权利和根本利益。③

司法部门是人民政府的组成部分,其工作是实行人民民主专政,④人民司法就是巩固人民民主专政的最锐利武器。司法具有阶级性,这是由国家的阶级性决定的。任何国家和司法都维护着统治阶级的利益,司法就其内容来说,一方面,是惩罚犯罪行为;另一方面,主要是处理权利义务纠纷,使社会关系尤其是阶级关系处于正常的状态。⑤

人民司法要求维护人民的正当权益,这里面是有几点要求的。一是在处理人民内部矛盾时,要讲究民主;二是在处理敌对分子的问题上,要坚持专政,因为敌对分子的出现,是社会上的不安定因素,对人民来说是潜在的危险,我们必须采取严厉的态度,以满足人民司法维护人民正当权益的要求。

（三）为人民服务

1944 年,毛泽东追悼张思德⑥同志时,发表了《为人民服务》的讲话,他说:"我们的共产党和共产党所领导的八路军、新四军是革命的队伍。我们这个队伍完全是为着解放人民的,是彻底地为人民的利益工作的。"⑦

全心全意为人民服务是中国共产党思想道德建设的宗旨。党是人民利益的代表,党除了为群众谋利益,没有任何其他利益。董必武也十分认同为人民服务的理念,他认为,党的唯一利益就是群众利益,除了为群众谋福利,党没有任何其他利益。党的利益高于一切,也就是群众的利益高于一切。⑧

---

① 人众法律图书中心:《新编常用法律词典·案例应用版》(精装增订版),中国法制出版社 2016 年版,第 65 页。

② 《毛泽东选集》(第 4 卷),人民出版社 1991 年版,第 1475 页。

③ 本书编写组:《毛泽东思想和中国特色社会主义理论体系概论》,高等教育出版社 2018 年版,第 208 页。

④ 董必武:《董必武政治法律文集》,法律出版社 1986 年版,第 222 页。

⑤ 李承:《马克思主义政治学》,新华出版社 1984 年版,第 189 页。

⑥ 张思德(1915—1944),中央警卫团战士,1944 年秋天,在烧木炭窑时因炭窑崩塌,不幸牺牲。

⑦ 吴廷勇、吕庆:《为人民服务》(共产党员珍藏本),中央文献出版社 2000 年版,第 1 页。

⑧ 董必武:《董必武选集》,人民出版社 1985 年版,第 175 页。

政府有权,要为群众做事,为群众谋幸福。① 政府之所以有权是因为人民群众的信任,是因为人民群众愿意接受政府的管理。一个好的政府,既然获得了民众支持,当然要为千万百姓谋福利,要为群众做事。

朱德②和董必武曾共同作诗一首:"历年征战未离鞍,赢得边区老少安;耕者有田风俗厚,仁人施政法刑宽;实行民主真行宪,只见公仆不见官;陕北齐声歌解放,丰衣足食万家欢"。③

"只见公仆不见官"深刻反映了朱德和董必武为人民服务的精神,这既是他们的从政理念,也是他们对政法官员的期望。虽然官员在社会中是处于管理地位的,但是官员不能把自己看成是高高在上的统治者,而要在内心树立为人民服务的信念,把为人民谋幸福作为自己为之奋斗的目标,甘做人民的公仆,尽心尽责,最终实现万家欢乐。

(四) 走群众路线

坚持走群众路线是实现为人民服务的伟大理想的现实路径。中国共产党取得今天的成就与国民党以及国外政党走精英路线的理念不同,中国共产党深刻分析了中国的国情,即在中国,农民是占绝大多数人口的,面对这一现实,中国共产党采取了自下而上的群众路线,使广大民众的阶级觉悟得到了提升,阶级身份得到了认可,从而催生了以阶级话语为核心的革命政治文化的诞生。④

对于走群众路线的理念,董必武认为要做到"两个不许"和"两个必要"。"两个不许"是:第一,不许看不起群众,看不起党外人士,这是共产党所不容许的。第二,不许在狭隘的圈子内幽居而和群众隔绝,和党外人士隔绝,这同样是共产党所不容许的。⑤ "两个不许"是有其内在联系的:看不起群众和党外人士必然会导致和群众、党外人士之间有隔阂;和群众、党外人士有隔阂、不常加以联系,就会困在自己的圈子里自视清高,容易产生看不起群众和党外人士的想法。

---

① 董必武:《董必武选集》,人民出版社 1985 年版,第 55 页。
② 朱德(1886—1976),原名朱代珍,曾用名建德,字玉阶,四川仪陇县人。中国人民解放军和中华人民共和国的主要缔造者和创始人及领导人之一,亦是中国共产党早期领导人之一。
③ 沈玮玮、叶开强等:《人民司法:司法文明建设的历史实践(1931—1959)》,中山大学出版社 2016 年版,第 32 页。
④ 郑智航:《人民司法群众路线生成史研究(1937—1949):以思想权力运作为核心的考察》,《法学评论》2017 年第 1 期,第 155—163 页。
⑤ 董必武:《董必武选集》,人民出版社 1985 年版,第 84 页。

　　"两个必要"一是倾听群众的呼声,采纳群众的意见,了解群众的生活,保护群众的利益;二是使群众敢于批评政府、敢于监督政府,一直到敢于撤销他们不满意的工作人员。① "两个必要"是对"两个不许"的呼应,即要做到和群众、党外人士没有隔阂,就要多和他们联系,倾听他们的意见,了解他们的想法。由于我们的法制贯彻"从群众中来,到群众中去"的原则,所以它也就无隔阂地反映了人民的意见。② 怎么样判断群众是否知无不言、言无不尽? 要看群众是否敢于批评、监督政府,一方面,这符合为人民服务的理念;另一方面,批评和监督也可以让政府进行反思。

二、人民司法与司法改革

　　在不同的时期,司法改革有着不同的目标。董必武主持的司法改革是中华人民共和国成立后的第一次司法改革,是司法部门在"三反""五反"③运动的基础上开展的批判旧法观点、旧司法作风和改革司法机关的运动。其目的是划清新旧法制的界限,并从政治上、组织上、思想作风上整顿各级人民司法机关;在全国范围内系统地逐步建立和健全人民司法制度;肃清旧法观点在法律教育工作中的影响,改革大学的法学课程,使之能适应培养中华人民共和国政法干部的迫切需要。④

　　对于第一次司法改革运动的目标,董必武认为,如果说在我们的司法部门中发现了政治不纯、组织不纯、思想不纯,那么,司法改革运动就要使它在组织上、思想上和政治上纯洁。⑤

　　一系列新的人民司法制度的建立反映了司法改革的成绩。但原有法律中的合理因素未受到应有的重视,过于强调司法机关中存在的组织不纯和思想不纯对当时和以后的法制建设产生了重要影响。⑥

　　虽然原有法律中的合理因素未受到应有的重视,但确有它的历史必然性。中国共产党遵循的是马列主义关于国家和法律的理论,即国家及其法律具有阶级性,既然法律具有阶级性,那么,当推翻旧政权而成立新政权的时候,必然要打

---

　　① 董必武:《董必武选集》,人民出版社 1985 年版,第 55—56 页。
　　② 董必武:《董必武法学文集》,法律出版社 2001 年版,第 345 页。
　　③ "三反"指反贪污、反浪费、反官僚主义;"五反"指反行贿、反偷税漏税、反盗窃国家财产、反偷工减料、反盗窃经济情报。
　　④ 董必武:《董必武法学文集》,法律出版社 2001 年版,第 250 页。
　　⑤ 董必武:《董必武政治法律文集》,法律出版社 1986 年版,第 275 页。
　　⑥ 中共北京市委党史研究室:《中国共产党北京历史》(第 2 卷),北京出版社 2011 年版,第 87 页。

碎反动的旧国家机器及其法律制度。

人民司法的理念贯穿董必武司法改革的始终。司法改革怎么样才算成功？董必武认为，应当以人民是否满意、是否最大化地考虑了人民的利益为标准。君民如舟水，只有广大人民满意，社会才能长治久安。

我们司法改革的目标就是建设人民司法制度、建设为人民服务的司法。在董必武时代，"马锡五①审判方式"是为人称颂的司法审判方式。在陕甘宁边区工作时，马锡五经常携带案卷深入基层联系和依靠群众，调查研究，查清案情，实事求是、不拘形式、公平合理地处理了一系列长期缠讼不清的疑难案件，惩罚了违法行为，保护了当事人的合法权益，提高了干部的思想水平，教育了当事人和群众，受到广大人民群众的称颂。马锡五所创造的审判方式被称为"马锡五审判方式"。②

"马锡五审判方式"是司法改革成功的例子，人民司法应走群众路线，深入群众、了解群众、依靠群众。

三、人民司法的历史地位

人民司法以马列主义、毛泽东思想为指导思想，遵循马列主义政治正义观的要求。人民司法的核心在于构建符合国家意识形态下的国家和人民满意的司法理念。③ 人民司法理念是董必武的司法文明观的重要体现，其本质是马列主义法律观，是马列主义关于法的本质、属性、价值、作用等的科学理论、系统思想和基本观点同中国革命与社会主义建设过程中法治实践相结合的思想理论产物，是马列主义世界观和方法论在法治思想领域的具体反映。④ 中国共产党之所以最终取得成功，很重要的一个因素就在于其重视人民的作用，强调依靠群众、尊重群众。

人民司法作为具有中国特色的司法文化，其特色为：一是以人为本。与资产阶级法制及国民党统治不同，中国共产党强调人民司法是以广大人民群众的利益为根本，代表的是最广大人民群众的切身利益，是人民民主专政的司法。二是司法为民。人民司法的目的就是司法为民、为人民服务，司法机关是人民的公仆。

---

① 马锡五（1898—1962），陕西保安（今志丹县）人。1946 年任陕甘宁边区高等法院院长，中华人民共和国建立后曾任最高人民法院副院长。

② 王立民：《中国法制史》，上海人民出版社 2007 年版，第 532 页。

③ 沈玮玮、叶开强等：《人民司法：司法文明建设的历史实践(1931—1959)》，中山大学出版社 2016 年版，第 189 页。

④ 孙琬钟、公丕祥：《董必武法学思想研究文集》（第 6 辑），人民法院出版社 2007 年版，第 345 页。

人民司法的基本观点是群众观点,不仅要联系群众、依靠群众、听取群众意见,而且要维护群众的合法权益,尽可能地满足群众的需求。要真正做到人民司法,就需要在制度设计上下功夫,例如,联系群众、听取群众意见可以通过信访的方法,直接接触群众,了解他们的需求;维护群众的合法权益可以通过公开审判、律师辩护制度;便利群众维权可以通过多元化纠纷解决机制等。

第三节　董必武的司法制度建设理念

司法制度是一项重要的国家制度。所谓司法制度是指有关司法机关和其他司法组织的性质、任务、组织体系、权利义务、活动原则以及工作制度等方面规范的总称。① 董必武的司法制度建设思想涉及人民法院、人民检察院、公安机关、司法行政机关、监狱以及律师制度。

一、人民法院

人民法院制度是中华人民共和国制度建设的重点。董必武关于人民法院的论述涉及法院的工作人员、审判委员会、法院院长与合议庭和审判委员会的关系以及军事法院。

（一）概述

现代的法院是指唯一行使国家审判权的专门机关。"法院"一词不是自古以来就有的,它是汉语中自创的新词,最早出现在清末。② 我们现在使用的"人民法院"一词最先出现在高里亚柯夫著、张君悌译的《苏联的法院》一书中（1948年版）,中华人民共和国成立后,在1954年颁布的《中华人民共和国人民法院组织法》（简称《人民法院组织法》）中,正式将审判机关称为人民法院。③

在1954年《人民法院组织法》颁布之后,我国人民法院由基层人民法院、中级人民法院和高级人民法院组成,实行两审终审制。

在《人民法院组织法》颁布以前,并没有市级的中级人民法院存在,只有基层人民法院、高级人民法院和高级人民法院的分院,这对群众进行诉讼活动造成了

① 钟玉瑜:《中国特色司法制度》,中国政法大学出版社2000年版,第3页。
② 何勤华等:《法律名词的起源》（上）,北京大学出版社2009年版,第477页。
③ 何勤华等:《法律名词的起源》（上）,北京大学出版社2009年版,第479页。

很大的不便,因为这种分院只是省(自治区)人民法院的派出机关,它的判决和裁定就是省(自治区)人民法院的判决和裁定,如果当事人不服,就只能直接向最高人民法院及其分院上诉,①造成上诉不便。另外对法院的监督工作和及时处理案件问题也造成很大挑战。设置中级人民法院对案件进行分流,既便利了群众,又利于司法工作。

董必武强调,人民法院是国家的审判机关,他将人民法院的地位和职能简明扼要地告诉司法工作人员,并对法院的审判职能进行了解释:"法院是管审判工作的机关,就国家分工来说,法院的工作是最单纯的,但就每个案件来说,法院的工作又是最复杂的。案件以无限形式表现出来。有没有完全一样的案件呢?没有。因此,处理每一个案件,都要投入全副精力,要仔细分析、比较、研究它的差别性。我们的工作是靠脑力劳动,不像搞生产那样有一个固定不变的规格,例如工业,投入生产五分钟就能见效。办案子没有一个固定不变的模子可以套的。正因为如此,国家分工要由法院来做审判工作。法院是最后一道工序是不是就不重要呢?不是。从法律上看,杀人要我们点头,不然不合法;想翻案也要依法才行,这就不能说不重要。国家之所以设法院,是因为它是重要的,必要的。"②

司法工作在不同时代背景下有着不同的任务,反映了不同的社会理念。在中华人民共和国成立之初,一些反动势力仍然存在,董必武提出,司法工作的主要任务是针对反革命,这不是说把什么案件都看成是反革命案件,但只要有敌人,我们同敌人的斗争就是尖锐的③。

《人民法院组织法》第 3 条规定:"人民法院的任务是审判刑事案件和民事案件,并且通过审判活动,惩办一切犯罪分子,解决民事纠纷,以保卫人民民主制度,维护公共秩序,保护公共财产,保护公民的权利和合法利益,保障国家的社会主义建设和社会主义改造事业的顺利进行。人民法院用它的全部活动教育公民忠于祖国、自觉地遵守法律。"此条明确地说明了人民法院的任务以及通过审判案件要达到的效果。

（二）法院的工作人员

法院的工作人员主要包括法官和书记员。中国古代也有法官,但是古代的

---

① 魏文伯:《对于〈中华人民共和国人民法院组织法〉基本问题的认识》,上海人民出版社 1956 年版,第 14 页。

② 董必武:《董必武法学文集》,法律出版社 2001 年版,第 419 页。

③ 董必武:《董必武法学文集》,法律出版社 2001 年版,第 414 页。

法官和我们现在理解的法官的职能并不相同。《商君书·定分》："吏民知法令者，皆问法官。故天下之吏民，无不知法者。"中国古代并没有严格区分司法和行政，故古代所称"法官"的主要职责是研究和讲授国家法令。现代意义的"法官"一词源于西方，指的是专门从事审判工作的人员。中国法官制度的形成经历了一段漫长的、渐进的过程，最终形成了我国今天的法官制度。

清楚了法官的职责是专门从事审判工作的，而司法审判又是权利救济的最终途径，那么，对于法官的选任应当是严格而谨慎的。董必武认为，对于法官的选任，应该要注意以下几点。

第一，法官应是人民可信赖之人。人民的法律是便利维护人民自身的权益和对敌人斗争的锐利武器，不应操纵在不可信赖的人手中。①

第二，法官应该要懂得基本的法律知识。我们过去判错案件不完全因为没有法律依据，其中原因之一是遇到具体案件不能恰当地运用法律，所以有了法，还必须有具备起码的法律科学知识的人去运用，否则，就不可能不判错案。②

第三，法官要懂人情事理。法是人搞的，没有什么神秘，但法是科学。为什么法律规定 23 岁以上的成年人才能当审判员，其他干部并没有这样的年龄限制呢？就是由于当审判员要懂得些法学知识，还要懂得人情事理。从事审判工作，只懂得法，而不懂人情事理，法学博士也不一定能搞好审判工作。③

书记员在法庭中占有重要地位，书记员的工作主要是担任审判庭的记录工作，并且听从法官指挥，协助处理一些法庭中的程序性事务。董必武强调，书记员工作是审判工作中一个重要的、不可缺少的部分，做好书记员工作是案件正确和迅速处理的必要条件。④ 需要注意的是，书记员只是协助法官做好法庭中的程序性工作，让法官可以专心审理案件，并不参与案件的审理工作。

另外，董必武认为，法院中除了需要有专门审理案件的人员，还需要技术人员提供支持，例如法医。法医，从前叫作检验医，这是法院非有不可的。司法机关对人命案子需要检验。⑤

---

① 董必武：《董必武法学文集》，法律出版社 2001 年版，第 116 页。
② 董必武：《董必武政治法律文集》，法律出版社 1986 年版，第 375 页。
③ 董必武：《董必武法学文集》，法律出版社 2001 年版，第 414 页。
④ 董必武：《董必武政治法律文集》，法律出版社 1986 年版，第 392 页。
⑤ 董必武：《董必武法学文集》，法律出版社 2001 年版，第 213 页。

（三）审判委员会

中国法院的审判委员会制度脱胎于革命根据地的审判制度,是在学习和借鉴苏联模式的基础上产生的司法制度。董必武提出,审判委员会的任务是总结审判经验、讨论重大的或者疑难的案件和其他有关审判工作的问题。审判委员会讨论重大、疑难的案件,主要有两种情况:一是由合议庭审查案情,遇到重大、疑难的案件,经审判庭再经院长,提交审判委员会讨论;二是院长发现本院审理的案件在认定事实有出入或适用法律上有错误,可提交审判委员会讨论。

在人员组成方面,1954 年的《人民法院组织法》并没有明确规定,董必武根据以往的司法实践经验提出,审判委员会由法院院长、副院长、庭长、副庭长和审判员等人组成。书记员不能成为审判委员会的成员。按照《人民法院组织法》的规定,检察长有权列席法院的审判委员会,司法部也可派人参加,但他们都不是审判委员会成员。①

1979 年的《人民法院组织法》规定,地方各级人民法院审判委员会委员由院长提请本级人民代表大会常务委员会任免;最高人民法院审判委员会由最高人民法院院长提请全国人民代表大会常务委员会任免。各级人民法院审判委员会会议由院长主持,本级人民检察院检察长可以列席。

1979 年规定的审判委员会制度相比于董必武时期已有改进,审判委员会的人员不再固定是法院院长等,而是需要人民代表大会任免。同样,检察长也可以列席,但是司法部不再有出席的权限。

董必武认为,在审判委员会的制度运行方面,承办案件的审判员可以在审判委员会上陈述意见,审判委员会也有责任听取他们的意见。虽然承办审判员不一定是审判委员会的委员,但他们有发言权,只是没有表决权。最高人民法院审判委员会开会的时候,一般不采取少数服从多数的表决方式。

可以说,审判委员会的设置是符合中华人民共和国成立初期的司法实践的,它的优点显而易见:由法院内部最高层级的人员组成一个审判委员会来处理重大、疑难案件,集思广益。但审判委员会的缺点也恰恰突出在"思"上,审委会成员处理案件仅仅靠听审判员的报告来思考问题,没有做到亲自审理案件,不能直接接触真实案件,很容易对案件理解造成偏差,酿成不好的结果。我们在肯定审委会历史贡献的同时,也要思考在今天司法改革中如何改革审判委员会,以实现司法公正。

---

① 董必武:《董必武法学文集》,法律出版社 2001 年版,第 389 页。

（四）法院院长与合议庭、审判委员会的关系

关于合议庭与审判委员会的关系，董必武认为，合议庭应该执行审判委员会的决定。

合议庭是审判庭下面的一个组织，它是以特定的案子临时组成的，而且合议庭的重大、疑难案件要经过审判庭提交院长，再由院长提交给审判委员会。当合议庭的审判员已经在审判委员会上陈述了自己的意见，审判委员会已经就某一案件或某一问题做出了决议，这时候合议庭就不能对抗审判委员会的决议。

如果审判委员会讨论后，合议庭又发现了新问题，合议庭可以报告院长，院长再提交审判委员会讨论。合议庭认为不是重大、疑难的案件可以不提交审判委员会，自己决定即可。如果有错误，院长可以提出纠正。院长的权是大的，但院长要经过审判委员会，不能单独行动。①

审判委员会讨论的案件范围必须是合议庭认为重大、疑难的案件，如果不是重大或疑难的案件则无须经过审判委员会，合议庭可以自行判决。审判委员会讨论的案件必须先经过合议庭审理之后，认为该案件是重大或者疑难的案件，方可以进入审判委员会进行讨论研究，而非先进行讨论，再由合议庭进行审理，否则很容易会先入为主，导致冤假错案的发生。

合议庭要提交给审判委员会讨论的案件需要经过法院院长之手，无论是第一次提交还是在审判委员会讨论后合议庭又发现的新问题，只要认为需要审判委员会再次进行讨论。

合议庭对审判委员会讨论的结果需要接受并且执行该讨论结果，审判委员会并不直接执行自己讨论出的决定，而是将该讨论决定告知合议庭，由合议庭去执行该决定。

（五）军事法院及其他专门法院

军事法院是国家设立在军队中的审判机关。军事法院属于专门法院的一种。1983 年 9 月修订后的《人民法院组织法》明确规定，在军队中设立军事法院。② 1957 年，董必武在军事检察长、军事法院院长会议上的讲话中提到，部队里要设置军事法院，它的作用在于巩固人民解放军的力量。③ 巩固人民解放军

① 董必武：《董必武法学文集》，法律出版社 2001 年版，第 390 页。
② 李伟民等：《法学辞源》，黑龙江人民出版社 2002 年版，第 1460 页。
③ 董必武：《董必武政治法律文集》，法律出版社 1986 年版，第 522 页。

力量的方法就是加强纪律，部队的纪律要严格执行。军队中的司法工作，从我们军队建立的时候起军队中的司法工作就开始萌芽。它是军队工作的一个组成部分，有助于军队纪律的巩固。没有它，军队的建设就是不完备的。①

为了巩固人民解放军的纪律，军事审判机关也需按照宪法和人民法院组织法的规定进行审判活动。法院是唯一的审判机关，别的机关不能审判。② 军事法院依法审判与国家军事利益相关的各类案件，军事法院的案件与一般法院有所不同，它常常涉及国家机密，法律规定不公开审判的案件当然不公开，但依法应该公开审判的案件必须公开审判。③

在中国古代，军事司法是早于普通司法的。到了现代，我们的关注点都集中在普通司法，而较少关注军事司法。对于军事法院管辖案件的范围问题，立法层级较低。

至于其他的专门法院，是为了振兴经济、配合大规模经济建设而设置。董必武认为，为配合已经开始的大规模的经济建设，应建立工矿的专门法庭。这种法庭，首先是要跟破坏经济的犯罪分子做斗争，同时也要教育劳动人民遵守劳动纪律。只有用这个东西去教育，收效才能很快，没有这个东西，仅仅靠开会、批评、登报是不行的。④

1954 年 3 月董必武在《进一步加强经济建设时期的政法工作》中提道："今年政法部门要在若干重要城市、厂矿铁路、水运沿线进行政法工作的重点试验，并在若干县试验政法工作如何保障和推动农业生产互助合作运动的发展，这是创造经验、推进工作的重要措施。"⑤在 1955 年中国共产党全国代表会议中，董必武做《司法工作必须为经济建设服务》的发言，那个时候，我国已经建立了 11 个铁路运输专门法院，2 个水上运输专门法院，在最高人民法院还设立了铁路水上运输审判庭。⑥

二、人民检察院

董必武是中华人民共和国人民检察制度的奠基人，他对人民检察制度的建设以及检察官法律职业伦理的培养做出了很大贡献。

---

① 董必武：《董必武法学文集》，法律出版社 2001 年版，第 378 页。
② 董必武：《董必武政治法律文集》，法律出版社 1986 年版，第 522 页。
③ 董必武：《董必武法学文集》，法律出版社 2001 年版，第 384 页。
④ 董必武：《董必武法学文集》，法律出版社 2001 年版，第 158 页。
⑤ 董必武：《董必武法学文集》，法律出版社 2001 年版，第 175 页。
⑥ 董必武：《董必武法学文集》，法律出版社 2001 年版，第 247 页。

（一）概述

检察制度是现代司法制度的重要组成部分。作为我国政治制度和司法制度的有机组成部分,中国检察制度是适应我国经济、政治、社会和文化发展要求、反映中国法律文化特点、体现现代检察制度发展规律的一项独特的制度模式。[①]董必武在 1950 年《对参加全国司法会议的党员干部的讲话》中提出,我们革命工作向来都是从无到有、由小到大、由简至繁,一步步搞起来的。我们检察部门没有基础,是平地起楼台,困难更多。[②]

检察制度虽说是平地起楼台,但并不是说在中国历史的长河中找不出任何渊源。中国在近代以前没有产生现代意义的检察制度。与此相关的是,古代中国一直存在着一项十分重要而独特的政治法律制度——御史制度,其纠察百官、监督制约权力的特点与现代中国检察制度有一定的文化传承关系。[③]

人民检察院的宪法定位是国家的法律监督机关,履行法律监督职能。检察机关依法独立行使检察权,检察权属于司法权。董必武认为,检察机关是伴随着国家的存在而存在,伴随着国家的消亡而消亡的,"人民现在需要检察机关,将来是否还需要呢? 应当肯定地说还需要。这是因为国家还存在时,它的法纪必须存在,维护法纪的机关也必然存在。直到国家消亡,人民不需要国家机器的时候,才不需要检察机关。国家将这一监督法律执行的重大责任交给检察机关,检察工作人员的责任是很重大的。因此,国家对于检察工作人员的品质要求是很高的。"[④]

董必武比较重视检察机关的监督职能,他认为,检察院是监督机关,不管哪一机关犯了法,它都可以提出来。[⑤] 我国 1982 年的《宪法》规定:人民检察院是法律监督的专门性机构,因为检察机关的法律监督职能行使主体、监督手段、监督程序和监督结果具有专门性。[⑥] 检察机关可以依照法律对公安机关、法院、公职人员的职务犯罪等进行监督。

（二）人民检察制度

董必武认为,人民检察制度是非有不可的,国家与人民都需要检察机关,有

---

① 孙谦:《中国特色社会主义检察制度》,中国检察出版社 2015 年版,第 55 页。
② 董必武:《董必武法学文集》,法律出版社 2001 年版,第 49 页。
③ 孙谦:《中国特色社会主义检察制度》,中国检察出版社 2015 年版,第 55—56 页。
④ 董必武:《董必武法学文集》,法律出版社 2001 年版,第 186 页。
⑤ 董必武:《董必武政治法律文集》,法律出版社 1986 年版,第 527 页。
⑥ 王建国等:《中俄检察制度比较研究》,法律出版社 2017 年版,第 54 页。

计划的经济建设开始后,与搞运动的情况不同,更需要全国人民和国家工作人员严格遵守法纪。董必武对我国检察制度的建设做过许多重要的论述。

第一,坚持检察工作的人民性。检察机关的职责是保障国家法律的执行,当然,肃清全国违法的现象只靠检察机关是不够的,检察机关必须依靠群众、教育群众守法和揭发违法事情。①

第二,检察机关要有法可依、有法必依。检察机关在诉讼活动中代表的是国家公权力,公权力要依法进行制约,防止公职人员滥用权力,损害司法公信力。

第三,在中华人民共和国成立初期,董必武任政务院副总理兼政治法律委员会主任,他指导制定了《最高人民检察署组织条例》《各级地方检察署组织通则》,给检察机关活动提供了法律依据。1954 年,董必武又指导制定了《中华人民在共和国检察院组织法》,为之后检察制度的制定或修订奠定了基础。②

(三)检察官的法律职业伦理

法律职业伦理是一个国家的法律制度的重要组成部分,也是一个国家的法律职业发展的重要保障。③ 在众多的职业伦理中,法律职业伦理尤为独特,究其原因是由法律职业不同于其他职业的特质所决定的。检察官作为国家公权力的代表,更需要强调职业伦理的重要性。

检察官应具备法律人应有的法律职业素养,要信仰法律、敬畏法律、服从法律。除此之外,2010 年颁布的《检察官职业行为基本规范》规定:检察官要"严格、公正、文明、廉洁",检察官应树立其职业信仰,严守职业纪律,保持和发扬良好的职业作风。

三、准司法机关

"准司法"是指实体上或程序上与司法相类似的行为,④准司法机关,即实体上或程序上与司法机关相类似的机关。本书主要介绍公安机关、司法行政机关以及监狱,这三个机关与司法机关在职能上有相似性,在中华人民共和国成立初期、司法体系尚未完善之时,常常有司法机关与准司法机关职能相混淆的行为

---

① 董必武:《董必武法学文集》,法律出版社 2001 年版,第 186 页。
② 丁慕英:《董必武与新中国检察制度》,《国家检察官学院学报》2005 年第 2 期,第 159—160 页。
③ 黄进:《中国法学教育状况》(2012),中国政法大学出版社 2016 年版,第 95 页。
④ 应松年:《行政法与行政诉讼法词典》,中国政法大学出版社 1992 版,第 670 页。

存在。

（一）公安机关

公安机关属于人民警察制度的一部分。古代中国并没有专门的警察制度，地方行政、司法不分，由府、县行政长官兼管社会治安和司法审判等事宜，只是在府、县衙门内设有巡守、捕快等类似现代警察职能的人员，负责维持治安等工作。[①] 我国的公安机关是在中华人民共和国成立后逐步发展起来的。1949年10月15日—1949年11月1日，我国第一次全国公安会议召开，同年11月5日成立了公安部。[②]《中华人民共和国人民警察法》（简称《警察法》）规定，人民警察的任务是维护国家安全，维护社会治安秩序，保护公民的人身安全、人身自由和合法财产，保护公共财产，预防、制止和惩治违法犯罪活动。董必武认为，公安机关的作用是维持社会秩序，须特别注意同反革命做斗争。[③] 这里体现了公安机关有两方面职能：一是政治统治职能，表现为同反革命作斗争；二是社会管理职能，需进行治安管理工作。

董必武认为公安机关的工作应体现人民性，公安机关同人民群众的关系最为密切，每一个村都应有一个公安员。[④] 现行的《警察法》也采纳了这一思想，其中第3条规定：人民警察必须依靠人民的支持，保持同人民的密切联系，倾听人民的意见和建议，接受人民的监督，维护人民的利益，全心全意为人民服务。

在董必武看来，公安机关在司法系统中还充当惩罚机关的角色，其依法执行拘役、剥夺政治权利等刑罚。在我国，公安部是国务院下属的重要部门，公安机关属于行政机关，但是公安机关同时又是国家的侦查机关，具有司法机关的性质，故公安机关属于准司法机关。

（二）司法行政机关

我国司法行政机关是从民主革命时期的行政机构发展而来的。我国司法行政机关是国家机构的重要组成部分，是人民政府的职能部门之一。[⑤] 在董必武看来，司法行政机关的地位很重要，关于建立司法制度，特别是训练司法干部等

---

① 李广辉、林泰松、邓剑光：《中国司法制度研究》，中国法制出版社2017年版，第141页。
② 程琳：《警察法学通论》，中国人民公安大学出版社2018年版，第82页。
③ 董必武：《董必武法学文集》，法律出版社2001年版，第388页。
④ 董必武：《董必武法学文集》，法律出版社2001年版，第418页。
⑤ 李广辉、林泰松、邓剑光：《中国司法制度研究》，中国法制出版社2017年版，第240页。

就需要司法部。① 司法部的任务是培养司法人才,编写法律教育的教材,除此之外,还要管公证、公断的工作。

如今司法行政机关的职能更加丰富,主要包括：法治宣传教育的管理权、监狱管理权、司法行政性立法起草权和规章制定权、司法协助权、律师公证工作的指导权、法律援助的实施和管理权、判决和裁定的强制执行权、法律职业资格考试的组织和实施管理权、司法职业培训的管理权、人民调解工作指导和管理权、仲裁登记管理权、司法鉴定管理权以及刑满释放人员的安置帮教权等。②

关于司法行政机关的机构设置,在 1955 年董必武同苏联法学专家谈话时提到,司法部系统机构设至省、市为止,③1959 年 4 月 28 日司法部被撤销,1979 年 9 月 13 日重建司法部。④ 司法行政机关分为中央、省级和基层司法行政机关,中央司法行政机关为中华人民共和国司法部,在全国 31 个省、自治区、直辖市设立司法厅(局),在市、县设立司法局,在乡镇一级设立司法所(办)。⑤

(三) 监狱

监狱是国家暴力机器的重要组成部分,是阶级专政的工具。根据《中华人民共和国监狱法》(简称《监狱法》)第 2 条规定,监狱是国家的刑罚执行机关。依照刑法和刑事诉讼法的规定,被判处死刑缓期两年执行、无期徒刑、有期徒刑的罪犯,须在监狱内执行刑罚。监狱的根本属性是其国家强制性,监狱是国家机器的重要组成部分,与警察、军队、法庭一样,是建立在国家强制力的基础之上的、具有司法功能的国家机关。⑥

董必武认为,监狱不仅有惩罚的功能,而且应有教育的功能,监狱是兼有惩罚与教育功能的机关。在监狱中对犯人应该进行教育,但不应光是教育而无惩罚。如果没有惩罚,与学校有什么两样? 如果只给犯人以肉体与精神上的痛苦而不进行教育,也是错误的。要又教又惩,给予教育,而又强迫劳动。现行的监狱法也采纳了董必武的这一思想,将惩罚和改造相结合以及教育和劳动相结合定为监狱工作的法定基本原则,指导监狱工作的进行。

惩罚和改造作为我国监狱工作的两项基本任务,是紧密联系、相辅相成的。

---

① 董必武:《董必武法学文集》,法律出版社 2001 年版,第 178 页。
② 李广辉、林泰松、邓剑光:《中国司法制度研究》,中国法制出版社 2017 年版,第 244—245 页。
③ 董必武:《董必武法学文集》,法律出版社 2001 年版,第 304 页。
④ 李广辉、林泰松、邓剑光:《中国司法制度研究》,中国法制出版社 2017 年版,第 240 页。
⑤ 李广辉、林泰松、邓剑光:《中国司法制度研究》,中国法制出版社 2017 年版,第 243—244 页。
⑥ 李广辉、林泰松、邓剑光:《中国司法制度研究》,中国法制出版社 2017 年版,第 186—188 页。

惩罚是改造的前提和保证,改造是对罪犯实施惩罚的目的和归宿;教育与劳动相结合,其中教育居于主导地位,发挥着主导性作用。对罪犯的教育主要是思想教育,包括法制、道德、政策和前途教育等,其中法制教育是基础性教育,可以使罪犯认罪服法、服从管理和改造。劳动改造罪犯,是指监狱组织罪犯进行生产劳动。我国监狱工作实践证明,劳动在树立罪犯新的思想道德观念、价值观建立新的行为方式和习惯方面具有重要的基础性作用。[1]

监狱的教育功能体现在其具有控制性,监狱通过对犯人进行行为以及心理的控制,从而达到改造罪犯的效果;监狱的惩罚功能体现在其剥夺犯人的人身自由上,"监狱就是要剥夺犯人的自由或某种程度的自由"。[2]

四、法院、检察院和准司法机关之间的关系

中华人民共和国成立初期,司法部门的建设处于起步阶段,司法工作没有一个完整的体系。在这样的背景下,董必武认为全国各地各级司法机关在工作上必须紧密地联系,不要专顾本机关而要通力合作。"各司法部门只有通力合作,才能逐渐在全国各地把司法工作建立起来"。[3] 在体系还不完善的时候,合作是居于第一位的,只有司法部门都建设完备了,才能强调各司法部门之间的明细分工以及相互制约。

（一）法院与检察院关系

董必武在 1954 年 3 月 29 日第二届全国检察工作会议上的讲话中提道：在司法制度健全后,法院在进行判决工作时,不能不与检察院联系起来,必须由检察院代表国家提起公诉;而且,法院有时运用法律可能发生偏差,这又要检察院进行监督。[4]

在这里,董必武强调了法院与检察院的分工与联系,检察院与法院之间是权力制约和法律监督的关系。[5] 法院负责审判工作,检察院负责代表国家提起公诉,两者的联系是检察院代表国家提起公诉后,法院才能受理案件,进入审判程序。此外,检察院还有监督职能,如果法官出现认定事实或适用法律的错误,这

---

① 陈群：《中国司法制度》,武汉大学出版社 2016 年版,第 168 页。
② 董必武：《董必武法学文集》,法律出版社 2001 年版,第 48 页。
③ 董必武：《董必武法学文集》,法律出版社 2001 年版,第 85 页。
④ 董必武：《董必武政治法律文集》,法律出版社 1986 年版,第 314 页。
⑤ 李广辉、林泰松、邓剑光：《中国司法制度研究》,中国法制出版社 2017 年版,第 131 页。

时就需要检察院依照法律规定进行监督。

董必武认为，人民法院与检察院都是国家的司法机关，就法院来讲，它与检察院有直接的关系。由于全国各级人民检察机关和公诉人制度是逐步建立的，有些审判人员的活动还不能体现两机关分工、制约的制度。他们只看到了两机关在刑事诉讼上的活动有共同的目的，而忽视了它们在诉讼上有不同的职能，因此就把审判活动当作是侦查和决定起诉活动的简单重复，或者竟不自觉地站到了控诉人的地位，以控诉的态度来对待被告人，并忽视被告人的辩护权。也有些审判人员对于检察院行使监督审判活动的职权不够尊重。①

此外，董必武还认为人民法院和人民检察院的活动都是以刑事制裁准确性为最终目的，都是要发现案件的真实情况，使犯罪者而不是无罪者受到惩罚，但是检察院的侦查、起诉只是刑事诉讼上的准备阶段，检察院提起公诉后，审判人员仍应客观地核查全部事实，审查全部证据，并依照法律规定解决被告人有无罪责或罪责轻重的问题。检察院所提出的事实和证据要审查，被告人方面所提出的事实和证据也要审查。审判人员对双方所未提出的事实认为有必要的也应主动调查。审查证据不以双方提出的为限，审判人员有权调取新的、必要的证据。人民法院处理犯罪和纠纷的范围极为广泛，与人民的关系也极为密切，必须彻底克服不关心人民利益的官僚主义和脱离实际的主观主义，切实依法办事，实现正确审判的要求。②

（二）公检法关系

董必武明确提出，检察院、法院、公安机关是分工负责、互相制约的关系。③公检法是整个司法系统统一体的各个环节，好比生产、分配、交换、消费，互相有影响。④

公检法三者的分工主要为：公安机关负责侦查；检察机关负责起诉；法院负责审判。检察院本身没有判决权，如果（检察院）认为应该判罪，就向法院起诉。判罪或不判罪是法院的职权。公安机关的逮捕行为要经过检察院的批准，未经批准就逮捕嫌疑人是违法的。

检察院有监督职能，法院审判不合法，检察院可以抗议；公安部门发现法院

---

① 董必武：《董必武法学文集》，法律出版社 2001 年版，第 408 页。
② 董必武：《董必武政治法律文集》，法律出版社 1986 年版，第 540—541 页。
③ 董必武：《董必武政治法律文集》，法律出版社 1986 年版，第 527 页。
④ 董必武：《董必武法学文集》，法律出版社 2001 年版，第 419 页。

判错了，可以经过检察院来抗议，但不能直接插手。这叫作分工负责、互相制约。① 在司法系统来说，法院是最末一道工序，案件到法院判决后就执行了。法院不能走在公安机关的前面，也不能摆在检察院的位置上。②

（二）公检法与司法行政机关的关系

公检法与司法行政机关属于广义的司法机关，都在从事司法工作，只是在具体职能方面各有侧重。董必武认为，在检察院和司法行政系统组织机构还没有普遍建立，法院机构也不够健全的时期，整体来看，当司法部门的成长还没有脱离"单细胞"阶段的时候不应过分强调分工，几个机关应通力合作，一切从有利于工作的角度出发。

"通力合作"与"联合办案"是不同的概念。通力合作是各机关在各司其职的基础上相互配合做好司法工作；而联合办案则是指各机关一起行动，将犯罪嫌疑人抓回来再分家，这既违反了程序正义，也是对司法公正的破坏。

对于几个机关通力合作的具体方法，董必武认为，司法行政部门应检查公检法对政策的执行情况，如发现问题，不能直接命令法院改判，只能向检察院、法院院长和上级法院提出，只要可能的话，高级人民法院设几个人搞督导与研究工作，司法部门设检察机构都是需要的，上级法院加强对下级法院的检查监督很有必要。将来法院干部质量提高了，各方面条件具备了，高级人民法院的督导机构就不必要了，司法行政部门的检查机构无论目前还是将来都是必须设立的。③

在司法活动中，各机关各司其职是法治的要求。但是，制度的设计必须要考虑现实发展的情况。董必武虽深刻理解分工负责、互相制约之要义，但是考虑到中华人民共和国创建之初的国情，即各司法机关建设不完备以及司法工作人员欠缺，他建设性地提出各机关要通力合作、一切从有利于司法工作出发的建议。

（四）公检法司与监狱的关系

在中国共产党第二次全国宣传工作会议上，董必武说："现在监狱是由公安部门来管的"，"管理监狱的人总要懂得法律，不懂得法律怎么能管理监狱呢？"④因为警察在监狱管理上享有很大职权，所以，人民警察依法管理监狱、执行刑罚、

---

① 董必武：《董必武政治法律文集》，法律出版社1986年版，第528页。
② 董必武：《董必武法学文集》，法律出版社2001年版，第418页。
③ 董必武：《董必武法学文集》，法律出版社2001年版，第255页。
④ 董必武：《董必武政治法律文集》，法律出版社1986年版，第350页。

对罪犯进行教育改造等活动受法律保护。监狱警察必须要知法守法、依法办事。

检察机关享有对监狱工作的监督权。根据我国《刑事诉讼法》《人民检察院组织法》和《监狱法》的有关规定,我国检察机关享有刑罚执行监督权。

《监狱法》第 10 条规定,国务院司法行政部门主管全国的监狱工作。司法部是国务院司法行政机关,我国在监狱的管理上实行中央和省两级管理,其中以省级管理为中心。司法部下设监狱管理局,具体负责全国监狱的业务工作。各省司法厅主管本省的监狱工作。各省司法厅下设监狱管理局,具体负责本省监狱的业务工作。[①]

至于法院与监狱机关的关系,在中华人民共和国成立初期,监狱管理仍沿袭过去旧的管理体制,由各地人民法院管理,监狱工作是人民司法工作的一个重要组成部分。[②] 针对当时各地法院发给监狱的刑罚执行相关文书不统一的情况,董必武认为,为了使监狱了解罪犯的犯罪事实和刑期起止日期,并便于对罪犯进行改造教育,今后应由人民法院发给执行书并附判决书,在执行书内注明判决确定日期及刑期起止日期。[③]

五、律师制度

根据 2017 年修订的《中华人民共和国律师法》第 2 条规定:律师是指依法取得律师执业证书,接受委托或者指定,为当事人提供法律服务的执业人员。律师应当维护当事人合法权益、维护法律正确实施、维护社会公平和正义。

律师制度是国家关于律师性质、任务、组织体制、活动原则、取得律师资格的条件和程序以及如何向社会提供法律服务等法律规范的总称。[④] 现代律师制度是法治社会的一项重要制度,其作用体现在生活的方方面面。

在古代,虽然我国没有体系化的律师制度,但是,有关辩护、代理、法律顾问等类似于律师的活动却早有记载,且从不同的侧面反映了我国律师及律师制度的萌芽。例如《周礼》中就有关于诉讼代理人的记载,春秋时期已有最早的讼师邓析。[⑤]

中华人民共和国的律师制度是在废除旧法统、创立新的法制体系的过程中

---

① 邓立强:《监狱学概论》,中央广播电视大学出版社 2012 年版,第 23 页。
② 王晓山:《解放初期人民法院管理下的监狱》,《河南司法警官职业学院学报》2016 年第 4 期,第 17—20 页。
③ 董必武:《董必武法学文集》,法律出版社 2001 年版,第 285 页。
④ 陶髦、宋英辉、肖胜喜:《律师制度比较研究》,中国政法大学出版社 1995 年版,第 1 页。
⑤ 张耕:《中国律师制度研究》,法律出版社 1998 年版,第 8—9 页。

创建并发展起来的。① 1950 年，上海市在人民法院配置了辩护人，同年召开的第一次全国司法工作会议上，中央司法部提交了《京、津、沪三市辩护人制度试行办法(草案)》，规定了律师的任务以及可暂设三种类别的律师。由于中华人民共和国建立初期百废待兴，故一直到 1956 年 7 月 10 日国务院才正式批准了司法部的《关于建立律师工作的请示报告》。②

董必武认为，在诉讼活动中，律师制度是审判工作中保护当事人诉讼权利不可缺少的制度。③ 在刑事诉讼活动中，律师利用自己的专业法学知识帮助诉讼当事人进行辩护，辩护能使案件真相更易发现，④因为刑事诉讼是普通民众与国家公权力之间的对抗，一般群众不了解在庭审中应该如何表现，律师的作用就是帮助诉讼当事人对抗国家公权力，确保当事人的诉讼权利得到保障，确保国家公权力依法办事。

律师辩护的必要性体现在如果没有辩护，就是判得再正确也不足以使人口服心服。国家公权力相对于普通民众来说是绝对强势的存在，如果没有受过专业法律教育的人来代当事人在审判活动中发声，很难认为这是公平的审判。

错案问题是很严峻的问题，它会极大地打击国家司法机关的公信力，而且一桩错案毁掉的可能是一个家庭，对社会的负面影响很大。在董必武看来，不准辩护会使错案更多，⑤辩护可以帮助法官发现案件的疑点，从而更加接近案件的真相。法官判错案件往往是因为没有发现案件的疑点，法官了解案件是靠检察官提供的一纸文书，而案件的疑点就藏在这些文书的细枝末节里，如果没有对立方来对文件进行研究，疑点很难被发现，随之而来的便是错误的判决。

在董必武看来，律师和法官、检察官等法律职业工作者一样都是为了实现正义，他们只是角色分工的不同，使命却是一致的。这一点从 1957 年董必武为施洋⑥烈士墓题的词中可以看出："二七工仇血史留，吴肖遗臭万千秋；律师应仗人间义，身殉名存烈士俦。"⑦直到今天，"律师应仗人间义"这一句仍然鼓舞了很多

---

①　徐家立、吴运浩：《中国律师制度史》，中国政法大学出版社 2000 年版，第 177 页。
②　张耕：《中国律师制度发展的里程碑〈中华人民共和国律师法〉立法过程回顾》，法律出版社 1997 年版，第 1—4 页。
③　董必武：《董必武法学文集》，法律出版社 2001 年版，第 354 页。
④　董必武：《董必武政治法律文集》，法律出版社 1986 年版，第 539 页。
⑤　董必武：《董必武法学文集》，法律出版社 2001 年版，第 238 页。
⑥　施洋(1889—1923)，武汉地区所有工会的法律顾问，后因组织京汉铁路工人罢工，与帝国主义和封建主义做斗争，被帝国主义与军阀吴佩孚、肖耀南杀害，年仅 34 岁。
⑦　《20 世纪中国实录》编：《20 世纪中国实录》(第二卷：1923—1933)，光明日报出版社 2002 年版，第 1106 页。

律师，以法律为信仰，为正义而战。

第四节　董必武的法院审判理念

法院的审判活动是司法活动中重要的一环，在董必武法治理念中有着丰富的法院审判的理念，包括公开审判、人民陪审、审判合议、防错纠错、加强思想建设及党员犯法加重治罪、审判作风以及司法为经济建设服务七大理念。

一、公开审判理念

我国的公开审判制度具体是指人民法院对案件的审理和判决，除法律特别规定的以外，都应当在法庭上公开进行，对依法不公开审理的案件也要一律公开宣判。[1] 董必武在中华人民共和国司法制度建设初期就多次强调，法院审理案件要遵循公开审判的原则。

公开审判是诉讼法的一大原则。实行案件的公开审理可以把人民法院审判活动置于群众监督之下，并便于向旁听群众进行生动具体的法治教育。[2]

董必武强调，公开审判是审判活动的重心。什么叫公开审判？有人把公开审判理解为公审大会，[3]但实际上，两者并不相同。公审大会是中华人民共和国成立初期很常见的一种审判方式，它由公捕、公审和公判三项活动组成，主要指在特定的公众场所组织人民群众参加的司法审判活动。通过公开宣判犯罪分子的罪行起到教育广大人民并威慑社会不安定因素的作用。[4] 以下以在陕甘宁边区发生的封捧儿结婚案为例。

案件发生在马锡五任陕甘宁边区高等法院陇东分庭庭长期间。马锡五在走访群众、了解案情之后，在当地村公所举行了公开审理。在讯问完当事人后，到场群众争先恐后地发言，群众一致认为，封捧儿之父屡次卖女儿，破坏婚姻法，应受罚；与封捧儿结娃娃亲之张氏，在得知封捧儿心仪自家孩子之后，黑夜抢亲，妨害治安，造成恐慌，也应受罚；封捧儿与结娃娃亲之张柏儿两情相悦，应承认婚姻

① 李广辉、林泰松、邓剑光：《中国司法制度研究》，中国法制出版社 2017 年版，第 82 页。
② 董必武：《董必武法学文集》，法律出版社 2001 年版，第 258—259 页。
③ 董必武：《董必武政治法律文集》，法律出版社 1986 年版，第 523 页。
④ 陈楠：《公审大会的刑法追溯》，《山东青年》2016 年第 11 期，第 206 页。

效力。①

董必武这里所说的公开审判是审理案件时准许群众旁听，把审判工作交给群众来监督。② 这就与上述公审大会有很大的区别，在公审大会中，群众是参与审理的；而法院的公开审理，群众以旁听的形式来监督审理，而不参与审理。

公开审判是法律规定的形式，董必武强调其包含几个要件，即开庭要公开、准许旁听、要传唤当事人到庭、事先要把案情通知当事人、让当事人准备公开的辩论。③ 所以，董必武所说的公开审判中的"公开"是指：案件向当事人和其他诉讼参与人公开、向公众公开、在庭审活动中双方进行的辩论也公开。

目前我国庭审公开的内涵有所发展，包括：对社会公众公开、对当事人公开、法官心证条件的公开以及法官心证过程的公开。对社会公众公开要求允许公民前来旁听、允许新闻媒体采访以及以公告方式或其他方式公布案件信息；对当事人公开要求在庭审中公开举证、公开辩论以及法官要告知当事人相应的权利；法官心证条件的公开要求公开审理法官的个人情况；法官心证过程的公开要求法官在裁判文书中充分说明是如何得出这一审理结果的。④

公开审判具有重要意义。董必武认为，通过公开审判可以进行法制宣传教育，使当事人知道犯了什么罪、为什么犯罪，使旁听的人深刻认识犯罪行为的危害性，起到预防犯罪的作用。法院有责任教育人民遵守法律，这就要多做一些法制宣传工作，可以结合部队首长的讲话进行宣传教育工作。法制宣传工作结合具体事例就更生动、更富有教育意义。⑤

二、人民陪审员制度理念

陪审制度发端于西方，原本是为了对抗司法专制而催生的司法民主，但逐渐被司法专断所操纵。⑥ 一般认为，英国是现代陪审制的发源地，但英国的陪审制并非土生土长，而是源于法兰克的宣誓判决法。

陪审制度在中国古代并没有形成，直到清末修律时，沈家本借鉴西方经验，将陪审制度写进了法律，陪审制度才开始出现在中国人的视野中。革命根据地时期的陪审制度奠定了中华人民共和国陪审制度的基础。中华苏维埃中央执行

---

① 赵崑坡、俞建平：《中国革命根据地案例选》，山西人民出版社1984年版，第177—183页。
② 董必武：《董必武法学文集》，法律出版社2001年版，第238页。
③ 董必武：《董必武法学文集》，法律出版社2001年版，第384页。
④ 黄共兴：《论公开审判》，《华章》2011年第30期，第54页。
⑤ 董必武：《董必武法学文集》，法律出版社2001年版，第384页。
⑥ 章晨：《中国司法制度》，中国民主法制出版社2017年版，第169页。

委员会借鉴苏联经验,规定了陪审员参加审判的制度。①

中华人民共和国成立后,1951 年颁布的《中华人民共和国人民法院暂行组织条例》以及 1954 年《人民法院组织法》都规定了人民陪审员制度。2004 年全国人大常委会出台了关于完善人民陪审员制度的决定,对人民陪审员参与的案件类型、担任资格、工作职责、权利义务等做了相应规定。

董必武大力提倡人民陪审员参与案件审理,因为人民陪审员能把人民群众的生活经验、法律意识和道德观念带到法院里来运用。② 董必武特别强调陪审员与审判员在审判活动中的地位平等,享有同等权利。他说:陪审员是直接从群众中产生的,对于情况熟悉。我们特别强调陪审员与审判员有同等权利,这是对审判工作加强监督,可以减少错判。③

笔者认为,人民陪审制度发展到今天,应该对陪审员的资格有所限制,不是仅仅在年龄、品行上达到要求即可任职。在法治国家的建设过程中,司法是很重要的一环,这就要求陪审员应具有基础的法律知识和法律精神。

三、审判合议制度理念

所谓审判合议制度是指法院根据所受理的刑事案件需要成立多人审判组织,该审判组织依照规定的程序和步骤对所受理案件的事实、证据及法律适用等问题进行群体决策的制度。④

关于合议庭的法律定位,董必武解释说,合议庭是审判庭下面的一个组织,它是以特定的案子临时组成的。⑤ 中华人民共和国成立后,1954 年的《人民法院组织法》规定了审判合议制度。合议庭是人民法院的一种基本的审判组织,能否充分发挥合议庭职能直接关系人民法院审判案件的效率和质量;关系社会主义国家的司法公正。⑥

董必武充分肯定了审判合议制度的作用。他认为,首先,审判合议制能发挥集体智慧,保证审判客观和全面。⑦ 合议能保证审判更全面客观的原因在于法院审理案件组成合议庭,进行集体研究,判决不由审判员个人来决定,这就可以

① 章晨:《中国司法制度》,中国民主法制出版社 2017 年版,第 170 页。
② 董必武:《董必武政治法律文集》,法律出版社 1986 年版,第 539 页。
③ 董必武:《董必武法学文集》,法律出版社 2001 年版,第 238 页。
④ 暨中党:《前瞻与能动:刑事司法疑难问题研究》,中国法制出版社 2012 年版,第 298 页。
⑤ 董必武:《董必武法学文集》,法律出版社 2001 年版,第 390 页。
⑥ 刘炳炎:《加强合议庭建设,推动审判方式改革》,《法律适用》1998 年第 11 期,第 3—5 页。
⑦ 董必武:《董必武法学文集》,法律出版社 2001 年版,第 407 页。

减少办案的主观性。①

其次,实行合议制不仅能充分发挥集体智慧、保证办案的准确性,而且能加强审判员的工作责任心和计划性,审判案件的效率不仅没有降低,反而提高了。②

合议庭集体参与案件审理、集体讨论案件如何裁判不仅可以发挥集体智慧,而且可以起到权力制约的效果。法官是接受过专业的法律教育,通过考试严格选出的精英,在社会生活中,法官是公平正义的象征,向社会公众昭示着正义。但是法官也可能因为某种因素的影响或者在某种情况下不当行使其审判权,甚至滥用审判权。③ 因此,组成合议庭可以相互监督、相互制约,防止法官滥用权力,保证司法公正。

四、防错纠错制度

在董必武的法院审判思想中,防错纠错思想占有很重要的地位。董必武的防错纠错思想是由严禁刑讯逼供、正确处理错案和正确区分两类矛盾三部分组成的。

(一)严禁刑讯逼供

董必武强调,刑讯应当是严禁的,在司法机关中尤其应当注意这一点。我们司法机关是教育人民守法的,如果自己违法,那就很成问题。④ 任何事物都有两面性,刑讯逼供也不一定会导致冤案产生,为什么董必武要强调严禁刑讯逼供呢? 什么是刑讯逼供? 根据《法学大辞典》的解释,刑讯逼供是指对人犯或证人使用肉刑或变相使用肉刑逼迫招供和提供证词。⑤ 根据《精编法学辞典》的解释,刑讯逼供是指在刑事诉讼中,司法人员以肉刑或者变相肉刑迫使犯罪嫌疑人或者被告人做出供述而获得供词的行为。⑥

2012 年,最高人民法院和最高人民检察院出台相应法律文件界定"刑讯逼供",⑦

---

① 董必武:《董必武政治法律文集》,法律出版社 1986 年版,第 374 页。
② 董必武:《董必武法学文集》,法律出版社 2001 年版,第 258 页。
③ 张永泉:《合议庭功能及其在审判实务中的运作》,《法律适用》2003 年第 12 期,第 14—16 页。
④ 董必武:《董必武法学文集》,法律出版社 2001 年版,第 160 页。
⑤ 邹瑜、顾明:《法学大辞典》,中国政法大学出版社 1991 年版,第 443 页。
⑥ 曾庆敏:《精编法学辞典》,上海辞书出版社 2000 版,第 271 页。
⑦ 2012 年最高人民法院《关于适用〈中华人民共和国刑事诉讼法〉的解释》第 95 条规定:"使用肉刑或者变相肉刑,或者采用其他使被告人在肉体上或者精神上遭受剧烈疼痛或者痛苦的方法,迫使被告人违背意愿供述的,应当认定为《刑事诉讼法》第 54 条规定的'刑讯逼供等非法方法'。"2012 年《人民检察院刑事诉讼规则(试行)》第 65 条规定:"刑讯逼供是指使用肉刑或者变相使用肉刑,使犯罪嫌疑人在肉体或者精神上遭受剧烈疼痛或者痛苦以逼取供述的行为。"

当时,"两高"的规定并不相同。直到 2017 年五部门①联合发布了《关于办理刑事案件严格排除非法证据若干问题的规定》,其中第 2、3 和 4 条②对刑讯逼供进行了界定,2019 年,最高人民检察院发布的《人民检察院刑事诉讼规则》也继承了五部门联合发文中对刑讯逼供的界定。③

可以看出,刑讯逼供的行为主体是司法人员。客观行为是采取殴打、违法使用戒具等暴力方法或者变相肉刑的恶劣手段、对本人或近亲属合法权益的威胁。其后果是使犯罪嫌疑人遭受难以忍受的痛苦,从而违背意愿做出供述。

（二）正确处理错案

在董必武看来,错案可以分为错捕、错押、错判和错杀四种。

错案的发生往往会导致司法公信力受到质疑,民众对正义感到失望。但是需要清楚的是,无论制度设计再完美,都不可能照顾所有人的利益。我们有着实现正义的理想,但理想与现实往往相距甚远,只能无限接近而难以到达。错案是无法绝对避免的,特别是在法制的成长过程中,就如人在成长之路中也会犯这样或那样的错误。

面对错误应积极面对,对待错案也是如此。董必武在处理错案的问题上提出了很多正确的处理方法。

董必武提出,对错捕、错押的人,应该迅速去查明释放,不要迟延。对于错捕,董必武明确表示,乱捕跟错捕当然不同,乱捕是随便捕,错捕则是因为告发或者其他原因而错捕。乱捕要不得,错捕也不好。

错判、错杀相对于错捕、错押是更加严重的错误,毕竟生命是首要的人权。董必武强调,处理错判、错杀案件是关系人民生命财产和党与政府在人民群众中的政治影响的问题,我们应当认真、严肃、仔细处理,那种简单、粗暴、鲁莽的态度

---

① 五部门:最高人民法院、最高人民检察院、公安部、国家安全部和司法部。

② 最高人民法院、最高人民检察院、公安部、国家安全部、司法部《关于办理刑事案件严格排除非法证据若干问题的规定》第 2 条规定:采取殴打、违法使用戒具等暴力方法或者变相肉刑的恶劣手段,使犯罪嫌疑人、被告人遭受难以忍受的痛苦而违背意愿作出的供述,应当予以排除;第 3 条规定:采用以暴力或者严重损害本人及其近亲属合法权益等进行威胁的方法,使犯罪嫌疑人、被告人遭受难以忍受的痛苦而违背意愿做出的供述,应当予以排除。第 4 条规定:采用非法拘禁等非法限制人身自由的方法收集的犯罪嫌疑人、被告人供述,应当予以排除。

③ 2019 年《人民检察院刑事诉讼规则》第 67 条规定:对采用下列方法收集的犯罪嫌疑人供述,应当予以排除:(一)采用殴打、违法使用戒具等暴力方法或者变相肉刑的恶劣手段,使犯罪嫌疑人遭受难以忍受的痛苦而违背意愿作出的供述;(二)采用以暴力或者严重损害本人及其近亲属合法权益等进行威胁的方法,使犯罪嫌疑人遭受难以忍受的痛苦而违背意愿做出的供述;(三)采用非法拘禁等非法限制人身自由的方法收集的供述。

是有害无益的。

在对待错案的态度方面，董必武站在人民的立场上教导司法工作者，只要司法部门有案子判错了，人民就不服，就会提出意见。司法部门发觉了一部分问题，也解决了一部分问题，纠正了一些错误，人民就欢迎。① 对待错案，不能只按百分数计算，因为错案虽然只占法院全部案件的百分之几，但是对每一个被冤枉的当事人来说则是百分之百的错了。②

总的来说，司法工作者应该站在人民的立场，尽可能地避免错案，但是如果真的发生了错案，应及时改正，错捕错押要及时释放，错判错杀案件该改判的要改判，该赔偿的要赔偿，尽可能地去弥补过错，这样才能为人民所信赖。

（三）正确区分两类矛盾

董必武说，在关于错捕、错押的处理中有一个问题，就是不要打击好人，但是也不要放松了对反革命的警惕。③

在新的政权刚刚成立时，难免会有反动势力存在，造成社会的不稳定。对于这样的状况，董必武在《正确区分两类矛盾，做好审判工作》一文中专门对两类矛盾问题做出了解释，指导法院的工作。

人民法院对两类矛盾必须严格加以区分，④否则，在处理案件时产生了认识错误，将人民内部矛盾当成敌我矛盾来处理的话，很容易失民心。学好两类矛盾学说，有助于在司法工作中注意矛盾的激化和转化，促使矛盾向有利于人民的方向转化；有助于正确发挥司法机关的两个职能作用，更有效地实行人民民主专政；有助于把握法律的基本精神，提高执行法律的自觉性，避免盲目性；有助于正确分析客观形势，做好审判工作。⑤

要做到正确区分两类矛盾，人民法院审判案件必须首先要查明事实，⑥在此基础上，正确辨别案件是属于人民内部是非问题，还是需要严肃处理的敌我矛盾问题。当然，人民内部也有犯罪案件，人民法院对人民内部犯罪案件应当依法正确审判，不应当因为犯罪者是劳动人民而不予严肃处理。董必武强调，案件如果不正确处理，不仅不能产生调整人民内部矛盾的作用，反而会产生促使矛盾复杂

---

① 董必武：《董必武法学文集》，法律出版社 2001 年版，第 160—161 页。
② 董必武：《董必武法学文集》，法律出版社 2001 年版，第 385 页。
③ 董必武：《董必武政治法律文集》，法律出版社 1986 年版，第 281 页。
④ 董必武：《董必武法学文集》，法律出版社 2001 年版，第 403 页。
⑤ 樊凤林：《刑事科学论衡》，中国人民公安大学出版社 2004 年版，第 49 页。
⑥ 董必武：《董必武政治法律文集》，法律出版社 1986 年版，第 539 页。

化、尖锐化的作用。①

五、审判作风

审判作风是指法官在审判案件中表现出来并能反映其办案态度、动机、人格品质的言与行。② 审判作风是和一定类型的诉讼程序密切联系的,而诉讼类型又是由国家类型决定的,归根结底是受一定的社会历史条件所决定的。因此,"先入为主、主观臆断"的审判作风不是偶然的产物。③

尽管是历史遗留下的审判作风,随着社会的发展,这些坏的审判作风也要经过改善来适应新时期的司法活动。1955 年,董必武在同各省市法院院长的讲话中重点强调要改善审判作风。错误的审判作风,它的主要表现是在审理案件时先入为主、偏听偏信、主观臆断、轻信口供不重证据。这种错误的审判作风妨碍了审判工作的正确进行,甚至宽纵了犯罪分子、冤屈了善良人民,在群众中造成了不良影响。董必武认为,针对先入为主的问题,司法工作人员要下决心把案情调查清楚、弄清事实,要坚持以事实为依据、以法律为准绳。针对轻信口供的问题要树立重证据的原则。此外,还要加强政治思想领导,认真学习辩证唯物主义和国家政策、法律、法令。④

除此之外,还有强迫命令作风问题。强迫命令除了法院之外,其他机关也是有的,但董必武认为处理问题不能"向矮子看齐",法院应以身作则,先进行改正,再去影响其他机关。法院的审判作风问题是党的政法工作的一个重要组成部分,也是法院代表人民利益的体现。如何判断法院是否实实在在地改善了审判工作作风了呢? 群众的满意就是判断的唯一客观标准。⑤ 只有群众满意了,他们才会信服审判机关,法院才能在人民群众中形成公信力,从而树立审判机关的权威。要形成良好的审判作风、树立正面的审判机关形象需要由内而外进行建设。内,是指对司法工作人员进行思想道德、职业道德教育,发自内心地形成良好的审判工作作风;外,是指要依靠外力来强制司法工作人员发挥良好的审判作风,这一点主要依靠制度建设来完成。

---

① 董必武:《董必武法学文集》,法律出版社 2001 年版,第 404—405 页。
② 孙琬钟、钱锋:《董必武法学思想研究文集》(第 8 辑),人民法院出版社 2009 年版,第 536 页。
③ 于占济:《对"先入为主、主观臆断"审判作风的思想本质的认识》,《华东政法学报》1956 年第 1 期,第 55—58 页。
④ 董必武:《董必武法学文集》,法律出版社 2001 年版,第 266 页。
⑤ 于世平:《走过法官的岁月:一位高级法官办案后的思索》,中国法制出版社 2007 年版,第 364—365 页。

六、加强思想建设及党员犯法加重治罪

马列主义和毛泽东思想在中国实践中获得了成功,证明马列主义、毛泽东思想是带领中国人走向美好未来的关键。董必武非常重视思想建设工作,他在第一届全国司法会议上就强调,在司法工作创建之际,思想建设格外重要,必须把它视为司法工作建设的前提。[1]　要提高司法人员的思想,董必武认为应从以下几个方面着手。

第一,学习马列的著作。马列主义在中国是经过历史检验的真理,是值得我们学习与发展的理论,发展到今天,我们要学习马克思列宁主义、毛泽东思想、邓小平理论、"三个代表"重要思想、科学发展观以及习近平新时代中国特色社会主义思想,这些都是马列主义本土化的优秀成果。

第二,进行批评与自我批评。"批评与自我批评"是一个具有鲜明中国共产党标识的新词,也是一个具有鲜明民族特色的词。[2]　它的含义,简单理解就是党组织、党员个人对党内同志、党内个人对党组织的缺点错误及时指出、深入剖析,在原则问题上进行积极的、健康的思想斗争。[3]

第三,学习时事政策和业务。世界上一切事物都是作为过程而存在的,过程范畴是对事物永恒发展认识的深化。党员队伍思想建设是一个永恒的课题,我们要理性地看待其长期性、动态性和反复性的过程,深化认识。[4]　学习时事政策和业务就是一个让党员不断地去学习、不断地收获先进思想的途径。

第四,训练干部。不少的人民法院干部受到资产阶级思想的侵蚀,滋长出盲目的骄傲自满和特权思想,以致影响法院的集体领导和团结,甚至影响和公安、检察机关的关系以及上下级法院之间的关系。[5]　所以,训练干部不仅要训练其专业素质,而且要对其思想进行教育,这样才能更好地做好人民司法的工作。

"党员犯法加重治罪"是加强思想建设的一个表现,体现了董必武从严治党的精神,这是蕴含深刻的历史与现实考量的意识。董必武认为,政府所颁布的法令、所定的秩序,党员应当无条件地服从和遵守,因为法令和秩序在制定和形成

---

[1]　董必武:《董必武法学文集》,法律出版社 2001 年版,第 41 页。
[2]　胡松涛:《毛泽东影响中国的 88 个关键词》,中国青年出版社 2016 年版,第 107 页。
[3]　钟宪章:《严肃党内政治生活八讲》,中共党史出版社 2016 年版,第 33 页。
[4]　江跃军:《加强思想建设的方法论》,《群众》2017 年第 9 期,第 38—39 页。
[5]　董必武:《董必武法学文集》,法律出版社 2001 年版,第 266—267 页。

时已经渗透了党和我们自己的意见和活动,所以,如果我们违背了政府的法令、破坏了社会的秩序,我们自己必须负责,应受到国家法律的制裁。

董必武建党学说认为,党员犯法要加重治罪,原因是党员相对于群众是觉悟分子,犯罪不是出于无知,所以觉悟分子在犯罪时不能宽恕。董必武认为,这不是表示我们党的严酷,而是表示我们党的大公无私。党决不包庇罪人,党也决不容许在社会上有特权阶级。党员犯罪要加重治罪,这表示党员比非党员要严格得多。①

董必武提出党员犯法加重治罪,一个原因是要从严治党,另一个原因则是要消除党员的特权思想。董必武听说有些党员同志自以为党员高人一等,犯了法不用受惩罚,还保留有浓厚的封建特权思想,殊不知现在我们国家的党已经是为人民服务的党了。为了消除这样的思想,董必武提出党员犯法加重治罪,以追求实质平等。董必武从严治党的精神一直延续到现在。

七、司法为经济建设服务

解放思想的最终目的是要推动改革和经济建设深入发展。② 在 1953 年 4 月第二届全国司法会议中,董必武提出司法工作必须为经济建设服务。他认为,第二届全国司法会议的任务之一就是配合我国大规模经济建设,须选择重点,试办工矿企业中的专门法庭,以与破坏分子、不遵守劳动纪律的现象做斗争。③

董必武很早就提出,政法工作的主要任务是保障经济建设顺利进行,经济建设有计划,政法工作没计划不行。④ 政法工作的许多具体工作,每一项都对经济建设事业能否顺利进行有着极密切的关系。做得好就可以对经济建设事业产生巨大的推进和保护作用,使解放了的社会生产力进一步迅速发展。⑤

董必武认为,经济建设和政法工作应当是同步发展的。随着大规模的、有计划的经济建设时期的到来,保卫经济建设的立法工作、公安工作和检察工作也需要大力加强,使人民民主法制逐步健全和完备起来。⑥

---

① 董必武:《董必武法学文集》,法律出版社 2001 年版,第 5—6 页。
② 王凤岐:《为经济建设服务应成为司法工作的基本出发点》,《新长征》1992 年第 10 期,第 19—20 页。
③ 董必武:《董必武政治法律文集》,法律出版社 1986 年版,第 278 页。
④ 董必武:《董必武法学文集》,法律出版社 2001 年版,第 166 页。
⑤ 董必武:《董必武政治法律文集》,法律出版社 1986 年版,第 307 页。
⑥ 董必武:《董必武政治法律文集》,法律出版社 1986 年版,第 309 页。

董必武在经济和政法关系上有很深刻的见解。他提出，虽然经济建设已经成为全国的中心任务，但是这并不意味着要削弱政法工作，相反，而是要加强政法工作。因为这两者是相互促进、相辅相成的，我们要完成新的历史时期所赋予政法工作的新任务的重要前提之一，是必须要彻底肃清那些认为政法工作可以稍微放松一些或稍微削弱一些的错误思想。①

经济基础决定上层建筑，上层建筑反作用于经济，在伟大的经济建设和社会主义改造时期，政法工作的任务更加艰巨、繁重，②法律属于上层建筑的范畴，在法律制度建设完成后，政法的任务必然是服务于经济，这样才可以改善民生，让国家富裕起来。经济与法律应当互相成就、良性互动。

第五节　董必武的刑事诉讼制度设想

董必武在人民司法工作方面不仅提出了很多指引性的观点，而且在实际应用方面他也是身体力行，在细节方面指导刑事司法工作的开展，包括明确诉讼活动中的专门机关和诉讼参与人，指导审前程序、审判程序、救济程序以及审判监督程序的进行。

一、刑事诉讼中的专门机关和诉讼参与人

在刑事诉讼中，专门机关主要是指公、检、法等国家专门机关；诉讼参与人是指当事人以及代理人、辩护人、证人、鉴定人和翻译人员。

（一）专门机关

刑事诉讼中的专门机关是指公安机关以及其他侦查机关、人民检察院以及人民法院，这三个机关分工负责、相互配合，在刑事诉讼中担当着不同的角色。

关于三机关应如何相互配合的问题，董必武认为在人民检察院提起公诉时，应用公诉书，并应将案卷和证物一并移送人民法院；如果案内有在押人犯，应由人民法院办理换押手续。经公安机关侦查终结后认为需要起诉的案件，在市人

---

① 董必武：《董必武法学文集》，法律出版社 2001 年版，第 171—172 页。
② 董必武：《董必武政治法律文集》，法律出版社 1986 年版，第 312 页。

民检察院机构比较健全、能够担负起审查工作的,应当由公安机关依照法律的规定移送人民检察院审查决定起诉或不起诉。[1]

(二) 诉讼参与人

董必武肯定诉讼活动中各诉讼参与人(鉴定人、辩护人以及翻译人员)的地位与作用。

董必武提出鉴定人在诉讼活动中是起重要作用的,因为法院里的法官不可能什么都懂,也要请鉴定人。[2] 鉴定人与专家证人具有相似性,但也有区别,主要体现在性质、产生方式和鉴定力上。从性质上来看,大陆法系国家其证据法上的鉴定人是独立于证人的,在鉴定人的资格上主要采用固定资格原则,即有关法律或权力机关明确规定哪些人或哪些机构具有鉴定人资格,或将鉴定权固定地授予特定的人或机构。而在英美法系国家中,法律将鉴定人界定为一种特殊的证人,称为专家证人。专家证人在资格上采用无固定资格的原则,有关法律或权力机关不会明确规定哪些人或哪些机构具有鉴定人资格,也不将鉴定权固定地授予特定的人或机构,只要是凭借实际经验或是通过认真学习能够就某一领域的某一具体事项有资格提出明确意见的人,无论资历深浅或是否出名都可以作为专家证人。从产生方式上来看,大陆法系国家通常是法院指定,而英美法系国家和地区则常常是当事人自行聘请。在证据力上,由于两大法系的鉴定人的产生方式不同,其证据力也会受到影响。大陆法系是法院制定,法官参与度高,公正性自然较高;而英美法系由当事人自行聘请,因此难免所谓专家会发表偏向于聘请一方的言论,所以,法官对其发言的客观性及可行性应慎重考量。[3]

对于辩护制度,前文已有提及。董必武强调,对必须有辩护人的案件[例如有检察长(员)出庭支持公诉或被告人为聋、哑、精神病患者、未成年人等],如果被告人找不到辩护人时,人民法院应给他指定辩护人,[4]这是董必武对指定辩护所做的解释。指定辩护制度是为了保障被告人的辩护权,保障其合法权益不受侵害。对于未成年人、聋哑人等诉讼能力不完善的人,只有在辩护人的帮助下才能有效地参与庭审活动,这是对被告人负责,也是对庭审负责,对正确运用法律负责。辩护制度并非只为了满足犯罪嫌疑人、被告人的合法权益,同时也是为了保证案件

---

① 董必武:《董必武政治法律文集》,法律出版社 1986 年版,第 404 页。

② 董必武:《董必武法学文集》,法律出版社 2001 年版,第 226 页。

③ 占善刚、刘显鹏:《证据法论》,武汉大学出版社 2015 年版,第 134 页。

④ 董必武:《董必武法学文集》,法律出版社 2001 年版,第 276 页。

的质量、保证刑事诉讼法任务的实现、保障国家法律统一正确地实施。①

在翻译人员问题上,董必武强调,对不通晓当地通用语言文字的当事人须配备翻译人员。② 这也是对我们国家是统一的多民族国家国情的考量,对不通晓当地通用语言文字的当事人配备翻译人员是保障刑事诉讼中民族语言文字诉讼权利的体现,同时也是贯彻宪法民族平等原则的体现。对少数民族语言文字使用权的保障体现了对民族传统文化的尊重,能够促进各民族融合发展。③

二、审前程序

董必武在 1956 年肃反斗争中的审判工作中讲到,反革命案件的审理程序应该是:人民法院对人民检察院提起公诉的反革命案件,在开庭前需进行审查,对案情清楚、证据材料完备的,即予受理;主要情节清楚、证据充分,而次要情节不清的,受理后要求人民检察院查明、补充材料;主要情节不清、证据不足的,退回人民检察院补充侦查;不构成犯罪的,就做出驳回起诉的裁定或由人民检察院撤回起诉。④

对于提起刑事诉讼应用的文书,董必武认为应该统一起来,他总结道,人民检察院提起公诉时,应用公诉书,并应将案卷和证物一并移送人民法院;经公安机关侦查终结后认为需要起诉的案件,在市人民检察院机构比较健全、能够负担起审查工作的,应当由公安机关依照法律的规定移送人民检察院审查,决定起诉或不起诉。自诉案件,一般应用诉状,自诉人不能写诉状而口头起诉的,可由人民接待室代写。⑤ 文书统一具有很重要的意义,这既是司法统一的要求,也是档案管理的需要。诉讼过程中使用大小不一的文书,对于庄严神圣的法律而言是极不严肃的。⑥ 董必武认为,在审理案件之前,法院需要先做好以下工作。

第一,决定案件是否受理。法院刑事案件的来源包括通过人民检察院提起公诉的案件以及群众的自诉案件,如果法院接受案件后发现该案是需由人民检

---

① 温小洁:《我国未成年人刑事案件诉讼程序研究》,中国人民公安大学出版社 2003 年版,第123 页。

② 董必武:《董必武法学文集》,法律出版社 2001 年版,第 276 页。

③ 杨雄:《论刑事诉讼中民族语言文字诉讼权的保障》,《贵州民族研究》2018 年第 5 期,第 21—24 页。

④ 董必武:《董必武政治法律文集》,法律出版社 1986 年版,第 467 页。

⑤ 董必武:《董必武法学文集》,法律出版社 2001 年版,第 272—273 页。

⑥ 李世忠:《应尽快统一司法文书纸型》,《检察实践》2002 年第 3 期,第 62 页。

察院提起公诉的,应转送人民检察院侦查起诉。人民检察院提起公诉的案件,法院也不是直接就受理,而是要审查是否符合受案条件。如果主要证据材料不齐全,应明确提出应该补充侦查的要点,退回补充侦查;如果是不构成犯罪的案件,应经审判庭审查后做出不起诉的裁定或由人民检察院撤回起诉。对不符合管辖范围的案件,要移送至有管辖权的机构。①

第二,决定采取强制措施。关于采取强制措施,主要是要考量犯罪嫌疑人的犯罪情节轻重以及有无逃匿的可能,或者是否为特殊需要照顾的人群,例如孕妇等。

第三,案件的调查。虽然法院不是做侦查工作的,但是在审理案件前,法院也应当做基本的案件调查,甚至实地考察,这样能更好地了解案件。如果采取当事人主义,那么法官只需在庭审活动中听原被告的举证和证明即可。

第四,开庭前的准备工作。开庭前,法官要确定案件审理的程序,是正式程序还是简易程序? 是否涉及不公开审理的情况? 这些都是开庭前需要做好的准备工作。

三、审判程序

审判程序主要包括开庭前的预审以及正式开庭审理。预审和公开开庭不同,预审不是公开审判。预审庭主要是解决犯罪事实是否已经弄清楚、证人提的证据是否充分、是否传唤证人到庭等问题。②

董必武关于庭审的审理、裁判以及裁定的构想与指导集中体现在他于 1955 年 9 月所做的《关于北京、天津、上海等十四个大城市高、中级人民法院刑事案件审理程序的初步总结报告》中。

(一)审理

关于审判庭的组成问题。董必武认为,1954 年《人民法院组织法》第 9 条规定,一审案件,除轻微的刑事案件和法律另有规定的案件外,应由审判员和人民陪审员组成合议庭进行审判;上诉和抗议的案件,应由审判员组成合议庭进行审判。这一规定,目前在各大城市高、中级人民法院是基本上可以实行的。如果个别市人民法院条件尚不具备,也必须积极地创造条件,大力贯彻执行。开庭前,

---

① 董必武:《董必武法学文集》,法律出版社 2001 年版,第 274 页。
② 董必武:《董必武政治法律文集》,法律出版社 1986 年版,第 523 页。

由书记员查点到庭人员,必要时,可宣布法庭规则。审判人员入庭后,由审判长(如果是独任审理的案件即由审判员)宣布开庭,宣布所审判的案件,查明被告人身份,宣布法庭组成人员名单并讯问当事人要不要申请回避。然后,查明证人、鉴定人的身份及其与当事人的关系,告知作证及鉴定在法律上应负的责任;至于应否令证人、鉴定人具结,可斟酌实际情况决定。

上述事项进行完毕,证人退庭后即开始全面调查。先由审判长或由审判长指定的人民陪审员或审判员宣读公诉书、控诉书或诉状,或告知被告人被控告的要点,并应告知其享有的诉讼权利,问他是否提出新证据或要求传唤新证人;然后讯问被告人、证人、鉴定人等。讯问被告人时,应让其做充分的陈述;被告人或证人有数人时均应隔离讯问,必要时可命其互相对质。调查中,对审理前搜集的证据和当事人在审理中提出的新证据均应加以审查、鉴别,并应当庭令双方当事人加以辩解。委托外地人民法院调查的证人、证言、笔录及证人、鉴定人经法庭允许不出庭而提出的书面证明材料或鉴定意见书,均应当庭宣读。①

物证须当庭审查辨别真伪,必要时还须进行鉴定。当事人对鉴定结果不同意时,法庭如认为有必要,可另找鉴定人鉴定。为了查明案件的真实情况,在审查鉴别证据时,应注意以下问题:被告人的供词必须经过调查研究确与客观事实相符时,方可采用;道听途说的证言不能作为证据。在调查过程中,人民陪审员或审判员在告知审判长后,可以询问当事人、证人、鉴定人;检察长(员)、辩护人经审判长许可,可以向被告人、证人、鉴定人发问。

经过上述调查后,审判长如果认为案情已经完全清楚,而且当事人也没有需要补充的事实和证据,即宣布开始辩论。先由公诉人、控诉人或自诉人及附带民事原告人发言,再由被告人或其辩护人辩护,之后可以互相进行辩驳。辩论中,如果发现新的事实时,审判长可以宣布停止辩论,恢复调查;检察长(员)、当事人和辩护人也可以提出这项请求,由审判长裁定。审判长宣布辩论终结后,必须让被告人最后发言。

在审理过程中,对刑事附带民事诉讼可合并审理。审理中发现被告人另有其他犯罪而未经起诉者也可合并审理。对轻微的自诉案件,自诉人可以撤回自诉,但为了避免以后再起纠纷,撤回自诉须经被告人同意,并由人民法院批准将案件注销。对轻微的自诉案件,人民法院也可当庭调解或由双方当事人在外自

---

① 董必武:《董必武法学文集》,法律出版社 2001 年版,第 277—278 页。

行调解。当庭调解成立的案件,由人民法院制作调解书,分别存卷和发给当事人;双方当事人在外自行成立调解的,应向人民法院备案,经审查同意后,将案件注销。①

（二）裁判

案件经辩论终结,由审判长和人民陪审员（或审判员代理审判员）退庭进行评议。在评议中应研究解决以下问题:被告人的被控事实是否属实;是否构成犯罪;是否为被告人的行为;所犯罪名是什么;应否判处刑罚;判处何种刑罚;有无附加刑;应否缓刑;附带民事诉讼如何解决;赃物、证物如何处理。在确认被告人有罪时,法庭应做出有罪判决;反之,应做出无罪判决;如果事实还不够清楚,应继续审理。

在合议庭评议中,合议庭的全体组成人员享有平等权利,一切问题均须共同研究解决。意见不一致时,少数应服从多数,但少数人的意见必须记入评议记录。至于哪些案件合议庭可以自行决定,哪些案件须经庭长、院长或审判委员会讨论（讨论时亦须制作评议记录）决定,可根据案件性质等实际情况自行研究确定（判决书的签发制度亦同）。评议中,由书记员担任记录,记录评议经过及其结果。参加评议的人员均应在评议记录上签名。独任审理的案件,由承办审判员报请庭长核定。②

由于判决书的格式各地极不统一,故为求得大体上一致,提出如下意见。

首先,在判决书中应写明人民法院名称,判决书的种别,当事人姓名、性别、年龄、职业、住址和案由。人民法院名称和判决书的种别应写"某某市高（中）级人民法院刑事判决书",并在下面注明案号。在原告人栏内,由人民检察院提起公诉的,写"公诉人",例如"公诉人某某市人民检察院检察长（员）某某某";机关、企业、团体提出控诉的,写"控诉人",下面并注明各该单位指定的代表人的姓名、职务、住址等,例如,"控诉人某某部;代表人某某某,职务、住址";自诉案件的原告人,写"自诉人";附带民事原告人,如果本人即为刑事原告人,可写"自诉人（或控诉人）,即附带民事原告人",否则,须另写附带民事原告人。刑事被告人同时为附带民事被告人时,无须另写"附带民事被告人"字样,反之,则须单独写出。同案被告人有数人时,不必注明主要被告人和次要被告人字样。辩护人应写在

① 董必武:《董必武法学文集》,法律出版社 2001 年版,第 278—279 页。
② 董必武:《董必武法学文集》,法律出版社 2001 年版,第 279—280 页。

被告人后面,无须再写明是"委托"还是"指定"。人民检察院提出抗议的案件写"抗议人"。上诉案件由自诉人或控诉人提出的,写"上诉人即自诉人或控诉人";由被告人提出的,写"上诉人即被告人"。案由应在当事人后另起一行写。二审判决书的案由内应写明"不服某某市中级(或某某区)人民法院某年某月某日判决"等字样。

其次,在判决书中应写明事实、理由、判决三项内容。在一审判决书内,事实部分须写明具体犯罪事实,包括犯罪时间、地点、手段、动机、结果等。理由部分写明认定事实的证据和适用政策、法律、法令的根据或应受刑罚的理由。判决部分写明被告人所犯罪名、判处的刑罚、有无附加刑、是否缓刑、附带民事诉讼如何解决、赃物和证物如何处理。无罪判决书则应写明认定被告人无罪的理由,并在判决部分内写明被告人无罪。

在二审判决书内,除事实、理由两部分与一审判决书大体相同之外,判决部分写明是驳回上诉或撤销原判、发回重审,还是部分或全部改判。全部改判的判决部分与一审判决书的判决部分写法相同,但应首先写明"原判决撤销"字样,如系部分改判,则须分别写明原判决的哪一部分维持,哪一部分改判及其结果。在具体写法上,事实与理由两部分可以合并写,也可以分开写。事实、理由、判决的名称可以在判决书上明确写出,也可以不写。判决书须注意有思想性和说服力,段落、层次分明,力求通俗。

再次,在判决书的最后,对准许上诉的案件应写明"如不服本判决应自接到判决书的次日起十日内,向本院提出上诉状和副本,上诉于某某高级人民法院或最高人民法院"。如系终审案件可仅写明"本判决为终审判决",不必再写"不得上诉"。判处死刑的终审判决书应写明"如不服本判决可自接到判决书之次日起五日内向本院提出意见,申请某某高级人民法院或最高人民法院复核"。有的判决书正本的后面还写"本件证明与原本无异"字样,标明判决书正本与原本无误,这是必要的。

对于判决书的署名问题,董必武认为,合议的案件应署审判长、审判员(如果是助理审判员可署代理审判员)姓名;如有人民陪审员参加合议则署审判员、人民陪审员姓名。独任审判的案件只署承办该案的审判员姓名,不署审判长姓名。负责制作判决书正本的书记员应在判决书正本"本件证明与原本无异"后面署名。过去有的市人民法院有署审判委员会、院长、庭长姓名的,今后不宜再使用。[①]

---

① 董必武:《董必武法学文集》,法律出版社 2001 年版,第 280—282 页。

（三）裁定

至于裁定书的使用范围,各市人民法院大多数用于处理下列问题:当事人申请回避事项的;将案件移送有管辖权的人民法院处理的;将检举、控诉及自诉等案件移送人民检察院或公安机关侦查的;将案件退回人民检察院补充侦查的;更正或补充原判决书正本在文字上有错误或有遗漏的;宣布提前解除管制的;没收判决中遗漏未处理的反革命财产或代管尚未判决的反革命、战犯财产的;驳回再审申请的;被告人的行为不能构成犯罪应做不起诉处分的;对裁定提起上诉的;对已决犯减刑的;等等。

根据"裁定主要用于在案件审理过程中对于诉讼程序问题所做的决定"原则,在处理上述问题时可以使用裁定书。裁定书格式和署名与判决书基本相同,只是内容比较简单,可用一段叙述。准许上诉的裁定应注明上诉期间和上诉审法院。

案件审理终结后即进行宣判。宣判方式基本上分为立即宣判与定期宣判两种。宣判可以在人民法院内进行,也可到群众便于集中地、犯罪发生地或有关机关和企业内进行。被告人在外地监押者也可委托当地人民法院代为宣判。

如系立即宣判,由审判长宣读判决书主要内容并可加以解释,向当事人及旁听群众进行政策法令教育;宣读讲解完毕,应向当事人告知上诉期间和上诉审人民法院,或告知终审判决不得上诉;判处死刑的终审判决应告知被告人有申请复核的权利,然后命当事人在宣判笔录上签名或按指印。判决书一般应在五日内送达当事人。如系定期宣判,无论在人民法院内或在人民法院外进行,基本上与立即宣判的程序相同,但应查明被告人身份,宣读判决书全文或要点,当庭送达判决书。①

四、诉讼救济与审判监督程序

董必武认为,制约审判工作有几个方法:一是公开审判,辩护人出庭辩护,检察长出庭支持公诉;二是当事人对第一审判决不服提起上诉;三是检察长提起抗诉。② 其中,公开审判可以让群众监督司法活动,上诉活动是当事人对判决不服的诉讼救济方式,抗诉是检察院监督司法活动的方式。在董必武的观念里,诉讼救济程序以及审判监督程序是制约审判工作的良策。

---

① 董必武:《董必武法学文集》,法律出版社 2001 年版,第 282—283 页。
② 董必武:《董必武政治法律文集》,法律出版社 1986 年版,第 530 页。

（一）上诉

董必武对上诉程序的作用持肯定态度，他提出，上诉是纠正判决错误的关键。关于哪些人有上诉权的问题，过去各地人民法院准许自诉人、控诉人、被告人及其监护人、辩护人、近亲属提起上诉，这是合适的，但今后被告人的辩护人、近亲属提起上诉应取得被告人的同意，控诉人提起上诉应指定代表人。

关于上诉期间问题。不服判决的上诉期间，各市人民法院均规定为 10 天，自当事人接到判决书的次日起算是切实可行的。不服裁定的上诉期间，有的市人民法院规定为 5 天，尚可继续试行。至于逾期上诉，过去许多人民法院是允许的，今后除有正当的逾期理由外，不应再准许上诉。

当事人依法提起上诉的，无论是口头提起上诉或提出上诉状均应受理。上诉一般应通过原审人民法院，但直接向上诉审人民法院上诉的也应受理，并应审查其上诉是否逾期。当事人不能写上诉状而口头提起上诉的，人民法院应代写上诉状。通过原审人民法院上诉的，由原审人民法院将上诉状副本送达对方，并要求其在限期内提出答辩（口头答辩的可由人民法院代写答辩状），全卷报送上诉审人民法院；直接向上诉审人民法院提起上诉的，由上诉审人民法院向原审人民法院调卷，并通过原审人民法院将上诉状副本送达对方，要求其在限期内答辩。

（二）审判监督程序

关于审判监督问题，董必武观念里的审判监督包括法院之间的监督、检察院对司法的监督以及群众对司法的监督三种方式。

在法院之间的监督方面，董必武认为不仅要有上级人民法院对下级人民法院的监督，而且还要有下级人民法院对上级人民法院的监督。表明上下级法院之间不是领导与被领导的关系，而是互相监督的关系。

"在这次肃清反革命分子的斗争中，各级人民法院大大加强了对审判工作的监督活动。这种对审判工作的监督活动，就人民法院系统来说，表现在各级人民法院院长对本院审判工作的监督、最高人民法院对全国各级人民法院审判工作的监督和上级人民法院对下级人民法院审判工作的监督。人民法院组织法规定的审判工作监督制度，对于保证办案妥当，或者及时发现和纠正错判案件，有着极为重要的意义。"①对于审判监督的方式，董必武认为，上级人民法院除了依照审判监督程序对下级人民法院实行监督以外，还广泛地采用了抽查案件总结经

---

① 董必武：《董必武法学文集》，法律出版社 2001 年版，第 333 页。

验的办法，以总结的经验来指导下级人民法院的审判工作；同时，在抽查的案件中，如果发现有错判的案件也应及时按照法律程序进行改判。这里提到的上级人民法院监督下级人民法院的方法是抽查案件，如果发现错误就要以改判的方式立刻改正。

至于检察院的抗诉，董必武先是区分了上诉与抗诉之间主要是主体的不同：普通民众不服一审而上诉；检察院不服一审而抗诉。至于抗诉的程序，董必武并没有区分，他认为人民检察院按照上诉程序提出的抗诉大体上可适用前述当事人提起上诉的程序。① 但是上诉与抗诉产生的法律效果并不完全一样，例如刑事诉讼法中的"上诉不加刑"原则只能适用于上诉程序，检察院提起抗诉是没有这一原则的。对于什么样的案件可以提起抗诉，董必武解释道："人民检察院发现人民法院判处不当或错判案件，也按照上诉程序和审判监督程序向人民法院提出抗诉，人民法院经提审或再审后发现确有错误便进行改判。"②

在董必武看来，审判监督不仅仅存在于上下级法院或检察院对司法之间，人民法院的审判工作还受到来自广大人民群众的监督，③这也是群众路线在司法监督工作中的体现。关于群众进行监督的方式，董必武认为，处理申诉问题是法院与群众密切联系的形式之一，是实行审判监督的重要方法之一。④ 申诉问题可以监督法院审判工作的具体体现是在肃清反革命分子的斗争中，人民群众积极地协助人民法院核对证据事实，还对某些判决不当的案件提出意见，这就使人民法院有可能在更大程度上避免和减少错案的发生。⑤

第六节　董必武对多元化纠纷
解决方式的设想

多元化纠纷解决机制，是指在社会中以诉讼机制为解纷中心的同时，重视发挥各种非诉讼机制的作用，将各种诉讼解决方法，例如诉讼、调解、仲裁、行政复议、行政裁决、信访等有机衔接、互相补充、互相协调，合理分配司法资源，以有效

---

① 董必武：《董必武法学文集》，法律出版社 2001 年版，第 283—284 页。
② 董必武：《董必武政治法律文集》，法律出版社 1986 年版，第 467 页。
③ 董必武：《董必武法学文集》，法律出版社 2001 年版，第 333—334 页。
④ 董必武：《董必武政治法律文集》，法律出版社 1986 年版，第 530 页。
⑤ 董必武：《董必武法学文集》，法律出版社 2001 年版，第 334 页。

解决纷繁复杂的社会纠纷的程序体系和动态的调整系统。① 关于多元化纠纷解决机制的渊源，不同学者有不同的见解。有的学者认为，多元化纠纷解决机制属于舶来品，是在引进美国 ADR② 后发展的结果；有的学者认为，多元化纠纷解决机制是从具有我国传统特色的调解制度等发展而来的。笔者认为，对多元化纠纷解决机制的理解，应从"多元化""纠纷解决""机制"三个方面来理解。

首先，多元化对应一元化。在社会生活中，诉讼是解决纠纷的一种方式，而且是最具权威的方式，因其背后有国家强制力保障实施。但是，诉讼方式虽然具有权威性，却相当耗时，若在社会中一遇到纠纷就采取诉讼的方式解决，那么将会造成积案。所以，我们试图在诉讼、调解、仲裁、行政复议、行政裁决和信访等方式中，寻找到解决纠纷的最佳方案。

其次，对于纠纷解决的理解。纠纷解决是纠纷发生后特定解纷主体依据一定的规则、手段和程序，消除冲突状态、对损害进行救济和恢复秩序的活动过程。③ 解决一个纠纷就是树立一种权威，或可理解为关于孰是孰非的、具有约束力的决定，即关于谁的观点在某种意义上能够成立，谁的观点不能成立的一种判定。④

最后，对于机制的理解。"机制"一词最早源于希腊，原指机器的构造和工作原理，把机制的本义引申到不同的领域就产生了不同的机制，引申到纠纷解决领域就称为纠纷解决机制。形成一个"机制"有两方面的要求：一是要有各部分存在；二是要有一种运作方式将各部分联系起来。在多元化纠纷解决机制当中，"机制"可以理解为调解、信访、仲裁和公证这几种纠纷解决的途径，当事人可以择一或者选择几种途径来解决纠纷。

一、调解

1954 年，政务院颁布《人民调解委员会暂行组织通则》，这是中华人民共和国首次确立人民调解制度。

调解是指在人民调解委员会及有关组织、行政机关、人民法院的主持下，通

---

① 关保英：《简明中国法治文化辞典》(干部读本)，商务印书馆 2016 年版，第 210 页。
② ADR 是英文"Alternative Dispute Resolution"的缩写，可以将其理解为"替代性纠纷解决方式"或者"选择性纠纷解决"。
③ 程凯：《社会转型期的纠纷解决研究：基于马克思主义法律思想中国化的研究视角》，广东人民出版社 2017 年版，第 109 页。
④ 〔美〕马丁·P.戈尔丁：《法律哲学》，齐海滨译，生活·读书·新知三联书店 1987 年版，第 217 页。

过说服教育和劝导协商,在查明事实、分清是非和双方或多方当事人自愿的基础上,促成就争议的实体权利、义务达成协议、解决纠纷的活动。① 至于调解制度价值正当性的法理依据,一些学者认为,这是体现在调解制度中所包含的"宽容精神",这种"宽容精神"是法治社会建设所应包含的价值思想内容。人民调解制度所包含的"宽容精神"是在符合法治要求范围内的宽容,不是恣意地宽容。②

调解制度在东西方都有其渊源。在西方,调解是非诉讼纠纷解决方式中很重要的一种。当然,东西方在调解的发展路径上存在很大区别。东方是循着历史的足迹在前行,虽然有过彷徨和犹疑以致对调解做出过一定程度的修正;而西方则主要是在现代基于解决纠纷的多元化需求的背景下去发展调解。可以肯定的是,在当代,调解已发展为一种重要的纠纷解决方式。③

调解制度有着深厚的中国传统文化底蕴,中国古代民事调解制度贯穿中国古代纠纷解决的始终,是中国古人经验与智慧的结晶。中国古代崇尚和谐无讼的法律文化传统。本书的多元主要是指调解主体多元、调解形式多元。

董必武认为,司法机关处理的社会矛盾可以分为人民内部矛盾和敌我矛盾,对于人民内部矛盾,我们可以采取友好和谐的手段来解决。因为人民内部纠纷都是在根本利益一致的基础上发生的,不是不可调和的矛盾,所以应该以加强内部团结、有利生产为目的,根据政策、法律,尽可能用调解、说服、批评教育的方法来解决,并加强思想政治教育以倡导新社会的道德风尚,促进矛盾的根本解决。④

调解在多元化纠纷解决中处于基础地位。人民调解委员会是宪法和法律规定的群众性自治组织,有高度的自治性。人民调解委员会遍布城市和农村,通过调解委员会,当事人双方通过平等协商的方式,加上人民调解员的帮助,可以快速解决纠纷。

二、信访

信访是指群众通过来信、来访的方式向公权力机关表达自己诉求的方式。

信访在我国有着悠久的历史。早在远古时期,就设"进善旌"听取百姓建议,立"诽谤之木""置敢谏之鼓""使天下得尽其言"。在中国古代,不同朝代的信访

---

① 章晨:《中国司法制度》,中国民主法制出版社 2017 年版,第 183 页。
② 李瑜青:《人民调解制度中法治人治问题》,《法律社会学评论》2018 年增刊,第 1—14 页。
③ 尹力:《中国调解机制研究》,知识产权出版社 2009 年版,"前言"第 4 页。
④ 董必武:《董必武法学文集》,法律出版社 2001 年版,第 406 页。

方式不同,但目的都是让统治者更好地掌握政情民意,维护社会的公平正义。这一中华优秀传统为我国后来的信访制度提供了文化支撑。①

董必武认为,信访工作很重要,因为处理来信和接待来访是联系群众、实行审判监督的一项重要工作。② 在联系群众方面,人民法院审判案件,在这样广大范围之内与人民群众直接接触,解决的问题又都是人民群众切身的问题,因此处理人民来信、来访显然是其中一项十分重要的工作,它应当是人民法院一项经常性的重要政治任务。③ 在监督方面,董必武认为法院要处理好人民来信,人民发现有问题的地方应该揭发出来,可能发生的问题应该敲个警钟。我们人民法院的工作应该向这个方向提高。④

在董必武看来,群众来信中好的是多数,坏的是少数。他认为,群众来信大体上有两种:一种是积极建议;另一种是我们有缺点,给指出来,我们自己要检查,有则改之,无则加勉。⑤ 不管是哪一种类型,都是让政府和法院更好地履行为人民服务的承诺,让群众满意。

董必武提出,各级人民法院应重视处理人民来信和接见人民来访的工作,这是我们审判工作群众路线的一个重要方面。⑥ 那么如何做好人民信访工作呢?董必武认为,做好人民来信、来访工作的关键在于法院领导对这项工作的重视。要体现对人民群众的重视,董必武建议,各级人民法院应当在院长、副院长中指定一人亲自负责这项工作,审查一些重要的来信,亲自接见一些来访的人员。人民法院只有认真进行这项工作才能及时了解人民内部矛盾,宣传政策和法律,并发挥调整某些人民内部矛盾的作用。⑦

信访制度发展到今天,有学者提出信访制度与我国的社会主义法治建设不符,引发了信访制度的存废之争,认为应该废除信访制度的学者认为,信访渠道越有所作为、越高效,法律的效力就越弱,程序规则就会遭受损害,司法权威也将弱化,继而引发更大规模的信访。笔者认为,首先,信访制度有着深厚的中国传统文化底蕴,是中国人所认可且接受的一种方式;其次,对于政府而言,通过群众来信来访可以直面了解群众的需求,从而更好地解决群众的困难;最后,对于群

---

① 复旦大学中国共产党革命精神与文化资源研究中心:《从中共党史学治国理政:第三届治国理政全国大学生论坛精粹》,复旦大学出版社 2017 年版,第 255—256 页。
② 董必武:《董必武政治法律文集》,法律出版社 1986 年版,第 392 页。
③ 董必武:《董必武法学文集》,法律出版社 2001 年版,第 409 页。
④ 董必武:《董必武政治法律文集》,法律出版社 2001 年版,第 362 页。
⑤ 董必武:《董必武法学文集》,法律出版社 2001 年版,第 228 页。
⑥ 董必武:《董必武政治法律文集》,法律出版社 1986 年版,第 469 页。
⑦ 董必武:《董必武法学文集》,法律出版社 2001 年版,第 409—410 页。

众来说,纠纷解决的方式有千万种,信访也应该是其中一种,这是给予群众一种选择权,并不是所有人都适合诉讼、调解,而且解决信访问题也应依法办事,不能徇私枉法,故不存在"信法"还是"信访"之争的问题。

三、仲裁

董必武认为,为便于解决政府各部门间或各部门所属各企业单位间所发生的有关财产的争议,国家除设立公证处外,还应设立公断处,这是附设于行政机关的机构。①

董必武所称的"公断"也叫"仲裁",双方在某一问题上发生的争议不能协商解决时,由第三者做出的判断式裁决就是公断。该第三者即为公断人(仲裁人)。②

实际上,仲裁和公断并不完全相同。公断人是英国所独有的一个制度,两名仲裁员加公断人的做法源于波罗的海交易所。在以前通信困难时,全世界的航运租船只好集中到这里面对面交易。当租船人与船东有争议时,大家就在波罗的海交易所仲裁,一般是任命各自的经纪人做仲裁员,如果他们无法达成一致意见,就会找另一位波罗的海交易所的资格老、受尊重的经纪人来担任公断人。公断人制度可以解决两名仲裁员不能达成一致时所带来的问题,只要两名仲裁员对仲裁中的任何一个问题(而不必是所有问题)不能达成一致时就可以启用公断人制度,公断人相当于1名独任仲裁员,他可以独自对案件做出决定,之前的两名仲裁员除了向公断人移交有关的案件材料外就再没有其他权力了。③

苏联《国家公断条例》第1条规定:"为解决公有化的机关、企业和组织间的财产纠纷,以保证合同纪律、计划纪律、经济核算制的巩固,特设立国家公断处。"④董必武对于公断处的论述是这样的:公断制度是为了有效地巩固合同纪律和计划纪律,以贯彻经济核算制,应该逐步建立起来。⑤

对于公断处如何设置,董必武提出,公断机构可以有国家公断处,设于国务院下;有主管机关的公断处,设于政府各部门或各企业系统内。⑥ 公断处,就是财经机关在计划经济上发生了纠纷以后不一定要到法庭去裁决,因为到法庭的

---

① 董必武:《董必武政治法律文集》,法律出版社 1986 年版,第 387 页。
② 董必武:《董必武法学文集》,法律出版社 2001 年版,第 216 页。
③ 王凌:《英国仲裁员制度研究》,《仲裁研究》2011 年第 3 期,第 36—44 页。
④ 〔苏〕萨留巴、顿吉:《苏联国家公断制度》,吴傅颐译,法律出版社 1955 年版,第 8 页。
⑤ 董必武:《董必武法学文集》,法律出版社 2001 年版,第 354 页。
⑥ 董必武:《董必武政治法律文集》,法律出版社 1986 年版,第 387 页。

手续比较烦琐,到了公断处,公断人就可以把两方面的情况问清楚,把问题解决了。这种公断处的设置,我们还没有建立,将来非要建立不可。①

四、公证

公证是社会纠纷多元化解决的基础性司法资源。② 公证是公证机构依据自然人、法人或者其他组织的申请,按照法定程序,对民事法律行为、有法律意义的事实和文书的真实性、合法性予以证明而使之产生相应法律效力的活动。③

公证制度在东西方有着不同的发展轨迹。一般认为,中国公证制度发端于西周。中国最早的有记录的公证活动产生于公元前770年的金文法,最早充当公证人的是司马、司徒、司空等司法行政官员。除此之外,金文法还规定了公证档案保管制度。而在西方,现代意义的公证制度源于古罗马。在罗马共和国末期,社会上出现了大量"职业代书人",他们是为有需要的人提供法律服务的代书人,这类代书人不仅能够代书不同形式的法律文书,而且可以作为证人在文书上署名作证。这种代书人制度就是古代公证制度的雏形,也是现代公证人制度的真正源头。到罗马帝国时期,"公证"已经成为典型的法律术语。④

董必武是我国公证制度的奠基人。董必武认为,公证制度是认证机关团体和公民法律行为的一种良好制度。⑤ 有了公证处,如果在执行合同中双方发生了问题,经过公证以后,就可以把责任搞得更清楚,这样做有很大好处,可以保证国家不受损失。⑥ 这表明董必武对公证制度是持积极肯定态度的。

在对于公证处的设立与否问题上,董必武认为,签订合同是一种契约行为,是需要法律保障的。我们现有的公证处不普遍,要进行公证的文件本来很多,但我们现在还只限于合同,而且多属于公私间的合同,公家与公家、私人与私人间的合同进行公证的还很少。董必武强调,国家必须设立公证处,为那些合同公证,合同才能少出毛病或不出毛病。公证工作的范围也应逐渐推广。增设公证处、推广公证工作范围自然会牵涉扩大编制的问题。公证处是有经常收入的机关,工作推广了,收入一定会增加。⑦ 他不仅肯定了公证处在社会生活中的作

---

① 董必武:《董必武法学文集》,法律出版社2001年版,第212—213页。
② 王强:《多元化纠纷解决机制之公证价值》,法律出版社2018年版,第1页。
③ 关保英:《简明中国法治文化辞典》(干部读本),商务印书馆2016年版,第238页。
④ 米婷:《中西比较:公证制度的起源与发展》,《现代交际》2019年第10期,第54—57页。
⑤ 董必武:《董必武法学文集》,法律出版社2001年版,第354页。
⑥ 董必武:《董必武政治法律文集》,法律出版社1986年版,第350页。
⑦ 董必武:《董必武法学文集》,法律出版社2001年版,第249页。

用,而且还考虑了人员编制问题。

第七节　中华人民共和国司法制度的奠基人

董必武是中国共产党的创始人之一,是中华人民共和国最高人民法院第二任院长,又是党内受过专业法学教育的法学家。美国记者海伦·福斯特·斯诺(Helen Foster Snow)①曾评价道:"我敬仰毛泽东、董必武和其他好多人,因为我知道他们竭力向人们讲授真理标准"。②

一、坚持真理,直言不讳

董必武在司法上坚持以马列主义、毛泽东思想为指导原则,教导司法工作人员,我们做事情可能有错误,有错误就要修正。在修正错误时最好的武器是批评与自我批评。③

在"大跃进"运动中,全国各法院响应"鼓起革命干劲,赶上全国形势"的号召,纷纷"鼓起干劲",提出了"三光""中小现行案件不过日,一般案件不出周""有事办政法,无事办生产"等口号,④看到这般情形,董必武在1958年在司法座谈会中谈到,跃进不是提的口号热闹就好,要实际干。提口号要实事求是,不着边际的提,不好。⑤

作为受过正统法律教育的中共领导人,董必武认为在取得国家政权之后应该讲究法治,坚持强调法学是一门重要的社会科学,肯定法律在社会治理中的作用。他强调法律具有权威性、严肃性,他教导司法工作人员说,不理解法律的严肃性的一种表现,是不懂得正确运用法律这个武器。法律是一种上层建筑,这种上层建筑的形成和发展,对摧毁旧基础、巩固新基础有巨大的作用。⑥

---

① 海伦·福斯特·斯诺(1907—1997),美国新闻记者,中国人民的忠诚朋友。埃德加·斯诺的前妻,《续西行漫记》一书的作者。

② 〔美〕海伦·福斯特·斯诺:《七十年代西行漫记》,安剑华译,中国法制出版社2002年版,第79页。

③ 董必武:《董必武法学文集》,法律出版社2001年版,第43页。

④ 刘练军:《法制的谜面》,中国民主法制出版社2014年版,第216—225页。

⑤ 董必武:《董必武法学文集》,法律出版社2001年版,第416页。

⑥ 董必武:《董必武政治法律文集》,法律出版社1986年版,第342页。

在中华人民共和国成立之初,要一下子转变思维,追求以法治国,这样的思维转换确实具有难度,但是董必武一直没有放弃,坚定不移地从事法制建设工作,他不仅提出许多先进的法治理念,希望能改变大众的认识,更是详细设计了司法程序,例如法院审理的审前程序、审理程序和审判程序;审判程序中裁判书和裁定书的不同用处;当事人不服一审判决可以提出上诉,检察院不服判决可以提出抗诉等。

二、忍辱负重,一心为国

董必武司法建设之路并不是一帆风顺的,董必武遭受到的最大挫折是在1958年召开的第四届全国司法工作会议上。

在当代中国法制史上,1958年召开的第四届全国司法工作会议是继1957年开展的反右派斗争之后,在司法战线进行的一次更为深入的"反右派"斗争,实际上,这是对董必武的法制思想来了一次"总清算"。①

董必武对中华人民共和国取得的历史成绩一直是持肯定态度的,同时他也认为战争年代与和平年代的治国方式应当是不一样的,战争年代是武力取胜,是枪杆子里面出政权;和平年代追求社会稳定,应讲究法治。董必武指出,群众运动有其优势,但同时也有副作用。他说道,全国解放初期,我们接连发动了几次全国范围内的群众运动,都获得了超过预期的成绩。革命的群众运动是不完全依靠法律的,这可能带来副作用,助长人们轻视一切法制的心理,这也增加了党和国家克服这种心理的困难。② 为此,董必武提出,在武装斗争结束、中华人民共和国成立之后,要以法制来取代群众运动,要依法制(治)国。

1957年的反右派斗争被严重扩大化,大批知识分子被打成"资产阶级右派分子",政法部门更是重灾区,许多法学主张都被曲解成反对党的主张,例如坚持宪法规定的"法律面前人人平等"原则被批判为"与阶级敌人讲平等";坚持宪法规定的"被告人有权获得辩护"的原则、主张审理案件时不仅要注意搜集不利于被告人的证据,也要注意搜集有利于被告的证据,则被歪曲为"有利于被告论";坚持宪法规定的人民法院"独立审判"原则被批判为"反对党的领导""以法抗党";等等。

1958年,时任最高人民法院院长的董必武率团出访东欧,历时三月有余,第四届全国司法工作会议在这期间召开。1958年6月10日,中共中央发出《关于

---

① 崔敏:《第四届全国司法工作会议的回顾与反思》,《刑事司法论坛》2011年增刊,第9—23页。
② 董必武:《董必武法学文集》,法律出版社2001年版,第350页。

成立财经、政法、外事、科学、文教小组的通知》,政法小组组长为时任中央书记处书记的彭真(1902—1997),时任最高人民法院院长的董必武仅为组员。

回国之后的董必武听到这样的消息没有据理力争,而是平静接受。

作为中共元老,董必武在儿女面前常以"党的抹布"自谦,并要求孩子们做普通老百姓,要甘于"跑龙套",不要老想着出人头地。① 尽管遭遇挫折,他仍对党、对人民一片赤诚之心,他自称道:"我像一块碎布,哪里有洞,党要我去补,我就去补"。②

审时度势,不争而争,董必武就是这样一位智者。他心里很清楚,法制(治)建设必定会荆棘满路,司法制度的建立不能争在一朝一夕。

三、关注大势,成就细节

董必武对中华人民共和国的司法建设的奠基作用体现在他对司法规则的阐述既有原则性的指导,又提供了具体的方法论。

在处理传统与革新的问题上,董必武强调了破与立的关系,即在破的时候,需注意不要把好的东西否定掉;在立的时候,注意不要把不好的东西也肯定下来。③

在董必武的人民司法观体系中,他更多关注的是人民法院的性质、任务、原则、制度,这些方向性的确立即使在当前司法改革的关键期依然具有重要的现实意义。④

在司法理念方面,董必武强调政权的变更,旧的司法工作人员一定要经过思想改造;人民司法是我们必须坚持的真理,司法要体现"人民性",要坚定不移地走群众路线;要树立司法权威,必须坚持党的领导,在司法工作中做到依法办事,追求公正效率,在民众中间树立司法公信力。此外,董必武还将程序观念传输给中华人民共和国的司法工作人员,向各司法工作人员阐述程序的重要性,提出法院除审判工作外,还要总结诉讼程序,他认为这是具有普遍意义的经验。⑤

董必武的司法工作建设理念极具先进性,既有理论的指导,又有实践的具体设想,直到今天仍然具有重要的参考价值。

---

① 王国梁:《中共名人在广东》,广东人民出版社 2011 年版,第 209 页。
② 董必武年谱编辑组:《董必武年谱》,中央文献出版社 1991 年版,第 98 页。
③ 董必武:《董必武法学文集》,法律出版社 2001 年版,第 427 页。
④ 沈玮玮、叶开强等:《人民司法:司法文明建设的历史实践(1931—1959)》,中山大学出版社 2016 年版,第 190 页。
⑤ 董必武:《董必武法学文集》,法律出版社 2001 年版,第 242 页。

第七章 法 治 教 育

中国共产党在革命战争时期的法制建设是相对比较薄弱的，这种现象一直延续到中华人民共和国建立初期。此时法制的薄弱是从上到下、全方位的薄弱，包括立法和司法人员短缺、政法院校稀少、法学研究一片空白、人民群众和政府工作人员法制意识淡薄。解放战争的胜利，在摧毁旧法制的同时也向新生的人民政权提出了建设新法制的要求。董必武敏锐地察觉到，法制建设的关键在于教育。

第一节 概 述

董必武格外重视教育工作。他认为，"新文化和新教育应该是而且必须是新的社会经济关系的正确反映，应该是而且必须是推进新的社会经济建设和政治建设的强有力的武器。"教育既是社会经济关系的反映，同时又能够加强社会经济和政治的建设。董必武提出，要"以法学为人民服务"。[①] 法学应该如何为人民服务？董必武在他的法治教育思想中解答了这一问题。

在人民民主专政的新时期，董必武的教育思想基于人民大众而产生，并以无产阶级思想，即马列主义、毛泽东思想为指导，以反对帝国主义、封建主义与官僚资本主义为指导方针。董必武指出，我们的教育必须是民族的、科学的、大众的，全心全意为人民大众服务的。我们必须坚决地和有步骤地肃清帝国主义、封建主义及官僚资本主义奴化教育的残余势力，必须提高警惕，防止并清除帝国主义和国内反动派妄图打入我教育阵地，破坏我们人民事业的阴谋活动。我们的教育必须是为人民服务的，必须是为革命的政治服务的；所谓"为教育而教育"，所谓"教育与政治无关""教育必须超然"等说法，其实质都只是使教育服务于反动

---

① 胡传章、哈经雄：《董必武传记》，湖北人民出版社 2006 版，第 299 页。

的统治阶级,服务于反动的政治而已。[①]

　　因此,董必武法治教育思想格外强调法治教育要抛弃和批判旧社会旧阶级的法律,重点学习解放区和中华人民共和国建立后颁布的法令规章。他反对那种认为中华人民共和国的法律在马列主义的书中找不到,苏联和人民民主国家法律中也没有,就算不得法的观点。[②] 在中国新法学研究会发起人大会上,董必武指出:"今天虽然废除了国民党的六法全书,但要完全粉碎旧法律的思想体系则还须加以彻底的批判。目前我们虽无完备的法典,但解放区已有很多单行条例、纲领、命令、法律大纲、决议等提供我们研究学习。希望大家学习马列主义与毛泽东思想的社会观与法律观,共同努力,建设新法律完整体系。"[③]

　　董必武法治教育思想最大的特点是全方位和体系化。他的目标不只是为新中国培养足够的专业法律人才,开展法学研究,更是提高全民的法律素养,最终建成社会主义法治国家。主持政法工作期间,董必武根据具体国情创造出多样化的法治教育方式,从多个角度对社会整体进行法治教育,使社会中不同背景的人都有可能接受适合自己的法治教育;这些教育方式相辅相成、相互促进,共同确保新中国法治教育事业稳步前进。

　　董必武法治教育思想是中华人民共和国成立初期发展法治教育事业的指导思想,为法治教育的建设和前进指明了方向。在董必武的领导下,通过不断的努力和实践,新中国初步形成了完整的、多层次的法治教育体系。

第二节　培养法律人才

　　中华人民共和国成立初期,全新的社会秩序刚刚建立,需要各方司法部门协助维持稳定,而司法部门的建立则需要大量法律人才。然而,法律人才却存在严重匮乏的问题,"山东来报告要三千人,现在还缺一千多;浙江绍兴法院只有两个人,一人去土改,家里只有一人。县教育科是有科长无科员,民政科更惨,许多地区是只有科而无人……我为政委主任,病中曾问过他们政法方面现有多少人?还需多少人?没有人能答复上来。估计起来,全国有二千一百六十县,每县需要

[①]　董必武:《董必武选集》,人民出版社 1985 年版,第 240、242 页。
[②]　董必武:《董必武政治法律文集》,法律出版社 1986 年版,第 304 页。
[③]　《董必武年谱》编辑组:《董必武年谱》,中央文献出版社 1991 年版,第 332 页。

有了解政法政策的人,县府秘书、民政科、法院、检署、监委各一人,这样就需要一万二千到一万五千人"。① "政法方面的干部比较缺乏。以平原省为例,五十六个县法院中,许多是缺院长的,县检署只有二十几个县才建立起来。全国有二千二百多个县市,其中只有三百个县市有检署。就以政法方面最健全的公安部门来说,据罗部长说还有八十多个县无主要负责人。②司法人员的匮乏,一是由于革命队伍中法律人才较少;二是因为国民党统治下的法律工作者学习的都是《六法全书》和资产阶级法律,绝大多数随反动派跑了,留下来的也无法为人民和新成立的人民政权服务;三是新中国成立后大学政法教学的不景气,无法为司法工作提供足够的人才。

在这种情况下,董必武冷静分析局势,对解决司法人员匮乏问题提出以下解决方案:"干部从哪里来呢? 我想不外乎三个来源:第一是在老解放区曾经做过司法工作的同志,或者做过其他工作的,这里包括一部分曾做军事工作的同志在内。过去二十几年,中国人民革命的特点主要是革命的人民拿起武器来反对武装的反革命。因此,人民中最优秀的一部分人多半集中在军队中间。现在人民革命基本上胜利了,……在建立国防军时,老的军事工作人员自然可以调出一些人来搞其他的工作。所以,军事工作中的一部分人不仅仅将在司法工作中占很重要的成分,就是在政府其他工作部门里也将占很重要的成分。第二是旧司法工作人员经过一番改造后,可以吸收其中的一部分……现在中国人民大学和各大学里学习法律的学生,乃是涌现大批干部的新的源泉,这是第三。当然,这一部分学生目前还不能起作用,目前能起作用的还是前面的两部分。"③依照这种思路,董必武从改造旧司法人员、建立政法学校、选拔训练政法干部这三个角度,开始建立新中国法律院校体系。

一、对旧司法人员进行教育改造

法律人才的培养并非一朝一夕所能完成的。随着解放战争的节节胜利,司法机关对法律人才的需求愈发紧急。重新培养无产阶级的法律人才显然来不及,最快捷的方式就是对旧司法人员进行改造,即对国民党统治下的原司法人员进行各方面的教育改造,使其成为拥有先进思想的新人,再根据他们各自的能力重新投入司法工作。这样,一方面解决了缺少司法人员的燃眉之急;另一方面,

---

① 董必武:《董必武政治法律文集》,法律出版社 1986 年版,第 158 页。
② 董必武:《董必武政治法律文集》,法律出版社 1986 年版,第 161 页。
③ 董必武:《董必武政治法律文集》,法律出版社 1986 年版,第 101 页。

也响应了对国民党政府原机关人员"包下来"的政策(保证有工作,保证有饭吃)。这是当时党内在处理缺少司法人员问题上的一致看法。董必武格外重视对旧司法人员的改造,积极参与推进旧司法人员改造工作。

　　改造旧司法人员这一政策在中华人民共和国建立前就已经开始酝酿,并逐步在全国各地推行。旧司法人员通常是到北京的"新法学研究院"或地方性的"司法干训班"接受培训。① 在旧司法人员改造活动中最具代表性的是新法学研究院的工作。早在 1949 年 7 月,国家便决定创办新法学研究院,董必武认为新法学研究院的主要任务是培训改造在旧社会中工作的原法律界及司法界的人员,训练他们成为审判员。② 1950 年 1 月 4 日,新法学研究院举办第一期研究员开学典礼,董必武在开学典礼上发表题为《旧司法人员改造问题》的讲话。讲话中,他详细论述了自己对旧司法人员教育改造思想的内容。

(一)法律的阶级性与改造的必要性

　　首先,董必武以马克思主义的视角和方法论对法律的本质进行了一番极为精妙的分析,有力地驳斥了那种神化国家,认为国家是超阶级的观点,明确指出法律是在国家占统治地位的阶级为了维持本阶级的利益所创立的工具。

　　由法律的阶级性,董必武推导出改造的必要性。他认为,当下我们国家的统治阶级发生了翻天覆地的变化,现在是无产阶级专政的时代,自然应该抛弃旧统治阶级的法律,创造无产阶级的新法律。旧法律工作者是在旧国家和旧法律中成长起来的,所有的也是旧法律思想与工作方法,但现在旧中国已经死亡,法律工作者要继续在新中国工作,担负起原来所担负的工作,就必须要经过改造。顽固不愿改变的人,也只有让他们抱着过去的历史殉葬。董必武格外重视改造的必要性,在第一届全国司法会议上,他又一次强调不经改造,旧司法人员不可担任司法工作。③

(二)改造的可能性、内容与方法

　　既然改造是必要的,那么,旧司法人员改造的可能性如何? 旧司法人员是否可以被改造? 董必武认为,答案是肯定的,但改造是痛苦的、困难的,又是必须

---

　　① 张小军:《1949 年至 1953 年司法改革演变及若干反思:以"新法学研究院"对旧法人员的改造和 1952 年司法改革为例》,《政治与法律》2010 年第 12 期,第 77 页。
　　② 董必武:《董必武政治法律文集》,法律出版社 1986 年版,第 163 页。
　　③ 董必武:《董必武政治法律文集》,法律出版社 1986 年版,第 101 页。

的、可能的。改造的内容主要有生活作风、工作作风和思想三个方面,难度依次增加。董必武着重强调了思想改造的困难程度和重要性,并苦口婆心地谆谆教诲,殷切劝导他们在思想上改造自新,字里行间是对旧司法人员的期待。他还针对思想改造耐心地提出三点方法:一是不断开展自我批评,在内心反复与旧思想进行斗争,逐渐改正。二是将马列主义贯彻到实践中去,力求能在实际生活行动上表现新思想。三是在实践中一切以广大人民的利益为标准,以广大人民的利益为行动的出发点,以广大人民的利益为最高的利益。[1]

新法学研究院的改造工作取得了一定成就,到 1952 年上半年,有 4 000 多名旧司法人员经过改造后被吸收到司法部门参加工作,这对解决司法(主要是法院)干部短缺问题起了一定的作用。但在此期间,有不少地方(主要是华东、中南、西南部分新解放区)法院留用旧人员时,没有按照中共中央关于"分别不同对象慎重处理"的原则进行,而是对接管的旧人员不经学习和改造,或未做认真审查就委以审判重任,造成了严重的后果。[2]

1952 年 5 月中旬,政务院政治法律委员会指导中央政法各机关联合组织四个观察组前往华东、中南、东北、西北及华北山西、平原等地视察各地人民法院的情况。视察中,观察组发现各地司法部门的旧司法人员普遍存在着极为严重的政治不纯、贪污腐败、作风恶劣的问题。根据武汉市人民法院、广州市人民法院、广东省人民法院、江西省人民法院及广西省各级人民法院的统计,旧司法人员中的反动党、团、特务分子共占旧司法人员的 64%,而太原市人民法院旧司法人员中的反动党、团、特务分子占旧司法人员的比例高达 83%。[3] 董必武指出,"旧司法人员中有一部分是反动的或历史上劣迹昭著的,例如,浙江、福建、苏南三个省院和上海市院共有旧司法人员 1 259 人,其中就有反动党团、特务骨干分子 830人。少数法院留用的旧审判人员中,尚有个别的现行反革命分子……据初步统计,旧司法人员中贪污的一般占百分之五十以上,有些地方比重还要大些,而且性质恶劣……从各地报告看来,这些旧司法人员受到批评者多,受到锻炼者少,他们的表现一般是没有立场或者是反动立场,不但不能很好地为人民服务,甚至包庇与帮助反革命分子残害人民;在作风上则是严重的脱离群众,只会'坐堂问案',写些冗长陈腐的'判决'。而对人民群众的利益和党与人民政府的政策则根

①　董必武:《董必武政治法律文集》,法律出版社 1986 年版,第 85—96 页。
②　《董必武传》撰写组:《董必武传》,中央文献出版社 2006 年版,第 752 页。
③　史良:《关于彻底改造和整顿各级人民法院的报告》,《人民日报》1952 年 8 月 23 日,第 1 版。

本不关心,相反还到处散布反动的旧法观点,起着很不好的影响。"①

旧司法人员糟糕的工作状况令人失望,包括董必武在内的中央领导人关于旧司法人员改造问题的思想大为转变。董必武在其随后的讲话和文章中表现出了对旧司法人员深深的失望,认为他们不可信任。"两年多以来的事实证明,有相当部分的旧司法人员在我们人民司法机关中起的不是什么积极作用,而是消极作用。"②1952年6月20日,董必武发表讲话,强调人民法律的重要性,认为其不应操控在不可信赖的人手中,应收紧关于旧司法人员从事审判工作的规定。有历史问题的旧司法人员,纵使"三反"过了关,也不能再担任审判工作;即使政治上无问题,尚可担任审判工作的,亦应调开原来地点,到新地区去工作;旧司法人员绝不能成为司法审判的领导骨干。针对虽然已有国家方针禁止,但实践中普遍出现的直接使用旧司法人员的情况,他再一次强调改造的必要性,即旧司法人员不能未经改造就使用,不然无异于自杀。

6月24日,董必武在关于改革司法机关的讲话中再次对旧司法人员担任审判工作的原则进行了更严格的限制,即旧推、检人员不得任人民法院的审判员,旧司法人员未经彻底改造和严格考验者,不得做审判工作。应将司法人员中的坏分子从审判部门中清除出去。凡在"镇反"或"三反"中发现有罪恶者,应即依法惩办。凡恶习甚深不堪改造者,应坚决加以清除;但仍应给以生活出路,不使其流离失所,或送革命大学等校加以训练,甄别后,再另行分配工作。对于历次运动中还没有发现什么问题,思想和工作表现平常尚可改造的,也应当给予训练,改做法院中的技术性的工作或调到其他部门中工作,绝不能再让他们掌握审判大权,而且必须继续加以改造。③

可以看出,观察组发现问题的一个月后,董必武彻底改变思想,虽然依旧强调旧司法人员必须接受改造,但已不再视改造旧司法人员为司法干部的来源,并决心将所有旧司法人员从法院审判工作中清除。此外,董必武还向刘少奇发信,请示中央将"旧司法人员不准担任法院审判工作"作为原则在全国施行。紧接着,董必武在随后发动的司法改革运动中积极行动,推动将旧司法人员调离审判岗位的工作。1953年后,全国司法机关审判人员中几乎不再有旧司法人员。

---

① 董必武:《董必武政治法律文集》,法律出版社1986年版,第101页。
② 董必武:《董必武政治法律文集》,法律出版社1986年版,第232页。
③ 董必武:《董必武政治法律文集》,法律出版社1986年版,第228页。

二、建设政法学校

政法学校的培养过程虽然漫长,但能够稳定地培养大量质量较高的法律专业人才,未来将成为社会各界法律人才的"兵工厂",因此,虽然不能依赖政法学校从短时间内解决政法干部不足的问题,但是董必武仍然重视政法学校的建设工作,对政法学校的种类、整体布局与教学形式作出了详细的指导计划。

(一)高等政法学院

高等政法学院(包括综合大学的法律系、政法学院)始终是法律人才最专业的来源和法治教育体系中最重要的部分之一。中华人民共和国成立后,一是由于大量法律工作者跟随国民党离开;二是由于"六法全书"和资产阶级法律不再适用,新中国法律尚不健全,老师们不知道该教些什么,学生之前所学也没了用;三是由于当时社会上下重理轻文的风气,1952 年院系调整后,教法律的学校大为减少,也没人愿意学法律,政法院校趋于凋敝。"北大现在只有二十五个学生学政法,另外还有两个研究生。北大是过去法学院最大的一个学校,情况都是这样,其他学校情况更惨了。"①

在政法学校中,董必武最重视的是高等政法学院的工作,他指出,"大学的政法院系应按教育部规定的制度培养知识青年成为国家有用的政法人才"。② 为了解决政法工作严重缺人的问题,在中国建设新法制,董必武认为发展综合大学法律系和政法学院是必不可少的。

这种重视首先体现在董必武建设综合大学的法律系和政法学院的活动中。中华人民共和国成立之初,他就向中共中央提出了创办中国政法大学的方案。1948 年 8 月 4 日,他与薄一波、蓝公武、杨秀峰签署了《华北人民政府关于北平政法学院改为政法大学的决定》,并任命华北人民政府司法部部长谢觉哉兼任校长。③ 在院系调整后,北京大学法律系被撤销,董必武认为像北京大学这样著名的综合性大学撤销法律系是很不合适的。他多次找中共中央宣传部、教育部,商量恢复和创建综合性大学的法律系,并为此项工作耗费了极大的心血。北

---

① 董必武:《董必武政治法律文集》,法律出版社 1986 年版,第 158 页。
② 董必武:《董必武政治法律文集》,法律出版社 1986 年版,第 23 页。
③ 《董必武传》撰写组:《董必武传》,中央文献出版社 2006 年版,第 749 页。

京大学法律系就是在他亲自呼吁和推动下重建起来的。① 除此之外,董必武还针对如何建设综合大学法律系和政法学院的问题做了如下构想。

首先,董必武认为目前综合大学法律系和政法学院最重要的工作是改革政法教学内容。针对很多人不清楚该教授什么内容的问题,董必武指出根据国家性质和当下形势可以教授以下内容:一是马列主义、毛泽东思想关于国家和法的观点。② 二是中央政府公布的法令规章。例如,惩治反革命条例、工会法、婚姻法等。这些都可当成教材,虽不成套,但是有东西了,教还是可以教的。三是苏联法律的相关材料。翻译苏联的一些东西和苏联专家提供的一些资料。四是规定政法学院教四门课,即阶级论、国家论、国家法、司法政策和行政管理。行政管理很重要,在资本主义国家这就是一套专门学问,我们比资本主义更复杂,更应有这门功课。③

其次,为帮助大学政法科系改革教学,董必武还建议在政法学校中组织教研室,吸收一批大学政法科系的教授、讲师及有志从事政法宣教工作者参加教学研究和编写教材工作。④

再次,董必武强调综合大学法律系和政法学院的教育要正规化。在政务院政治法律委员会第二十次委务会议上,他提出大学法律系的课程要由司法部与有关方面接一下头,我们要规定哪些课必须教,不能再因人开课。⑤ 在第二届全国司法会议的讲话中,董必武再次提出政法学院要按正规学校来办,按照教育部规定,要招收学生,要有一定的学习期限,要学习一定的课程。⑥ 董必武对高等政法学院发展正规化的要求使得当时一片混乱的政法院校管理逐渐有序起来。

董必武为中国高等政法院系的发展呕心沥血。除了做出以上指导,在中国人民大学正式开学前,他还为学生和教师做了关于人民政协共同纲领的长篇演讲,该校正式成立后,他又不断邀请法律系的教师和苏联专家座谈,听取他们对课程设置、内容和教学方法的改革意见,鼓励他们要尽快培养出政法教师,并摸索出政法教学的经验,以便推动全国政法教育改革。⑦

在董必武建设高等政法学院思想的指导下,综合大学的法律系和政法学院

---

① 《董必武传》撰写组:《董必武传》,中央文献出版社 2006 年版,第 758 页。
② 《董必武年谱》编辑组:《董必武年谱》,中央文献出版社 1991 年版,第 413 页。
③ 董必武:《董必武政治法律文集》,法律出版社 1986 年版,第 159 页。
④ 董必武:《董必武政治法律文集》,法律出版社 1986 年版,第 162 页。
⑤ 董必武:《董必武政治法律文集》,法律出版社 1986 年版,第 230 页。
⑥ 董必武:《董必武政治法律文集》,法律出版社 1986 年版,第 284 页。
⑦ 《董必武传》撰写组:《董必武传》,中央文献出版社 2006 年版,第 754 页。

有序发展起来,培养了一批优秀的专业法律人才,这些人才成功进入社会后,在全国各地的司法岗位上为中华人民共和国的法治建设做出了巨大贡献。

(二)中等政法学校

在深入推进中华人民共和国的法制建设时,董必武发现仅靠高等政法学院的人才培养活动难以满足司法实践中的大量需求。"法院和检察署需要六万多人,在五年之内我们的高等政法学院只能训练一万人,所以,光靠高等政法学院是不可能满足我们的要求的"。① 因此,董必武提出在高等政法学院之外,还需建立中等政法学校,扩大法律教育的范围,对没有机会接受高等法律教育的人进行中等程度的法律教育,然后再投入到司法工作中去,以缓解缺少政法干部的窘境。

(三)工人政法学校

董必武曾建议从工人中选调先进分子担任司法工作。一方面,饱经考验、政治思想立场坚定的工人值得信赖;另一方面,这也能解决工人失业的问题。但被选调的工人往往法律素养不高,需要一定的教育训练才能担任司法工作。看到《中央政法公报》第29期中对捷克工人法律学校的介绍后,董必武十分感兴趣,提出在华东建立一所工人政法学校,对将要到司法部门工作的工人进行教育培训。② 工人政法学校最后并没有建成,但多途径培养司法干部的理念今日仍有启示意义。

董必武的一系列努力奠定了未来政法学校的基本格局,各层次政法学校渐成体系,并井然有序地发展起来。

三、训练政法干部

中华人民共和国建立初期,全国上下司法人员紧缺,现有的政法干部又普遍存在思想认识水平不高、运用法律能力不足的状况。在各项工作迅速开展的压力下,等待政法学校培养法律水平较高的人才来补充政法干部队伍显然不现实。针对这种情况,董必武提出了另一种解决思路:"目前干部数量上如不可能增加,我们可否采用质量上提高的办法来弥补呢? 我想是可以的,提高现有干部的政

---

① 董必武:《董必武政治法律文集》,法律出版社 1986 年版,第 350 页。
② 董必武:《董必武政治法律文集》,法律出版社 1986 年版,第 248 页。

策水平、理论水平,提高工作效率,改进工作方法,加强对各级干部的训练工作等都是提高质量的好办法,也是我们本身可以做到的事情。"①

此外,为补充司法人员的不足,董必武另辟蹊径,从各界群众中选调先进分子进行培养并担任司法工作,这些人的法律教育同样是一个需要重视的问题。董必武指出,"现在我们调了许多新干部,他们的质量很好,但中间可能有些文化程度很差;假设中间还有不识字的,首先就要消灭文盲,其次就是业务训练及政治、思想训练。即使他们的政治质量很好,如果不设法把他们提高,他们是没有办法进步的。因为没有一定的文化,要想把马列主义关于国家法律的理论学好,是不可能的。"②

董必武反对那种认为各地都有革命大学,可以担负对旧人员的思想改造和对新的青年知识分子的培训,政法部门没有对干部的特殊要求,因此没有必要单独再对政法干部进行培训的观点。他认为,革命大学对干部训练仅做一般性的政治训练,各部门工作的业务训练恐非革命大学所能胜任。政法工作是一项专门的业务,目前在岗的绝大多数同志都是从另外单位调进的,不熟悉或不了解政法工作的业务,对这些同志加以训练是完全必要的。目前财经、文教等部门都在对自己部门的干部进行培训,为什么政法部门就没有必要做一定的业务培训呢?③

基于上述原因,董必武格外重视对政法干部的培训,多次召开相关会议,强调培养政法干部的重要性,并对政法干部进行教育,要求他们自觉主动地提高自身法律素养。董必武认为,政法干部至少应当有初步懂得马列主义、毛泽东思想的国家观、法律观,初步懂得国家法令政策,并懂得如何去组织执行的水平。④ 为了达到这个目的,董必武主要从以下四个方面着手对司法干部进行训练。

(一)组织学习活动

董必武对政法干部的重视体现在组织司法干部进行法律学习的活动上。在宪法和组织法公布后,为了适应情势变化下的新情况,并提高审判人员的业务水平,董必武自 1955 年第一季度开始,组织全体审判人员对苏联刑法、民法、刑事

---

① 董必武:《董必武政治法律文集》,法律出版社 1986 年版,第 297 页。
② 董必武:《董必武政治法律文集》,法律出版社 1986 年版,第 284 页。
③ 《董必武传》撰写组:《董必武传》,中央文献出版社 2006 年版,第 757 页。
④ 董必武:《董必武政治法律文集》,法律出版社 1986 年版,第 162 页。

诉讼法、民事诉讼法的基本知识进行了循序渐进的、系统的学习,并要求把学习苏联司法工作的经验、我们审判工作的经验与贯彻《中华人民共和国人民法院组织法》结合起来,以便从中国的实际情况出发,正确吸收苏联的经验。[1] 在平时工作中,董必武也多次要求政法干部们阅读学习已经公布的法律、法令、条例,以提高自己的工作质量。

(二)干部培训机构

对全国上下数量众多的政法干部进行训练是项工作量巨大的事业,全靠中央带头,依靠自上而下、运动式的学习是难以完成的,因此,董必武认为要有不同形式的训练机关,以便对政法干部进行与建立各级司法机关的计划相适应的培养活动。董必武法治教育思想中关于政法干部的训练主要有政法干校、轮训班、函授和夜大四个方面的内容。

1. 政法干校

为了培养干部,并开展政法建设工作,董必武提议筹办对政法干部进行法律、业务和思想培训的政法干部学校。在董必武的积极推动下,负责培养政法干部的政法干校最终建立。

首先建立的是中央政法干部学校,其主要工作内容是训练在职干部,同时培养一部分政法教育工作的师资,并取得教学内容和教学方法的经验,以便推动与协助各地对政法干部训练工作的开展。[2]

由于全国上下对政法干部需求很大,但中央政法干部学校容量有限,只能容纳1 000多人,要想满足各地需求则需要培训20年。针对这个问题,董必武提出各大行政区应迅速筹设政法学校以训练大批干部,某些条件比较好的省也要办政法干校。[3]

就政法干校的教学任务与教学形式而言,董必武认为,中央和大行政区设政法干部学校,由政法委员会负责领导,当前主要是训练在职干部,其主要培养对象是训练县以上政法部门的领导骨干,期限是半年到一年,教学方法是上大课和讨论会。

2. 轮训班

政法干校培养的主要对象是县以上政法部门的领导骨干,对于其他政法干

① 董必武:《董必武政治法律文集》,法律出版社1986年版,第393页。
② 董必武:《董必武政治法律文集》,法律出版社1986年版,第162页。
③ 董必武:《董必武政治法律文集》,法律出版社1986年版,第198页。

部,董必武提出以轮训班的形式进行教育。政法干部轮训班由省来办,司法、民政应分开,任务是轮训各级政法部门中的一般政法干部。轮训有两种做法:一种是把所有的干部分批地轮流进行一次训练;另一种是把干部分批地、反复地进行轮训,使每个受训的干部都能在一定时间内经过 3 次训练,一年可办 3 期,每期训练 3 个月(把受训时间错开来),工作一个时期后再轮训,课程应一次比一次深些,便能逐步提高。每次抽三分之一以下的干部,具体人数由各地根据情况自行掌握。最初人数不宜过多,先摸索一下经验,以后再逐步扩充。① 董必武看待轮训班的态度十分科学,认为轮训干部也非短期内所能完成,我们应从发展的观点上去看,努力把它办好。②

由于轮训班一般是不定期且短期的,故董必武大力提倡这种对政法干部正常工作影响较小的培训方式。为办好轮训班,董必武还要求,各大行政区除筹设干校外,还应帮助各个省办好轮训班。③

3. 函授与夜大

有些政法干部工作繁重,难以抽出好几个月的时间到政法干校或轮训班学习。面对这种情况,董必武提出条件允许时办函授和夜大的建议。④ 这种更自由的学习方式使得更多政法干部能够参与训练学习。

董必武从实际出发,根据政法干部的工作性质和工作任务建立了多层次的干部培训机构,保证每一位政法干部都可以接受训练与教育,使政法干部拥有足够顺利完成工作任务的法律水平,进而确保司法系统有效运行,促进社会秩序的稳定和社会主义建设。

（三）发动干部主动学习

除了被动地接受教育,董必武还强调司法人员要发挥主观能动性,不仅在学校中要学习,而且在担任司法工作时更要找时间、找机会不断提高自己的思想水平。董必武认为,司法人员主要应该学习以下内容。

第一,马列主义思想。董必武积极肯定马列著作及其思想,提出无论如何都要挤出一点时间来学习马列的著作,尤其要学习他们的思想方法。司法人员尤其要学习的是反对官僚主义思想和批评与自我批评的思想。官僚主义思想是审

---

① 董必武:《董必武政治法律文集》,法律出版社 1986 年版,第 230 页。
② 董必武:《董必武政治法律文集》,法律出版社 1986 年版,第 236 页。
③ 董必武:《董必武政治法律文集》,法律出版社 1986 年版,第 229 页。
④ 董必武:《董必武政治法律文集》,法律出版社 1986 年版,第 441 页。

判工作的巨大障碍,并且是有一定社会基础的,这需要长期地与之做斗争,而没有批评与自我批评就没有办法进步。

第二,时事政策。董必武表示,"假设你不晓得你所在的环境天天在变化,你只把马列主义翻了翻,学了一点马列主义,对于时事政策就不管了,那就不行;对于时事不了解,对于中央的政策不了解,就没有法子解决问题。"①

第三,司法业务。司法业务水平对于司法人员来说是工作之本。在中华人民共和国成立之初司法人员司法水平普遍偏低的背景下,提高司法人员的业务水平乃至提高全中国的司法水平,不能仅靠国家组织的政法干校和轮训班,更要靠司法人员自己的主动学习提高。

学习是终生的事业,对掌握着国家司法权的司法人员来说更是这样。除了被动地进入干校接受培训,更重要的是主动积极学习发展。只有通过学习不断提高自己的思想水平,才能更好地为人民服务。

（四）教学内容

董必武指定政法部门承担训练政法干部的责任,要求政法部门采取一些具体办法,把这项工作领导起来。② 他提出,办政法干部学校或轮训班,政法部门的负责同志有责任担任教师,给学员上课。

关于政法干部训练的教材问题,董必武提出了应当要达到的目标:干校要搞出基本教材,至少要有个教材的提纲;轮训班的基本教材或提纲由司法部负责编一下,最后拿来政委研究。③ 原则上,主要的课程应由中央统一规定,开始可以先制订些提纲式的,并指定一些参考书,在教学中不断吸取经验,逐渐丰富内容。各地在教授时可结合当地情况,编写补充教材及教授其他课程。④

在组织审判人员学习刚颁布的组织法时,董必武又针对这项工作提出,"为了加强学习法院组织法,应搞个简要解释的本子,字数在五万字以内。现在有关法律理论的书籍,基本上仍是以人民大学的教材为主,而人民大学的书字数太多,做实际工作的同志没有时间看,我们要把解释本子尽量写具体一点,但不能代替原书。"⑤

---

① 董必武:《董必武政治法律文集》,法律出版社 1986 年版,第 283 页。
② 董必武:《董必武政治法律文集》,法律出版社 1986 年版,第 284 页。
③ 董必武:《董必武政治法律文集》,法律出版社 1986 年版,第 230 页。
④ 董必武:《董必武政治法律文集》,法律出版社 1986 年版,第 237 页。
⑤ 董必武:《董必武政治法律文集》,法律出版社 1986 年版,第 376 页。

此外,董必武还重视少数民族的司法干部的训练培养。他提出,应在民族学院内设法律班,训练少数民族司法干部。

四、发展师资队伍

在培养法律人才所必备的条件中,董必武最重视的是师资。"办学校要有四个条件:教书的人、教材、学生、钱。钱占第四位,主要是人的问题。"[①]关于师资问题,董必武有以下主张。

首先,对于高等政法学院,可以对大学教授进行集训,不仅对他们进行思想教育,而且还要组织学习中华人民共和国建立以来颁布的法律,例如政府组织法、法院组织法、财经部门的一些法令和条例等。

其次,干校及轮训班的师资由政法部门负责人担任,并须抽出强有力的干部去负责。同时与人事部门商量调派几个专职干部先把架子搭起来。[②]

此外,对于当时最重要的高等政法大学——中国人民大学,董必武认为要承担起培养政法教师的责任,并要摸索出政法教学的东西来。[③] 董必武还提出让政法干校承担培养一部分政法教育工作的师资任务。

五、参考而不是盲从苏联法律教育经验

董必武支持在教育活动中学习引进苏联先进的法律、法学理论和政法工作的经验,但他强烈反对那种对于苏联法律和理论经验不加思考、照单全收的观点。他指出,"我们学习苏联,本来是想看看人家法学教育是怎么回事,可是有人竟把它当作一种模式,要全国都这么搞,这怎么行! 学习苏联是应该的,但不能完全照搬,我们一定要有自己的特点,一定要培养中国自己的法学教育的典型,开拓出一条适合中国实际的法学教育的路子。"[④]由此可见,董必武虽然支持对外国经验的学习,但同时也反对生搬硬套、无脑照抄。他认为,中国最终还是要通过自己的实践探索,从无到有、从有到优发展起一套属于自己的法律。

在董必武的努力下,政法战线的干部到1953年已发展至34万人,其中司法方面的干部有8万多名。虽然各级政法机关还不健全,但已有了初步的基础,并

---

① 董必武:《董必武政治法律文集》,法律出版社1986年版,第376页。
② 董必武:《董必武政治法律文集》,法律出版社1986年版,第230页。
③ 董必武:《董必武政治法律文集》,法律出版社1986年版,第159页。
④ 《董必武传》撰写组:《董必武传》,中央文献出版社2006年版,第757页。

先后对两万多名在职干部进行了培训,编写了培训各级干部的教材或大纲,并建立了5所政法干部学校和数十个轮训班,为在职干部的培训积累了经验,提供了必需的培训基地。在高等教育改革中,先后成立了北京政法学院、华东政法学院、西北政法学院。在综合大学中,武汉大学、复旦大学、东北人民大学继北京大学之后,相继恢复或建立了法律系。① 初成体系的政法学校和政法干部训练机构缓解了中华人民共和国成立初期司法机构缺乏人员的窘境,为新中国的法治建设提供了大批人才。

第三节　开展法学研究

清末,西方法学思想传入中国。中华人民共和国成立后,由于国家性质发生改变,原有的法律体系被推倒重建,之前以旧法为主题的法学研究并未被新中国继承,正如董必武所言:"直到现在专门阐明我国法律的书籍是很少的,报纸杂志上阐释我国法律的文章也不多。我们的许多法律除了报告人的简短说明以外,从法学上来科学地分析说明从而奠定我们法律科学基础的著作,更是少得很。""我们的法律工作者,直到今天还没有根据马克思列宁主义的观点,从法学学理上写出一册像样的、阐明我国法制的书,现在有的还只是几本小册子。我国科学院有五十几个科学研究所,而法学研究所至今尚在商谈筹备中。法律工作系专业性质的工作,而从事法律工作的人员还没有完全受到专门性质从业人员的应有的待遇。"②

董必武关心法学研究工作,认为法学是一门重要的社会科学,但是法学在我国还远远没有进入科学之门。③ 即使建立政法学校和训练政法干部工作占据了新中国法治教育的大部分内容,但董必武依旧为高层次的法学研究设定了指导方针与建设计划。

为了使中国的法学研究更加科学,董必武设想在中国建立一个包括报纸、刊物、学会、研究所、广播电台和出版社相互促进的、全方位法学研究机构体系。同时,他认为有关民族法学研究的问题也要重视,董必武指出,检察院、法院、司法部三部门过去对民族问题根本没有过问,现拟配几个人搞些研究工作。董必武

---

① 《董必武传》撰写组:《董必武传》,中央文献出版社2006年版,第760页。
② 董必武:《董必武政治法律文集》,法律出版社1986年版,第351页。
③ 董必武:《董必武政治法律文集》,法律出版社1986年版,第484页。

建立法学研究机构体系思想主要体现在以下几个方面。

一、《中央政法公报》

1949 年,为加强对政法工作的指导及交流工作经验,在董必武的领导下,政务院政治法律委员会决议创建《中央政法公报》。同年 12 月 28 日,董必武向周恩来报告《中央政法公报》编委会组织简则及编辑办法,说明政法委员会第四次委员会议决议:《中央政法公报》由政法委员会统一出版,以彭泽民为主任、陶希晋为副主任;由十一人组成《中央政法公报》编辑委员会。①

1950 年 1 月 19 日,《中央政法公报》创刊号正式出版,其内容除了刊载中央人民政府及政务院颁订的有关政治法律的政策、法令、决议及指示外,还包括政治法律委员会指导的各部门颁布条例章程、决议、命令等。该公报主要发给全国县以上各级政府,供干部工作参考及学习研究。

《中央政法公报》于 1950—1952 年不定期发行,1953—1954 年则按月发行。目前并无资料记载《中央政法公报》何时停刊,但根据国内各图书馆所收藏的《中央政法公报》最晚一期是 1954 年第 9 期这一事实推测,《中央政法公报》应该是 1954 年 9 月停刊。

二、中国政治法律学会

1951 年年底,林伯渠提议将中华人民共和国第一个法学研究组织——新法学研究会与新政治学会合并。这两个研究会在此之前都并未正式成立运行。董必武同意这个建议,赞成两会合并另成立中国政治法律学会,认为该会的性质为学术研究团体,会员应具备相当条件。② 1952 年 2 月 23 日,政治法律学会筹委会成立,由董必武担任主席。

董必武将中国政治法律学会的方针任务确定为:结成中国民主政法工作者的统一战线,参加国际民主法律工作者协会,推动世界和平民主运动。

在中国政治法律学会第三次筹备会上讲话时,董必武对中国政治法律学会的任务和目标做了具体深入地阐释:"法律战线在中国过去是很弱的。现在参加到国际民主法协去,就是参加到反对帝国主义的战线。现在除了科学工作者要组织外,在法学界也要加以组织。在帝国主义国家的统治者下面,是组织了一部

---

① 《董必武年谱》编辑组:《董必武年谱》,中央文献出版社 1991 年版,第 356 页。
② 董必武:《董必武政治法律文集》,法律出版社 1986 年版,第 219 页。

分人来专门同我们搞的。我们法律工作者方面就比较散漫，今后大家要组织一个法律界打倒帝国主义的阵线，要把帝国主义国家内拥护和平的人团结起来。美帝国主义实际上就怕这些。要对国际反帝战线用全力来支持。"①

在与苏联专家的谈话中，董必武提出政治法律学会要发挥在法学研究方面的作用，逐渐充实政法学会，把研究学术的工作搞起来，还要依靠政法学会这个组织把中国人民大学、北京大学、各地政法学院和政法干部学校有法学基础的人组织起来，写点论文和著作出来。②

中国政治法律学会正式成立后创办了《政法研究》和《政法译丛》，成立了法律出版社；组建新法学研究院，对旧司法人员、律师、法学教授进行了培训；参与《中华人民共和国宪法》草案的讨论与制定；以国际民主法协团体会员的名义联系各国法律界进步人士，组织国际律师团，声援和营救被巴西反动当局非法逮捕的我国9名同胞，并声援亚非人民的正义斗争，为中国法学研究和法律制度健全做出了重要贡献。

中国政治法律学会是中国法学会的前身，在"文化大革命"期间，曾遭受冲击，一度中断活动。党的十一届三中全会重新确立了发展社会主义民主、健全社会主义法制的方针。为了适应加强社会主义民主法制建设的需要，1980年6月28日，成立了由杨秀峰主持、由原政法学会领导成员参加的中国法律学会筹备小组。1982年7月22—27日，中国法学会正式成立。③ 此后，中国法学会通过主办刊物，参与立法、执法、司法改革和法治政府建设等工作不断推动中国法学的发展，成为当代中国加强社会主义民主法治建设、推进全面依法治国、建设社会主义法治国家的重要力量。

三、中国科学院法学研究所

董必武认为法学同样是一门重要的科学，但是当时中国科学院有哲学研究所、历史研究所等，还没有法律科学研究所。董必武建议，今后应当考虑有步骤地设置这一机构。他在中国共产党第二次全国宣传工作会议、中国共产党第八次全国代表大会上以及同苏联法学专家的谈话中都强调了这个问题。④

① 《董必武年谱》编辑组：《董必武年谱》，中央文献出版社1991年版，第413—414页。
② 董必武：《董必武政治法律文集》，法律出版社1986年版，第441页。
③ 《学会历史》，中国法学会官网，https://www.chinalaw.org.cn/portal/page/index/id/13.htm，2020年11月1日访问。
④ 董必武：《董必武政治法律文集》，法律出版社1986年版，第351、475、484页。

1954 年 10 月 5 日,董必武建议在中国科学院成立法学研究所,筹备工作由中国政治法律学会承担。①

通过不懈的努力,中国科学院法学研究所于 1958 年建立。1977 年中国社会科学院组建后,中国科学院法学研究所随之转隶,并更名为"中国社会科学院法学研究所"。多年来,法学研究所的学者们在坎坷和风雨中矢志不渝地从事法学研究。在他们的辛勤工作中,中国法学研究从无到有、从有到优,在不断进步中繁荣。

四、《政法研究》

为了便利对法学理论和经验进行研究,1954 年,中国政治法律学会创办了中国第一份法学期刊——《政法研究》。

董必武对《政法研究》寄予了深厚的期望。在国外,董必武希望《政法研究》可以与我们伟大的祖国已成为世界和平民主强大支柱之一的国际地位相适应,能够联合全世界民主法律工作者,为保卫世界和平、保卫世界人民民主自由和民族独立平等的神圣原则,在法律战线上进行坚决的、正义的斗争;在国内,他希望通过《政法研究》将全国政治法律工作者在马克思列宁主义伟大的科学理论指导下更进一步地团结起来,对于国内国际重大政治法律问题进行共同的研究。

在开办几年后,董必武根据现实工作状况对《政法研究》工作定位与目标做了调整。他指出《政法研究》本应重在学术研究,但目前还无此可能,因目前读者都是政法干部,为此,编辑方针是以县以上司法干部为主要对象,每文不超过 5 000 字。凡从学术上求深求广的研究性的问题,刊物不做答复。② 他对《政法研究》的未来充满信心,认为这个刊物在全国政治法律工作者和广大读者的热心支持和帮助下,一定能对促进我国社会主义建设和保护世界和平民主的伟大事业提供有益的帮助。③

《政法研究》是著名的法学期刊《法学研究》的前身。1957 年法学研究所成立后,《政法研究》转入法学研究所管理。1966 年,《政法研究》受到冲击而停刊。改革开放后,为了繁荣和发展我国的科学文化事业,加强法制建设,推动法学研究的开展,1978 年 3 月,法学研究所召开了法学研究规划会议,后又组织两个调

---

① 《董必武年谱》编辑组:《董必武年谱》,中央文献出版社 1991 年版,第 445 页。
② 董必武:《董必武政治法律文集》,法律出版社 1986 年版,第 433 页。
③ 董必武:《董必武政治法律文集》,法律出版社 1986 年版,第 159 页。

查组分赴各地调查,撰写了《法学研究规划和调查综合情况》的报告,并提出"力争在今年年底以前恢复《政法研究》出版"的建议。1978 年,法学研究所正式挂牌后,经中共中央宣传部、中国社会科学院领导批准,决定创办《法学研究》。同年,法学研究所以《法学研究》编辑部,编辑出版了《法学研究》试刊第 1 期及第 2 期。1979 年 4 月,《法学研究》正式创刊,①以全新的形式继续引导着中国法学研究的发展。

五、法律出版社

董必武认为,开展法学研究应当建立专门的法律出版机构,于是在中国政治法律学会成立后,董必武派政法委员会的副秘书长叶笃义②找中央人民出版总署署长胡愈之③商议此事,胡愈之完全同意董老的建议。1954 年 12 月 24 日,法律出版社成立,由叶笃义就任第一任社长,董必武的秘书陈于彤④任副社长兼总编辑。⑤ 法律出版社可以说是在董必武的亲自主导下建立的。

法律出版社是我国第一家法律专业的出版机构。董必武十分关心法律出版社的工作,对出版社事务事必躬亲。1954—1959 年,法律出版社翻译介绍了当时苏联及一些东欧国家的立法、司法及法学研究,也出版了当时国内颁布的数量有限的法律、法令、行政法规以及一批培训政法干部的急需教材。1959 年,法律出版社以保留社名、社号的方式并入人民出版社。1980 年,法律出版社复建。复建后的法律出版社出版了大量国家法律法规、外国法典、普法读物、法学著作,为国家法制建设发挥了不可替代的作用。⑥

在董必武法治教育思想的指导下,通过多方辛勤的建设与不懈的努力,我国法学研究终于迈入了科学之门。

---

① 《本刊简介》,《法学研究》期刊官网,http://www. faxueyanjiu. com/CommonBlock/GetSiteDescribeDetail/11927? channelID=11927,2020 年 11 月 1 日访问。

② 叶笃义(1912—2004),安徽安庆人,杰出的爱国民主人士、著名社会活动家,中国民主同盟中央委员会名誉副主席,中国共产党党员。1912 年 1 月出生于天津,中华人民共和国成立后,历任法律出版社社长、政务院政法委员会委员和副秘书长、政协全国委员会副秘书长、全国人大常委会法制委员会委员、宪法修改委员会副秘书长、中国国际文化交流中心理事、中国人民外交学会理事、第六届中央副主席、第三届民盟中央参议委员会副主任、民盟中央名誉副主席等。

③ 胡愈之(1896—1986),原名学愚,字子如,笔名胡芋之、化鲁、沙平、伏生、说难等,浙江上虞丰惠镇人,著名的社会活动家,一生集记者、编辑、作家、翻译家、出版家于一身,学识渊博,是新闻出版界少有的"全才"。

④ 陈于彤(生年不详—1989),曾任董必武秘书,中共南方局西南特工系统联络人,中华人民共和国成立后任法律出版社总编辑等职。

⑤ 黄闽:《法律出版的精神:纪念法律出版社成立六十周年》,法律出版社 2014 年版,第 4 页。

⑥ 中国司法行政年鉴编辑委员会:《中国司法行政年鉴》,法律出版社 2002 年版,第 879 页。

第四节　法治宣传教育

中华人民共和国建立初期,社会秩序并不是十分稳定,不重视和不遵守国家法制的现象广泛存在。例如在政府的层面,存在挪用预算的情况;在社会层面,无论是私营还是国有的公司都有轻视合同、不履行合同的现象。董必武对这一现象进行了深入的研究与探讨。他认为,这种现象有着有深厚的历史根源和社会根源。

董必武指出,在旧社会,法律是压迫与剥削人民的工具,因此,党领导下的革命工作都是在突破旧统治的法制中进行的,仇视旧法制的心理在我们党内和革命群众中有极深厚的基础,这种仇视旧法制的心理可能引起对一切法制的轻视心理,这是不言而喻的。全国解放初期,我们接连发动了几次全国范围的群众运动,获得了超过预期的成绩。革命的群众运动是不完全依靠法律的,这可能会带来一些负面影响,助长人们轻视法制的心理。这是不重视和不遵守国家法制现象的历史根源。

在我国社会各阶级中,小资产阶级占绝对多数,这是不重视和不遵守国家法制现象的社会根源。当然,小资产阶级中各阶层的革命觉悟程度是有差别的。按照列宁的说法,小资产阶级在一定的情况下常常表现极端的革命狂热,但不能表现出有组织、有纪律和坚定思想。小资产阶级的思想容易和无政府主义的思想契合。我们可以这样说,一切轻视法制的思想实质上就是小资产阶级的无政府主义思想的反映。

董必武认为,中华人民共和国的法制是作为统治阶级的人民意志的表现,所以,违反国家法制就是违背人民的意志。对于不重视和不遵守国家法制的现象,董必武极为坚定地设法加以清除。他指出,也许清除这种现象需要较长的时间,但是如果现在不采取有效的方法着手清除,而等待以后去清除,那给我们建设社会主义的损害将会更大。[①]

如何改变这种社会上极为广泛存在的现象? 对整个社会各阶级的法律宣传教育是有效的手段。正如董必武所说,依据我国当前的情况,对各阶级都必须进行法制教育,培养其守法思想。

---

① 董必武:《董必武政治法律文集》,法律出版社 1986 年版,第 485—486 页。

一、培养群众守法思想

（一）强调培养群众守法思想的重要性

董必武认为，当时法律宣传教育方面做的工作是很不够的，这与我党历来就重视人民群众的政治思想工作的方针相违背，必须要对群众加强法律的宣传教育，培养群众的守法思想。群众的政治觉悟高是进行法治教育的有利条件，但是法律本身也有它自己特定的范畴，因此，在提高群众政治觉悟的同时，还要加强对群众的法制教育。

董必武提出，应当注重培养人民群众的守法思想，必须在人民群众中广泛地进行关于法律的宣传教育工作，并对这一问题做出了详细的说明解释。董必武准确地指出了人民群众中普遍不尊重、不遵守法律的根源——劳动人民以前对一切反动的法律存在着极端仇视和不信任的心理，这在旧社会中是可以理解的。[①] 但是，董必武强调培养群众守法思想的重要性，认为这是非做不可、必须完成的。培养群众守法思想之所以如此重要，他认为主要有以下三点原因。

首先，培养群众的守法思想对于健全人民民主制度、巩固人民民主专政、保证国家建设有着极为重要的意义。中国人民政治协商会议《共同纲领》第 8 条规定：中华人民共和国国民均应遵守法律，遵守劳动纪律。1954 年《宪法（草案）》第 100 条也规定："中华人民共和国公民必须遵守宪法和法律，遵守劳动纪律，遵守公共秩序，尊重社会公德。"[②]现在形势发生了变化，劳动人民已经取得了政权，就必须建立新的秩序，遵守按照自己的意志定下来的法律秩序。

其次，董必武指出，现在我们国家是这样一个阶级构成：以工人阶级为领导的、以工农联盟为基础的、依靠共同纲领来团结其他民主阶级。如果我们要号召资产阶级爱国守法，那么我们自己守法的概念要很明显地在我们意识中确定下来。对农民、手工业者也要号召他们守法，守法就是维护他们的长远利益，对工人阶级也要号召他们守法。[③]

再次，董必武认为，在当时国内外条件下，加强群众的守法思想更有着重要的意义。因为在国内人民的敌人还没有完全消灭，在国外还存在着帝国主义的包围，他们必然会互相勾结起来，来破坏我们的事业，破坏我们的法律。他们会利用我们法律的不完备，利用我们工作中的弱点和缺点，也就是利用一切可以找

---

① 董必武：《董必武政治法律文集》，法律出版社 1986 年版，第 331 页。
② 董必武：《董必武政治法律文集》，法律出版社 1986 年版，第 356 页。
③ 董必武：《董必武政治法律文集》，法律出版社 1986 年版，第 336 页。

到的机会来和我们进行斗争。如果群众中有不守法的,这便容易为敌人的破坏活动打开方便之门,使其有机可乘。只有群众都严格遵守法律,才能堵住这个漏洞,使破坏分子不能钻空子,无法隐藏,便利我们的司法机关和公安机关集中力量去对付敌人的破坏活动。①

培养群众的守法思想是十分困难、并且不容易很快做到的。董必武引用列宁的话说:"千百年来,国家都是压迫人民和掠夺人民的机关,它给我们的遗产,是群众对一切国家事务的极端仇视和不信任的心理。克服这种心理,是个非常困难的任务,这一任务只有苏维埃政权才能胜任,然而就是苏维埃政权也需要经过长时间和坚韧不拔的努力才能完成。"虽然在过去人民对旧的统治者的反动法律是仇视和不信任的,但这种心理继续到革命胜利以后就是很不好的一种现象。人民民主专政的政权要想办法使人民从不信法、不守法变为信法、守法。即使存在困难,但是我们必须很好地完成这个任务,根据实际情况长期进行培养人民群众的守法思想的工作。②

(二)发挥审判机关的教育作用

审判机关有惩罚作用,从法律宣传教育的角度来看,它更有教育作用。董必武要求审判工作人员要把法制宣传教育工作担负起来。③

1. 便利审判程序以教育人民群众

最有效的法治教育莫过于使人民群众能够时常参与法律活动,并"让人民群众在每一个司法案件中感受到公平正义",在法律活动中耳濡目染法律知识。想要做到这一点,就要降低人民群众参与法律活动的难度,也就是建立便利的人民的审判制度,这同样也是人民政权和人民司法的要求。

董必武积极推广那些能够便利人民群众的审判制度,在第二届全国司法会议上,他向司法干部们强调要研究建立便利人民群众的审判制度:"在司法改革运动中证实了过去我们主张的陪审制、巡回审判制以及在法院设问事处、接待室(好像医院的门诊部)等,都是人民所欢迎的。当然,各地方法院在司法改革后或在司法改革中对于这些工作都取得了许多新的宝贵的经验,比我们从前所说的那样有了很丰富的内容。关于调解委员会,这也不是一个新问题,这次司法改革运动中间,在许多地方试行有效;但是过去我们在这个工作当中也还发觉到它

---

① 董必武:《董必武政治法律文集》,法律出版社 1986 年版,第 357 页。
② 董必武:《董必武政治法律文集》,法律出版社 1986 年版,第 331 页。
③ 董必武:《董必武政治法律文集》,法律出版社 1986 年版,第 526 页。

的消极的一方面。希望各位同志能够细心研究,把大家公认为可行的制度肯定下来,予以巩固和推广;把尚无把握的事项,谨慎地选择重点试行。"①

2. 审判机关主动发挥教育作用

董必武认为,今天人民法院的任务除了对反革命等犯罪分子加以制裁、维护人民的合法权益外,还有很重要的一点,就是人民法院要通过审判活动教育群众守法。② 审判机关的工作不是以惩罚为目的,应与教育工作相辅而行,惩罚是作为教育工作的最后的一个手段。同时,通过公开审判可以进行法制宣传教育,使当事人知道犯了什么罪,为什么犯罪,使旁听的人深刻认识犯罪行为的危险性,从而警觉起来,预防犯罪。因此,董必武要求法律规定不公开审判的案件当然不公开,但依法应该公开审判的案件,必须公开审判。③

(三)加强法律宣传工作

对法律的无知往往是因为缺乏接触法律知识的途径。想要对广大人民群众进行法治教育,极为广泛的法律宣传工作是必不可少的。董必武认为要重视法律宣传,好好把这项工作做起来:"1951 年以后,政法工作也做了一些宣传,但很不够。做了许多事但别人不晓得,当然自己做的工作也不一定非让人家晓得不可,但是政法工作经常不见报,就有人问:你们在搞什么呀? 在这一时期,我们以法制和法纪来教育广大人民的工作是做得不够的。列宁说过,推翻一种制度是比较容易的,但要把千百万有产者的习惯改变过来是很困难的,这不能靠下一个命令来解决,而要做经常的宣传教育工作,要与小资产阶级的自发势力、散漫习惯等做长期斗争,并且要依靠法律进行这个斗争,我们现在的情况更不如当时的苏联,宣传法纪的教育更是长期斗争,在工人阶级内部外部都要做这个工作。"④

董必武要求法院承担起法律宣传的责任,要多做一些法制宣传工作,可以结合部队首长的讲话进行宣传教育工作。法制宣传工作结合具体事例就更生动、更富有教育意义。⑤

在法律宣传的方式上,董必武认为,在宣传宪法和法律中要尽量做到通俗一

---

① 董必武:《董必武政治法律文集》,法律出版社 1986 年版,第 278 页。
② 董必武:《董必武政治法律文集》,法律出版社 1986 年版,第 374 页。
③ 董必武:《董必武政治法律文集》,法律出版社 1986 年版,第 524 页。
④ 董必武:《董必武政治法律文集》,法律出版社 1986 年版,第 304 页。
⑤ 董必武:《董必武政治法律文集》,法律出版社 1986 年版,第 524 页。

些。所谓通俗就是联系群众本身的体验把道理说得清楚一些。不要企图以几篇文章或几次报告就能让大家完全了解宪法，要一步步经过长期的宣传解释。①同时，董必武还比较重视对乡村进行法律宣传教育，他提议在乡村设立法律宣传员，②开展乡村的法治教育活动，传播法律知识。

（四）在群众运动中提升人民群众的法律意识

董必武指出，群众政治意识的提高表现在群众积极参加党所领导的各种政治运动，这些运动因为依靠群众而取得了伟大胜利。同时由于群众政治意识的提高，对群众法律意识的提高也是有帮助的。

关于在群众运动中提升人民群众的法律意识的问题上，董必武既反对那种认为法律与政治是完全对立的看法，也反对混淆法律与政治的观点。他引用列宁的话说，法律是政治的一种手段，也就是政治。所以，那种把政治和法律对立起来的看法是完全不对的。但是，法律仍有它本身的范畴，不能说党把群众的政治意识提高了，就等于把群众的法律意识也提高了，所以那种把政治和法律完全混淆起来的看法也是不对的。③ 也就是说，并不是简单地通过群众运动增强了人民的政治意识，就等于增强了人民的法律意识，也并非增强政治意识与增强法律意识完全无关，而是要利用群众运动这个增强人民群众政治意识的契机，对群众进行法治教育，增强群众的法律意识。

（五）针对不同群体进行不同内容的守法教育

在完成社会主义改造之前，我国社会成分十分复杂，各阶级、各群体的实际情况天差地别，因此董必武认为对他们的法律宣传教育也应当因材施教。

对于资产阶级的守法教育，主要内容是要求他们爱国守法，也就是服从国家利用、限制、改造的政策。董必武指出，进行社会主义改造，就必须要消灭资产阶级和资本主义。国家对于资产阶级采取利用、限制、改造的政策，目前是要将资本主义逐步纳入国家资本主义的轨道，这是和平过渡到社会主义的正确步骤，也是资产阶级唯一正确的出路，但资产阶级对这条道路并不是心甘情愿的。我们要求资产阶级爱国守法，就是要求他们服从国家利用、限制、改造的政策。有些资本家说爱国容易守法难，其实爱国和守法是一回事，不守法怎么能说得上爱

---

① 董必武：《董必武政治法律文集》，法律出版社 1986 年版，第 450 页。
② 董必武：《董必武政治法律文集》，法律出版社 1986 年版，第 360 页。
③ 董必武：《董必武政治法律文集》，法律出版社 1986 年版，第 330 页。

国呢?!

对于个体小生产者的守法教育,主要内容是要求他们服从国家的计划和监督。个体小生产者在中国是一片汪洋大海,教育他们守法极为必要。国家对个体经济也要实行社会主义改造的道路,改变个体经济为集体经济,使他们能够提高生产、改善生活,并纳入国家计划的轨道,但个体小生产者有自发趋势,在生产和生活上不愿意受约束。我们的法律保护私有财产,但以服从社会利益为前提;农民有自由,但四大自由必须限制。因此个体小生产者守法的表现便应是服从国家的计划和监督。

董必武对工人阶级的守法教育提出了更高的要求,他希望工人阶级能够带领其他阶级遵法守法、自我改造。工人阶级是国家的领导阶级,培养他们的守法思想尤为重要。由于工人阶级队伍的日益扩大掺入了不少其他成分,并且是处在广大的小生产者的包围和影响中,因此,董必武认为这一时期工人群众的守法思想还是不够。

二、加强党员和国家工作人员的法治教育

党员和国家工作人员是人民群众中的先进分子,在生活工作中处处起着模范先锋作用。因此,对党员和国家工作人员进行法治教育在法律宣传教育活动中有着提纲挈领的重要作用。

董必武认为,要使群众守法首先就要求国家机关工作人员,特别是领导者以身作则。中国共产党和人民政府经常强调一切党员和国家工作人员应该成为守法的模范,但同时他又指出,我们有些党员和国家工作人员忽视和不遵守法制的现象还是有的,甚至在有些地方和有些事情上还相当严重。

这些忽视和不遵守法制的现象,一是表现在对法律的认识和了解不足上,例如制定法律、法令时,有不少未能完全按照法定程序,表现为不知道运用法律武器或运用不好;或者是有法律、法令不知运用,例如审判员不去熟悉法律、法令的内容,法院执行人员对于判决不敢强制执行,使很多判决在实际上降低了作用。[①] 二是表现在对法律的不尊重上,《关于增强党的团结的决议》曾指出,在党员、干部中,甚至在高级干部中还有不少人守法的观点不强。在我们党内,恰恰有这样一些同志,他们认为,天下是他们打下来的,国家是他们创造的,国家的法

---

① 董必武:《董必武政治法律文集》,法律出版社 1986 年版,第 358—359 页。

律是管别人的,与他们没有关系,他们可以逍遥法外、不遵守法律。①

董必武指出,国家机关工作人员必须对法律、法令有充分的理解才能正确地执行和模范地遵守法律。因此,进一步加强我们国家法制建设的一个迫切任务,就是要大力加强法制宣传教育工作,提高干部和人民群众的法制观念,使大家都知道什么是合法和违法,知道严格遵守国家法制就是维护自己的民主权利,就能受到国家的保护。只有这样,才能使我们的法制切实地贯彻执行,也才能充分发挥人民群众对法制执行情况的监督。②

三、中学宪法教育

法治教育同其他教育一样,越早进行越能对人的一生产生深远的影响。董必武高瞻远瞩地考虑到要全面提升下一代的法律素养,他在《中华人民共和国宪法》颁布后,曾多次提议中学及专门学校设置宪法课程,并努力在未来做到全国所有中等学校都要有宪法讲师。③ 通过这种方式,宪法精神、守法思想很早便能根植在少年儿童幼小的心灵中,当他们长大成人后,就会自发的弘扬宪法精神,遵守法律。这样,遵法守法的风气将自发地在社会上蔓延开来,社会主义法制建设也能在更坚实的基础上顺利开展。

虽然董必武关于中学宪法教育的设想当时没有落实,但在改革开放后,中学法治教育焕发了勃勃生机。法治教育以必修的形式出现在青少年的中学课程中,一些政法院校也尝试联合中学进行法治教育活动,例如,华东政法大学与上海中学联手开展的"走进法的世界"课程,④以及华东政法大学团委自 1986 年开始的每年进行的中学法制宣传活动。⑤ 当下广泛开展的中学法治教育,未尝不是对董必武中学宪法教育思想的继承和发扬。

---

① 董必武:《董必武政治法律文集》,法律出版社 1986 年版,第 334 页。
② 董必武:《董必武政治法律文集》,法律出版社 1986 年版,第 514 页。
③ 董必武:《董必武政治法律文集》,法律出版社 1986 年版,第 433 页。
④ 该课程 2011—2014 年面向上海中学学生开设,授课内容包括:宪法、法理、法律史、刑法、民法、刑事诉讼法、民事诉讼法和知识产权法。
⑤ 在华东政法学院团委多次组织的法制宣传活动的基础上,形成了华东政法大学法律援助中心。

第八章 中华人民共和国法治的奠基人

董必武作为中华人民共和国第一代司法工作领导人之一，被认为是中国建设社会主义法治国家的奠基者和最早的实践者。通过政法工作中的实践，董必武将马列主义、法治理论和中国实际有机结合在一起，形成了马克思主义法学中国化与中国特色社会主义法学的重要成果——董必武法治思想。董必武法治思想精辟深厚、富有价值，不仅在中国法律思想史中具有重要的历史地位，而且对当代中国法治建设具有重要的价值和意义。

第一节 董必武法治思想的历史地位

中华人民共和国的建立，代表中国的历史进入了一个全新的阶段。作为中华人民共和国成立初期重要的法学家之一，董必武法治思想在中国法律思想史中有着承上启下的作用。通过将董必武法治思想与同时代重要法学家的法治思想进行对比，我们能够清晰、深入地理解和认识董必武法治思想。

一、董必武法治思想与国外同时代法学家法治思想

无论对于世界还是法学界，20 世纪都是动荡变革的时代，这样的时代培育出一群卓越的法学家，董必武正是这些卓越法学家中的一位，他既受到同时代法学家的影响，又紧密联系中国实际，发展出充满个人特色和中国特色的董必武法治思想，在世界法律史中有着不可替代的重要地位。

（一）与社会主义法学家法治思想对比

作为一位马克思主义法学家，董必武属于社会主义法学家中的一员，与同时代的社会主义法学家一同从上一辈社会主义法学家中继承了研究法律与社会的

基本思维方式。但是，在发展自己法治思想的过程中，董必武既受到其他社会主义国家法学家思想的影响，又形成了与他们不同的法治思想。

1. 董必武对列宁法治思想的传承与发展

列宁（Ле́нин，1870—1924），原名弗拉基米尔·伊里奇·乌里扬诺夫（Влади́мир Ильи́ч Улья́нов）。列宁不仅是苏维埃社会主义共和国的缔造者、伟大的无产阶级革命家，也是一位法学造诣深厚的卓越的马克思主义法学家。17岁从中学毕业后，列宁便进入喀山大学法律系学习。在创立苏联并领导俄国人民进行无产阶级革命和社会主义建设的过程中，列宁将马克思主义理论与法律实践相结合，极大地发展了马克思主义法学，做出了巨大贡献。在马克思主义法学的理论宝库中，列宁的法律思想占有十分重要的地位，它是马克思主义法学在帝国主义和无产阶级革命时代的创造性运用和发展，把马克思主义法学推进到了一个新的历史发展阶段。①

（1）传承。作为一位马克思主义法学家，董必武高度认可并深入学习列宁的法治思想，他在讲话和文章中多次引用列宁关于法律的论述，在其法治思想中处处闪耀着列宁思想的光辉。在列宁的思想中，董必武最重视认可的是列宁关于国家政权、司法制度和守法思想的理论。

在国家政权理论上，董必武接受并赞同列宁的观点，认为国家的实质是一个阶级统治另一个阶级的工具。而"一切革命的根本问题，就是国家政权问题。"②革命的政权机构不是把旧的政权机构继承过来，反过来说，就是彻底粉碎旧的政权机构，建立革命的政权机构。在这种思想的指导下，董必武要求党内同志要加强政权建设工作。他指出，强化政权机关工作，一方面，是党支持政权机关；另一方面，是政权机关在受了党的支持之后就会更好地实现党的政策。

根据列宁理论和中国实际情况，董必武对司法工作提出了自己的建议："我们应该遵守一条规则：与其匆忙从事，毫无希望得到优秀人才，倒不如再过两年甚至三年好些。检察署机构和人员过去发展虽慢，但还没有犯冒进的错误，我想基本上是合乎列宁这个原则的。今后更清楚地掌握列宁关于解决国家机关问题的原则，对检察机关的发展将会更顺利。"③列宁在《宁肯少些，但要好些》一文中说："为了革新我国的国家机关，我们一定要给自己提出这样的任务：第一，是学

---

① 张文显：《法理学》，高等教育出版社 2007 年版，第 43 页。
② 列宁：《论两个政权》，中文马克思主义文库，https://www.marxists.org/chinese/lenin/mia-chinese-lenin-19170408.htm，2020 年 11 月 22 日访问。
③ 董必武：《董必武政治法律文集》，法律出版社 1986 年版，第 190 页。

习;第二,是学习;第三,还是学习,然后要检查,使学问真正深入到我们的血肉里面去,真正地、完全地成为生活的组成部分,而不是使学问变成僵死的条文或时髦的辞藻(老实说,这种现象在我国是特别常见的)。总之,我们应该提出的不是西欧资产阶级所惧小的要求,而是向一个决心发展成为社会主义国家的国家应该提出的、恰如其分的要求。"董必武要求,检察干部必须学习马列主义、毛泽东思想,学习政策法令,学习苏联检察工作的先进经验。①

关于守法思想的问题,董必武先是引用列宁关于守法思想的论述,指出守法的重要性,"极小的犯法行为,极小的破坏苏维埃秩序的行为,都是劳动者的敌人立刻可以利用的漏洞……忘记这一点就是一种犯罪行为。"②后又多次引用同一段话指出培育守法工作的困难程度:"千百年来,国家都是压迫人民和掠夺人民的机关,它给我们的遗产,是群众对一切国家事务的极端仇视和不信任的心理。克服这种心理,是个非常困难的任务,这一任务只有苏维埃政权才能胜任,然而就是苏维埃政权也需要经过长时间和坚韧不拔的努力才能完成。"③

(2)发扬。虽然董必武的一生在各个方面都遵从马列主义,但他对马列主义的信仰并不盲从,对列宁法治思想也不是将其视作金科玉律、不可改变。相反,董必武反对那种生搬硬套的教条主义,"对兄弟国家的先进经验,我们应当认真学习,但是我们国家的具体历史条件同他们不一样,必须结合中国实际情况去学习,照抄也不好"。④董必武对列宁法治思想的传承方式是不断探寻马列主义最实质的核心思想,并将这种思想与中国的实际状况相结合,创造出适合中国行之有效的、具有中国特色的法律思想与制度。

首先,董必武在中国建设法治时,多次提到要根据自己的情况对苏联的理论作出适当修正。在组建政权的问题上,我国采取了与苏联完全不同的政府机构的设置方式。董必武对这种不同的必要性与合理性做出了解释:"中央人民政府委员会设主席、副主席而不设主席团,也不设常务委员会。苏联采行联邦制,有十六个共和国,每一共和国在中央有一位副主席,所以自然组成了主席团。我们没有这个事实,也就不必仿行此制。至于日常事务,有中央人民政府委员会互选之秘书长领导办公厅人员经常处理。"⑤《中华人民共和国宪法》出台后,董必武

---

① 董必武:《董必武政治法律文集》,法律出版社1986年版,第320、324页。
② 列宁:《为战胜高尔察克告工农书》,中国人民解放军军事科学院:《马克思恩格斯列宁斯大林军事文选》,中国人民解放军战士出版社1977年版,第453页。
③ 列宁:《苏维埃的当前任务》,《列宁论工会》,工人出版社1959年版,第479页。
④ 董必武:《董必武政治法律文集》,法律出版社1986年版,第480页。
⑤ 董必武:《董必武政治法律文集》,法律出版社1986年版,第75页。

将其与苏联1936年宪法做对比,指出了我们宪法中根据中国实际国情创造的中国特色内容:"宪法草案包括人民已经取得的东西,也包括将要实现的东西,因此,还带有一定程度的纲领性,这是和一九三六年的苏联宪法有所不同。斯大林说过:'宪法上应当说的是已经有的东西,是现在已经获得和已经争取到的东西'。他在阐明苏联宪法巩固了社会主义原则时说过:'这就是我们的宪法在当前历史时期的范围'。这都是说明苏联宪法是已争得的东西的总结。但是,当时苏联的情况是和我国现今的情况不同的。当时在苏联已经建成了社会主义社会,阶级消灭了,剥削也消灭了,在国民经济中工业的比重已占了绝对的优势,那是社会主义已经完全胜利时期的宪法。而我国现在则还正在经历着社会主义革命,即社会主义改造的阶段,还有许多事情要做,经济关系、阶级关系每时都在变化,虽然社会主义必然建成,但社会主义与资本主义在严重的斗争着。因此,如果我们的宪法也仅仅肯定已经取得的东西就大大不够。"①总而言之,董必武对苏联经验的态度是可以用他自己在说过的一句话概括:"我们并不否认也应从苏联的立法过程中吸取有益的经验。他们所走过的弯路,我们就不应该再走了。"②

其次,在检察工作上,列宁反对检察机关同时受上级检察机关和地方政权机关的双重领导体制,主张检察机关只受上级检察机关领导的垂直领导。"主张对检察机关实行'双重'领导,取消它对地方政权机关的任何决定提出异议的权利,这就不仅在原则上是错误的,不仅妨碍我们坚决实行法制这一基本任务,而且反映了横在劳动者同地方的和中央的苏维埃政权以及俄共中央权力机关之间的最有害的障碍——地方官僚和地方影响的利益和偏见。"③在中国,1949—1951年检察机关是按照列宁的指导实行垂直领导体制,但在1951年后,由于镇压反革命运动的特殊形势,对检察机关的工作提出了更高的要求,而此时建立尚不完善的检察机关实行垂直领导有诸多困难。④"所以做如此的修正,是因为我国过去曾经是半封建半殖民地的社会,经济发展极不平衡,各地情况悬殊不一,地域辽阔,交通不便,而各级人民检察署目前又多不健全或尚未建立,因此暂时还只能在中央统一的政策方针下,授权于地方人民政府,使其发挥主动性与积极性。同时我们人民民主政权的发展过程是由地方而中央。关于当地的一些具体问题,

<hr>

① 董必武:《董必武政治法律文集》,法律出版社1986年版,第355页。
② 董必武:《董必武政治法律文集》,法律出版社1986年版,第173页。
③ 《列宁全集》,人民出版社1987年版,第197页。
④ 王建国:《列宁检察垂直领导理论及其实践价值》,《法律科学》2013年第3期,第24页。

地方政权领导强、经验多，易于了解本地情况；各级地方人民检察署是一个新设立的机构，干部弱、经验少，尚需当地政府机关根据中央的方针计划，就近予以指导和协助。"①在这种情况下，1951—1954 年，中国的检察机关实行双重领导体制。

在双重领导体制的问题上，董必武支持在特殊时期实行双重领导体制。他指出，这种变化并非对列宁思想的违背，而是根据中国实际情况的变通："我们从来没有反对过列宁指示的国家检察机关垂直领导的原则。我们认为中国在建国初期的情况和当初的苏联情况不尽相同。中国在国民经济恢复时期在各地党政机关的强有力的领导下，直接发动群众进行了许多大规模的运动，同时检察机关又尚在建立的过程中，当前只能实行双重领导才便于推动工作。所以，我们在组织通则中就规定了双重领导。我想这是大家都能同意的。"②列宁虽然反对双重领导体制，但在给斯大林的信中也不得不承认，在"那些需要好好考虑确实存在着无可避免地差别的地方"，③双重领导体制有必要存在。因此，董必武关于双重领导体制在中国适用的理论并非对列宁思想的背叛；相反，这是全面深刻理解列宁思想后，根据中国国情对列宁思想的新发展。董必武在这一问题中展现了马列主义的精髓——实事求是，根据实际情况灵活运用马列主义解决实际问题。

再次，关于法律权威思想，列宁在建设社会主义法律事业的过程中形成了法律权威思想，包括法律至重、法律至上、法律至威、法律至信四个方面。④ 他强调在社会主义国家建立法治的重要性："如果不愿陷入空想主义，那就不能认为，在推翻资本主义之后，人们立即就能学会不要任何权利准则而为社会劳动，况且资本主义的废除不能立即为这种变更创造经济前提。"⑤因此，列宁认为加强法律权威是建设社会主义政权必不可少的条件："我们当前的任务是发展民事流转，这是新经济政策的要求，而这样就要求加强革命法制"。"我们的政权愈趋向稳固，民事流转愈发展，就愈需要提出加强革命法制这个坚定不移的口号。"⑥董必武在列宁法律权威思想的理论基础上，在司法领域发展出了包括坚持党的领导、依法办事、公正效率、司法因强制而权威以及树立司法公信力五个方面内容的司法权威理论。只有做到以上五个方面才能实现司法权威；只有实现司法权威，社

①　闵钐：《中国检察史资料选编》，中国检察出版社 2009 年版，397 页。
②　董必武：《董必武政治法律文集》，法律出版社 1986 年版，第 323 页。
③　《列宁全集》，人民出版社 1987 年版，第 195 页。
④　张国安：《列宁法治思想研究》，知识产权出版社 2011 年版，第 54 页。
⑤　《列宁全集》，人民出版社 1985 年版，第 90—91 页。
⑥　《列宁全集》，人民出版社 1985 年版，第 353 页。

会的每个成员才能在每件事中感受到法律的威严,法律的作用与目的也才能由此得到实现。

董必武强烈反对刻板地认为只有马列主义书中的论述以及苏联和社会主义人民民主国家的法律才算法,而中国法律工作者在实践中总结出来的法律条文不算法的观点,他认为在新主义指导下组建的新政权在创制法律方面应当勇敢去做,"只要是合乎马列主义原则、合乎实际需要的,就是像样子。我们这个样子草创伊始不那么美观,但天然质优,修饰工少,乱发粗服,洒脱大方,这有什么不好呢?只要我们在实践中不断地总结,不断地修改,就一定能够一步步完善起来。"①虽然当时并没有"中国特色社会主义法律体系"这一名词,但董必武这一论述无疑与建设中国特色社会主义法律体系的实质精神相合。董必武创造的立足于中国国情和实际、体现党和人民意志的法律体系的法治思想,为后来中国特色社会主义法律体系的建设奠定了基础。

2. 董必武法治思想与帕舒卡尼斯的法律消亡论

叶夫根尼 · 布罗尼斯拉沃维奇 · 帕舒卡尼斯(Евгений Брониславович Пашуканис,1891—1937),苏联历史上最重要的法学家之一。帕舒卡尼斯第一次构建起马克思主义的一般性法律理论。美国学者朗 · L. 富勒(Lon L. Fuller,1902—1978)称帕舒卡尼斯是唯一可称得上是为社会哲学做出独特贡献的苏联思想家。美国比较法学家哈罗德 · J. 伯尔曼(Harold J. Berman,1918—2007)在《理解苏维埃法》一书中指出,帕舒卡尼斯的法律理论比迄今任何马克思主义者都更深入地剖析了法律的性质。

帕舒卡尼斯的理论首先对"实质的法"和"形式的法"进行探究,他认为,法律理论的核心是法律关系,分析法律形式不必从外在权威命令的规范概念开始,而应从由经济关系决定的法律关系着手,然后再去研究特定情形下的法律形式。因为规范不是法律最重要的构成要素,不是法律最根本的实质性的内容。法律规范只是法律的形式,现实存在的实在法只是人与人在生产关系中形成的一种具有规范性的形式,法律关系才是法律的实质内容。② 这实质上是对"法律"和"法"这两个概念的定义与区分。帕舒卡尼斯将纯粹法学对于纯粹法律现象的理想看作一种幻象,"这样的理论题目最多只在谈论国际象棋理论的普通时间时才有意义,如此性质的理论对科学一点贡献也没有。这样的'理论'丝毫没有将法、

---

① 董必武:《董必武政治法律文集》,法律出版社 1986 年版,第 548 页。
② 赵金英:《论"法律的商品交换理论"对马克思主义法学的建构》,《中共福建省委党校学报》2015年第 8 期,第 71—72 页。

法律形式作为一种历史形式来研究,因为它丝毫没有了解现实的意图。坦率地说,这是浪费时间。"①在此基础上,帕舒卡尼斯提出了著名的商品交换理论。他认为法律源于商品交换,只有私法是真正的法,公法由于不涉及商品交换,并不是真正的法律。相较其他的马克思主义法学家,帕舒卡尼斯更注重法律的物质性、经济性而非阶级性。

以商品交换理论为前提,帕舒卡尼斯推导得出法律消亡的结论。既然法律源于商品交换,那么就说明法律并不是人类社会的必然现象,而是在特定历史阶段被人为构建出来的。法律神秘化了人与人之间的社会关系,我们把特定历史的产物当成永恒的、超验的东西。实际上,如果把商品生产、商品交换认为是永恒的,那抽象的国家、法律就会被认为是永恒的。② 一旦意识到商品交换只不过是特定历史时期的产物,就必然意识到人类走出需要依赖规范保障私人利益,解决利益冲突之日,便是法律消亡之时。帕舒卡尼斯还反对建立无产阶级法律代替资产阶级法律的观点,他认为,"该概念看似充满卓越的革命色彩。然而,事实上,这一趋向显示出法律形式的永恒化。因为它不顾将它发挥的极致的特定历史形态而要把这一形式延伸开来,以显示它的永恒生命力……马克思设想向发达共产主义的过渡不是新的法律形式的过渡,而是法律形式的消亡"。③ 在帕舒卡尼斯看来,之所以存在无产阶级的法律,是因为苏联还处在向共产主义发展的过渡阶段,法律的存在是资本主义残余的表现。

董必武关于无产阶级法律则有着完全不同的观点,在他的法治思想中,从未提及过"法律消亡"一词。相反,无论是在思想上还是行动中,董必武都以极大的热情投身于中国无产阶级的法律建设。与帕舒卡尼斯认为法律是资产阶级的残留不同,董必武认为,法律是统治阶级维护本阶级利益的工具,现在既然是无产阶级掌握政权,法律就是无产阶级意志的体现,违反法律就是违背人民的意志。无产阶级一定要把这个锐利的武器运用好,来维护革命秩序,保护人民利益,巩固民族团结,特别是摧毁一切旧制度,保障各种社会民主改革运动的胜利,促进国民经济的恢复和发展。④ 在主持国家政法工作期间,董必武

---

① 〔前苏联〕帕舒卡尼斯:《法的一般理论与马克思主义》,杨昂、张玲玉译,中国法制出版社 2008年版,第 7 页。

② 赵金英:《论"法律的商品交换理论"对马克思主义法学的建构》,《中共福建省委党校学报》2015年第 8 期,第 75 页。

③ 〔前苏联〕帕舒卡尼斯:《法的一般理论与马克思主义》,杨昂、张玲玉译,中国法制出版社 2008年版,第 14、17 页。

④ 董必武:《董必武政治法律文集》,法律出版社 1986 年版,第 477 页。

积极推动中国法制的发展完善,制定了《关于没收反革命罪犯财产的规定》和刑法草案等一系列刑事法律,指导了农业税、婚姻自由、合作社等民事与经济法律问题,同时主导了诉讼法的初步起草,力求在审判中实现公平正义。从董必武的司法实践和文章中可以看出,他坚信无产阶级法是无产阶级意志的体现,健全的无产阶级法律才能保障无产阶级统治地位、秩序的稳定、经济的发展和国家的富强。

(二)与资本主义法学家法治思想对比

资本主义法学走的是一条与社会主义法学完全不同的研究之路,因此,资本主义法学家们的法学思想与董必武的法学思想大相径庭。但在这样的客观条件前提下,董必武与同时代的资本主义法学家在法治思想上又有相同之处。这些奇妙的共通或许是面对同样的时代大潮所做出的反应,也可能源于某些法学内在固有因素产生的影响。

1. 董必武法学观与霍姆斯的实用主义法学观

奥利弗·温德尔·霍姆斯(Oliver Wendell Holmes,1841—1935)是美国20世纪的最杰出法官和法学家之一,其最大贡献是创立了实用主义法学,主要内容为经验论、预测论和法律与道德分离理论。

经验论的主要内容为法律的生命不在于逻辑,而在于经验。感受到的时代需求、流行道德和政治理论、对公共政策的直觉,不论是公认的还是无意识的,甚至法官及其同事们所共有的偏见,在决定治理人们的规则方面,比演绎推理影响更大。[①] 董必武的法律思想格外重视实践与经验,在参与制定新中国法律时,他并没有坐而论道,单纯从马克思法学理论中用逻辑推导出法律,而是多次对全国各地司法状况、组织系统进行调查研究,在法律实践的经验上制定法律。董必武表示,"我们国家的法律都是实事求是地总结了人民斗争的经验,经过一定的立法程序,制定出来的。"[②]虽然两人的理论表面上有相似之处,但霍姆斯是从主观唯心主义的经验论出发而得到自己的结论,而董必武是从客观唯物主义出发,在实践中认识到法律经验的重要性。

预测论,简而言之,即法律是对法院将要如何裁判的一种预测。"如果你们只想知道法律而不是其他什么东西,那么你们就一定要以一个坏人的眼光来看

---

① 〔美〕霍姆斯:《责任的早期形式》,《法律的生命在于经验:霍姆斯法学文集》,明辉译,清华大学出版社2007年版,第82页。

② 《董必武年谱》编辑组:《董必武年谱》,中央文献出版社1991年版,第490页。

待法律,而不能从一个好人的视角来看待法律,因为坏人只关心他所掌握的法律知识能使他预见的实质性后果,而好人则总是在较为模糊的良知约束状态中去寻求其行为的理由,而不论这种理由是在法律之内,还是在法律之外。……如果我们采取我们的朋友即坏人的观点,那么我们就会发现,他并不在意什么公理或者推论,但是,他的确想知道马萨诸塞州或者英格兰的法院实际上可能将要做什么。我非常赞同他的想法。对于法院实际上将要做什么的预测(prophecies),而不是什么其他的自命不凡,就是我所谓的法律的含义。"①董必武则从正统马列主义法学的角度出发,认为法律是统治阶级的意志的表现,主要受到客观物质条件和居于统治地位的阶级利益的影响。

关于法律与道德分离理论,霍姆斯认为法律是超出道德标准的外部评价方式,道德是相对的而不是绝对的;事实上,道德只是社会舆论。他认为,道德仅仅是国家权力主体为维护自身地位而提出的另外一种控制模式。② 在董必武的法学观中,法律和道德没有关系。他在新法学研究院的开学典礼上尖锐地指出,"法律是在国家占统治地位的阶级,为了维持它本阶级的利益所创立的工具,也就是阶级专政的工具。"③

虽然霍姆斯的法学思想更偏向于理论,而董必武则更偏于实践,但信仰与政治思想完全不同的两人的法学观却有不少相似之处。甚至可以说,他们对某些问题的各自论述是在不同角度对同一实质的描述,这或许可以为我们揭示法学的一些固有的原理与特性。

2. 董必武法学观与波斯纳的财富最大化理论

理查德·艾伦·波斯纳(Richard Allen Posner),美国联邦上诉法院法官,美国芝加哥大学法学院高级讲师,法律经济学创始人之一。在他的努力下,法经济学的分析方法在法学研究中影响越来越大,为法学研究提供了新视野、新思路。波斯纳法律经济学思想中最重要的是其在《法律的经济分析》和《正义/司法的经济学》中提出和论述的财富最大化理论。

财富最大化理论建立在功利主义、制度经济学和罗纳德·H.科斯(Ronald H. Coase,1910—2013)的交易成本的理论之上。财富最大化中的"财富"与人们日常生活中理解的财富不同,财富最大化中的"财富"指的是所有有形的和无形

　　① 〔美〕霍姆斯:《法律的道路》,《法律的生命在于经验:霍姆斯法学文集》,明辉译,清华大学出版社 2007 年版,第 210—211 页。
　　② 王一如:《霍姆斯实用主义法学观解读》,黑龙江大学硕士学位论文,2019 年,第 27—28 页。
　　③ 董必武:《董必武政治法律文集》,法律出版社 1986 年版,第 87 页。

的商品和服务的总和,其通过两类价格来衡量:还价(人们愿意多少钱买);讨价(人们要求卖多少钱)。① 财富最大化理论是指人基于一定的成本收益的考量而实现的自我利益的最大化,无论是什么法律,都是人之理性为财富最大化而服务的表现。

波斯纳是实用主义法学的代表人物,他提出实用主义不是一套理论,而只是一种态度,即追求法理学科学化的态度,是"一种面向未来的工具主义,它努力运用思想作为一种武器,以便更有效的行动。"这种态度的表现形式是多样的,波斯纳曾用实践的、工具的、向前看的、积极的、经验的、怀疑的、反教条主义的、反形而上学的、反基础论的、实验的、爱好科学的、不断探索的等形容词修饰他的实用主义。② 在董必武看来,制定法律、发展法制的目的是维持社会的秩序、保障人民的权利,乃至于促进国家的发展与人民生活水平的提高。这种法学观可以说所追求的也是一种财富的最大化,只不过这种财富是国家的富强和人民的幸福。

董必武的实用主义思想体现在立法工作方面,就是实事求是、尊重客观现实、根据具体情况推动中国法制的进步,他指出,"我们人民民主法制,不能过早过死地主观地规定一套,而是必须从实际出发,根据政治经济发展的客观要求,逐步地由简而繁地发展和完备起来。"③在立法实践中,董必武也贯彻了自己的这一思想,为了制定诉讼法,董必武带领最高人民法院收集北京等 14 个法院对刑事、民事案件审判程序的资料,经过严格的整理分析,拟定出《关于北京、天津、上海等十四个大城市高、中级法院刑事案件审理程序的初步总结》和《关于北京、天津、上海等十四个大城市高、中级法院民事案件审理程序的初步总结》,并在民事初步总结的基础上制定了更为全面的《民事案件审判程序》,为未来中国第一部诉讼法的颁布打下了坚实的基础。

二、董必武法治思想与民国时期法学家法治思想

董必武法治思想产生发展时期的中国,除了像董必武这样信仰马克思主义的法学家,还存在其他法学家。他们的法治思想虽与董必武法治思想的路径完全不同,但同样也是从中国土地上诞生的法律思想,推动了中国现代法律和法学

---

① 〔美〕波斯纳:《法理学问题》,苏力译,中国政法大学出版社 2001 年版,第 356 页。
② 苏炳林:《法律分析学之基石:波斯纳的财富最大化理论》,西南政法大学硕士学位论文,2011年,第 10 页。
③ 董必武:《董必武政治法律文集》,法律出版社 1986 年版,第 480 页。

的发展。

（一）吴经熊

吴经熊（1899—1986），民国时期著名法哲学家，出生于富商之家，1917 年入东吴大学法科学习，后又在多所国外大学法学院留学，获法学博士学位。之后，又历任东吴大学法学院院长、上海特区法院院长、驻教廷公使等要职。

吴经熊一生衣食无忧，使其能安心进行理论研究；董必武则有着完全不同的人生经历，他自幼贫苦。天差地别的人生经历使他们的法学思想也迥然不同。

吴经熊的主要贡献是对中西法律思想进行了深入的分析和比较研究。虽然董必武对法理学也有所研究，但主要是基于马克思主义法理学与中国实践相结合的论证，董必武法治思想最精华的部分并不在于法理研究。

吴经熊在对中国传统法律思想进行深入研究，并与西方法学理论进行结合后，认为法律可以发扬民族的精神，可以在保护个人权利的同时突出社会的权利，可以贯彻社会公道，提高整个民族的文化水平；[1]而亲身经历过被旧法律压迫的董必武则支持马克思主义法学在中国问题上的观点，认为法律是统治阶级的意志，是维护统治阶级利益的工具。

吴经熊的法学研究自上而下、通过理论分析和逻辑推理来得出结论、指导法律实践活动；董必武的法学思想自下而上、在带领人民群众建设社会主义政权和进行司法工作的过程中总结经验，再根据实际情况形成法律，正如马克思所说，"德国哲学是从天上降到地上，和它完全相反，这里我们是从地上升到天上，就是说，我们不是从人们所说的、所想象的、所设想的东西出发，也不是从只存在于口头上所说的、思考出来的、想象出来的、设想出来的人出发，去理解真正的人。我们的出发点是从事实际活动的人"。[2]

吴经熊年幼时信仰天道思想，求学时信仰新教，后期转信天主教；董必武在接触到马克思主义文献后，便一生坚定信仰马克思主义。对比他们的著作，可以明显看出信仰对一个人法律思想的深刻影响。总而言之，吴经熊的理论水平较高，但董必武的法治思想更具有实践性和批判性，是始终坚持以广大人民根本利益为出发点的人民路线。

---

① 何勤华：《中国法学史纲》，商务印书馆 2012 年版，第 260 页。
② 〔德〕马克思、恩格斯：《德意志意识形态》，人民出版社 2003 年版，第 17 页。

（二）王宠惠

王宠惠(1881—1958)，近代中国第一张新式大学文凭的获得者，同时也是民国时期的杰出法学家。他的法学研究领域广泛，法治思想博大精深，在宪法、刑法、民法、国际法方面均有深入研究，其著作《宪法刍议》深入探讨了中国宪法与政制设计的原则和方针，并参与制定了《中华民国宪法》和《中华民国刑法》。关于宪法与政制，王宠惠所秉承的是自由主义的宪法与政制思想，在孙中山先生将自己的五权宪法的设想与他讨论后，王宠惠继承了这一思想，并在其后的数十年岁月里进行深入研究，形成了成熟完整的五权宪法理论，随后以此为指导，实践了南京国民政府五院制。董必武的宪法与政制思想则是在马列主义毛泽东思想指导下形成的。他认为，我们之所以制定宪法，就是用法律手段把我国人民革命第一阶段胜利的成果巩固下来，保障人民民主专政，同时表达我国人民在现在基础上继续前进——向社会主义社会前进的根本愿望。董必武重视宪法，认为要树立宪法权威，人人都应遵守宪法。在他的宪法与政制思想中，董必武最重视人民代表大会和民主集中制的作用，他认为，人民代表大会是我国的基本制度，是我国民主集中制的表现，只有通过这个制度才能表达各民主阶级的意见，保障他们的民主权利。

在司法方面，王宠惠与董必武都坚持司法独立，但所坚持的又是完全不同的司法独立。王宠惠所坚持的司法独立受到西方法学理论影响，是完全的独立。他认为，司法独立的集中表现是"法官独立审判不得干涉之"。这既是仿效《临时约法》第51条规定："法官独立审判不受上级官厅之干涉"，又将"上级官厅"删去，进一步表明他所要求的法官独立审判不仅不受上级官厅的干涉，而且也不受来自其他方面的干涉，以体现真正的司法独立。而董必武提出的司法独立，是根据中华人民共和国建立后的实际情况进行修正后的具有中国特色的司法独立，表现为法院和审判相对独立，但要受到人民代表大会和中国共产党的领导和制约。

三、董必武法治思想与中华人民共和国第一代司法战线领导人的法治思想

在新时期进行司法和立法工作的过程中，以董必武，沈钧儒和谢觉哉为代表的党的第一代司法工作领导人面对如何建设社会主义法治国家这一重大问题，分别在实践中形成了总体一致又各有特点的法治思想。

（一）宪法与政制

董必武的宪法与政制思想主要包括确立宪法权威、坚持民主集中制原则、人民民主专政和人民代表大会制度。在党政和党法关系上，董必武还认为党不能直接领导政府，党应当遵守法律。

沈钧儒很早便支持制定宪法，并参与了"立宪运动"，一生中大部分实践都在为实行民主而奔波。他的宪法与政制思想十分重视人民的民主、自由与权利。为此，20世纪30年代，沈钧儒发起了"冤狱赔偿运动"，为无辜入狱者向当局提出赔偿。同时，他认为律师制度也是保障民权的重要武器。他说："国家颁设律师制度，其目的在扶持弱小，以保障人民之权益。"[1]在人民的权益中，沈钧儒格外重视妇女儿童的权益。他认为，我国对妇女儿童的保护十分欠缺，提议立法保护儿童，并实行男女平等、婚姻自由。

谢觉哉对宪法与政制进行了大量的探讨与研究，在这个问题上，他的观点与董必武相似。他坚持民主集中制，认为人民代表大会制度是民主集中制的表现形式和中华人民共和国的政权组织形式，是民主的集中体现，人民民主政权的建设要通过人民代表大会制度进行。他还认为民主集中制是一种工作方式，可以运用于各方面的工作。

（二）司法与政治

董必武认为，司法独立是受到人民代表大会和中国共产党领导下的司法独立，包括法院和审判的相对独立。

沈钧儒则以一种辩证的角度来看待司法独立问题，他指出："我们的法律是人民意志的集中表现，是国家政策的具体化、条文化。离开政治来谈法律是不对的。法律形成之后，也就有它的独立作用，否认这种作用，也是不对的。"[2]对于具体案件的审判应当独立进行，但关于政策方针的具体实施，审判工作的领导检查，我们必须认识中央的集权统一与地方的因地制宜的一致性。所以司法工作在当前阶段不仅应加强当地统一领导，而且各司法机关及其他有关机关的通力合作也十分需要。为此，在目前情况下，我们尚不宜于过分强调部门间的精细分工。[3]

谢觉哉一开始否认、反对司法独立原则，但在进行了一定司法实践之后，他

---

①　王申：《中国近代律师制度与律师》，上海社会科学院出版社1994年版，第166页。
②　沈钧儒：《加强人民司法建设，巩固人民民主专政》，人民出版社1994年版，第661页。
③　陈金全：《新中国法律思想史》，人民出版社2011年版，第103页。

的态度逐渐转变,最终坚定支持司法独立原则。谢觉哉的司法独立是指审判只服从法律的独立,但司法机关在政治上应受政府的领导。①

（三）纠纷解决方式

董必武通过多年法律研究与法律实践,提出了除了审判,还包括调解、信访、仲裁、公证等多种方式的多元化纠纷解决方式设想。董必武重视调解制度,但也指出其消极的一面,认为在实践中应审慎应用,以发挥其积极作用,避免其消极影响。

谢觉哉也格外重视调解工作,认为"群众之间知根知底,利益关系错综复杂,最好的解决方式便是自我调解",②"调解可以大事化小,小事化了,无疑能消除众多矛盾,为社会生产,促进人际和谐起到重要作用。"③

第二节　董必武法治思想的现实意义

中华人民共和国建立前后,董必武呕心沥血、鞠躬尽瘁,在没有任何先例可循的基础上建设社会主义法制。他的辛劳工作奠定了中华人民共和国法治的基本格局,为法学理论研究提供了物质和思想基础。虽历经半个多世纪岁月的磨砺,董必武法治思想并未黯淡;相反,它依旧在当今中国法治建设和法学研究中产生着深远的影响,其中蕴含的宝贵精神财富对我们当下建设中国特色社会主义法治国家的伟大事业有着重要的指导意义。

一、马克思主义法学中国化的重要成果

马克思主义法学源于马克思、恩格斯等先驱在他们生活的年代对西方社会问题的总结分析,其理论有着高度概括和包罗万象的特点,因此,中国并不能直接适用马克思主义法学理论,而是应当秉持马克思主义法学理论的基本精神与基本原则,根据中国的国情,以具体情况具体分析的方法将马克思主义法学做一个中国化的转换。董必武对马克思主义法学中国化问题有深刻认识:"不要以为看了马列主义的一些书籍与毛泽东的许多著作以后,就自以为懂得了马列主义。

---

① 华友根:《20世纪中国十大法学名家》,上海社会科学院出版社2006年版,第332页。
② 张希坡、韩延龙:《中国革命法制史》(上),中国社会科学出版社1987年版,第512页。
③ 王定国、王菲、吉世霖:《谢觉哉论民主与法制》,法律出版社1996年版,第136页。

要知道马列主义与毛泽东思想是与实践相联系,从实践里产生出来、证明出来的。毛泽东思想是国际国内许多年革命实践的成果,绝不是凭空产生的理论。"①

董必武法学观以马克思主义与中国特色为底色,其立场和价值取向始终是人民。董必武根据中国国情与中国革命的具体情况,因地制宜、实事求是地建立起一套符合中国国情的、极具前瞻性的法律制度。在这些法制建设活动中形成的董必武法制思想是马克思主义中国化的重要成果,对我们目前建设社会主义法治国家有着重要的指导意义。

在宪法与政制方面,董必武先是在以《废除国民党的六法全书及其一切反动法律》为代表的一系列文件和讲话中提出彻底废除旧法统和旧宪法,并建立无产阶级的人民民主专政的宪法制度,需将宪法置于根本大法的重要地位上;在国家政权的组织与建设问题上,董必武积极探索完善人民代表大会制度,是我国人民代表大会制度的奠基者;他还对新中国的政府组织原则——民主集中制进行详细论述,从本质上区分了民主集中制和西方资产阶级的三权分立制度;在政党法治的问题上,董必武认为党要领导政府和法治建设,但党的职能与政府的职能、党的政策与国家法律不能混同,党也要尊重政府的决定,遵守法律的规定;在民族法治的问题上,董必武坚持民族平等,反对一切民族压迫、民族歧视和任何形式的民族特权,支持并践行民族区域自治制度,指出只有民族区域自治制度才能增进各民族的信任、团结和发展。

在民事与经济法方面,董必武重视保障妇女的权利,坚定落实男女平等和一夫一妻制度,维护婚姻自由;推行合同制,维护合同合理的订立与履行;落实土改,将土地从私有变为公有;提倡制定合作社法,保障劳动群众应有的权利;限制政府机关和军队经商;倡导创建预算公开及审查制度;大力推进中华人民共和国的救济福利事业。

在刑事法治方面,董必武首先确立起了马克思主义立场、实事求是的立法思想;在刑法的内容上,董必武认为无产阶级的刑法应当是轻刑的刑法、程序正当的刑法、以教育为主要目的的刑法,因此,他主张少用、慎用死刑,保障死缓和死刑复核制度的实行。

在司法方面,董必武思想的核心是建立以马克思主义、毛泽东思想为指导的、巩固人民民主专政的、为人民服务的、坚定走群众路线的人民司法。为了达

---

① 董必武:《董必武政治法律文集》,法律出版社 1986 年版,第 91—92 页。

到这一理想,董必武提出司法权威、程序正义和司法独立的理念;细致入微地构建司法机关与准司法机关,并在它们之间设立了分工负责、互相制约的关系;重视法院审判,建立公开审判、人民陪审、合议审判等制度,并向审判员提出作风要求;制定程序法规,并提议建立律师、仲裁、公证等制度。

在法治教育方面,董必武最重视的是培养具有马克思主义法学素养的法律人才,为此他开展了改造旧司法人员工作,建设完整的政法学校体系,并用多种方式提高现有政法干部思想觉悟、法律素养与业务水平;董必武同时十分关心中国的马克思主义法学研究的发展,并大力促进中国法律科学的发展;他十分重视面向广大群众的法律宣传教育,从人民群众、党员和国家工作人员、中学生三个层次入手,普及法律知识,培养守法意识,提高大众的法律素养。

二、坚定建设社会主义法治国家

自 1957 年起,中央对待法制建设的态度便时而重视,时而放松,不断反复。到了 20 世纪六七十年代,法律虚无主义思想盛行,"左倾"思想占据了社会思想的主流,认为法律是资产阶级的产物、资本主义的表现。在这种思想的影响下,立法、司法、执法活动全面受到冲击,乃至于停摆,司法机构受到破坏,司法部、监察部被撤销。①

1956 年,董必武在《进一步加强人民民主法制,保障社会主义建设事业》一文中提出依法办事的理念,"依法办事,是我们进一步加强人民民主法制的中心环节。"他指出,依法办事有两方面的意义:一是必须有法可依,这就促使我们要赶快把国家尚不完备的几种重要的法规制定出来;二是有法必依,凡属已有明文规定的,必须确切地执行,按照规定办事。②

在董必武的时代,"法治"一词尚未被引入至中国,当时所使用的是建设健全社会主义法律制度的"法制"。经过不断探索与发展,1997 年,党的十五大提出依法治国理念,成为党领导人民治理国家的基本方略;1999 年,依法治国被写入宪法:"中华人民共和国实行依法治国,建设社会主义法治国家"。"法治"一词由此在中国被广泛使用。"依法治国"正是董必武"依法办事"理念的传承与发展,虽然用词不尽一致,但董必武法治思想精神与中国当代法治精神一脉相承。中华人民共和国建立初期董必武就极具前瞻性地提出须建设社会主义法制国家,

---

① 李林:《中国法治建设 60 年》,中国社会科学出版社 2010 年版,第 59 页。
② 董必武:《董必武政治法律文集》,法律出版社 1986 年版,第 487 页。

他的工作为当今中国的法治做出了巨大贡献,是中国建设社会主义法治国家的奠基者和最早的实践者之一。

二、始终从人民立场出发

董必武法治思想最重要的特点之一就是他那始终未变的、坚定的人民立场,这既是马克思主义的要求,也是董必武那颗朴素赤诚之心的表现。

董必武的人民立场主要表现在法治建设中毫不动摇的走群众路线。在中华人民共和国法制建设中,董必武做到了一切为了群众、一切依靠群众、从群众中来、到群众中去。他强调中华人民共和国的法律制度的根本性质是"人民民主",体现了人民的意志,总结了人民的经验,发挥了人民的积极性,维护了人民的利益。

董必武强调立法要坚持群众路线,在立法活动中要站稳人民立场,要从人民群众的利益出发。他指出:"我国许多重要法律、法令都是我们党在实际工作中经过调查研究提出初稿,同民主党派商谈,逐渐形成草案,经过国家机关讨论修改以后,有的仍以草案形式发交地方国家机关、人民团体一直到县乡,发动广泛的群众讨论;有的还经过一定时期的试行,再由国家立法机关审议通过,才成为正式的法律、法令。正是由于我们的法制是这样贯彻'从群众中来,到群众中去'的原则,所以它也就无隔阂地反映了人民的意见。"[1]

董必武法治思想的人民立场还集中表现在人民司法的理念中。人民司法要求司法的根本目的是为人民服务,实践路径是走群众路线。走群众路线就要做到董必武提出的"两个不许"和"两个必要":"看不起群众、看不起党外人士,这是共产党所不容许的。闭在狭隘的圈子内幽居而和群众隔绝,和党外人士隔绝,同样是共产党所不容许的"。[2] "政府要倾听群众的呼声,采纳群众的意见,了解群众的生活,保护群众的利益……还要使群众敢于批评政府,敢于监督政府,一直到敢于撤换他们不满意的政府工作人员。"[3]只有实现这种要求,人民群众才能真正掌握权力,政府才是真正的人民政府,才能在我国真正实现人民主权,也就是无数革命先烈所为之奋斗终生的人民民主。董必武理想中的司法就是"只见公仆不见官"。

此外,董必武的人民立场和群众路线还表现在他深入基层、以广大人民群

---

① 董必武:《董必武政治法律文集》,法律出版社 1986 年版,第 480 页。

② 《董必武选集》,人民出版社 1985 年版,第 84 页。

③ 《董必武选集》,人民出版社 1985 年版,第 55—56 页。

众生活实际情况为指导的法律实践活动中。他指出："全体政法工作人员,特别是领导干部,必须从头学起。首先是深入到群众中和基础组织中去,深入到工厂、矿山和各种经济部门以及农村中去,虚心地向群众学习,细心地调查研究人民群众特别是工人、农民在实际生活中创造了什么,否定了什么,需要什么,反对什么,哪些是推动工农业生产和社会主义改造的因素,哪些是前进的障碍,及时地发现和总结各地政法工作中的实际经验,推广先进的经验,纠正错误倾向。"①董必武根据农村地区的实际情况,积极推行马锡五审判方式、人民陪审制度和调解制度;要求审判方式便民、审判文书通俗易懂;大力进行法律宣传,培养群众守法意识;发动群众积极参与案件审理和法律活动,切实保障人民群众的合法权益。

四、贯彻实事求是的精神

实事求是是马克思主义的精髓和基本观点。"实事求是,是马克思主义的根本观点,是中国共产党人认识世界、改造世界的根本要求,是我们党的基本思想方法、工作方法、领导方法。"②实事求是是董必武法治思想的核心内容,贯彻在他对具体法治建设工作的观点中。

在立法方面,董必武认为,"我们人民民主法制所以有力量,是由于它实事求是地总结了人民斗争的经验和贯彻了群众路线。"因此,立法工作要从实际出发,实事求是地总结经验。在实际工作中经过调查研究后形成草案,同民主党派商谈,经过国家机关和人民群众讨论修改,再由国家立法机关审议通过后才能成为有效的法律。③ 此外,董必武还提出立法应当参照历史和他国的经验。为了制定诉讼法,董必武指导最高人民法院整理分析了 14 个大城市高级、中级人民法院对刑事、民事案件审判程序的资料,在此基础上,出台诉讼法草案。这一法律实践正是董必武实事求是精神的体现。

在司法方面,董必武要求司法工作须大力克服本身存在的资产阶级唯心主义思想,提倡调查研究、实事求是的工作作风,秉持重证据不轻信口供的原则。在处理反革命分子的问题上,董必武要求司法机关具体问题具体对待,仔细分清行为人的行为是否构成反革命,要使处理完全符合于实际情况。

① 董必武:《董必武政治法律文集》,法律出版社 1986 年版,第 311 页。
② 习近平:《在纪念毛泽东同志诞辰 120 周年座谈会上的讲话》,《人民日报》2013 年 12 月 27 日,第 1 版。
③ 董必武:《董必武政治法律文集》,法律出版社 1986 年版,第 480 页。

实事求是既是董必武法治思想生命力的来源，又是董必武法治思想之人民立场的必然要求。正是因为密切地结合中国实际，董必武法治思想才具有鲜明的中国特色，成为马克思主义法学中国化的重要成果，在当今中国的社会主义法治建设中发挥着重要的作用。

董必武年谱简编

1886 年诞生

3月5日(农历正月三十日),生于湖北省黄安(今红安)县县城南街。

按董氏族谱辈数序列取名贤琮。15岁时,据《尚书·大禹谟》:"董之用威"语改名用威;取《汉书·律历志》"日月如合璧,五星如连珠"之意,号璧伍。从事革命活动后,改用"必武"。后来以号代名。

父亲名基文,号采臣,排行第三。清朝秀才(增生)。通经史,与四弟基明(号素怀,清朝秀才,廪生。平生喜好桐城派文章)在黄安、麻城、汉口等地教书几十年。居陋食简,以清贫自守,鄙视趋炎附势,不与权贵交往。有耿直之名。母亲蔡氏,勤劳贤良,含辛茹苦,操持家务,并从事纺线织布劳动。有两姐一弟,弟名贤珏,又名觉生。

父辈兄弟8人,全家30余人共同生活,家计由大伯基睿经管。家无土地,主要依靠父亲、四叔教书,大伯、二伯基哲为县府造户口、田亩、粮赋册书的微薄收入,同时由五叔基聪、七叔基智买谷碾米出售,以及妇女纺线织布等维持全家生计。家境清贫。

1890 年 5 岁

父亲在黄安县城东街广善庵教书,董必武随同读书。

1891 年 6 岁

随父到黄安县李貌村(又名李冕二村)私塾读书。

1892 年 7 岁

到四叔任教的黄安县城易家私塾读书。

1893 年 8 岁

随姑父到黄安县东河寺读书。

1894 年 9 岁

董必武转到东张煜村私塾随父读书。

1895 年 10 岁

随父亲到麻城宋埠镇附近的张杰湾读书。

1896 年 11 岁

随父亲到黄安县傅董家湾读书。

1897 年 12 岁

继续在傅董家湾读书,开始阅读历史书籍。

1898 年 13 岁

继续在傅董家湾读书。

1899 年 14 岁

在黄安县城福生祠董家家庙的县办萃英书院读书。为准备科举考试,开始学八股文。

1900 年 15 岁

继续在萃英书院读书。是年参加县府举行的观风考试,得第二名。

1901 年 16 岁

继续在萃英书院读书,开始学写策论及演习算术。弟贤珏诞生。

1902 年 17 岁

继续在萃英书院读书,参加县试,得"膏火"的奖励。

1903 年 18 岁

5—6月,先后参加黄安县、黄州府科举考试,都榜上有名,获得附学生员(附生),中了秀才。在黄州府,董必武曾参加封锁龙门、包围贡院的斗争。

8月,赴武昌参加乡试。在巡抚衙门观望,被守卫诬为"窥探官衙",遭殴打,愤而弃考回乡。

1904 年 19 岁

在黄安县城教蒙馆,并曾在黄安县高等小学为四叔代课。

1905 年 20 岁

春夏间,赴武昌报考湖北省文普通中学堂,经常到日知会阅读书报,《新民丛报》开阔了其眼界,起到思想启蒙作用。在此结识了革命党人刘静庵,并常往来。

11 月,入文普通中学堂,考试成绩总列第一。

1906 年 21 岁

在文普通中学堂读书。对同学宋教仁、田桐等参加科学补习所及同学查光佛等参加刘静庵领导的日知会活动极为赞同,与其中一些人往来密切。

2 月,革命团体日知会正式成立,董必武经常参加其组织的各种革命活动。

1907 年 22 岁

继续在文普通中学堂读书。

1 月,日知会遭破坏,刘静庵等被捕,后瘐死狱中,被人们誉为"铁汉"。董必武对刘静庵视死如归的革命精神极为敬仰,后来常以刘静庵作为自己革命思想的启蒙老师。

1908 年 23 岁

文普通中学堂改称湖北省立第一中学堂,学生改为自费。董必武学业成绩优异,虽然家庭困难,但仍得到父亲、四叔的支持,继续在校读书。

1909 年 24 岁

在湖北省立第一中学堂四年级读书。领导同学反对学校改办文高等学堂,取得胜利。

1910 年 25 岁

10 月,在湖北省立第一中学堂修业期满,成绩是最优等中的第一名,湖广总督瑞澂保奏宣统奖为"拔贡"。想继续求学深造,但因家庭经济困难,不得不返乡教书。

11 月,和黄安县黄家田村黄俊贞结婚。后生有一子,幼年夭折。黄同情革命,大革命时期曾到武汉与董必武共同生活。后病逝。

1911 年 26 岁

春,在麻城县立高等小学校教国文。

夏,经纪钜伟推荐,入武昌湖北文高等学堂读书。因学业太重、经济困难,不得不放弃学业,应黄州府中学校长陈逵九邀请,到该校教英文。

10 月 13 日,得知武昌起义消息后,立即离开黄州府中学,赶赴武汉投入辛亥革命。

10 月中下旬,到武汉时,董必武在蒋翊武领导下的军务部工作。

11 月,汉口、汉阳失陷后,转入蒋翊武领导下的战时司令部,和潘怡如等一道,安抚武昌城内外军民,协助巩固沿江一带防线。

12 月,经刘兰松推荐,和张国恩、姚汝婴到武昌军政府理财部任秘书官。加入同盟会,并参与重新组建同盟会湖北支部,被推为支部评议部评议员。

1912 年 27 岁

4 月,董必武被派往地方税局任职,但又另派人对其监督,故拒绝赴任。

10 月,调任财政司总务科科长。在任职期间了解了辛亥革命前后湖北的财政经济状况。

1913 年 28 岁

2 月,被湖北军政府委任为宜昌川盐局协理。

3 月底,母亲病故,返黄安奔丧。因"宋教仁案",未到宜昌返任。

7 月,"二次革命"爆发后积极参与詹大悲、潘怡如等在湖北策动军队进行的反袁活动。

秋,应聘到湖北省立第一师范教英文。

1914 年 29 岁

东渡日本留学,考入东京私立日本大学法科,攻读法律,参加了中华革命党及其在日本组织的革命活动。

1915 年 30 岁

受孙中山派遣,和张国恩一起回国进行反袁活动。两次被捕,在黄安坐牢。

1916 年 31 岁

初夏,和张国恩一起被释放,稍后,赴武汉从事革命活动。

秋,董必武被推荐为湖北省议会秘书长。

1917 年 32 岁

3月,再赴日本,参加东京私立日本大学法科毕业考试,经考试合格,正式结业。在日期间,开始接触马克思主义和无政府主义的书籍。

4月,由日本返武汉,和张国恩合办律师事务所。因第一个案件办得迅速而且获得胜诉,在社会上赢得一定的声誉。

1918 年 33 岁

得知俄国十月革命消息后,积极阅读相关新闻、材料。

3月,应鄂西靖国军总司令蔡济民的邀请,和姚汝婴离成都,抵利川蔡济民部驻地。蔡留他们在总司令部任秘书职务,共谋反对北洋军阀的护法斗争。

1919 年 34 岁

3月,湖北善后公会在上海成立,旅沪同乡公推董必武和张国恩驻会主持会务。此时结识了李汉俊。李将马克思主义和关于俄国革命的外文书籍供董等阅读。

5—6月,结识陈潭秋,结下深厚友谊,并和张国恩等人筹办《江汉日报》。

8月,和张国恩等着手筹办"私立武汉中学",董必武教国文,陈潭秋教英文。

1920 年 35 岁

8月,得知上海共产主义小组的情况,董必武、张国恩、陈潭秋等人正式成立了共产主义小组。开始调查工人劳动生活状况,宣传马克思主义,讲解工人阶级求解放的道理。

11月初,和张国恩、李书渠等正式成立武昌社会主义青年团,确定"团的主要任务就是实现社会主义"。

冬,组织马克思学说研究会、妇女读书会、青年读书会等学习马克思主义的组织。

1921 年 36 岁

7月,和陈潭秋代表湖北省共产主义研究小组赴上海出席中国共产党第一次代表大会。董必武和李汉俊起草了给共产国际的报告。

8月,"一大"结束后返回武汉,和陈潭秋一起进一步发展党的组织,成立了中共武汉地方工委,作为湖北省党的领导机构。

1922 年 37 岁

秋,主持武汉中学二部工作,与学生同吃同住。并举办"平民夜校",向工人宣传马克思主义。是年在大冶铁厂建立了党的支部。

1923 年 38 岁

1月中旬,在黄安举办"草帽传习所"。

2月下旬,邀请李大钊到武汉中学和湖北女权运动同盟会组织的寒假讲演会上讲演。

1924 年 39 岁

4月,领导筹建国民党湖北省临时省党部。担任该党部主要负责人,并主持成立国民党汉口市临时党部。派出共产党员和社会主义青年团员,在各县建立国民党县党部和区党部。

5月,任中共汉口地委委员长。

1925 年 40 岁

春,按照党组织的指示,正式离开武汉中学,专门从事党的工作和对国民党的统战工作。

6月,组织和领导武汉和湖北各地群众声援上海工人斗争,在湖北掀起反帝爱国运动。

9—10月,和陈潭秋一起派学生进行农民运动的宣传和组织工作,秘密的农民协会纷纷建立。

12月,和詹大悲一起发起组织湖北革命共进会。

1926 年 41 岁

1 月 1—19 日,出席中国国民党第二次全国代表大会。

5 月,董必武任中共湖北地委委员,主管军事工作,并继续任中共汉口地委书记。

7 月,和陈潭秋、陈荫林等一起,发动各县的农民群众,准备支援和协助北伐军。

10 月,北伐军占领武昌,董必武指导国民党湖北省党部开展组织、宣传、肃清反革命等方面的活动。

12 月中旬,列席中国共产党在武汉召开的中央特别会议。

1927 年 42 岁

1 月 1 日—1 月 13 日,出席国民党湖北省第四次代表大会,领导大会的工作。

2 月 13 日,出席国民党湖北省党部、汉口特别市党部召开的临时联席会议,并在会上发言。会议讨论了恢复党权、反对个人独裁等问题。

3 月 2 日,出席国民党湖北省党部为处理阳新、监利土豪劣绅勾结土匪、焚杀党员、捣毁党部而召开的紧急会议。会议议决制订《惩治土豪劣绅条例》,并成立起草委员会。

3 月 6 日,主持国民党湖北省党部第十五次执委会,讨论通过《惩治土豪劣绅暂行条例》和《审判土豪劣绅暂行条例》,并决定提交国民党中央执委核准后实施。

3 月 22 日,以国民党湖北省党部名义通令各县党部迅速设立审判土豪劣绅委员会。

4 月 10 日,湖北省政府正式成立。董必武为政府委员兼农工厅长。

4 月 27 日—5 月 9 日,出席中国共产党第五次全国代表大会。

6 月,以书面形式提出辞去国民党湖北省党部常务委员、湖北省政府常务委员和农工厅长的职务,拒绝出席国民党一系列会议。

7 月 18 日,根据中共中央指示,辞去湖北省政府委员、农工厅长和《汉口民国日报》经理的职务。

7 月底,被汪精卫反动当局多次下令通缉,遂转入地下,坚持革命斗争。

8 月 1 日,南昌起义爆发,和宋庆龄、毛泽东等联名发表《中央委员宣言》。

8 月,派人回黄安准备武装暴动。

1928 年 43 岁

春,黄安老家遭国民党反动军阀查封没收,房屋被拆毁,家人离乡外逃。七姊母被害致死,外甥张培鑫(中共党员)在武汉遭国民党反动派杀害。

夏,在日本京都和林伯渠、钱介磐、刘伯垂等人秘密往来,后来和钱介磐同赴苏联。

8 月,经符拉迪沃斯托克到达莫斯科,入莫斯科中山大学学习。

1929 年 44 岁

春,由共产国际保送到列宁学院英文班学习。该院学员有各国共产党骨干。课程设有:哲学、政治经济学、党的建设、国际共运、群众运动等,用俄、德、英、法等语讲授。除听课外,董必武整天在图书馆如饥似渴地学习马列原著。还担任了列宁学院中国工人特别班的语文课教学和政治辅导工作,引导学员结合党的"六大"文件学习,总结中国革命成功和失败的经验教训。

1930 年 45 岁

继续在列宁学院学习,联系中国革命的实际,系统学习了马克思列宁主义。

1931 年 46 岁

冬,在列宁学院毕业,留校从事研究工作,并在中文班教课。

1932 年 47 岁

根据党中央的决定,离开莫斯科回国,经中共临时中央同意,到中央革命根据地工作。

中秋节前后,到达瑞金,被分配到红军大学任上干队政委。

1933 年 48 岁

3 月 13 日,被调到马克思共产主义学校任教务长,后接任副校长,实际主持该校工作,并讲授"苏维埃建设"等课。

3 月 26 日,董必武、刘少奇被委任为中央工农检察委员会委员。

1934 年 49 岁

1 月 15—18 日,中共临时中央在瑞金召开的六届五中全会上,选举董必武、刘少奇、邓发、林伯渠、邓颖超为中央党务委员会委员,董必武为书记。

1月22日—2月1日,在中华苏维埃共和国第二次全国苏维埃代表大会上,董必武被选为中华苏维埃第二届中央执行委员会委员、中央工农检察委员会委员。

2月3日,第二届中央执行委员会第一次会议任命董必武为临时最高法庭主席。随后又委任为最高法院院长。

3月25日,任最高法院特别法庭主审,审判了渎职贪污的被告人于都县苏维埃主席熊仙璧,将熊判处了徒刑。此后,因主张办案要有一定的手续、要有必要的文字材料、要建立档案,被执行"左"倾机会主义路线的人指责为"文牍主义者"。

4月,兼任中华苏维埃共和国工农检察委员会代理人民委员。

10月,随中央红军参加长征。

1935 年 50 岁

8月,任干部团上干队政委。

11月,中共中央决定在瓦窑堡恢复中央党校,董必武被任命为校长。

11月初,被中共中央指定为五人委员会书记,负责纠正陕北地区肃反工作扩大化的错误,主持对案件的审查。

1936 年 51 岁

6月,中共中央党校迁至保安后,担任苏维埃政权建设课程的讲授,还到学员中亲自抓党的工作、教学工作。

1937 年 52 岁

3月初,抗日军政大学四大队成立,董必武被派往四大队兼任政委。

7月,代理中华苏维埃中央政府西北办事处主席。

夏,经李坚真介绍,与原在四方面军党校学习的何连芝结婚。

1938 年 53 岁

1月5日,经同国民党元老孔庚协商,湖北战时乡村工作促进会在武汉成立。

6月16日,被国民政府聘为国民参政会参政员。

7月6日—7月15日,出席国民参政会首届大会,并被指定为第三审查委员会(内政组)召集人之一。

8—9月,以办园林试验场为掩护,在鸡公山举办训练班训练干部,准备在武汉沦陷后发动农民,在敌后开展游击战争。

9月29日—11月6日,中国共产党在延安举行扩大六届六中全会,一致通过补选董必武、吴玉章、林伯渠为中央委员会委员。

10月初,在武汉失守前,率领八路军办事处及《新华日报》社先遣人员赴重庆。

1939 年 54 岁

1月16日,中共中央南方局正式成立,董必武为常委之一。

2月12日—20日,和吴玉章、林伯渠、邓颖超出席第一届国民参政会第三次大会。2月14日,被推选为第三审查委员会(内政组)召集人之一。2月18日,在第三次大会审查会上提出《加强民权主义的实践发挥民气以利抗战案》,要求国民党政府对各党派予以法律上的保障,遭到国民党参政员的反对,经修改通过,但面目皆非,很为失望,故请假退席。在2月19日会议上因所提案未圆满解决,国民党不允许其他政党有合法地位,再次退席,以示抗议。2月20日,当选为第一届国民参政会第三次大会休会期间驻会委员会委员。

11月30日,宪政促进会筹备会召开,董必武和孔庚、张申府等25人被推选为常委。

1940 年 55 岁

3月20日,出席第三次宪政期成会,讨论宪法草案,决定工作方针。

4月1—10日,出席第一届国民参政会第五次大会。4月3日,在会上被推选为第一组(军事国防组)的召集人;4月6日,在讨论宪政期成会草拟的"中华民国宪法草案修正案"时发言。

10月10日,奉中共中央指示,离延安返重庆,准备参加国民参政会,揭露国民党当局发动的反共高潮。

10月12日,到达西安,奉中共中央指示留在西安,主持八路军西安办事处。

12月23日,和毛泽东等人被国民政府聘为第二届国民参政会参政员。

1941 年 56 岁

2月15日,和毛泽东等人致电国民参政会秘书处,提出对于皖南事变善后处理办法十二条。

3月10日,第二届国民参政会第一次大会在重庆闭幕。中共参政员为抗议皖南事变拒绝出席这次大会,但本次大会仍选董必武为大会休会期间驻会委员会委员。

3月上旬,在民主政团同盟成立前夕,多次会见各党派领导人,以聚餐形式开会讨论同国民党斗争的问题,并推动各民主党派成立民主政团同盟。

9月23日,中共中央复电周恩来,同意由董必武兼任南方局宣传部长。

11月17—26日,和邓颖超出席第二届国民参政会第二次大会。11月19日,被推选为军事国防组召集人之一;26日,当选为第二次大会休会期间驻会委员会委员。

12月12日,出席国民参政会第二届第二次大会休会期间驻会委员会首次会议。

1942 年 57 岁

6月8日,南方局决定成立学习委员会,由周恩来、董必武负责,正式组织全体党员进行整风学习。

7月27日,继续被国民党政府聘为第三届国民参政会参政员;被选为第三届国民参政会第一次大会休会期间驻会委员会委员。

1943 年 58 岁

6月26日,周恩来离开重庆,此后由董必武主持南方局工作。

9月21日,在第三届国民参政会上,何应钦利用作军事报告的机会大肆攻击中国共产党和十八集团军。当晚,董必武致信国民参政会第二次大会主席团,声明不再出席本次大会。

9月23日,收到国民参政会第二次大会主席团要求继续出席的复函后再次表示:有人决心利用参政会宣传反共借以表示"民意",故不出席会议。

10月15日,出席第三届国民参政会第二次大会驻会委员会第一次会议。

1944 年 59 岁

3月5日,出席各党派人士在重庆发起的宪政座谈会第二次会议。

4月16日,与左舜生、黄炎培等人出席宪政协进会召开的"宪草"座谈会。

9月18日,第三届国民参政会第三次大会闭幕。继续当选为休会期间驻会委员会委员。

9月25日,出席民盟等组织共同召集的宪政座谈会,在会上介绍中共中央关于召升会议改组政府、中立联合政府的主张。

10月17日,和林伯渠同美国总统罗斯福私人代表赫尔利就解决国共两党关系、结束一党专政、成立民主联合政府等问题举行首次谈话。

10月18日,与林伯渠同赫尔利继续会谈。

10月23日,与林伯渠同赫尔利举行第三次会谈。

11月10日,经过两天的谈判,毛泽东同赫尔利在延安签署了《中国国民政府、中国国民党与中国共产党协议》。

12月1日,毛泽东致电周恩来、董必武,要求其回延安参加中共第七次全国代表大会。

12月7日,和周恩来一起飞返延安,下午7时,出席中共中央全体会议。

12月8日,在陕甘宁边区参议会第五次大会上做《大后方的一般情况》的报告,深刻揭露了国民党一党专政和蒋介石独裁统治的反动实质。

12月20日,向中央全会报告南方局近年来的工作以及国民党的有关军事、政治、经济及各党派、地方实力派的具体情况,周恩来做补充发言。

1945年60岁

3月27日,国民政府行政院发表中国出席旧金山联合国会议代表团人选名单,董必武为参加人之一。

4月1日,参加中共六届七中主席团会议。会议决定,董必武带随员2人(伍修权、陈家康或章汉夫),参加中国出席旧金山会议代表团。

4月12日,乘飞机飞印转美,参加旧金山联合国会议。

4月23日—6月11日,中国共产党第七次全国代表大会,董必武继续当选为中央委员会委员。

4月23日,和毛泽东、周恩来、邓颖超等被国民政府聘为第四届国民参政会参政员。

4月24日,和中国代表团其他成员一起飞抵美国旧金山。

4月25日,下午4时半,联合国国际组织会议在美国旧金山歌剧院开幕。出席会议的有50个国家,282名代表。和中国代表团全体成员一起参加了开幕式。

5月1日,参加中国出席联合国安全机构会议代表团举行的第一次记者招待会。

5 月 18 日,在旧金山用英文发表《中国解放区实录》。向全世界介绍中国共产党领导下的抗日根据地在政治、军事、经济、文化等方面所取得的伟大成就及我党、我军在整个抗日战争中的巨大作用和影响。

6 月 25 日,代表中国共产党在旧金山电台对国内发表广播演说。

6 月 26 日,联合国宪章会议一致通过《联合国宪章》。董必武以中国代表的身份在《联合国宪章》上签字。晚上,和中国代表团全体代表出席旧金山会议闭幕式。

11 月 20 日,离美回国,11 月 26 日飞抵重庆。与王若飞主持中共重庆工作委员会工作。

12 月 15 日,中共中央全体会议通过了出席政协代表 7 人名单和周恩来关于正式成立南方局的提议,董必武为书记。

1946 年 61 岁

1 月 5 日,周恩来、王若飞、叶剑英同国民党代表继续对停止军事冲突和恢复交通问题进行谈判,达成了《关于停止国内军事冲突协议》。

1 月 13 日,政治协商会议推举董必武、陈立夫、陈启天、梁漱溟、王云五组成五人小组,负责协商会议议程、议题及分组办法等。

1 月 14 日,在政治协商会议第四次会议代表中国共产党做《关于改组政府问题的报告》。

1 月 15 日,在政治协商会议第五次会议代表中国共产党做《关于共同施政纲领的报告》。

1 月 23 日,政协成立综合委员会。和周恩来代表共产党参加该委员会,并出席第一次会议。

1 月 27 日,和周恩来等人联名在政协会上提出《关于请政府报告四项诺言实现情形之提案》。

2 月 9 日,出席由政治协商会议决定组建的人民权利保障委员会第一次筹备会议,和冯玉祥等 25 人共同被选为筹备委员,并在大会上讲话。

2 月 16 日,出席宪草审议委员会第三次会议,讨论中央政制问题,并在会上发言,主张维持政协会对于"宪草"的修改原则、各党派合作,采取议会制度,并赞成以行政院为最高行政机关对立法院负责。

3 月 14—15 日,和周恩来出席政协综合委员会、"宪草"审议协商小组联席会议。讨论关于各党派及社会贤达之国府委员及政务委员人选、国大代表及"宪法草案"问题。

3月19日，和吴邦宪、吴玉章出席宪草审议会第七次会议，并在会上讲话，提出："必须坚持政协的一切决议，目前应由于政协的综合小组讨论，保障原有政协决议不能有任何动摇了。"

5月3—16日，周恩来、董必武先后率领中共代表团和重庆局同志抵南京。

11月4日，向记者发表重要谈话，指出：（1）中国共产党以诚意渴望和平，对于恢复和谈并无意见；（2）中国共产党对政府先提出国大代表名单，然后始下停战令一点认为无考虑必要；（3）南京所传中国共产党邀请马歇尔、司徒雷登大使调停一事，绝非事实。

1947年62岁

2月26日，中共中央致电董必武、吴玉章等：一定坚持非赶不走的方针，并揭穿蒋介石的恐怖手段，以鼓励进步群众和中间人士同蒋斗争的勇气，同时也做最坏的打算。抓紧建立秘密据点，其任务主要做调查研究，必要时跟中央联系。

3月2日，向国民党送交撤退人员名单，同上海国民党地方当局交涉撤退事宜。

3月7日，留南京、上海工作人员74人被迫撤离。中共代表董必武及宁沪两地中共代表团办事处和《新华日报》社全体人员发表启事："政府当局既不惜最后决裂关死和谈大门，必武等唯有撤退一途，当此小别前夕，回念各方好友，过去热烈支持，近日殷勤慰问，必武等衷心铭感，誓在和平民主前线殚精尽力，以图报答，唯因行前时间匆促，行动不便，未能一一告辞，敬请曲予鉴喻。当此世界趋向和平，国人厌战已极之际，必武等虽与各方好友暂时暌隔，再见之期，当在不远。"

4月16日，中共中央就成立华北财经办事处及董必武任主任的决定，向中共华东局、晋冀鲁豫中央局、晋绥分局发出通知。

8月27日，在全国土地工作会议期间，受主席团的委托，负责组织研究土地改革后的农村生产和负担问题。

1948年63岁

6月，中共中央决定成立中央财政经济部。董必武任中央财经部部长。

7月17日，致函谢觉哉等："日前晤少奇同志，他说'乡县政权组织纲要和选举条例及危害解放区治罪条例三草案都很好。希望赶快把民、刑两法草拟出来备用'。我认为他这个提议很好。望诸位同志考虑,以法学为人民服务。"

7月27日,出席中共中央工作会议。会议确定由董必武执笔修改谢觉哉起草的《危害解放区治罪暂行条例》,条例名称改为《惩治反革命暂行条例》。

8月6日,在华北临时人民代表大会预备会议上被推选为大会主席团成员,接着又在华北临时人民代表大会主席团第一次会议上被推选为大会常务主席。

8月18日,在华北临时人民代表大会第七次会议上,被选为华北人民政府委员。

9月20日,以临时召集人的名义召集华北人民政府委员会第一次会议。被选为华北人民政府主席,薄一波、蓝公武、杨秀峰当选为副主席。

9月26日,宣告华北人民政府正式成立,并在就职大会上讲话。

10月19日,主持华北人民政府第一次政务会议。

1949年64岁

3月5—13日,出席在平山县西柏坡召开的中国共产党七届二中全会。

3月31日,和华北人民政府副主席薄一波、蓝公武、杨秀峰联名颁布废除国民党的"六法全书"及一切反动法令的训令。

4月27日,和华北人民政府副主席薄一波、蓝公武、杨秀峰联名颁布《华北区金银管理暂行办法》及《华北区私营银钱业管理暂行办法》,以稳定金融、安定人民生活、保护人民财产、防止走私倒卖金银。

6月16日,出席新政协筹备会第一次全体会议。董必武被推选为起草中华人民共和国政府方案组组长。

6月18日,主持新政协筹备会拟定中华人民共和国政府方案组第一次小组会议,决定成立"起草中华人民共和国政府组织机构提纲草案委员会",被推选为该委员会委员,负责起草"讨论提纲"。

6月23日,出席拟定中华人民共和国政府方案组起草讨论提纲委员会会议,做《政府组织纲要中的基本问题》的报告。对国家名称、国家属性、最高政权机关及其组织原则等提出了初步意见,经讨论一致同意,并决定以起草讨论提纲委员会的名义,提交拟定中华人民共和国政府方案组全体会议讨论。

6月26日,出席中国新法学研究会发起人大会,当选为新法学研究会筹备委员会委员,并在大会上讲话,指出:"今天虽然废除了国民党的'六法全书',但要完全粉碎旧法律的思想体系,则还须加以彻底的批判。目前我们虽无完备的法典,但解放区已有很多单行条例、纲领、命令、法律大纲、决议等提供我们研究学习。"希望"大家学习马列主义与毛泽东思想的社会观与法律观,共同努力,建设新法律完整体系。"

7月8日,出席拟定中华人民共和国政府方案组第二次全体会议,讨论《政府组织纲要中的基本问题》。

7月9日,主持政府组织大纲起草委员会第一次会议,被指定为起草人。

7月10日,被中共中央确定为新政协筹备会党组干事会成员,并负责政法工作。

7月29日,主持政府组织大纲起草委员会第二次会议,报告了拟定政府组织大纲初稿的经过,并对内容进行了说明。决定由起草人依据会议讨论情况斟酌修改初稿,作为拟定中华人民共和国政府方案组起草委员会修正稿,提交全体会议讨论。

8月27日,出席新政协筹备会常委会第四次会议,做中央人民政府组织法草拟经过的报告。会议经过讨论,修改了《中华人民共和国中央人民政府组织法(草案)》。会议推定由董必武、黄炎培、李立三、马叙伦、张奚若组成小组,进一步专门研究有关问题,董必武为召集人。

9月13日,出席新政治协商会议筹备会常委会第五次会议。会议对《中华人民共和国中央人民政府组织法(草案)》做文字修改后基本通过。

9月17日,出席新政协筹备会第二次全体会议。会议原则通过《中华人民共和国中央人民政府组织法(草案)》,提请新政协审议。

9月18日,出席新政治学研究会发起人会议。

9月21日,出席中国人民政治协商会议第一届全体会议,当选为大会主席团成员。

9月22日,受中国人民政治协商会议筹备委员会的委托,在中国人民政治协商会议第一届全体会议上,做《中华人民共和国中央人民政府组织法的草拟经过及其基本内容》的报告。

9月29日,出席中国人民政治协商会议第一届全体会议主席团第二次会议,被提名为中央人民政府委员候选人。

9月30日,出席中国人民政治协商会议第一届全体会议,董必武当选为中国人民政治协商会议全体委员会委员及中央人民政府委员。

10月1日下午2时,出席中央人民政府委员会第一次会议,就任中央人民政府委员。下午3时,出席中华人民共和国成立典礼。

10月9日,出席中国人民政治协商会议第一届全国委员会第一次会议。以中国人民政治协商会议第一届全国委员会名义向中央人民政府建议：10 月 1 日为中华人民共和国国庆日。

10 月 19 日，出席中央人民政府委员会第三次会议。中央人民政府任命董必武、陈云、郭沫若、黄炎培为政务院副总理，任命董必武为政务院政治法律委员会主任。

10 月 21 日上午，主持中央人民政府政务院政治法律委员会第一次委员会议。晚上，出席政务院第一次政务会议。讨论了政务院及其所属机关的办公制度、办公程序等问题，决定成立小组具体拟订规章，由副总理董必武负责召集。

11 月 18 日，出席政务院第六次政务会议，会议讨论了政法委员会所属各部、会组织条例修正草案，决议将以上条例统交法制委员会，按政务院指示再行审核修正，呈中央批准。

11 月 19 日，主持政法委员会第一次委务会议。会议讨论了政法委员会所属各部、会组织条例(修正草案)。

12 月 2 日，出席中央人民政府委员会第四次会议，会议通过由董必武领导修订的《省各界人民代表会议组织通则》《市各界人民代表会议组织通则》《县各界人民代表会议组织通则》和《中央人民政府政务院所属各机关组织通则》。下午，主持政务院第九次政务会议，会议讨论修订并通过中央人民政府政务院及其所属各机关组织条例。

1950 年 65 岁

1 月 2 日，毛泽东致电周恩来，希望其于 1 月 9 日来莫斯科，由董必武代理政务院总理。

1 月 4 日，在中国新法学研究院做《旧司法人员的改造问题》的讲话，指出：中国新法学研究院的任务是改造过去旧的司法工作人员、律师以及在学校教授法律的教员。

2 月 7 日，主持政法委员会第六次委务会。董必武在发言中说："关于律师制度，以现在社会复杂的情况看，律师制度还是要的，再请司法部召集有关人员商讨一下"。

3 月 2 日，主持政务院第二十二次政务会议。会议讨论并批准《中南区军政委员会组织条例》及中南区 1950 年的工作任务，讨论并通过了《中华人民共和国婚姻法》。

6 月 30 日，出席政务院第 39 次政务会议，并报告《关于正确执行惩治反革命政策与清理积案的指示(草案)》。报告中特别提出请大家考虑惩治反革命犯和惯匪的死刑的上诉权问题和批准执行问题。

7月26日—8月11日,第一届全国司法会议在北京举行。在26日下午的开幕会上,董必武做《要重视司法工作》的重要讲话,指出当前建立人民司法工作必须(1)要建立一系列的司法机构,例如各级法院、检察署,才便于进行工作;(2)要准备培养各级司法工作干部;(3)要有法律。

7月27日,主持召集司法部、最高人民法院、最高人民检察署、法制委员会四机关首长座谈会。会议讨论了政法部门的相互联系通力合作问题,建议恢复过去四机关联席会议,其目的是便利工作。

9月15日,向中国人民大学师生做《关于人民政协共同纲领》的长篇讲演。

1951年 66岁

5月21日,主持政法委员会第十一次委务会议,在讨论省级以上人民政府建立政法委员会问题时,认为该委员会的任务是负责指导与联系民政、公安、司法、检署、法院、监委等机关的工作并协调相互间的关系。

7月,和最高人民法院、最高人民检察署、司法部、法制委员会党员负责同志谈准备召开第二次全国司法会议的问题。指示会议应集中力量解决司法工作中当前思想建设工作方面的几个问题:(1)讨论新颁布的人民法院组织条例及最高检察署组织条例和各级地方检察署组织通则,把这三个文件的基本精神贯彻到司法界。(2)检查第一次全国司法会议后肃清六法全书观点的情况。(3)讨论训练司法干部问题。(4)全国各地各级司法机关目前在工作上必须紧密联系、互相通气、通力合作。

8月3日,出席政务院第九十六次政务会议,在讨论关于镇压反革命工作报告时指出,这次运动的发展过程是正确的、健康的,其主要因素是设了两道防线:可捕可不捕的,不捕;可杀可不杀的,不杀。尤其是"判处死刑,缓期执行,劳动改造,以观后效"的政策,使判处死刑的许多人获得了出路,使镇压与宽大政策进一步地密切结合起来。

8月29日,为准备召开第二次全国司法会议,再次召集最高人民法院、最高人民检察署、司法部、法制委员会四机关党员负责人谈话,着重指出第二次全国司法会议的目的"是集中力量解决司法工作中当前思想建设和组织建设方面的几个问题"。

9月27日,为建立律师制度,向毛泽东、周恩来建议,在京、津、沪三个司法工作较好的城市,试行律师及群众团体辅助人的制度。

1952 年 67 岁

2 月 23 日,致函周恩来并转毛泽东、中共中央,拟将中国新政治学研究会与中国新法学研究会合组为中国政治法律学会。成立中国政治法律学会筹备会,由董必武负责主持。

6 月 1 日,致函政法五机关华东视察组负责人王怀安,指出人民革命胜利果实之一的人民法律是便利维护人民自身权益和对敌斗争的武器,这种锐利的武器不应操在不可信赖的人手中,这是天经地义的。但因过去革命胜利太快,在新解放区我们采取包下来的政策,大量的旧司法人员包藏在我们司法机关内,特别是在新解放区的法院内"三反"运动中暴露出旧司法人员不少问题,因此,"加强各级法院的领导骨干和输入大量新的血液,才是彻底改造和整顿法院组织的根本办法。"提出在法院中不能让旧司法人员担任审判工作。

6 月 3 日,就福建省人民法院关于召开福州市临时人民司法代表会议总结的书面报告致函王怀安,指出司法部门是人民政府的组成部分,各级人民政府的司法部门的工作应向各级人民代表会议或人民代表大会报告,应受各级人民代表会议或人民代表大会的监督,这是我们的国家制度。司法部门联系群众、改进工作有许多渠道和制度,不一定要靠"人民司法代表会议"。司法部门是人民政府的工作部门,各部门如都开这样的代表会议,人民代表会议的名称未免多而且滥。这样的会议称为有计划的、有组织的公审大会更适当。

6 月 20 日,主持政法委员会第二十次委务会议,就司法部门的整顿和改造,政法干部来源、训练机构、师资和教材问题,以及司法改革的重点等问题发表意见。

6 月 24 日,在全国政法干部训练会议上做《关于改革司法机关及政法干部补充训练诸问题》的讲话,指出,政法委员会今年下半年的工作要把司法改革放在中心位置。抓住主要环节,切实地把政法工作加以整顿与提高。要解决政法工作的问题,必须联系干部,特别是司法干部。

7 月 15 日,主持政法分党组干事会第十七次会议,介绍了政法分党组当前工作和组织状况,提出了对司法改革、民主建政、贯彻婚姻法等工作的意见。还提出在第二次全国司法会议时,应紧接着召开中国政治法律学会成立会。

9 月 27 日,为报送司法部党组《关于律师制度问题的报告》致函毛泽东,并转告中共中央书记处诸同志,说明政法分党组干事会于本月 17 日曾讨论此问题,大家认为目前我们的法律尚很不完备,旧律师又未经改造,私人律师制一旦试行起来,未必能办好事,一致认为此事以缓为宜。现在不妨在京、津、沪三个司法工作较好的城市试行公律师及群众团体辅助人的制度,司法部党组研究后亦同意我们的意见。

10月,在中国政治法律学会第三次筹备会上讲话,主张要参加国际民主法律协会,建立法学界的反帝统一战线。

12月,指示政务院政法委员会办公厅和中央司法部办公厅,为准备从司法方面迎接国家有计划的经济建设,要联合组织工作组到工矿区和铁路、水运方面以及几个城市、农村去进行调查研究。

1953 年 68 岁

4月11日,在第二届全国司法会议上做《论加强人民司法工作》的讲话。

4月22日,出席中国政治法律学会成立大会。大会通过了中国政治法律学会章程和成立宣言,董必武当选为主席。

4月26日,主持中国政治法律学会第一届第一次理事会议,建立了办事机构并确定了负责人。

11月11日,主持政务院第193次政务会议,并在讨论贯彻婚姻法运动的总结报告时发言,阐述了贯彻婚姻法取得的成绩、存在的问题和今后的工作,指出:这次贯彻婚姻法运动主要是训练干部、帮助人民搞好婚姻问题,今后贯彻婚姻法这件事要转入正常工作。

1954 年 69 岁

3月24日,主持参加宪法草案分组座谈会的共产党员大会,并讲话。

3月29日,在第二届全国检察工作会议上讲话,回顾了中华人民共和国成立后检察机关的创立和发展过程,并指出检察机关的职责是保障国家法律的执行。

5月1日,为中国政治法律学会主办的《政法研究》题写刊名,撰写创刊词。

5月,出席政协全国委员会组织的宪法草案座谈会第一组会议。

6月2日,在第六次全国公安会议上做《关于政治法律工作方面几个问题》的报告,阐明我国宪法草案起草的经过和我国宪法的特点。

6月9日,对江西省法院错判一责任事件案做具体指示,指明为什么是错判,提出了解决办法。

6月11日,出席中华人民共和国宪法起草委员会第七次全体会议。会议通过了《中华人民共和国宪法(草案)》。

6月14日,出席中央人民政府委员会第30次会议。会议讨论通过《中华人民共和国宪法(草案)》和中央人民政府委员会《关于公布〈中华人民共和国宪法(草案)〉的决议》。

6月20日,在中央政法干部学校做报告,强调进一步加强法律工作和群众的守法教育。

7月2日,对《中国青年报》记者发表谈话,阐述在宣传宪法和法律中如何尽量使用通俗一些语言的问题。

9月15—28日,中华人民共和国第一届全国人民代表大会第一次会议在北京中南海怀仁堂举行。董必武出席并当选为大会主席团成员。

9月24日,在第一届全国人民代表大会第一次会议上做《五年来政治法律工作中的几个问题和加强守法思想问题》的发言。

11月19日,在全国省(市)以上法院院长和检察长参加的司法座谈会和检察座谈会上讲话。

12月21日,出席中国人民政治协商会议第二届全国委员会第一次全体会议,并当选为大会主席团成员。

12月25日,当选为中国人民政治协商会议第二届全国委员会副主席。

1955 年 70 岁

2月12日,指示最高人民法院刑事审判庭、政策研究室,搜集中华人民共和国成立以来全国各类刑事案卷,就罪名、刑种和量刑幅度进行调查研究,并做出初步总结:一是为给国家立法机关起草刑法提供资料;二是设想在我国刑法颁布之前,提供各级人民法院进行刑事审判定罪量刑之参考。

3月11日,主持最高人民法院审判委员会第一次会议,宣布审判委员会正式成立,说明审判委员会的任务,指出人民法院独立审判、只服从法律这一宪法原则和审判工作集体领导的原则是完全一致的。

4月25日,主持最高人民法院审判委员会第二次会议,讨论有关总结诉讼程序实际经验的问题。

9月8日,和苏联法律专家鲁涅夫谈话,介绍中国法律机构的设置、法律工作的历史情况、现实情况和前景。

10月4日,在兰州停留期间听取了甘肃省政法部门负责人的工作汇报后,发表讲话,指出办案要特别注意的两个界限:一是要弄清无罪还是有罪,不能把无罪的判成有罪;二是要弄准该杀不该杀,不该杀的杀了就严重了。

12月7日，写信给中共中央副主席刘少奇并报毛泽东，建议在党中央设立法律委员会或法律工作组，以加强党中央对国家法律部门的统一领导。

12月26日，在最高人民法院邀请司法部、人大常委会办公厅法律室刑法组、中国人民大学法律系等有关单位负责人举行座谈，研究关于罪名、刑种、量刑幅度等问题。

1956年71岁

2月8日，对法院审判人员提出必须“随处留心观察”的要求。

3月5—8日，中国政治法律学会在北京举行第二次年会，继续被选为中国政治法律学会会长。

5月5日，在全国人民代表大会常务委员会第三十七次会议上做《关于第三届全国司法工作会议情况》的报告，同时提出了《一九五五年肃清反革命分子斗争审判工作经验初步总结》。

6月2日，主持最高人民法院审判委员会第十一次会议，讨论《最高人民法院特别军事法庭对日籍战争罪犯的审判程序(修正稿)》和“判决书格式”(试拟稿)。

6月22日，在第一届全国人民代表大会第三次会议上，就人民法院执行国家有关处理反革命分子的政策、法律、法令的问题，人民法院在肃清反革命分子的斗争中执行法律制度的问题以及审判监督的问题等做系统的发言。

7月6日，中共中央法律委员会成立，任委员。出席该委员会第一次会议。

9月28日，在中共第八届中央委员会第一次全体会议上，当选为中央政治局委员，并当选为中共中央监察委员会书记。

10月中旬，在欢迎苏联法律工作者访华代表团的会上讲话，向客人介绍了最高人民法院的组织情况、活动情况和我国法制建设情况。

1957年72岁

9月26日，出席人大常委会第七十九次会议和政协全国委员会常务委员会第45次会议的联席会议，就死刑复核问题发言，指出：第一届全国人民代表大会第四次会议对此问题通过的决议和法院组织法第十一条第五款的规定不同。建议人大常委会对这个问题作出统一决定，由中级人民法院终审判决的死刑案件还要经过高级人民法院再转最高人民法院核准。

11月26日，拟定《关于“审判独立”问题的研究提纲》：(1)必须使司法干部对“审判独立”的概念有比较正确的理解。(2)“审判独立”词汇的来源。(3)各资本主义国家宪法采用三权分立的情况。(4) 19 世纪以来资本主义国家的宪法和社会主义国家的宪法,除法国 1875 年宪法和某几个社会主义国家初期宪法外,都有"司法独立""法官独立""法院独立"或"审判员独立"的文句规定。(5) 社会主义国家规定审判独立的条文很不相同,表达的概念并不一致。(6) 为什么社会主义各国宪法都规定有"审判独立"的文句,最基本的意义是法院专门干审判工作,不受行政机关的干涉。

1958 年 73 岁

8 月 13 日,在第九届全国公安会议、第四届全国司法会议和第四届全国检察会议的联席会议上发表讲话。

8 月 21 日,在中国政治法律学会第三届年会上继续当选为中国政治法律学会会长。

1959 年 74 岁

4 月 18—28 日,出席第二届全国人民代表大会第一次会议,并被选举为国家副主席。

5 月 16 日,出席全国公安、检察、法院先进工作者代表会议,并发言。

10 月 3 日,接见国际民主法律工作者协会代表。

1960 年 75 岁

4 月 29 日,出席政协召开的第 14 次各民主党派和无党派民主人士双周座谈会,座谈城市人民公社问题。

11 月 20 日,根据在湖北、江西、福建三省了解到的一些情况和问题,给中共中央写报告,对减少江西粮食上调、纠正各地木炭炼铁的浪费现象以及由国务院一办和内务部、公安部共同召集有关省开会解决外流人口问题,向中共中央提出建议。

1961 年 76 岁

4 月 18 日,接见巴西联邦最高法院院长梅洛。

1962 年 77 岁

10 月 14 日,以中国政治法律学会会长名义致电在几内亚科纳克里举行的第二届亚非法律工作者会议。

11 月 3 日、9 日，两次同中共中央监察委员会负责人钱瑛、王从吾以及中央组织部负责人师哲商谈监察工作。

11 月 15 日，出席全国监察工作会议，并在会上发言。

1963 年 78 岁

3 月 13 日，接见日本法律工作者、日本国际法律联络协会副会长、日本和平委员会会长平野义太郎。

1964 年 79 岁

2 月 4 日，在广州，接见阿尔及利亚法律工作代表团。

6 月 22 日，接见尼泊尔法律工作者、尼泊尔所得税法庭首席法官、皇家律师普拉卡希·巴哈杜尔。

10 月 8 日，在政法学会四届会员大会上被推举为政法学会名誉会长。

10 月 9 日，接见阿尔巴尼亚法律工作者代表团。

11 月 2 日，接见以哥伦比亚法律代表团。

11 月 6 日，关于要军队抽出一定时间参加每年的植树造林活动的设想，被中国人民解放军总政治部和林业部采纳。

12 月 31 日，接见古巴法律工作者代表团。

1965 年 80 岁

1 月 2 日—1 月 4 日，出席全国人民代表大会第三届第一次会议。

8 月 27 日，接见由毛利与一率领的日本法律工作者代表团。

9 月 27 日，接见由苏呼南·哈姆扎率领的印度尼西亚法律工作者代表团。

1966 年 81 岁

1 月 10 日，中共中央决定董必武担任中共党史编纂委员会主任。

1967 年 82 岁

1 月 17 日，在广州接受坦桑尼亚新任驻华大使递交国书。

1968 年 83 岁

12 月 16 日，和朱德、陈毅等无产阶级革命家一起被林彪、江青反革命集团罗织所谓的"中国马列共产党",诬陷以"里通外国""准备搞武装叛乱",要搞"政变"等莫须有的罪名。

1969 年 84 岁

4月1—24日,出席在北京举行的中国共产党第九次全国代表大会,被选为中共中央委员。

4月28日,出席在北京举行的中国共产党九届一中全会,被选为中共中央政治局委员。

10月19日,接到限令在两天内离开北京的通知后,由何连芝、女儿董良翚陪同,和朱德等人一行,由北京飞抵广州,当即由机场转移到从化。

1970 年 85 岁

8月23日—9月6日,出席在庐山召开的中国共产党第九届二中全会。

1971 年 86 岁

9月中旬,参加中共中央政治局会议讨论林彪叛逃事件。

1972 年 87 岁

12月中旬,由何连芝陪同,到广州休养。

1973 年 88 岁

8月13日,中国共产党第十届一中全会在北京举行,董必武被选为中央政治局委员和中央政治局常务委员。

1974 年 89 岁

4月23日,以中华人民共和国代主席身份,签署《拉丁美洲禁止核武器条约》第2号附加议定书的批准书。

1975 年 90 岁

1月13—17日,出席在北京举行的第四届全国人民代表大会第一次会议,被选为主席团常务主席、全国人大常务委员会副委员长。

4月2日,因病于7时58分与世长辞。

主要参考文献

一、中文著作

1. 董必武：《董必武选集》，人民出版社 1985 年版。

2. 董必武：《董必武法学文集》，法律出版社 2001 年版。

3. 董必武：《董必武政治法律文集》，法律出版社 1986 年版。

4. 胡传章、哈经雄：《董必武传记》，湖北人民出版社 2006 年版。

5.《董必武年谱》编辑组：《董必武年谱》，中央文献出版社 1991 年版。

6. 董必武文集编辑组：《董必武统一战线文集》，法律出版社 1990 年版。

7.《董必武传》撰写组：《董必武传(1886—1975)》，中央文献出版社 2006 年版。

8. 祝铭山、孙琬钟：《董必武法学思想研究文集》(第一辑)，人民法院出版社 2001 年版。

9. 孙琬钟等：《董必武法学思想研究文集》(第二辑)，人民法院出版社 2003 年版。

10. 孙琬钟、李玉臻：《董必武法学思想研究文集》(第四辑)，人民法院出版社 2005 年版。

11. 孙琬钟、公丕祥：《董必武法学思想研究文集》(第五辑)，人民法院出版社 2006 年版。

12. 孙琬钟：《董必武法学思想研究文集》(第六辑)，人民法院出版社 2007 年版。

13. 孙琬钟、应勇：《董必武法学思想研究文集》(第七辑)，人民法院出版社 2008 年版。

14. 孙琬钟、钱锋：《董必武法学思想研究文集》(第八辑)，人民法院出版社 2009 年版。

15. 孙琬钟、张忠厚：《董必武法学思想研究文集》(第九辑)，人民法院出版社 2010 年版。

16. 孙琬钟、杨瑞广：《董必武法学思想研究文集》(第十一辑·上册)，人民法院出版社 2011 年版。

17. 孙琬钟、杨瑞广：《董必武法学思想研究文集》（第十三辑），人民法院出版社 2014 年版。

18. 孙琬钟、杨瑞广：《董必武法学思想研究文集》（第十四辑），人民法院出版社 2015 年版。

19. 陈冀平、王其江：《董必武法学思想研究文集》（第十五辑），人民法院出版社 2016 年版。

20.（汉）司马迁：《史记》，中华书局 2007 年版。

21.（宋）司马光：《资治通鉴》，中华书局 2007 年版。

22.《毛泽东选集》（第二卷），人民出版社 1991 年版。

23.《毛泽东选集》（第四卷），人民出版社 2003 年版。

24.《二十世纪中国实录》编写组：《二十世纪中国实录》（第二卷），光明日报出版社 2002 年版。

25. 陈金全：《新中国法律思想史》，人民出版社 2011 年版。

26. 何勤华：《中国法学史纲》，商务印书馆 2012 年版。

27. 何勤华：《外国法制史》，法律出版社 2016 年版。

28. 华友根：《20 世纪中国十大法学名家》，上海社会科学院出版社 2006 年版。

29. 黄闽：《法律出版的精神：纪念法律出版社成立六十周年》，法律出版社 2014 年版。

30. 李林：《中国法治建设 60 年》，中国社会科学出版社 2010 年版。

31. 闵钐：《中国检察史资料选编》，中国检察出版社 2009 年版。

32. 王立民：《中国法制史》，上海人民出版社 2007 年版。

33. 王申：《中国近代律师制度与律师》，上海社会科学院出版社 1994 年版。

34. 新中国法制研究史料通鉴编写组：《新中国法制研究史料通鉴》，中国政法大学出版社 2003 年版。

35. 徐家立、吴运浩：《中国律师制度史》，中国政法大学出版社 2000 年版。

36. 张尔驹：《中国民族区域自治史纲》，民族出版社 1995 年版。

37. 张晋藩：《中国古代司法文明史》（第 1 卷），人民出版社 2019 年版。

38. 张晋藩：《中国古代司法文明史》（第 2 卷），人民出版社 2019 年版。

39. 赵崑坡、俞建平：《中国革命根据地案例选》，山西人民出版社 1984 年版。

40. 中共北京市委党史研究室：《中国共产党北京历史 1949—1978》（第 2 卷），北京出版社 2011 年版。

41. 陈群：《中国司法制度》，武汉大学出版社 2016 年版。

42. 程凯：《社会转型期的纠纷解决研究：基于马克思主义法律思想中国化的研究视角》，广东人民出版社2017年版。

43. 程琳：《警察法学通论》，中国人民公安大学出版社2018年版。

44. 邓立强：《监狱学概论》，中央广播电视大学出版社2012年版。

45. 法学辞典编辑组：《法学辞典》(增订版)，上海辞书出版社1984年版。

46. 樊崇义：《公平正义之路：刑事诉讼法修改决定条文释义与专题解读》，中国人民公安大学出版社2012年版。

47. 樊凤林：《刑事科学论衡》，中国人民公安大学出版社2004年版。

48. 房宇、熊安锋、史明艳：《毛泽东思想和中国特色社会主义理论体系概论》，江苏大学出版社2018年版。

49. 复旦大学中国共产党革命精神与文化资源研究中心：《从中共党史学治国理政：第三届治国理政全国大学生论坛精粹》，复旦大学出版社2017年版。

50. 高铭暄、马克昌：《刑法学》，北京大学出版社2017年版。

51. 关保英：《简明中国法治文化辞典(干部读本)》，商务印书馆2016年版。

52. 何勤华等：《法律名词的起源》(上)，北京大学出版社2009年版。

53. 何青洲：《"人民司法"在中国的实践路线：政治正义的司法实现》，中国政法大学出版社2016年版。

54. 胡松涛：《毛泽东影响中国的88个关键词》，中国青年出版社2016年版。

55. 黄进：《中国法学教育状况(2012)》，中国政法大学出版社2016年版。

56. 吉林大学法律系宪法教研室：《宪法分类比较编译》(下册)，吉林大学印刷厂1983年版。

57. 暨中党：《前瞻与能动：刑事司法疑难问题研究》，中国法制出版社2012年版。

58. 劳动部保险福利司：《我国职工保险福利史料》，中国食品出版社1989年版。

59. 李承：《马克思主义政治学》，新华出版社1994年版。

60. 李广辉、林泰松、邓剑光：《中国司法制度研究》，中国法制出版社2017年版。

61. 李伟民等：《法学辞源》，黑龙江人民出版社2002年版。

62. 李卫东：《在野法曹：长江流域的律师与诉讼》，长江出版社2014年版。

63. 刘昂：《遏制刑讯逼供的理论与实践》，中国人民公安大学出版社2012年版。

64. 刘练军：《法制的谜面》，中国民主法制出版社2014年版。

65. 申险峰：《外交的文化阐释(日本卷)》，知识产权出版社2012年版。

66. 申志诚、黄峥、王双梅：《刘少奇大辞典》，中央文献出版社2009年版。

67. 沈钧儒：《加强人民司法建设，巩固人民民主专政》，人民出版社 1994 年版。

68. 沈玮玮、叶开强等：《人民司法：司法文明建设的历史实践（1931—1959）》，中山大学出版社 2016 年版。

69. 沈宗灵：《法理学》，高等教育出版社 2009 年版。

70. 孙谦：《中国特色社会主义检察制度》，中国检察出版社 2015 年版。

71. 唐德华、王永成：《中华人民共和国法律规范性解释集成》，吉林人民出版社 1990 年版。

72. 陶髦等：《律师制度比较研究》，中国政法大学出版社 1995 年版。

73. 田成有：《法官的信仰：一切为了法治》，中国法制出版社 2015 年版。

74. 王德贵等：《八一五前后的中国政局》，东北师范大学出版社 1985 年版。

75. 王定国、王菲、吉世霖：《谢觉哉论民主与法制》，法律出版社 1996 年版。

76. 王国梁：《中共名人在广东》，广东人民出版社 2011 年版。

77. 王建国等：《中俄检察制度比较研究》，法律出版社 2017 年版。

78. 王强：《多元化纠纷解决机制之公证价值》，法律出版社 2018 年版。

79. 魏文伯：《对于"中华人民共和国人民法院组织法"基本问题的认识》，上海人民出版社 1956 年版。

80. 温小洁：《我国未成年人刑事案件诉讼程序研究》，中国人民公安大学出版社 2003 年版。

81. 尹力：《中国调解机制研究》，知识产权出版社 2009 年版。

82. 应松年：《行政法与行政诉讼法词典》，中国政法大学出版社 1992 年版。

83. 于世平：《走过法官的岁月：一位高级法官的办案后的思索》，中国法制出版社 2007 年版。

84. 曾庆敏：《精编法学辞典》，上海辞书出版社 2000 版。

85. 占善刚、刘显鹏：《证据法论》，武汉大学出版社 2015 年版。

86. 张耕：《中国律师制度发展的里程碑〈中华人民共和国律师法〉立法过程回顾》，法律出版社 1997 年版。

87. 张耕：《中国律师制度研究》，法律出版社 1998 年版。

88. 张国安：《列宁法治思想研究》，知识产权出版社 2011 年版。

89. 张国华：《中国社会主义法制建设的理论与实践》，鹭江出版社 1987 年版。

90. 张文显：《法理学》，高等教育出版社 2007 年版。

91. 张希坡、韩延龙：《中国革命法制史》（上册），中国社会科学出版社 1987 年版。

92. 章晨：《中国司法制度》，中国民主法制出版社 2017 年版。

93. 中共中央统战部：《民族问题文献汇编（一九二一·七——一九四九·九）》，中共中央党校出版社 1991 年版。

94. 中国法制出版社：《新编常用法律词典：案例应用版》（精装增订版），中国法制出版社 2016 年版。

95. 中国社科院民族研究所：《党的民族政策文献资料选编》，中国社会科学院民族研究所民族问题理论研究室 1981 年版。

96. 中国司法行政年鉴编辑委员会：《中国司法行政年鉴》，法律出版社 2002 年版。

97. 钟宪章：《严肃党内政治生活八讲》，中共党史出版社 2016 年版。

98. 钟玉瑜：《中国特色司法制度》，中国政法大学出版社 2000 年版。

99. 邹瑜、顾明：《法学大辞典》，中国政法大学出版社 1991 年版。

二、译著

1. 《列宁论工会》，工人出版社 1959 年版。

2. 《列宁全集》（第 39 卷），人民出版社 1986 年版。

3. 中国人民解放军军事科学院：《马克思恩格斯列宁斯大林军事文选》，中国人民解放军战士出版社 1977 年版。

4. 《马克思恩格斯选集》，人民出版社 2012 年版。

5. 〔德〕马克思、恩格斯：《德意志意识形态》，中共中央马克思恩格斯列宁斯大林著作编译局编译，人民出版社 2003 年版。

6. 〔美〕本杰明·N.卡多佐：《法律的成长　法律科学的悖论》，董炯、彭冰译，中国法制出版社 1981 年版。

7. 〔美〕波斯纳：《法理学问题》，苏力译，中国政法大学出版社 2001 年版。

8. 〔美〕戈尔丁：《法律哲学》，齐海滨译，生活·读书·新知三联书店 1987 年版。

9. 〔美〕海伦·福斯特·斯诺：《七十年代西行漫记》，安剑华译，中国法制出版社 2002 年版。

10. 〔美〕霍姆斯：《法律的生命在于经验：霍姆斯法学文集》，明辉译，清华大学出版社 2007 年版。

11. 〔美〕美国国务院国际信息局：《美国法律概况》，金蔓丽译，辽宁教育出版社 2006 年版。

12. 〔苏〕萨留巴、顿吉：《苏联国家公断制度》，吴傅颐译，法律出版社 1955 年版。

13. 〔意〕切萨雷·贝卡利亚：《论犯罪与刑罚》，黄风译，商务印书馆 2017 年版。

14. 〔英〕弗朗西斯·培根：《培根随笔》，名家编译委员会译，北京日报出版社 2016 年版。

15. 〔前苏联〕帕舒卡尼斯：《法的一般理论与马克思主义》，杨昂、张玲玉译，中国法制出版社 2008 年版。

三、期刊

1. 杜立钧：《董必武"依法办事"法学思想浅析》，《人民法院报》2016 年 7 月 1 日，第 7 版。

2. 韩振峰：《中国共产党对我国社会主要矛盾的认识过程》，《光明日报》2018 年 6 月 6 日，第 11 版。

3. 中国共产党中央委员会给董必武的祝寿电（1944 年 1 月 1 日），《新华日报》1944 年 1 月 5 日。

4. 华北人民政府：《关于机关生产的决定》，《江西政报》1952 年第 3 期。

5. 华北人民政府：《关于农业税土地亩数及常年应产量订定标准的规定》，《福建政报》1950 年第 9 期。

6. 江跃军：《加强思想建设的方法论》，《群众》2017 年第 9 期。

7. 陈楠：《公审大会的刑法追溯》，《山东青年》2016 年第 11 期。

8. 丁慕英：《董必武与新中国检察制度》，《国家检察官学院学报》2005 年第 2 期。

9. 蒋铁初：《中国古代仁政司法的另类传统》，《淮阴师范学院学报（哲学社会科学版）》2020 年第 1 期。

10. 柯新凡：《董必武法制思想的历史地位评析》，《安阳师范学院学报》2006 年第 6 期。

11. 柯新凡：《实践—学习—实践：董必武早期法治思想形成的历史轨迹》，《学术论坛》2012 年第 7 期。

12. 李步云：《不断完善中国人权的保障体制》，《法学》1992 年第 12 期。

13. 李世忠：《应尽快统一司法文书纸型》，《检察实践》2002 年第 3 期。

14. 史良：《关于彻底改造和整顿各级人民法院的报告》，《人民日报》1952 年 8 月 23 日，第 1 版。

15. 王建国：《列宁检察垂直领导理论及其实践价值》，《法律科学》2013 年第 3 期。

16. 王凌：《英国仲裁员制度研究》，《仲裁研究》2011 年第 3 期。

17. 王晓山：《解放初期人民法院管理下的监狱》，《河南司法警官职业学院学报》2016 年第 4 期。

18. 杨雄：《论刑事诉讼中民族语言文字诉讼权的保障》，《贵州民族研究》2018 年第 5 期。

19. 于占济：《对"先入为主、主观臆断"审判作风的思想本质的认识》，《华东政法学报》1956 年第 1 期。

20. 张小军：《1949 年至 1953 年司法改革演变及若干反思：以"新法学研究院"对旧法人员的改造和 1952 年司法改革为例》，《政治与法律》2010 年第 12 期。

21. 张永泉：《合议庭功能及其在审判实务中的运作》，《法律适用》2003 年第 12 期。

22. 郑智航：《人民司法群众路线生成史研究(1937—1949)：以思想权力运作为核心的考察》，《法学评论》2017 年第 1 期。

四、学位论文

1. 樊维聪：《新民主主义革命时期董必武统一战线思想与实践研究》，延安大学硕士学位论文，2012 年。

2. 郭薇：《关于反革命罪的历史考察》，中国青年政治学院法律系硕士学位论文，2007 年。

3. 苏炳林：《法律分析学之基石：波斯纳的财富最大化理论》，西南政法大学硕士学位论文，2011 年。

4. 王一如：《霍姆斯实用主义法学观解读》，黑龙江大学硕士学位论文，2019 年。

后　记

在书稿即将出版之际,似乎还有几句话想表达一下。

2020 年夏天,上海交通大学出版社的编辑汪娜博士和我联系,说她们出版社为了迎接中国共产党建立 100 周年,正在策划出版一套老一辈革命家的丛书,其中有一本是纪念董必武的,主题是《董必武法治思想研究》,希望由我来担纲撰写。因为董必武是我们党内老一辈革命家中两位法律科班出身者之一(另一位是李大钊),且是新中国法治事业的主要奠基人,为新中国的法治建设做出了杰出的贡献,是笔者一直崇拜和爱戴的对象。所以,当时我就一口答应了下来。

由于时间比较紧(2020 年 12 月就要交稿),所以征得出版社领导同意后,我就找了几位助手,大家一起写,进度可以快一点。我们的分工是:由我负责全书的框架体系构建以及撰写序言;邱唐负责撰写第一、三章和年谱简编;张陶然负责第二、四章;廖晓颖承担第六章、参考文献;庄晨曦负责第五、七、八章。全部书稿完成后,由我和廖晓颖、庄晨曦一起统稿、定稿。

经过半年时间的辛勤努力,我们在每一个写作节点(确定主题、收集和解读资料、形成写作思路、凝练大纲、分工撰写、讨论初稿、修改定稿等)都召开一次线上会议,大家群策群力,平等研讨,不仅顺利完成了撰稿任务,而且形成了一个非常亲密与和谐的写作集体。通过从接受选题到完成书稿的整个写作过程的磨炼,我们不仅出了研究成果,而且锻炼了自己的写作能力,均感收获满满。

在此,作为课题组负责人和主编,我再一次感谢我们 4 位撰稿人,感谢上海交通大学出版社的领导和编辑汪娜博士。当然,对于书中存在的问题和错误,则由我们作者承担,希望各位读者批评指正。

何勤华

于华东政法大学法律文明史研究院

2021 年 5 月 1 日